杨儒宾著作集

五行原論

先秦思想的太初存有论

杨儒宾 著

图书在版编目（CIP）数据

五行原论：先秦思想的太初存有论 / 杨儒宾著. —
上海：上海古籍出版社，2020.3（2025.6重印）
（杨儒宾著作集）
ISBN 978-7-5325-9492-4

Ⅰ. ①五… Ⅱ. ①杨… Ⅲ. ①五行—研究 Ⅳ.
①B2

中国版本图书馆CIP数据核字（2020）第034404号

杨儒宾著作集
五行原论：先秦思想的太初存有论
杨儒宾 著
上海古籍出版社出版、发行
（上海市闵行区号景路 159 弄 1-5 号 A 座 5F 邮政编码 201101）
（1）网址：www. guji. com. cn
（2）E-mail：guji1 @ guji. com. cn
（3）易文网网址：www. ewen. co
江阴市机关印刷服务有限公司印刷
开本 890×1240 1/32 印张 16 插页 5 字数 318,000
2020 年 3 月第 1 版 2025 年 6 月第 6 次印刷
印数：6,351—7,650
ISBN 978-7-5325-9492-4
B·1125 定价：85.00 元
如有质量问题，请与承印公司联系

大陆版前言

我的著作能以简体字版的方式在内地出版，倍感高兴。关键不在字体，而是透过简体字可以和内地的同好交流。

《儒家身体观》是我壮年的一部著作，出版至今已逾二十三年，此书大概是中文学界从身体观进入中国哲学较早的一部著作。港台一位我所素所尊敬的前辈学者生前在一个场合介绍青壮辈的新儒家时，曾提及贱名，并说及《儒家身体观》与现象学，尤其是梅露-庞帝的关系。我当时听了非常惶恐，唐君毅先生及牟宗三先生当然是我的师长，我上他们的课，读他们的书，受益极大。我与港台儒学代表团体《鹅湖》诸君子也多有交流，彼此切磋。但我实在不敢以唐先生、牟先生的学生自居，也不敢妄攀学派之门。我对现象学与梅露-庞帝哲学了解相当有限，曾耳食其言，但未窥门径，遑论进入堂奥。当日撰写《儒家身体观》时，提出"形—气—神"的身体图式与践形的工夫论，纯是依中国"心—气"的主体概念引申而来，闭门觅句。"形—气—神"的身体观也就是气化的身体观，气化的身体观即是气化的主体观，气是连接形与神（心）的纽带。这些依传统文献发展出来的观念如与并世哲人有相应之处，应当只是心同理同，即使像"身体"这种看似较独特的进路，东西方哲人都有不谋而合的论述。

"形—气—神"的身体图式是我思考许多中国哲学问题的起点，因有"形—气—神"的图式所以有气化的世界观，也有转化"形—气—神"构造以进入圣境的转型工夫论，也有心气主体蕴含的人与人之间的相偶论构造，以及主体与世界互渗同化的共在结构。我的《从〈五经〉到〈新五经〉》强调宋代后儒家圣经的性命之学内涵；《异议的意义——近世东亚的反理学思潮》替东亚反理学思潮争制度论及相偶论的地位；《儒门内的庄子》力辩庄子的语言论、技艺论、天均论指向了一种深刻的人文精神。这些书的论点多与《儒家身体观》的论点相涉。

《五行原论——先秦思想的太初存有论》和《道家与古之道术》两书探讨儒、道两家的神话源头，稍微涉猎过神话理论的同好从这两书中，不难找到卡西勒（E. Cassirer）、耶律亚德（M. Eliade）神话思想的痕迹。但二十世纪下半叶中国惊人的考古发现可能提供了笔者更大的刺激，面对"满天星斗"（这是考古学家苏秉琦用的形容词）的新石器时代文化遗址，我们很难想像它如何演变为三代论述，它又如何刺激了孔、老思想的兴起，这种考古挖掘引发的知识兴趣，神秘之至，也是对学者的想像力极大的挑战，这种知识的幸运不是每个时代都可碰上的。

书籍出版，亦有因缘。拙著能在蹉跎多年之后，得以和内地同好交流，不能不感到无上的光荣。我首先感谢台湾"中央研究院"中国文哲研究所、台湾大学出版中心、联经出版公司及台湾清华大学出版社的简体字版授权，以及上海古籍出版社的耐心交涉，多方帮忙，刘海滨先生费神尤多。中国艺术院中国文化研究所秦燕春教授对拙作多所错爱，才能缔结出书胜缘。铭感在心，谨此致谢。

己亥年深秋作者识于清华大学（新竹）哲学所研究室

序　言

　　本书共集结九篇文章而成，第一篇撰成的文章《水与先秦诸子思想》刊于 1996 年，距今已满二十年。当时写此篇，主要是受到唐君毅先生在他的著作里提到派帕（S. Pepper）"基本隐喻"一语的刺激。在逻辑实证论者甚或一般的经验论者的眼中，思想带隐喻并不健康。罗素 (B. Russell) 批判柏格森（H. Bergson），哲学的理由外，柏格森的书中带有特多的比喻之词，也是惹他厌的因素。即使博雅如黑格尔 (G. W. F. Hegel)，他对隐喻在哲学中的地位，评价也很低。但我当时觉得唐先生的介绍颇富理趣，所以在一次台大中文系主办的学术会议里，我提出《水与先秦诸子思想》的论文草稿，当时汉语学界尚少从隐喻论点检证前人的思想体系者，此文多少有孤明先发之义。写完此文后很长一段时间，才有机会看到派帕的书。由于派帕的书处理的是西洋哲学史的问题，书的内容牵涉到颇多个别哲人的文献学的知识，对不同文明的外行人而言，其说可谓繁琐，读起来甚不亲切。"基本隐喻"的理念后来对我还是很有吸引力，但对其人其书的兴趣却淡了。

　　对派帕的说法无法再探究，但差不多同一时间，我多少读了些诠释学的书，也读了些荣格 (C. G. Jung) 的分析心理学与耶律亚德 (M. Eliade) 宗教史学的书。读得都不够系统，难以成学，但为了理解不至于太离谱，笔者分别译了两人的书一两册，他们本人的著作该读的应该也读了。勉强凑合，或许可稍稍达到庄子批判彭蒙、田骈、慎到这几位人物所达到的等第："虽然，概乎皆尝有闻者。"（《庄子·天下》）庄子批判这些哲人固然不见道，但已笼统地看到些道的浮光掠影。在上述这几个知识领域，隐喻都是重要的概念，其内涵都已逾越文学批评的范围。隐喻之事涉及专业，我非专家，无能于此间论其长短。但随缘散读，触类旁通，却也兴致盎然。后来集结台湾几位文史哲的朋友向"国科会"提出"重探中国人文传统的自然观""身体与自然：一个跨文化的论述"这两次各三年期的整合型专题研究计划，焦点之一主要也是集中在对自然物象的探讨上面。日积月累，慢慢琢磨，对中国文明中的"自然意象"的象征意义，涉入渐深，相关的论文也就陆续刊出。这些文章的焦点还是绕着"五行"意象展开，不改二十年旧面目，只是理论的基础不一样了。

我对"五行"意象的兴趣不减，最终要归因于对"物"的重新理解。我对"物"的重新理解主要受惠于中西两种理论资源，一是耶律亚德所说的自然之"太初存有论"(archaic ontology) 的功能，以及巴舍拉 (G. Bachelard) 所说的"物质的想像"(material imagination)。前者启示了笔者如何理解物的神圣性，后者则突显了物象与主体的建构紧密相连。另一种来自中国思想的理论资源是受到晚明王夫之、方以智的启发，再往上追，可追溯至张载、周敦颐甚至《易经》学与《庄子》学的传统。王夫之、方以智的思想可说是针对宋明时期儒佛两家的心学传统而发，两人对"物"都有大不同于唯物论，也与唯心论传统大不一样的解释。当代的理学研究一向有分系说，牟宗三先生的理学三系说是影响深远的典范，但我认为（北宋）周、张及（晚明）方、王此系理学更适宜称为理学的第三系。分系是另一个哲学史问题，不同的分系常源于不同的关怀所致，个中细节，姑且不论。但笔者眼中的第三系儒学从"本体宇宙论"的观点出发，知太极而后知阴阳，但又要作主体的转化，加以印证，心物的地位趋于平等。第三系儒学近于泛神论，其说特显深邃。相对于程、朱重性体，陆、王重心体，我心仪的这支儒学重道体，他们的思想体系或许可称作"道体论"或"本体宇宙论"。此系哲人的眼界特高，自然物在他们的体系中，真是脱胎换骨，布衣登九五，万物生光辉。这种道体论的体用论所呈现的"物相"和宗教史家耶律亚德所勾勒出的太初之物的神圣内涵，恍惚之间，竟若隔代相映一样。近世的第三系儒学与先秦的原始儒家都能赋予"物"本体论的意义，关键的因素在先秦时期是"圣感"（luminous）所致，其理论建立在神圣的辩证上面；在北宋与晚明则是道体之下贯，其理论建立在体用论的基础上。本书重在先秦时期的表现。

　　本书处理"五行"，但不是历史地处理，也不是文献学地处理，而是整体打散，重新定位。本书的"五行"可作为"物"的总代表，其范围由"五行"进入"两仪"的"阴阳"以及更精微的"气""浑沌"等领域。本书如称作《物之哲学》，本无不可。笔者将"五行"视为太初时期神圣的主要展现场域，圣入物中，道在五行。"五行"这五种圣物与世界有本体论的区隔，本书因此也有理由定名为《太初本体论》。再换个角度想，本书依浑沌（太极）—气—两仪（阴阳）—五行的次序展开，其理序与周敦颐的《太极图说》有近似之处，因此，这样的结构如视为神话版的宇宙论，此书径称作《五行开辟论》，似乎也讲得通。但笔者毕竟选了《五行原论》这样的书名，原者，如韩愈所谓"原道""原性"的"原"，价值意义的始源之义。各教各有其"原"，实质内涵必然不同，但思维模式却颇相似。上述几个竞争性的书名虽然名号不同，但读者顾名思义，彼此参较，或许可找到曲径互通之处。

本书的内容长期累积而成，二十年前的旧文与晚近撰写的篇章，论述自然不会一致。集结成书前，笔者稍加整饬全书内容，以期风格一致，但旧痕斑斑，也是很明显的。二十年来对"物"始终关心，但如何理解，前后期的偏重则有不同，观此书各篇章发表的年代先后，递变之迹宛然可见。"物论"工程事大，本书偏重于佛教东来前的儒家与道家之原始发想。佛教东来后所引致的以体用论为基础的理学版物论无能顾及，当另书处理之。

本书构思已久，但内容多得益于多年来学界友人的提撕。

感谢一齐参与"国科会"计划的伙伴，感谢从提出构想、刊出期刊论文到集结成书的过程中，彼此相互激荡，反复切磋的朋友。笔者也要感谢蔡锦香、尤美琪、游维真几位助理的辛劳，以及林宣佑、刘思妤同学的耐心校稿。本书加上副标题，重点更突出，感谢蔡瑜、黄冠闵、林远泽三位教授的提示。联经出版事业公司在此书出版过程中费了不少心力，在此一并致谢！

丁酉还历过一之年　于竹堑清华园

目　次

楔子 "不在五行中"的"五行"

　　旧章回体小说及笔记中，不时可看到"跳出三界外，不在五行中"的联语，意指其人修行精湛或法力高强，已不受命数影响之义。《西游记》里的孙悟空一横空出世，即一再自言他自己是"不在五行中"。"跳出、不在"一联通俗有力，否则，它不可能流传得这么广。然而，我们如论其义而不论其语，此联也是大有来历的。葛洪言"我命在我不在天"，王心斋言"大人造命"，[1] 这些前贤的意思指的大概也是一种超越气运以上的圣贤境界，类似的话头在丹道或在禅佛著作中不时可以见到。很明显地，"跳出三界外，不在五行中"乃是"我命在我不在天""大人造命"的通俗版，可视为三教理念向民间渗透的一个案例。

　　"三界""五行"两词出自不同的传统，两相对照，却同样指向传统文明对整体存在界所作的分界概念。"界"是空间的概念，"三界"是佛教的隐喻，意指欲界、色界、无色界，凡夫俗子不管几世轮回，都不出此三界。能跃出三界者，当是断了原

---

[1] 前句见葛洪引《龟甲文》之言，王明校释：《抱朴子内篇校释》（北京：中华书局，1985），页287；后句见王艮：《心斋王先生语录》，《续修四库全书》（上海：上海古籍出版社，1995），册938，卷上，页324。

始无明的菩萨。"行"或指道路，或指流动之物，"五行"是中国文化里用以统合万物的大共名。它最常见的用法乃是指向万物的构成因，或者历史进行的程式，天地万物以及人的命数皆由五行构成。不在五行中者，通常指向超越了命数限制的人。

孙悟空一出世即自认为自己"不在五行中"，他的话说早了，我们很自然就想起他跳不出如来佛掌心这个著名的反证。在《西游记》故事中，佛祖收服大圣的故事即是孙悟空不管如何翻转，终究逃不出如来掌心，结局是如来佛将孙悟空压在五行山下。五行山是佛祖掌上五指的山岳化，五行山即五指山。齐天大圣逃不出如来掌心，同时也就意指即使齐天大圣再如何神通广大，他终究无法逃出五行的控制。

孙悟空七十二变，西天求法要经历八十一劫魔难，七十二、八十一是中国文明中有名的神秘数字，但五和五行也是《西游记》中重要的神秘符号。《西游记》这部著名的神魔小说是通俗的，但也是神圣的。此书内涵颇涉及炼丹，而且所炼之丹乃是内丹之丹，[2] "五行"在炼丹术中占有相当重要的地位。比如

----

[2] 在后世全真道教的修行传统中，《西游记》一书是重要的修行指南。胡适曾指责此书原来那么通俗有趣，却被后世的道士弄得妖里妖气，丧失掉文学的趣味。但是《西游记》一书原来即有那么多炼丹术的内容，第三十六回"心猿正处诸缘伏，劈破傍门见月明"，此回直可视为一部《周易参同契礼赞》，连回目都是炼丹术的术语。此书充斥的内丹术语真是不少，如果这些炼丹术内容不是后加的，而是"定本"里就有的，那么，《西游记》此书的修炼内涵就不宜视为"附赘悬疣"，而当是本质的成分。全真道士依书修行，因此，也就不宜视为污染，而是当机活用。胡适的说法参见《〈西游记〉考证》，《胡适文存·二集》，（转下页）

在此书第二回，写道孙悟空横空出世，无法无天，但还是不免深陷有情众生的基本畏惧——死亡，所以乃云游十州四海，求取不死之方。孙悟空最终求得的秘法之秘诀乃在："攒簇五行颠倒用，功完随作佛和仙。"

"五行"原本即有相生、相续，以顺逆释物之生成变化之义，此义应当出自阴阳家或民间术数传统的原始智慧。但丹道的颠倒五行，其义更高，此法门就像儒家的求"喜怒哀乐未发前气象"或禅师的求"父母未生前的本来面目"，这是逆反生命天然走向的工夫，以期契入未分化的原点。"五行"构成由"天"入"人"，由"先天"入"后天"，由"无"入"有"，由超越界入经验界的关卡。反之，它也是由"人"入"天"，由"后天"入"先天"，由"有"入"无"的界限。在丹道传统中，"五行"就在人的性命结构里，如何处理人身上的"五行"，顺之则生天生地，逆之则成圣成佛成仙，"五行"一词成了为学工夫的关键。

五行是万法存在的奥秘，所以如要修仙证道，学者才须将它"颠倒用"。但"颠倒用"能否穷尽阴阳气化、五行布置的底，恐未易言。因为五行也是整体法界的运作法则，其蕴极精微，所以即使与天同寿的孙悟空仍然逃不出如来佛手掌心，终

（接上页）收入季羡林主编：《胡适全集》（合肥：安徽教育出版社，2003），卷4，页651—698。《西游记》与全真道教的关系参见柳存仁：《全真教和小说西游记》，《和风堂文集》（上海：上海古籍出版社，1991），下册，页1319—1391。

被镇在五行山下，不得翻身。《西游记》一书不单论五行，但它传给我们五行的消息却不比五行的百科全书——《五行大义》来得少。"五行"藏在小说体里面，形象却特别生动有趣，它可能更具体地传达了"五行"之出入无碍，难以捉摸。

笔者在本书中想要处理的主题是中国思想史上一组重要的概念"五行"及其家族概念（如气、阴阳），《西游记》这种类型的章回小说不是大传统的论著，不在本书论述之列。但笔者探讨"五行"议题时，却不时会出现章回小说的情节。中国的大传统常是借着戏曲、小说，渗透到民间的土壤，通俗文化中常出现的套语，有时更能反映重要概念的道成肉身于中国的社会。本书的重点不在知识论导向的探究，笔者关心的是五行及其家族概念在原始经典所反映出的性格及其哲学意涵。从非知识论的角度出发，笔者认为民间版的五行叙述和在中国史上发挥过影响的五行论，其义有别，但更活泼，也更接近本书设想中的原初五行论。民间五行论的蛮性、活力、生气淋漓，在在令人联想到初民物活论世界与小传统间的关联。何以在章回体小说这种民间文学的叙述中，"五行"会接近"命运""本质"的角色，连已行过"颠倒用"功法的孙悟空都要在它的生成变化中打转？何以土行孙这位滑稽的英雄只要沾到土气，即可生机灵现，生命回春？何以孙悟空天生石猴转世，但他要在太上老君的八卦炉里接受文武火的烹炼后，才可脱胎换骨？何以观世音菩萨的杨柳水可使人参果树垂死复生？这种小传统的五行形象和我们在传统的知识体系里所见到的五行论，或者在较严格的哲学论述里所见者，是否有关联？

笔者想要追溯另一种意义的原始活力的五行意象，所以会联想到民间版五行论的原始活力，正在于民间的戏曲小说的叙述虽然更魔幻，无法无天，却更形象化地突显出人的生命的五行本质。笔者在本书中尝试作出一种创造性的还原，解构后的重构，笔者指出：先秦时期五行的原貌固然可视为物，但此物的本真状态却不是近代科学简单定位的视野下呈现的模态，也不是中国历史哲学中"五行终始说"所显现的样态。回到笔者设想中的原点，五行之物作为一种太初的真理，它既是那个时代在自然界中存在的"圣显"(hierophany) 之物，也是与人的意识构造结合在一起的神圣意象。五行的精神化与精神的五行化是发生在太初时期同一桩事件的两个面向，而这样的事件是在知识论导向之前以及心学大兴之前的物我共在的时代所呈现的原始知识的形态。先秦时期的哲人所理解的物，乃是建立在这种心物原始共生的基础上的圣显之物；所理解的心，乃是与原始意象共成共化之心。

我们如要回到中国文明黎明时期的精神状态，或许不该设想洛克 (J. Locke) 式的白版之心灵，也不该设想《大乘起信论》式的如来藏心，而当设想与世共在互渗的圣之意识 (luminous) 在精神发展史上的独特位置。"五行的精神化""精神的五行化"这种词语如果有实质意义的话，显示五行的物之意象与精神内在的状态会有共构的关系，所以"初民"表达情绪、情感时，他会将这种不可见的内在状态转化为物象化的意象，并透过声音与文字的中介化作用，传达到生活世界，再引起听者共通的回应。这种转换机制的存在显示在文明的初阶，物之意象构成了心重要的内涵，所以"初民"表达个人情绪、情感时，会使用特别丰富的"物的想像"。维柯 (G. Vico) 论文明初期的状态时，特别强调那个时代的神话特性与诗的特性，他的话移之于中国文明初期，其说亦通。我们如稍加浏览宋元以下的章回体小说，大概不难了解他的判断是如何产生的。

追溯五行原义，其实是追溯太初时期"物"的展现，完整的五行论不能不包括天、气、阴阳这些高位阶的"物"概念，周敦颐的《太极图说》就是这样呈现的，本书的架构也是如此。本书也同周敦颐的《太极图说》的设定一样，"原论"一词固然意指穷透物的本质，但也意在探究人的本真，同时更意在探讨"道"在太初时期的呈现模式。"原"既指向时间的源头，但也指向了存在的理据。源头澄清了，我们不一定可以理解从源头到孙悟空种种神通变化的曲折途径，我们也不一定可以理解五行为何会神格化为土行孙这般的人格神，也不一定可以了解五行何以成为历史演变过程中的发号司令者，秦汉相争居然变成了赤帝子斩白帝子的故事。但我们或许可以从另一种角度了解心物的始源关系，也可以了解道德论述的力量加上"物"的意象后，或者道德命题以心物共构的形态展现后，主体的物化不一定会堕落成卢卡奇 (G. Lukács) 所谓的"物化"现象。反而纳物于意，意物同流后，语言的力量因而可以更充沛，精神的穿透能量可以更强。

壹　导论：五行原论与原物理

一　叩问五行

在汉字传统中，"五行"一词有各种意指，[1] 但最为人所知的用法是指金、水、木、火、土。[2] 依一般的汉文用法，金、水、木、火、土指的是五种"物"，它们原该合称作"五物"，但"五物"一词却从未流行过。"五材"之名出现过，[3] 但也没有成为通称。在殷末周初，这五种物被整编在一起，名曰"五

---

[1]《礼记·乡饮酒义》与《荀子·乐论》说的"五行"为："贵贱明，隆杀辨，和乐而不流，弟长而无遗，安燕而不乱。"《吕氏春秋·孝行》的"五行"为：庄、忠、敬、笃、勇。《淮南子·兵略训》的五行为："柔、刚、仁、信、勇。"行目繁多，兹不尽举。

[2] "五行"的排序有多种，最重要的四种为：(1) 生序：水、火、木、金、土；(2) 相生序：木、火、土、金、水；(3) 相胜序：木、金、火、水、土；(4) 近世序：金、木、水、火、土。细节参见李约瑟 (J. Needham) 著，陈立夫主译：《中国科学之基本观念》，《中国之科学与文明——中国科学思想史（上）》（台北：台湾商务印书馆，1973），册2，页418—444。

[3] "五材"一词见《左传·襄公二十七年》："天生五材，民并用之，废一不可，谁能去兵？"见左丘明传，杜预注，孔颖达正义：《春秋左传正义》，收入李学勤主编：《十三经注疏整理本》，册82，卷38，页1225。

行"后，五种因子即紧密结合在"五行"的名目下，但却又以各种不同的知识面貌出现于东方的历史舞台，它的地位甚至接近于"范畴"(category) 在西方知识论史上的地位，对后世中国的影响极大。但越到近世，它受到的质疑越多，地位越下。

"五行"理论在近代中国的知识图像中，形象不佳。"五行"地位的升降和现代性知识的进展成反比。一般而言，此套理论被民国通人视为以一种僵硬的公式，将自然与人文世界的各种杂多因素统一了起来。由于它涵盖的范围太广太多，根本无"证伪性"可言，解释力道等于零。在"科学"一词成为游行口号的年代，"五行"自然而然地被视为中国落后的象征，也是中国科学所以不发达的罪魁祸首。它和小脚、辫子、鸦片一样，都被视为是封建中国的残渣，早该被丢入历史的灰烬当中，从近代五行论的探讨者梁启超、顾颉刚以下，"五行"一词即被视为虚伪、迷信，而且是"两千年来迷信之大本营"，它要为近代中国悲惨的命运负极大的责任。[4]

---

[4] 引言出自梁启超：《阴阳五行说之来历》，《梁启超全集》(北京：北京出版社，1999)，册 6，卷 11，页 3357—3365。顾颉刚之说见《五德终始说下的政治和历史》，收入顾颉刚编著：《古史辨》(上海：上海古籍出版社，1982)，册 5，下编，页 404—616。此册除收录梁、顾二文外，另收有吕思勉、刘节、钱穆等人对"五行"说的相关讨论，立场不同，亦可参考。《古史辨》之后的代表性观点，参见李镜池《〈周易〉探源》(北京：中华书局，1991) 一书，此书被视为探讨阴阳五行学说的力作，全书的基调也是沿承"五行伪科学"说而来。

近代中国对"五行"的刻板印象自然不是空穴来风，在鲁迅的文集中，作为"五行"论大户的中医，即被呈现为僵硬的中国封建社会的主要象征。[5] 但这一套理论虽僵硬，却又有一些奇怪的解释力道，信徒弥众，而且传之久远。五行论漫天盖地的解释见之于小传统的许多著作，在医、卜、星、相、武术的著作中，我们总可以看到五行说怎么渗透到各个传统知识的圈子里。五行论最好的范本，当是萧吉的《五行大义》。[6] 在此书中，萧吉将五行论与时、空、时辰、五官、脏腑、音韵、德目等等统一了起来。在《五行大义》的文本中，整个世界是依另类的知识体系设想的，世界是个有机体，五行表述了世界整体。许多现代知识体系视为不相干的系统，都被五行中的一行串连了起来。比如金与西方、秋季、正义、白色、商音、肺脏等等连结起来，它们彼此之间恍若有本质上的系连，因而成了共属的"金行"的家族成员。五行的世界是个平面连结的世界，五行的任一行都跨越了分类的边界，也压垮了分类的边界，它

[5] 中医在鲁迅的精神构造中，占有极显著的象征地位，在《呐喊·自序》中，他即说："中医不过是一种有意的或无意的骗子。"（鲁迅：《呐喊·自序》，《鲁迅全集》[北京：人民文学出版社，2005]，卷1，页438）；《狂人日记》中也有言道："真是医生，也仍然是吃人的人。"（同上书，页448）类似的话语在他的著作中，不时可见。鲁迅曾是位准医生，但对中医的判准却偏执如是，令人讶异。鲁迅不是孤例，由此入手，多少可了解"五行"说在民初学术界的形象。

[6] 萧吉的《五行大义》在中土散佚已久，但保存在海外的日本，关于此书的历史流传，参见刘国忠：《五行大义研究》（沈阳：辽宁教育出版社，1999）。此书可用的新校本参见萧吉著，钱杭点校：《五行大义》（上海：上海书店，2001）。

将现代知识论下的异质性因素整合成同一的构造，"行"成了本质，五行注满了世界。难怪五四运动那一代的中国知识人打造各种新式的知识文化时，不管于工，于医，于农，于政治，"五行论"几乎是他们都会碰到的绊脚石，所以要除之而后快。

由于五行论的解释太宽泛，但此套理论确实显现——至少曾显现出——一套认知的结构，而且还进入传统中国的正统学科体制当中。因此，此套理论会被今人视为一种知识的解释模式，而且是错误而有害的知识模式，也就可想而知了。萧吉的《五行大义》并不是五行说知识论化的第一本书，它只是最完整，但也可说是最僵硬的一部典籍。事实上，五行说成为知识论的模式，早在战国时期即已发生，秦汉后，其叙述更日趋严整，附庸蔚为大国。我们看《管子》《吕氏春秋》诸书，即可知道五行论在当年已是包山包海，其中心虽有所在，边际却无所不在，它是所有知识叩问的现成答案，可用于解释现实世界的任一项目。

但《管子》《吕氏春秋》的年代虽早，其时脱离五行的原始模样已有相当长的一段时期，其解释也就不能没有局限。至目前为止，探讨五行说的专著与专文不少，[7] 就五行说的历史

---

[7] 除上述梁启超、顾颉刚、李镜池诸作品外，另参见刘殿爵：《The Lu-shih Ch'un-ch'iu 吕氏春秋 and Tsou Yen's 邹衍 Theory of the Five Rotatory Ascendants (Wu Hsing 五行)》，《中国文哲研究集刊》第 4 期（1994 年 3 月），页 85—119；王梦鸥：《邹衍遗书考》（台北：台湾商务印书馆，1966）。王梦鸥书虽出版较早，但至今仍有参考价值，没被取代。

知识而言，我们已累积了不少的研究成果。但就理性的知识而言，我们对五行内涵的了解其实仍然相当有限，殊少进展。即使再就历史知识而言，五行说的"原始"面貌为何？也仍多暧昧不明之处。像五行说这样影响深远的知识体系，而且还有不少的研究成果出现，但林林总总的成绩合计的结果，这些研究在精神发展史的意义上，到底提供了什么样的价值，却相当模糊。先且不说目前的探讨并没有得到具说服力的结论，即便该如何入手，才能探询"五行"的内涵，我们其实依然如同往日般的茫然。

追根究柢，"五行"乃是对五种"物"的完整解释，五行说之难以找到原义，其原因可能和今日对"物"的理解偏离了"物"的轨道有关。五行之"物"成为重要的文明指标，就其成为有体系的论述，或许不越西周初年。但就其有意义地介入初民的精神构造，可以合理地推论其年代应该相当早。只要将中国文明的五行——金、水、木、火、土，印度文明的四大元素——地、水、风、火，希腊文明的四因素——水、火、空气、大地，摆在一起，很难不讶异其名称及性质之近似，历史的共构竟可契合如斯。笔者不排除历史影响的关系，但笔者没有能力论证历史影响如何发生。只是更相信在文明早期，这种共构可能源于共享的人之回应模式涉入其中所致，如果平行的独立发生说可靠，"五行"的起源即很难不由历史的问题带入跨文化的主体性构造的问题。

成熟的五行论是中国文明的重要论述，如要论述此一理论的价值, 没有理由不作历史的解析。但"五行"的概念内涵大于历史呈现的事实, "五行"的秘密很可能在于非历史性的向度。五行学说在历史的发展原本可以更多线, 不一定只有一条路。秦汉以后的五行论的发展是沿知识论与政治论的轨道开展, 这是历史的事实。到了二十世纪以后, 五行论在漫天遍野的"科学主义"的压迫下, 它基本上被贬放到理性之光照耀不到的黑暗角落。但五行论的命运一定要如此凄凉吗? 笔者相信在历史上开展出的路途既然是历史现象, 它就隶属于一定的历史条件, 这种现实是改变不了的。但历史条件如果改了, 五行说发展出的方向不一定别无选择, 现在没有历史的负担, 正可以换另一种方式思考其义。

如果不从认识论或政治论的观点解读, 也就是不从历史上占主流现象的观点解读, "五行"事实上有机会回到它自己的本来面目。一言以蔽之, 笔者认为: "五行"说可视为筑基于"圣显"(hierophany)[8] 之上的五种喻根。由比较宗教学提供的视角, 可以很放心地将这些因素上推到文明早期的宗教象征, 亦即在文明初期, 中国的五行就像希腊或印度的四元素, 也像普见于世界各民族对水、火、山、天、土等等自然意象的理解一样, 这些"自然"因素都被视为具有超自然的因素, 都

---

[8] "圣显"之说参见伊利亚德 (M. Eliade) 著, 杨素娥译: 《圣与俗——宗教的本质》(台北: 桂冠图书公司, 2001), 页 61—69。溯源此说, 当可追至奥托 (R. Otto) 的"神圣"(luminous) 概念。

是神圣的载体。[9] 正因这些"自然"因素是如此的超自然，它们的性质是如此的重要，范围又是那么普遍，所以很自然而然地，五行的施用范围不能不广，它们这些天生异禀的神圣因素串连起各种异质性的质素，熔为一炉。五行相连，相生，相克，复杂勾连，最后布下天罗地网般的知识体系，构成了原初的一种世界秩序。

从圣显的根本隐喻的角度入手，尤其放在文明初期阶段观看，当初民面对活生生而且与己所对之"物"时，他会如何理解这些"行"？初民的主体与所对之物的性质到底有何特殊之处？解开了"五行"原貌与秦汉以后五行施用的历史之纠结，各就各位，也许有机会了解一种不同分类下的心物关系。言各有当，本文要探讨的五行原义，追求的是五行在太初阶段，也可以说在现象学意义的原初阶段呈现的原貌；历史上的五行说则是"五行"在历史阶段上展现出的诸种历史论述或文化论迎。施用的领域不一样了，它的意义也会跟着改变。角度调整了，溯源即是正本清源，原"五行"说不一定是过时的黄花，有可能反而是精粹的黄金之华。它揭开了一种原初的也是新颖的物理，一种大不同于当代科技物理学的物理。

---

[9] 笔者底下的论述受到耶律亚德（M. Eliade）与巴舍拉 (G. Bachelard) 的影响，尤其底下二书。参见 M. Eliade, *Patterns in Comparative Religion* (New York: New American Library, 1974). 巴 舍 拉 (G. Bachelard) 著，龚卓军、王静慧译：《空间诗学》（台北：张老师文化事业公司，2003）。

二 五行三貌

我们说的另一种方式的思考，即是对一种出现于历史的文明叙述作非历史性的思考，"非历史"不是"反历史"，也不是"无关乎历史"。这种非历史性的切入点与其说是新的，不如说是原初的，依循的是普见于近代西方世界之外的广大地区人民的思考模式。"五行"千面，我们要的是保持物之丰盈的五行原论。这种能维系物之丰盈意义的五行原论，其实也已出现于历史中，为诸子百家所娴熟运用，只是他们大多习而不察，日用而不知，未曾体系性地、系统性地反思。我们要作的工作只是调整焦距，重构其理论价值的秩序而已。

但在正面提出笔者的主张时，有必要对历史上出现的五行论作一浏览，并简要地分判。佛教判教，有"破邪显正"教，[10] 亦即透过对不如理的学说的批判，借以突显正面表述的主张。本文要正面地陈述五行原论，也需要先稍加检讨负面表列的对照系统。本文的用意不在护教式的破邪以显正，但既然有追求"原义"的要求，所以至少当先表列历史上发生过影响的五行论，观其论述梗概，先厘清分际，才好方便转身进入本题。

---

[10] 三论宗、天台宗等宗皆有此主张，广义来说，只要有判教之主张，皆不能没有破没有立，遮表双诠，破邪显正之说可谓共法。

论及五行，首先想到的就是《尚书·洪范》的说法，五行
在历史上的形象首次如此清晰地出现：

> 一,五行。一曰水，二曰火，三曰木，四曰金，五曰土。
> 水曰润下，火曰炎上，木曰曲直，金曰从革，土爰稼穑。润
> 下作咸，炎上作苦，曲直作酸，从革作辛，稼穑作甘。[11]

"五行"所以在后世很容易和《尚书·洪范》连结在一起，
恐怕不得不然。除了这段文献有可能是在传世文献上最早出现
"五行"的记载外，[12] 更重要地，它出现于《尚书》这部伟大的
经典中。据记载，"五行"是一位亡国遗老的智慧老人箕子向
征服者的圣王周武王谏言的经世伟论。武王与箕子会面，充满
了宗教神学的色彩，箕子与同一时期的吕尚姜太公可视为中国

---

[11] 孔安国传，孔颖达疏：《尚书正义·洪范》，收入李学勤主编：《十三经
注疏整理本》，册 54，卷 12，页 357。

[12] 《尚书·甘誓》有"有扈氏威侮五行，怠弃三正"之语，在《尚书》的
结构中，此篇文章被归类为《虞夏商书》，年代应当比《周书》早。但
古书写就的年代先后很难完全落实，因为从口传到写本到定本，通常
需要一段流通的过程，此文写定的年代有可能更晚。关于《尚书》中的
"五行"问题之争辩，参见屈万里：《对于"与五行有关的文献"之解释
问题敬答徐复观先生》，《屈万里先生文存》（台北：联经出版事业公司，
1984），册 1，页 159—169；徐复观：《附录二：阴阳五行及其有关文
献的研究》《附录三：由〈尚书·甘誓〉〈洪范〉诸篇的考证，看有关
治学的方法和态度问题——敬答屈万里先生》，《中国人性论史·先秦
篇》（台北：台湾商务印书馆，1987），页 509—587、588—629。屈、
徐两先生的讨论很细，但他们的论点恐怕也成不了定论。《尚书》的
《洪范》与《甘誓》两篇的年代先后对本文影响不大，故不再论。

的智慧老人原型，两人出世，联手将"武王伐纣"这桩革命戏剧推向剧情的高潮。从周代先王"翦商"开始，掀动连绵数十年的暴力武装行动要从历史退位了，它让位给继任者体国经野的新视野。《洪范》的五行论仍甚素朴，但"圣王"与"经典"两者的神圣位阶巩固了此一五行说的理论价值。

"五行"一词在二十世纪的知识氛围中，几乎已经沦为小传统的代言人。它和"阴阳"结合在一起。"阴阳五行"一词成体后，[13] 逐渐成为医、卜、星、相的实质内涵。此处的"医"自然指的是没有被编入现代知识体系的巫医或中医。这些小传统的共同特色在于它们是现代知识帝国的边缘成员，虽然它们一度是社会主流的知识，曾经和商天子的占卜活动，和周代圣人"知天命"的崇高要求一并走上历史舞台，是创造文明的要角。但尔后随着历史的变迁，它们却被时潮挤到社会的角落，成了落伍、迷信的指标，构成这些技艺理论因素的"五行"说更成了"迷信之大本营"。然而，回到源头，考察"五行"的出身，不难发现它的身份极高贵，它一出世，即是《洪范》"九畴"中的第一畴，在构成国家大法上，"五行"扮演很关键性的角色。

----

[13] "阴阳""五行"两组概念应该各有源头，平行发展，后世乃合而为一。由于刊载"阴阳""五行"之说最丰富的阴阳家文献已接近完全毁灭，我们探讨这两组文献分合的时间已很难断得准，但笔者怀疑：两者的结合时间应该在战国时期即已形成。因阴阳家以"阴阳"名家，此家的核心理论又在"五德终始说"，我们很难相信此家没有整合过这两组概念。

《洪范》是"五行"一词最早而且最重要的一次出场，出场的背景是武王伐纣成功后，特地向殷商遗臣的箕子请教国家大法。在这种场合出现的"五行"明显地具有浓厚的政治意涵，我们看到五行的作用，主要是指向公共生活中实际的用途，如木可使曲成直，金可革而化之，土可种植食物云云。至于味道的属性，如水咸、火苦、木酸、金辛、土甘，虽然很难讲不能运用到政治以外的领域，但放在《洪范》的脉络下看，毕竟仍是政教的用途占大半。殷周之际是中国文化史上大变革的一个时代，周公的制礼作乐立下了一个新时代到临的标志，"尊尊""亲亲""尚贤"这些重要的德目则是运作新体制的根本法则。[14] 然而，在几近于开国大典的前夕，"五行"说却很质实地被安顿在制器尚用的氛围下展示出来。一种讲究统合润下、炎上、曲直、从革、稼穑这类物理质性，以及讲究咸、苦、酸、辛、甘之类味觉的原理之五行说到底有何重要的意义？为何战胜大帝国的新兴圣王要移樽就教？

《洪范》的"五行"无疑地是国计民生的大事，但将先秦时期出现"五行"的文献比较而观，不难发现《洪范》的国计民生可能需要放在另一种视野下定位。《甘誓》的"五行"是和代表天道的"三正"说摆在一起看的："有扈氏威侮五行，怠弃三

---

[14] 参见王国维:《殷周制度论》,《观堂集林》, 收入谢维扬主编:《王国维全集》(杭州: 浙江教育出版社, 2009), 册8, 卷10, 页302—320。

正，天用剿绝其命。"[15] 在遂古时期，天界往往被认为蕴藏了神的意志，中国早期的文明也是如此看待。《左传》的"五行"是和五行的神祇化连在一起出现："故有五行之官，是谓五官，实列受氏姓，封为上公，祀为贵神。社稷五祀，是尊是奉。木正曰句芒，火正曰祝融，金正曰蓐收，水正曰玄冥，土正曰后土。"[16] 五行"祀为贵神"，此叙述值得留意。因为只有"圣显"介入了，"五行"才会神祇化，"五行"说也才会变成开国大典中的鸿猷巨范。其实也不必说得太远，因为在《洪范》本文，箕子已说这"九畴"乃是上帝为奖赏大禹平定洪水，再定天下，因此特别赠予他的大法。《洪范》九畴不是人间事物，而是天界大礼。

　　上述这些文献中出现的"五行"相互指涉，构成一组意义较完整的思想网脉。此一思想网脉显示：《洪范》此篇描述的五行内涵，虽然多的是日用常行事物，但这些事物的性质恰好不是日用常行，而是指向了另类的向度。这需要从"太初存有论"(archaic ontology)[17] 的角度看待《洪范》"五行"，亦即此

---

[15] 《尚书·甘誓》："有扈氏威侮五行，怠弃三正。"孔颖达疏云："正如字，徐音征，马云：'建子、建丑、建寅，三正也。'"参见孔安国传，孔颖达疏：《尚书正义》，收入李学勤主编：《十三经注疏整理本》，册53，卷7，页207。

[16] 见《左传·昭公二十九年》史官蔡墨之言。左丘明传，杜预注，孔颖达正义：《春秋左传正义》，收入李学勤主编：《十三经注疏整理本》，册83，卷53，页1733—1734。

[17] "太初存有论"（或释"太初本体论""遂古本体论"）是耶律亚德用以解释神话母题的存有论上的地位。关于"太初存有论"的观念参见耶律亚德（M. Eliade）著，拙译：《宇宙与历史——永恒回归的神话》（台北：联经出版事业公司，2000），页1—4。

经典中的政教伦理、国计民生不能脱离圣显的视野。《洪范》的五行之物之性质与味道之联想，和周公制礼作乐的礼乐一样，不管是"物质"是"精神"，它们都需要在圣之保障下，证成自身。

除了统合各种日用伦常的项目并赋予存在的意义外，"五行"另一种常见的用法是用于阴阳家的历史解释，所谓"五德终始说"是也。司马迁说阴阳家的邹衍"称引天地剖判以来，五德转移，治各有宜，而符应若兹"。[18] 五德终始即意指金、水、木、火、土各行在人世间的位置是轮流换的，金德旺后有水德，水德之后有木德云云。反过来说，即有五德相克之说，如金克木、水克火、木克土、火克金、土克水云云。五行在人间各有代理人或各有代理朝代，人间的代理人要了解天人之际，运会来时，即当应运而兴；运去，即当告隐，退出历史舞台。五德终始说是历史理论，但其依据却是神秘的宇宙相生相克之法则，它似乎是那么非人为的自然主义的主张。但任何牵涉到政权存亡的政治论点，不可能那么行所无事，五德终始说不可能不带有浓厚的政治权力意志。在政治领域，神秘的自然法则与权力意志有种奇妙的结合。

"五德终始说"这种难以验证的历史理论在中国政治史上却产生了极大的影响，历代王朝的兴亡几乎都演过五德相生相克的戏码。最惨酷而现实的政治斗争居然会和最神秘莫测的论

---

[18] 司马迁撰：《史记·孟子荀卿列传》（北京：中华书局，1959），册7，卷74，页2344。

述紧密结合，此种看似诡异的联姻，如果放在宗教史的角度下观察，却不是那么难以理解。五德终始说是种循环的时间观，循环的时间观在"现代"意识兴起前，它是初民及非西方文明常出现的史观。[19] 不妨说：这也是巫教的史观。当政治斗争最激烈，集体心态最强盛的时期，通常也是非理性的巫教意识最猖狂的时代。五德终始说所以有历史意义地出现于政治变动最激烈的战国时期，毋宁是原始心性与历史机遇很自然地结合所致。乱世需要解释，乱世的人心需要天意的介入以抚平苦难的折磨，而透过永恒回归，重演天界原型，乃是普见于初期文明或"原始民族"常见的回应模式。五行轮回递现，相为始终，乃天地运作之法则，也是人间历史运行之法则。观察五行终始说在后世起大作用的时机，通常也是鼎革沸腾、龙蛇起陆之际，这种时期借《公羊》家语言来讲，可谓据乱世时期。后世反复出现的据乱世和战国时期一样，都是一方面天发杀机，一方面也是人间需要被天意（天界原型）拯救的年代。

除了作为中国王权政治秩序基础的皇家学术外，"五行"在后世更重要的影响无疑地在它变成了一种封闭性的知识体制，成了主导性的分类系统，甚至于可以说：成了具有知识论导向的认知模式。比如：金可和五脏的肺、五官的鼻、五音的商、五色的白、五味的辛、四时中的秋、五方中的西等等结合

---

[19] 耶律亚德（M. Eliade）著，拙译：《宇宙与历史——永恒回归的神话》，页47—86。

在一起，时、空、颜色、脏腑、知觉等这几种性质不相干的名目，在五行体系中，却紧密地结合在一起，被视为它们拥有共同的"金"的因素。如果单就统合经验与料的功效而论，五行的效果和西方知识论的"范畴"几乎不分轩轾，[20] 虽然两者统摄的经验与料的性质及本身的性质（一是先验的图式，一是带有感官意象的图式）都相当不同，但这无碍于它们都带有普遍地整理并且综合经验性内容的功能。

追溯现代用法的"范畴"一词的来源，对于了解"五行"此《洪范》九畴"之一的特色，颇可起古今映照的作用。但映照的作用大抵也就是方便法门的意思，两者所同恐不胜其所异。众所共知，"范畴"是西方哲学史上的重要概念，作为"范畴"一词的西方原型的 category 在亚里斯多德 (Aristotle)、康德 (I. Kant)、黑格尔 (G. W. F. Hegel)、狄尔泰 (W. Dilthey) 哲学的脉络中，其义各有不同。对当代影响最大者，至少是对当代新儒家学者影响较大者，当是康德的范畴义。康德的范畴有十二，十二范畴统之于"质""量""模态""关系"四者之下，其用法将"范畴"提升到理智的先验的统觉作用，范畴统合了感性提供的杂多的与料，使之条理化，它是超越的判断，不是经验的构成；它是思想先验的格度，不是思想的内涵，但它却是为自然立法的主要执行者之

---

[20] "五行"比"范畴"，我们的类比或许不是盲目的联想，众所共知，现代汉语中的"范畴"一词乃是 category 的对译。这是日人的译词，取自《洪范》"九畴"，而"五行"正是九畴中的第一畴。

一。不管"范畴"一词被用得深或浅，但我们发现西方哲学传统下的"范畴"具有浓厚的超越判断的功能。从亚里斯多德到康德，"范畴"的出现虽然都是哲学工作的产物，但其理性运作的轨迹赫然在目。

作为准范畴作用的五行说在中国的发展，却不是依循理智超越的判断作用而呈现，它神秘地参与对象的性质当中，没有摆脱巫教文化的历史影响。依布留尔（L. Lévi-Bruhl）对"神秘参与"的规定，"初民"的思考方式带有浓厚的非逻辑的、互渗的性格，[21] "非逻辑"一词的争议极大，布留尔后来事实上也不用了。但"神秘参与"之说却有个理路，因"参与""不参与"的分类标准而立，在当代西方知识树的系统外，凡是依另类的系统建构知识体系者，都难免被认为带有知识越界的情形，产生了所谓"神秘参与"的现象，中国的五行说只是所谓原始分类体系中最著名的一套知识罢了。[22] 五行说后来很快地和阴阳说结合，成了中国知识论体系中影响最深远的两组词语，一套体系中的两组词语。[23] 两者完美地结合不管是否迟至

---

[21] 参见布留尔（L. Lévi-Bruhl）著，丁由译：《原始思维》（北京：商务印书馆，1981）。"神秘参与"是此书的指导概念，兹不细引。

[22] 参见涂尔干（E. Durkheim）、莫斯（M. Mauss）著，汲喆译：《原始分类》（上海：上海人民出版社，2000）。涂尔干、莫斯此书除了探讨中国文化的分类系统外，还讨论了澳洲的塔塔蒂人、瓦克尔布拉人，美洲的祖尼人、奥马哈人等等的分类系统。

[23] 关于"阴阳""五行"在中国科技史上的重要解释功能，参见李约瑟（J. Needham）著，陈立夫主译：《中国科学之基本观念》，页418—451。

秦汉，但在战国时期，五行作为统辖经验界事物的准范畴之功能应该已经完成。五行此准范畴的完成是建立在"五"此数字与"行"此"物"的特殊的结合上。笔者相信："五"的神秘化和时空格局的完成有关，"行"的内涵则承自悠远的"物活论"(hylozoism) 传统。

上述三种对五行重要的诠释，一是儒家的政教模式，一是阴阳家的历史模式，一是传统科学下畴人运用的认知模式，三种类型可视为五行说在中国传统中最重要的形象。五行论的三相在中国史上的影响都极大，其中尤以第三种知识论用法的五行说与本文要探究的五行原义关系最大，因此有必要稍论其内涵，以作为新旧义的连结与区隔。畴人义的五行论之物具有的功能，最重要者厥为时空的划分与生命力的显现。就时间的划分而言，我们知道巫教的世界观是三界相连的体系，天界与地界常依赖树木或高山此宇宙轴的连结作用沟通了天上与地界。中国的天干地支是时间系统的核心要义，"干""支"字形皆从"木"而得，[24] 中国神秘的地理学中有"五木"之说，"五木"支撑了此世与天界的连结，"五木"也是宇宙轴。[25] 换言之，亦即干支乃依附在宇宙轴的定位作

---

[24]《说文解字》释"支"云："去竹之枝也，从手持半竹。"释"干"云："犯也。从反入，从一。"徐灏云："木之直出为干，亦作幹。旁为支，亦作枝，干支同物。"引自丁福保编：《说文解字诂林》(北京：中华书局，1982)，册4，页930、1266。

[25] 参见拙作：《太极与正直——木的通天象征》，《台大中文学报》第22期（2005年6月），页215—250。

用而创制出来的时间系统。

就空间的划分而言，早期文献时常出现重要的自然意象与神秘数字"四"或"五"的结合，如四方风、五火、五木、五方土等等，"神秘数字加自然意象"构成了区分的坐标，这些区分显示空间的区隔与圣物之间的关联，亦即有了圣物的介入以后，空间的秩序才逐渐形成。在这些因素当中，风、火、土的因素可能更为重要，因为在一切都还浑沌未分的暧昧时期，日、月、星三光之秩序化的行程，一年不同季节的风之性质及风向之定位，以及每日生活其间的大地之基本辨识，这些因素构成了人的存在之氛围。其中天体秩序与方位的关系更为密切。我们有理由相信天界秩序是一切秩序的母体，也是后者成立的前提，天文学是各古老民族都出现过的最初的知识体系。一旦天体秩序形成了，空间定格了，时间也跟着定下了。作为存在基本因素的风带来的讯息也就开始明朗化了，四方风从甲骨文到《尚书·尧典》，其记载绵延不断，可见其定位之重要。天体秩序形成了，大地的方位也跟着成形，中文的"东"字即指太阳在东方草木中的位置之义，此树木令人联想到东方海域中作为宇宙轴的扶桑神木。时空总是一体难分，在文明的形成期尤其如此。

时空是秩序成立之先决条件，新五行论中的木、水、火、气、土等提供了这样的条件。一般认为：中国的时空概念和众多民族的情况类似，时间的架构借之于空间的隐喻，当商朝人以中土自居，并形成四方的概念时，五的分类已初步形成了。[26] 以"五行"类比"范畴"在西洋哲学的位置，现代汉语以《洪范》九畴的两字"范畴"对译西洋哲学中的 category 一词，难谓允当，但确有格义的理由。"五行"与"范畴"义的异同，构成了反思五行原义重要的参考背景。

三　圣显与力显

探讨五行的本来面目，除了要看出其语义与时空秩序的形成密切相关之外，还当看出构成五行论的物之理的核心内涵的"生"之理念。五行论中具有生命力的物即有火、水、土、木，可以说除了"金"的性质较难确定以外，其他各行皆重"生"义。如再深入五行说基础的浑沌、气、阴阳诸概念，所见者也是如此。总而言之，构成笔者设想中的原初版的五行论的各种圣物，从最根源的浑沌以至五行的分化，皆带有生生之义。确立此义之后，即可由此进入"物的本来面目"的问题，也就是进入"原物理"的领域。

谈起物的"本来面目"的问题，即不能不踏入对于"物"的理解的哲学深水区。在当代中国思潮中，对"物"的理解

---

[26]　甲骨文已有"东土受年、南土受年、西土受年、北土受年、受中商年"之说，四方土和广受瞩目的四方风概念，当出自同一种思维。"四方"加上观察立足点的"中商"，恰好构成"五"的格局，五行说依附在"五"的神秘性质上。以上论点参见胡厚宣：《论五方观念及"中国"称谓之起源》，《甲骨学商史论丛初集》（上海：上海书店出版社，1989），册2，页1—3。

同时兼有来自传统与西洋的影响，西洋源头部分则一直受到两股思潮的左右，一是来自唯物论的解释，一是来自唯心论的解释。前者的源头可说来自马克思 (K. Marx)、恩格斯 (F. Engels) 代表的左派传统。后者的主流则来自对康德哲学的吸收，而康德对于"物"的现象的理解则是远承西方近代思潮，从笛卡尔 (R. Descartes)、休姆 (D. Hume) 以下一连串发展所致。如果要找出近代中国的代表性的人物，前者可以艾思奇为代表，[27] 后者则可以牟宗三先生为代表。[28] 举这两人作为比对，颇显不伦，两人的理论水平与其学说的知识价值何啻相去天壤。然而，就影响力或代表一时期的思潮而言，两人并举，并没有说不过去的地方。即使现在很难理解艾思奇这种著作的影响是怎么来的，但他曾是某一特定时期的官方哲学代表性学者，却是确实无疑的。

论及五行之为物，自然不能不考虑到物的自然质性的问题，但物的自然质性如何理解，却是个极大的神秘。笔者相

---

[27] "古代的辩证唯物主义最初都假定世界的一切事物是由某些原始的物质发展变化的结果，而一切事物又可以还原为这些原始的物质……以后其他哲学家又发展了金、木、水、火、土'五行'的思想。这种原始的辩证唯物主义思想在二千多年中间一直是中国人民用来综合和说明各种自然知识（特别是中国的医学、天文学等）的理论基础。"艾思奇：《辩证唯物主义讲课提纲》（北京：人民出版社，1957），页 17。唯物主义是艾思奇著作的出发点，类似的话语在艾思奇的著作或早期中国马克思主义学者的著作中不时可见。

[28] 参见牟宗三：《中国哲学的重点何以落在主体性与道德性？》，《中国哲学的特质》（台北：台湾学生书局，1975），页 9—13。

信恰恰好在初民原初的经验上，所有的物原则上都会跃出它
的自然质性之外，指向了一种另类的性质，此即耶律亚德 (M.
Eliade) 所谓的"圣显"。"圣显"顾名思义，乃指神圣之显现，
但"神圣之显现"同时也意味着"神圣"对自然之排除。在原
初的经验中，神圣无所不在，但神圣有所选择，选择也意味着
排斥。没有本体论的决裂，圣俗分隔，圣即无由显。神圣钟情
于山，此山即以其山之姿从众山之中脱颖而出，成为圣山；钟
情于木，此木即以其木之姿从众木之中脱颖而出，成为神木；
钟情于水，此水即以其水之姿从众水之中脱颖而出，成为灵
泉；钟情于火，此火即以其火之姿从群火之中脱颖而出，成为
圣火：钟情于土，此土即以其土之姿从广土之中脱颖而出，成
为神壤。钟情于金，钟情于石，同样会产生圣化的效果。金、
木、水、火、土还是金、木、水、火、土，但金、木、水、
火、土也跃出了自己的范围，成为神圣之载体。物既是物，也
具有物之性质外的盈余意义，自然物因而成了意义重层之物，
金、木、水、火、土即非金、木、水、火、土是名金、木、
水、火、土。

原初之物之所以能是其物又非其物，乃因物之性质已非物
理质性所能拘囿，它自身弥漫了一股难以掩抑的"出位之力"，
"出位之力"借用美学的"出位之思"之说，意指原来的意象
之跃出自体。"个体"是不稳定的，它处于力动之中，但这种
力动与其说是物性自发，不如说是圣之聚于物所致，耶律亚德
称此现象为"力显"(kratophany)。"力显"与"圣显"是同

一现象的不同面向的指谓，所谓的初民世界乃是力动的世界，也是声、意、形、气一体而化的世界。物在其自体，但又脱其自体，整体世界处于流行之中。

"圣显""力显"之语是耶律亚德宗教史学的重要概念，它是放在奥托 (R. Otto)"神圣的概念"之模式下呈现的理论模式。如再反省"圣显""力显"所钟之物，不难发现这些物呈现了活生生的性质，具有"物活论"的特性。"物活论"常被视为一种褪色的、幼稚的知识体系，它只存在于初民的文化。但可以转个角度来看，重新赋予此一词目新的意义。卡西勒 (E.Cassirer) 论神话思维的特质时，特别指出其特质在于其顽强的生命力，不知死亡为何物。死亡不可解，则万物皆活，在神话的世界中，变形是最重要的律则，世界以不同的面貌不断转化，万物有消逝却没有断绝这回事，变形法则是生命永存法则。[29]

荣格 (C. G. Jung) 在论无意识的本质时，也提到无意识所见之物皆盈满了生命的讯息。"泛灵论"或"物活论"常被视为原始思维的一种形态，在早期的科学论述中，"物活论"代表幼稚的思维。但在后科学主义的年代，如反思物的原初意义，恐怕不能不承认：物活论有其足以立说的基础，它并不比机械的唯物论不合理。如果借用博蓝尼 (M. Polanyi) 的语言

---

[29] 卡西勒 (E. Cassirer) 著，刘述先译:《论人——人类文化哲学导引》（台中：东海大学出版社，1959），页93—98。

来讲，初民只因他的支援意识特多，也特强，所以他可以更广泛地连结物象与情感的关系，这种连结比现代科学理性的知觉呈现模式要来得合理。

不妨将上述耶律亚德所说的圣显现象与力显现象以及物活论当作反思的背景，然后面对重要的中国哲学原始文献，析其奥义，以观五行原论成立的基础。此文不直接论五行，而是论其基础，且观看底下所述为何：

> 凡物之精，此则为生。下生五谷，上为列星。流于天地之间，谓之鬼神，藏于胸中，谓之圣人。是故民气，杲乎如登于天，杳乎如入于渊，淖乎如在于海，卒乎如在于己。(《管子·内业》)
>
> 大哉乾元！万物资始，乃统天。云行雨施，品物流形，大明终始，六位时成，时乘六龙，以御天。乾道变化，各正性命。保合大和，乃利贞。(《易经·乾·彖传》)
>
> 大道泛兮，其可左右。万物恃之而生而不辞，功成不名有，衣养万物而不为主。常无欲，可名于小；万物归焉而不为主，可名为大。(《老子·第三十四章》)

上述这些话语都是战国诸子时代的语言，它们所描述的主体（或主题）各不相同，《管子·内业》说的是"精"的故事，《易经》给我们捎来"乾元"的消息，《老子》的章节传达的内容是对"道"的礼赞。"精""乾元""道"三种哲学概念的内涵不同，但三则引文都是宇宙创生的叙述句，他们的句子构造非常近似，都指向一种贯通于芸芸万物之中的"某某"，这些"某某"在存有秩序上占有更高的位置，是生命的原理，是秩序的依据。引文中的"某某"是哲学突破时代的语言，字眼不同，但哲人使用的"某某"都是他们的概念体系中的巅峰理念。"精"具有美满的本质之涵义，"乾元"是以六十四卦之首的"乾"加上始源或本质义的"元"组合而成，"道"则具有贯穿万物使之沟通的意象。

如果不以辞害义的话，上述的话语可以说是"泛神论"的语言，这里说的"神"是《易经》"妙万物而为言"的那个古义之"神"，而不是一神论的"神"。"妙万物"意指使万物神妙，这个叙述很粗浅，《易经》并没有立下太严格的定义。但可以推论：在原初的经验上，万物存在，万物有生命，万物能活动云云，这些现象即是奥秘，都是"妙"，但其妙的依据却不好解，它不是"问题"，此所以为"神"。[30]"妙万物之神"很可能提供了物的创生、维持、活动诸义，"神"与"物"同在，此之谓"泛神"。

现行的"泛神论"一词源于西方的宗教学，中国无其名而有其实，"泛神论"的思想在中国一直有很强的论述传统。

---

[30] "问题"与"奥秘"的对照是马赛尔（G. Marcel）哲学的一组重要关键词语，问题是可处理的对象物，奥秘是涉身其中的不透明的存在感。参见马赛尔（G. Marcel）著，陆达诚译：《是与有》（台北：台湾商务印书馆，1983），页89—91。

《管子·内业》的"精"，《老子》一书的"道"，《易经》书中的"乾元"，可视为"神"的一炁化三清。其实不只"三清"，"神"是多面英雄，它的面具多彩多姿。中国哲学史中的泛神论论述通常伴随工夫论一起呈现，它具有高度思辨的及实践的向度。然而，祭祀先河后海，后世发展出来的这些精致论述不可能没有较原初的形态，笔者相信来自原始宗教的宗教经验即为其前身。如将引文中的"精""道""乾元"代之以"圣显"之"圣"，将引文中所显现的生命流动视之为气之流动，则诸子所用的泛神论语句，不折不扣正是来自原初经验的"圣显""力显"。

从太初之人的物活论语句到诸子的泛神论语句，无疑地既有断层，也有连续。太初之人的物活论语句中充满了更多的野生的力量，不用太费精神，大致也可了解这是个由巫术、神话、集体情感统治的世界。在许多神话中美好的上古时代，人神不分，神巫可自在飞行，可连类物变，自在地出入于刀枪水火之中而毫发无伤。神话事件的性质显然不是理智边事，而是集体的非理性的情感力量，神话事件服从的不是物理法则，而是神话思维。只有在神话思维的运作下，初民依"神秘参与"的律则运作，[31] 才有高飞或变形的自由。神话的自由不能依魏晋名士的玄学名理或德意志精神哲学的纯粹理性精神加以理

---

[31] "神秘参与"是布留尔提出的初民思维的特色，荣格非常重视这个概念。

解，它是贯穿心理／生理分化前的生命动能，更明确地说，初民之飞翔或变形未必只是心理事件，它也有可能是巫术祭仪下的身体事件。这种强烈身体触动下的跨心理—生理—物理的作用力不由自己，是非意识所及的蛮性之力驱动所致。

在巫术神话的时代里，"世间"不是以认知的架构呈显出来，在巫术意识的作用下，万物基本上呈现出流动的、灵性的面向，这是世间之实相。对初民的认识而言，"物"只有变化，没有死亡，所以"物活论"不能不是初民信守的教义。就神话意识的主体面而观，神话意象的自由可以确定是假象，是哲学家改造过的意象。一个由巫术统治的世界即是由外在的、偶然的因素统治的世界，此中人物既没有理性知识可供凭借，也没有责任的负担，因而也就没有自由可言。但如果不采"自由"一词的精神意义，而只从主体之不受生理法则，甚或物理法则之羁绊，由此着眼，初民的意识自然可以说是更加广阔。如实说，初民有不自由之自由，也有自由之不自由，他既活在不受各种道德法则与自然律则限制的时代氛围，但巫术的魔咒力量也掐住了自由的翅膀。自由与规律连袂而至，初民生活世界中的规律和禁忌 (taboo) 连结太深，主体的觉醒力道太浅。

相对于初民的物活论，泛神论的语句虽然也是圣显的语句，但泛神论之"泛"通常意味着已先有主体之建立，以及连带而来的去主体之中心化，最后达成主体与道体之合一。泛神论也有各种类型，"泛神论如何描述"一向就是泛神论此概念

内部的理论难题。[32] 因此，当我们以"主体""道体"之名冠
于其上时，也不可能没有争议的。然而，就普见于各宗教传统
中的泛神论叙述来看，泛神论不但意味着实践者要有健全的人
格，它更预设了实践者的主体的升华。主体的升华从另一种角
度看，也就是它摆脱了原始意象的控制，一种新的生命形式的
精神从原始感性的深渊中升起。"若以色见我，以音声求我，
是人行邪道，不能见如来"，[33]《金刚经》这个语式稍加改换代
名词，"我"或"如来"代之以"神"或"道"，大体适用于各
文化传统中的泛神论叙述。

　　笔者引用《金刚经》只是借路经过，泛神论不一定非得
往绝对空的方向发展不可。泛神论一词既然意味着"道在万物
又不离万物"，其内在结构即有"道"与"万物"两头，"道"
与"万物"两者的意义不可能是同义反复。如果泛神论可以将
"万物"的概念不多不少地转换成道（上帝、神）的概念，那
么，"泛神论"简称"神论"即可，"泛"字一词是多余的了。
然而，"泛"字是删不得的，"泛神"此词语的存在正显示有某
种"神"以外的因素之"万物"存焉，"神"内在于一切物而
又不等于物；物内在于神而又似乎未全在于神。泛神论与自然

────────────

[32]　泛神论既主张绝对的道在杂多的万物之中，因而不免会带来"既一且
　　　多"的悖论。道既与万物同一，因此，这种经验也不免带来：此经验
　　　是唯物论或是泛神论之争议。

[33]　鸠摩罗什译：《金刚般若波罗蜜经》，《大正新修大藏经》（台北：新文
　　　丰出版公司，1983），册8，页752上。

冥契论之所以常夹杂在一起，很难一刀两断，关键就在此处。就宗教本质定义，两者或许需要有划清界线之处。[34] 然而，就连续性的世界观而论，我们也可说：道本来即以物之姿凝聚于物之内，一种精致的物之形态即是道之所在，自然冥契论和泛神论如观其同，并非是两种截然不同的宗教形态。

从物活论到泛生论到泛神论到道论，就哲学概念而言，概念与概念之间不知已翻了多少层。物活论常被视为最原始的思维，放在中国哲学史的脉络下理解，道论却常被视为是哲学高度发展下的产物。但就意象而论，有必要采取"叠合"的思维模式，不妨打断五行论在历史过程中的各种变身，也就是搁置歧出的五行论而不论，直接从原初的宗教经验本身考量，然后再反省宗教实践的巅峰经验，截断众流，两相比勘。经过此转身后，赫然发现：原初之物的"物活"义始终贯穿历史上出现的各种论述，从泛生论到泛神论到道论，其间之物皆是活泼泼的。原始阶段的物活论与高峰阶段的体用论（道论）之物论，所述尤多相契。中国思想史上不是没有出现过唯物论的论述，但无疑地，要找到如霍尔巴哈 (P. T. Baron d'Holbach) 或当代中国马克思主义者那般死硬的唯物论者不

---

[34] 自然冥契论（nature mysticism）意指与自然相合无间的一种美感经验，此一体的美感经验中仍有物相的流动，与纯粹的外向型冥契论仍有差距。相关讨论参见 R. Otto, B. L. Bracey and R. C. Payne, trs., *Mysticism East and West: A Comparative Analysis of the Nature of Mysticism* (New York: Meridian Books, 1957).

容易。不管在中国的大传统或小传统的论述中，也不管在中国
文明的始源阶段或哲学理念发展到高峰的宋明阶段，固然可以
找到坚强的心学的统绪。但换另一只眼睛看，则也发现物的
活性都极强，[35] 这种原始智慧贯穿的"存在的大锁链"很值得
深思。

　　论及"物活论"之大者，中国的"五行说"当是物论中
之佼佼者。中国的五行与印度、希腊的四元素之说，明显地高
度重叠，彼此间是否有影响关系，盖亦难言。但金、木、水、
火、土在任何宗教体系都是重要的象征，大概是可以确定的。
除了这五行之外，不难想到日、月、山等等，大概也都具有同
等重要的意象意涵，甚至人为的建物如宫庙、城墙等等，也可
以具有丰饶的象征意义。[36] 如果推论至极，也许任何自然或人
为事物只要有机会和神圣产生关联，它即可能与周遭世界产生
本体论之断层，己身因而也都可转凡成圣。但一般而论，圣显
还是有选择的，再怎么算，金、木、水、火、土五行都当是个
中重要的象征。五行皆活，五行皆圣，五行是至高位阶的道、
精气等在人间的体现。"五行"在中国文化史上的形貌所以千
变万化，神秘参与四方百物，其来有自。

---

[35] 我们只要想到表现物相极为丰富的《易经》一书，它既是奠定古典儒
　　　家要义的典籍，又是宋明儒家重构儒家传统的圣经，即可领略"物"
　　　在中国文明史上的特色。从"物"着眼，这是另一种看待《易经》的
　　　方式。
[36] 参见耶律亚德（M. Eliade）著，拙译：《宇宙与历史——永恒回归的
　　　神话》，页4—16。

四　流形与原型

五行的活力与文明后期的泛神论、道论共享生生之义，也与当代的力量美学思潮有连续性。五行的性质不宜视为内在于物的初性，也不宜视为有待观者加以合作才能显现的次性，在原始的经验中，五行之物不是以认知的面貌出现，也不是以道德象征的面貌出现。五行的性质是动态的，是"行"，它们的本质就是氤氲暧昧般地流动，以往的学术用语称作"气化"。非静态，非对象，五行就如是呈现出来。

当五行以感性知觉的意象呈现出来时，而且此处所说的"感性"应当作更进一步的规定，此处的感性不是康德、休姆哲学中作为表现感性杂多作用的那种感性，而是强烈的生命驱力，类似佛教所说的无明妄动，或尼采 (F. W. Nietzsche) 哲学中显现出的权力意志的生命能量。这种生命能量超越了理智控制的范围，在荣格的精神分析学及布留尔的原始思维论述中，也都发现到所谓初民所见到的世界乃是强烈的连续性的世界。笔者所以杂引诸人的理论，其义指向孟柯 (C. Menke) 在《力》(Kraft) 一书中指出近现代欧洲美学的一条主轴：一种来自无名深渊的力量，美学因而是生命之学，是穿透的感性知觉之学。[37]

---

[37]　孟柯 (C. Menke) 著，何乏笔、刘沧龙译：《力——美学人类学的一个基本概念》（未刊稿）。

孟柯瞩目的近代欧洲注重无名力量之美学家，几乎也都是重新发现神话力量的哲人，如维柯 (G. Vico)，如尼采，莫不如此。笔者认为五行的活力即是此无名之力的远东前身。

但所谓连续性也不能不意味着区别，只有在区别的基础上，连续性一词才有意义。"五行"一词的成立奠基在"五行"的直观上，而不只是力量的问题。作为圣人治国安邦的《洪范》九畴之一，"五行"之物不能不有更明确的规范。笼统说来，五行绾合了材料因、动力因与形式因。我们直观五行的形象，除了"生"的质素外，五行各自提供不同的意象，且看下列的图式：

行目	自　然　性　质	德　　目	儒家德目
金	坚实、犀利、清脆	永恒、法律、正义	义、恒、肃
木	高大、直立、成长	终极、正直、生命	仁、生、直
水	流动、清凉、变化	本源、机智、生命	智、生、道
火	焚毁、炽热、透亮	净化、动能、光明	礼、化、勇
土	厚重、广延、抚育	敦厚、生命、包容	信、生、敬

对生命能量外显的感性直觉而言，上述所说的五行性质是未曾诠释过的现量。由于是印象式的判断，笔者的归纳不免有些独断，而且不全，不同的归纳绝对是有的，而且早已有不同的图式出现过。但就本文的要求而言，上述的列表大体已可勾勒出五行说的轮廓。

由五行的连续性与区别性着眼，由此可以讨论"五行"这"五物"的"物"何以称作"行"？"物"通常意味着同一性与独特性，个别性原理使得"物"得以从观者模糊的知觉状态中解脱而出，世界成为背景，它突显为焦点，成为认识的对象。然而，"行"正显示一种运动原理，它同时要成就也要瓦解个别性。如果"行"意味着流动气化，"行"通向"形"。"五行"的构造却又显示每行仍有区别，没有区别即没有数量字"五"可以介入其间，每"行"各有其"型"，其型有五，此之谓五行。物的概念同时意味着成立、不成立与转型变化，由此，行与形、型的问题即不能不进入本文的议题。

"五行"的金、木、水、火、土何以称作"行"，而不称作"物"，此问题是五行论中不免会被提出来的题目。这个问题不易回答，如果放在早期的认识论下考察，或许可以得到解释的线索。《易经·乾卦·象传》有"云行雨施，品物流形"之语，此段话描述天地创造的历程。在大化的推衍下，云雨并作，万物也开始流动。"品物流形"放在这种脉络下考察，指的似乎是宇宙开辟过程中，由发端到定型的过渡地带。它与"云行雨施"并列，意指万物在成形的过程中的云烟氤氲，雷雨满盈。《易经》这段名言可视为自然美学的叙述，"流形"当作纯粹的动词使用，与"物"的本质仿佛无关。

然而，自从上海博物馆帛书《凡物流形》被释名定位之后，[38] 我们对"品物流形"的解释不能不从过程论转向定形论，

---

[38] 马承源主编：《上海博物馆藏战国楚竹书》（上海：上海古籍出版社，2008），册7，页219—300。

亦即"流形"一语不是指物未完成的中间地带，而是指向物的完成状态，是对物的定义。亦即所有的物都处在流变之中，物的本质即存在即流动，没有一物是完全的自我指涉。更确切地说，"流形"说可能指的既是过程论也是定形论。只要回想《易经》一书本来即是讲变易之书，它的构造乃是由占卜变化无穷的命运事件再往行为事件的伦理法则，以及存有事件的天理法则迈进，"易"字兼具"变易""不易""简易"三义。"品物流形"作为物的本质之解释，完全符合《易经》之道——"屡迁，变动不居，周流六虚，上下无常，刚柔相易，不可为典要，唯变所适"（《系辞下》）的基本规定。这样的《易》道指的或是占卜，或是事件的法则。但扩而充之，指向物的自我转化性格，也说得通。《易经》这种"A 即非 A"的物之解释并不特别，更不怪异。在战国时代，庄子、惠施也都有类似的观点。庄子论物，一方面承认凡有"貌相声色"者即是物，但他同时主张"凡物若骤若驰"，刹那万变，物即"物化"。惠施也主张"物方生方死，方可方不可"，肯定同时就是否定，物同时在又不在。[39]

　　五行的金、木、水、火、土是物，但有理由相信不管在战国，或在三代，五行之物一出现，它就被视为处于圣之力显的

---

[39] 从"流行"定义物，以生成（becoming）界定存有（being），不只在战国时期相当流行，它事实上可视为相当普及的一种物之观，在许多哲学传统中都可见到。郭象的"物自生自化"说、龙树的"八不中道"说、赫拉克利特（Heraclitus）的"水流不滞说"、黑格尔的辩证运动说等等，诸说的理论依据不必同，但无一不指向 A 乃 A 与非 A 的统一，事物总是在转化的过程中。兹不赘述。

状态，五行之物的本质就是五种不同的性质的"力"之流动。五行的"行"既是性质，也是物，它可视为个体名词，也可视为集合名词。不管当哪一种词性看待，金、木、水、火、土都是在物化之流行当中呈现出来。五行也是世间任何事物的构成因，依"五行"的思考方式，天下之物无一不具有五行当中的一行以为自体的型，或是综合诸行以为自体。任何事物既然都离不开五行的气化构造，任何事物因此也都没有片刻地在其自体，它总是在形变的历程中。物之行、物之形与物之型可视为一炁化三清，行、形、型三者相互转化。

　　五行之物一方面处于流动，但一方面又处于物之成型状态。五行论是解释系统，是对世界秩序一种建构性的说明。当我们注意及五行之物的历程流动以及自我转化面向时，同时也当注意五行的位阶是作为从始源的太初之道与芸芸万物之间的转化地带，没有对杂多现象的说明，即不需要五行，五行为世界万物而存在。这种作为万物存在的依据、法则或因素，如用荣格、耶律亚德的说法，五行是种原型意象，此"原型意象"意指初民运用最基本的模式表达一种"太初存有论"的真理。此种"原型"可指一种神话事件的模式，最常见者是宇宙开辟及其家族式的神话。耶和华 (Jehovah) 的开天辟地，亚当、夏娃的乐园与失乐园；天山浑沌怪兽之识原始歌舞，重黎之绝地天通等等的主题，总是成为后人省视天人关系万古不刊之基模。"原型"也可指最重要的自然意象：天、地、水、日、月、木等。这些原型的自然意象环构了初民的生活世界，但同时也要透过本体论的分裂，这些自然意象要有圣俗之分以成就圣物的质性。何种自然意象会提升至原型的地位，分类容有不同，中国文明中最常见者厥为五行与八卦两种，"金、木、水、火、土"与"天、地、水、火、山、泽、雷、风"这两组自然意象不全相同，但都扮演了原型意象的角色。

"五行"作为一种自然意象，其自然意象的意义并不存在于其自然的质性本身，而是"透显"(reveal) 至他界，亦即不同存在性质的"圣域"。或者反过来说，这些自然意象乃是神圣所聚，"圣"要聚于木中的神木、水中的圣水、火中的明火、金中的纯金、土中的中土，神木、圣水、明火、纯金、中土即为金、木、水、火、土的精粹，也是其旨归与依据，它们因此有圣显的作用。就自然意象而论，"圣显"的工程需要预设自然之物的本体论分裂，千万株树中只有一株树脱颖而出成为圣树，千百座山岳中只有一座脱颖而出成为圣山，千百种火中只有一种来自太阳的天界之火可成为明火等，这些圣化之物即成为诸自然之物的模型，也成了与物共在之人追求神圣的不二途径。由于具"圣显"与"力显"作用，所以这些自然意象虽然不能脱离物理性质，却又不能以物理现象视之。它们通常具有生命的内涵，而且是更鲜活的生命，所以原型意象的自然意象乃是物活论的活物。为何所谓初民普遍性地都具有所谓的物活论哲学，由此入手，可略窥一斑。

原型意象的特色之一在于具有浓厚的情感，或引发浓厚的情感，这是从布留尔的原始思维说到涂尔干、莫斯的原始分类说都承认的；这些原型意象具有"指向""跃出"自己自然本质外的作用，这也是从卡西勒、耶律亚德、布留尔以来，共同接受的论点。一种可使物活、可不断跃出的情感是何种情感？笔者认为最方便的解释，莫过于是宗教共相中之大者的"神圣感"。但作为一种层级很高的大共名，"五行"需要有极高的解释力道，它需要被视为一种象征，"原型意象"也是"原型象征"，此一象征不是一对一的符号体系，而是以其核心的象征显像在许多不同的物象上，或不同的领域上，《易经·说卦》提供了一种很典型的原始思维的图像，一个重要的原型意象可指向众多的物象。[40] 只要我们承认"原型"这个概念还有意义，即有"模型"与"个别事物"的关系内蕴其中，神话思维也有其理一（原型象征）与分殊（具体的事物）。

"圣显"的五行以金、木、水、火、土的意象出现，但它的本性却超出了其自然形象的范围，而与存在物中性质相近者结盟，如金与五脏中的肺脏、五音中的商音、德目中的义德、方位中的西方等共组成金行共和国。透过了准范畴的思维模式，五行散入万物，构成了世界。原始的五行论是一种物活论，由五行构成的世界的总体也是物活论的质性。依"圣显""力显"之说，五行可视为太初之道钟聚的圣物，由圣（道、太极、天等）到五行到世界，因而恍若带有神话版的体

---

[40] 如《易经·说卦》解释"乾"可为马，为首，为天，为圜，为君，为父，为玉，为金，为寒，为冰，为良马，为瘠马，为木果。一个能指，多个所指，其他诸卦亦如是。

用论之姿态。太极是体，五行是用；五行是体，万物是用。五行的世界是整体流动应化的世界，云行雨施，品物流形。

五　言—气—志主体与物的想像

原初的五行论是物活论，是种对太初之物的原始认识论，是另类而又真实的原物理学。然而，论及"五行"原义在中国思想史上的重要意义，当在精神意向与五行意象间的关系。如何透过五行，在人"内在"的意识结构与"外在"的物象之间，找到合理的联系点？"木"如何既是外在世界的东方、肝脏、青色，又是道德意识中的"仁"德？"金"如何既是代表西方、商声、白色的一行，又是道德意识中的"义"德？

五行在所谓的原始分类系统中，扮演类似范畴在西方的知识论中的角色。然而，范畴之于语言，乃是轨约的作用，它不介入语言实质的内涵。五行不然，就名目而论，五行的金、水、木、火、土都是自然语汇，它们要呈现出的意象也是自然意象，但这些自然意象却被要求承担起统合物质意象与精神意象的工作。五行的特殊在此，作为汉字思维的核心概念，"五行"既要有统合并分类经验万象的功能，但"五行"的"行"也要介入被归纳的事项当中，实质性地串连起众多的物象，五行不可能不是构成的原则。关于自然语汇与精神语汇的连结工作，如果不将这种连结视为自然主义的谬误，而要为之辩解的话，那么，一条很合理的解决线索是将两者当作一种比喻的关系。五行的金与德性的义，五行的木与德性的仁，两两之间，似乎有类似之处，学者透过类似性的连结，将两种不同属性的词汇建构成同质性的关系。比喻说是以文学技巧之事解消了知识论上的难题。

从比喻入手，不失为一条可行之路，但笔者认为比喻的途径当超过文学譬喻的范围，而转从比喻的认知意义着眼。如果可以探索出精神语汇与自然语汇混用的依据，或许可找到中国思想与五行意象的关联。笔者底下的论述将建立在几个前提上面：首先，乃是上世纪末詹森（M. Johnson）等人发展出来的概念隐喻说；其次，洪堡特 (W. von Humboldt) 等人提出的汉字思维理论；再者是先秦时期作为形—气—神身体观的一种分支：言—气—神的语言观；最后则是巴舍拉的"物质的想像说"，或"物"之想像说。一旦"物之想像说"得以成立，精神内涵以五行的物之意象表达出来，即可视为主体恰如其分的表现。

概念隐喻说最大的贡献乃是强调语言概念本身即是隐喻构成，隐喻不是加在语言之上的一种文学技巧，而是语言的本质即是隐喻。再如何抽象的理论命题，甚至数学函数，都含有隐喻的内容。隐喻的基本单位不一定在字词，也可以在句子。詹森提到英文中许多基本语式都用到方位的隐喻、容器的隐喻，借着这些隐喻，抽象的概念遂得以思考。[41] 概念隐喻说如果

---

[41] George Lakoff and Mark Johnson, *Metaphors We Live By* (Chicago: University of Chicago Press, 1980). 此书中译本参见雷可夫（G. Lakoff）、詹森（M. Johnson）著，周世箴译注：《我们赖以生存的譬喻》（台北：联经出版事业公司，2006）。简要的引介本，另参见苏以文：《隐喻与认知》（台北：台湾大学出版中心，2005）。

成立，我们对主观与客观、想像与思维之间所作的严格区别即不能不大幅松绑。因为隐喻就在语言本身，语言即是隐喻的展现，而不是语言借由隐喻的技巧展现自身。

如果说概念隐喻意指任何语言都免不了感性意象的隐喻在内的话，汉语比起印欧语系来，具有更大的特色，因汉语和汉字的连结甚深，汉字语系的构成基本上脱离不了意象的因素。和印欧语系的语言中心主义相比之下，汉字毋宁是形音并构的特殊语系；印欧语系的文字向听者的耳朵诉说，汉字则同时向眼睛与耳朵发讯息。因此，汉字的思维本身就带有更强的意象性的因素。落在"五行"的例子上，"东"此方位字，即显示日出于木的方位，作为生机的仁德、草木繁生的东边方位即孕育于"木"行之中。而凡从木之字，大抵都享有木行的共同质性，专属木科的植物如松、柏、杨、柳固然如此；建筑材料如栋、梁、极等字，也容易联想日出东方的扶桑树此通天宇宙树的意象。看到"坤"字，知其从"土"，"申"声。《坤》卦代表的是土德，具有如"申"字般的成长讯息。看到"地"字，立刻知道此字与"土"的密切关系。由于汉字的构造有多种原则，字形的演变又较复杂，汉字思维因此很难建立清显易识的普遍性原则，个中问题待检证者不少。然而，汉字思维受到"字母"或"字根"的字或部首偏旁影响，乃确实之事，兹不细论。[42]

---

[42] 最近的研究参见笔者在《汉学研究》编的"汉字与思维"专辑之拙作，《"汉字与思维"专辑导言》，《汉学研究》第 33 卷第 2 期（2015 年 6 月），页 1—6。

　　隐喻知识论与汉字思维论提供了思维与认知的关系之复杂面向，然而，论及五行与思维的关系，首先要克服的当是中国文化传统中很强的反言说的传统，反言说的另一面乃是注重沉默的沟通价值。[43] 另一种和沉默说接近，乃是视语言为透明的工具说。工具说视语言为传情达意的工具，而且认为这种工具很不理想，语言只有通过的价值，它为了目的（意）而存在，通过的价值也就不是事物自身内部的价值。[44]

　　沉默说和工具说都意味着在表达之前，学者身心内部有一个完整的心灵蓝图，语言是这个神秘的内在蓝图差劲的摹本。沉默说和工具说是带有浓厚的中国文化传承积淀的主张，有其

---

[43] 在孔子的"天何言哉"、老子的"不言之教"、《易经》的"或言或默"、庄子的"相视莫逆"之说中，我们都看到沉默被提升到诠释利器的高度，沉默被视为一种更完整的诠释，它未经语言的中介之减杀，言者完整的意图原汁原味，即可移之于受者一方。在中国经典，尤其是《庄子》与佛经如《维摩诘经》处，我们看到不少沉默等于真理的叙述，司空图所谓"不着一字，尽得风流"，可谓一语道尽。

[44] 同样在上述的《庄子》《易经》以及佛经中，我们看到不少将语言视为"蹄""筏""器""桥"之类的隐喻，"蹄"的存在是为捕捉兔子，"筏"是为了跨河，"器"是为了功用，"桥"是为了到达对岸。工具说与沉默说是一体的两面，沉默中自然没有语言，工具说则意指语言的自我否定，两者可谓殊途同归。然而，何以作为脱己的目的而存在的"蹄""筏""器""桥"本身，除了脱己的指义功用外，其指义中不能有自身的性质参与在内？同样地，沉默的沟通真的不需要任何的中介吗？我们都有理由持怀疑的态度，什么样的心态才称得上沉默？就像"主静立人极"到底要静到什么程度，才算完成"主静"的目标，同样是言人人殊的。至少从修行论的观点看，意识如果没办法彻底地脱意象性，达到如庄子所说的"至人无梦"之境，即不算是"沉默"之境。中国自六朝玄学大兴之后，语言工具说的焦点几乎集中在工具的通过价值上，语言自身的复杂性格被淡化了。

殊胜，也需修正。因为从洪堡特以后，已很难相信脱离语言作用的思想，语言是思想的器官，是思想本质的一部分，或者说它是思想的呈现原则，语言不是思想的工具。因为有了语言，所以不可见的意图，或者所谓"内在"的面向，才可显现出来。没有语言的显现，即没有明确的意图。没有语言的显现，所有的意图也就不可能成为公共的事件。语言是个人与群体的交集，是共时性与历时性的交会。由于语言的社会性、传统性之本质，所以言者通过了语言，所有的心灵事件即可化身为社会事件，私密的情感成了公共的论述。表达离不开语言，语言构成了表达自身，这是洪堡特最重要的提示。

如果洪堡特敲醒了我们这些耽于无言之道的学子，从"独立声音之外的心灵内容"之美梦中苏醒过来，他也提醒我们汉字即是汉语内部的构成因素，[45] 在东亚这片广袤的汉字世界，论及语言与思想的关系，还要加上一个限制条件，此即东亚地区语言的表达离不开汉字的影响。在今日作为语文学大宗的主要语料来自印欧语系，印欧语系的曲折语是人类重要的一支语系，但不是唯一的语系。曲折语的音素发达，语言的变化可以

---

[45] 洪堡特对汉字汉语的思索，参见洪堡特：《论汉语的语法结构》《致阿贝尔·雷慕萨先生的信：论语法形式的通性以及汉语精神的特性》，收入姚小平译注：《洪堡特语言哲学文集》（北京：商务印书馆，2011），页 119—202。另参见林远泽：《从洪堡特语言哲学传统论在汉语中的汉字思维》，《汉学研究》第 33 卷第 2 期（2015 年 6 月），页 7—47。关于汉字思考所带来的文化影响，另参见平冈武夫：《经书の成立：天下の世界观》（东京：创文社，1983）。

反映时式、性别、数量、性质的不同，字母基本上只是语言的复写，印欧系统中不需考虑文字的问题，语言学吞噬了文字学。然而，汉语本身是孤立语，音素不发达，早在声音物质化的始源阶段，图像即取得主导权。在完整的汉字系统中，声音无疑地也很重要，"形声"意指"形"＋"声"，"假借"通常也是假借其音，"转注"之说难定，但也可说有语音的关系，汉字和汉语依然有密切的关系。然而，汉字毕竟不是字母，我们用汉语思考，事实上离不开汉字。

除了语言学家提供的有利线索外，冯特 (W. M. Wundt)与米德 (G. H. Mead) 则更进一步，摇撼了我们"脱离生理的心理事件"此假象。二十世纪在某一个意义底下，可以说是"身体"的世纪，梅洛庞蒂 (M. Merleau-Ponty) 的知觉现象学固然是此思潮极重要的地标，但围绕"身体图式""身体主体"之说，在认知科学、语言学、隐喻理论在在都可看到"身体优先"的论述。到了上世纪八〇年代以后，更有"感官的转向"。[46] 如果将此一思潮再往前推移，而且取符合经验论述的语言表达的话，那么，笔者相信由冯特、米德师徒开展出来的社会行为主义理论对了解中国的身体论述会有很大的帮助。冯特、米德的说法所以特别值得提出来，乃因冯特在二十世纪的东亚人文学术传统中曾占有一席之地。在建构民族学、心理学

---

[46] 参见余舜德：《身体感：一个理论取向的探索》，收入余舜德编：《身体感的转向》(台北：台湾大学出版中心，2015)，页 1—36。

的学科建制中，冯特的理论以"民族心理学"的名目被引进中国，他的心理生理学也曾被视为是科学的心理学，因而有较强的说服力。然而，随着"民族心理学"的议题逐渐走入历史，冯特因而也成了被追忆的人物，好像他的论点只有历史的意义，缺少当代性的理论价值。

然而，冯特强调心理学与生理学的一体化，强调两者在生存过程中的相互激化，互为存在，这种生理心理学化、心理生理学化的主张经由其徒米德放在演化论的框架下，强化了心理内容所具有的历史演进的及社会群体建构的内涵，应当受到足够的重视。在冯特、米德的理论中，一种没有经由长期演化、社群共构的人类行为是不可理解的，一种没有容纳这种历史性的与社群性的价值于人的主体之内的内在性也是不可理解的。反过来说，凡是内在性的内容都是"泛化的他人"，也都是"浓缩的历史"，它曾经由身体的表现，反映可沟通的公共内涵。心与身、主与客、内与外的区别不是不存在，却是无从区别。人与世界有种交织的关系，而且是先验的关系，人在本质上即是与世共在之人，人的任何展现都带有与世共在而且也有自己气性的混合风格。[47] 语言是精神的器官，而精神都是世界性的，语言因此都是公共语言，都是公共理性的分身，它绾结了意识、身体与世界。

---

[47] 上述说法参见米德（G. H. Mead）著，胡荣、王小章译:《心灵、自我与社会》（台北: 桂冠图书公司，1995）。"泛化他人"是米德的名言，"浓缩的历史"是笔者对其演化论背景下的主体观所作的判断。

　　回到汉字思维，我们有理由说：任何道德命题如要体现伦理的功能，它只有经由语言、文字、身体三重构造的体现作用，其人的内在性才得以具体化于公共的世界。在这三重中介性质中，中国思想最可以提供理论资源者当是身体论述，儒道两家在这方面共同接受一种形—气—神的身体图式。形—气—神的身体图式中，作为意识的"神"（或称作"心"）之展现是连着气展开，"气者心之浮也"，[48] 心则为"气之灵"。[49] 只要是心灵的活动，可以确定其活动也都是灵爽之气的活动。心灵即心气（或神气），心灵的意向性与非意向性的感通作用连在一起。不但如此，心气的活动又是和形的构造相连共振且共化。孟子称这种由心气转化体表的实践论为"践形"论，荀子称为"美身"论，庄子称为"体道"论，《管子·内业》称为"充盈"论。这些术语皆指向身体是心气展现的载体，身体的内涵即有心的因素，也有气的因素。形—气—神的主体一建立，我的形气即参与了世界，世界即是我的世界，身体因此拥有根源的诠释向度。

　　在形—气—神的身体图式下，可以找到另一组衍生的理

---

[48] 语出《黄帝四经·十大经·行守》。陈鼓应：《黄帝四经今注今译——马王堆汉墓出土帛书》（台北：台湾商务印书馆，1995），页387。

[49] 朱子之语"能觉者，气之灵也"，"心者，气之精爽"。参见黎靖德编：《朱子语类》（北京：中华书局，1986），册1，卷5，页85。朱子之语根据《孟子》"志，气之帅也"，"气，体之充也"。参见朱熹：《孟子集注·公孙丑上》，《四书章句集注》（台北：大安出版社，1983），卷3，页318。以及《管子·内业》的"心以藏心""心气"之说而来。

论，此即言—气—志（气以实志，志以定言）的构造。[50] 言—
气—志构造中的"言"字无疑地是形—气—神构造中的"形"
之具体化，"言"是形体在声音上一种有分节且赋有意义的表
现。换言之，就像人的形体会体现出气—神的内涵，同样地，
人的言语一样也体现了气—神的内涵。这样的言语显然不会只
是语义层的意义，言语也是体现的语言，它是语义的内涵连着
言说者内在神气的韵律一齐展开。声音中有社会性的语义，也
有私人性的个性；有自然义的声调起伏，也有精神义的穿透力
道。先秦儒道两家的言语论也是心理生理学的分支。[51]

　　形—气—神的身体图式与言—气—志的语言图式出自同一
种理论模式，它们可说都是依气化论的世界观展开。气化论在
先秦时期是相当重要的论述，气化论无疑地带有自然哲学的内
涵，"气"作为解释自然现象的核心概念在《左传》等书中已
频频出现。然而，在诸子时期，气化论也和人的主体的构成有

---

[50] "气以实志，志以定言"此组语言出自《左传·昭公九年》。关于言—
　　 气—志的构造，参见拙著：《儒家身体观》（台北："中央研究院"中国
　　 文哲研究所，2003），页 177—178。

[51] 由言—气—志的构造再往前更深一层论，笔者相信我们可以找到一种
　　 和洪堡特的思想器官论相比美的论述，笔者所说的即是庄子的"卮言"
　　 论，"卮言"是庄子创造出来的术语，"卮"是浑圆的酒器，浑圆是庄
　　 子最重要的隐喻，陶均、环中、石磨、轮子都是同一原型的变形。道
　　 要以语言的形式表示出来，此种浑圆意象的道言乃是全体展现、日生、
　　 日化之语，卮言是道的展现原理，离开"卮"的模子，即没有真正的
　　 "言"，"卮言"是"道言"，无"道言"即无道可言。参见拙作：《庄子
　　 的卮言论》，《儒门内的庄子》（台北：联经出版事业公司，2016），页
　　 225—264。

关，在形—气—神此身体主体的图式中，气化扮演一种流动性的身体感之角色，它是连接意识与躯体之间的流动、沟通、感觉等等的内在身体之角色。在言—气—志的语言图式中，"气"流动于主体与世界之间，它既扮演转化精神的意向性为器官发声的生理事件的转换器，也扮演了主体与世界会晤的原始介面。"气化"是精致的身体活动，意识的展现离不开气化的向度，也就是意识展现出来的面貌必然不能不经由这种精致化的、个人风格化的因素，展现为公共化的形貌。人的身体主体不管是经由"言—气"此语言事件显现于外，或是经由气—形此身体事件显现于外，精神的展现都是连着身体与语言的中介一齐肉身化。身体与语言这两种中介间还有紧密的关系，此义姑且不论，以免冗赘。[52] 回到主题来，可以确定：五行意象呈现之区域就坐落于从神、气到形之间的主体转换之地带，五行

---

[52] 比较言—气—志及形—气—神的构造，我们可借语言的身体起源说，也是语言之姿的论点进一解。在早期的语言学者与人类学者的著作中，身姿论曾被视为语言的前身。何以在初民的表达方式中，身体的姿势，尤其手的姿势特别丰富，此事不能不引发学者极大的好奇。眼、耳、鼻、身等身体姿势传达的内涵，比起语言来，无疑逊色多了。语音如何从声音变成有认知意义的符号，此过程真是神秘，"语言的起源"也是语言学家极感兴趣而又棘手的难题。然而，依据冯特、布留尔等人的观点，语言本来就是精神的器官，它有表达的冲动，所以身体语言与语音的表现可能是同源而发，声音的意义展现之前身可能即是身体语言的示意。精神语汇和自然语汇的混用，因此不是不合法的，反而是语言的原始状态。由于语言主体在表达时，即有必要将不可言说、不可意表的意念转化为公共领域的言语，所以随着身体语言的日渐精化，语言扮演的功能也日益强化。此义当另文阐述，兹不赘述。

的秘密就在神、气之间。

五行说绾结了自然意象的金、木、水、火、土与精神意象的仁、义、礼、智、信，其正当性如何？一切的问题纠结于此。笔者认为从言—气—志的语言图式入手，绾结了冯特、米德的社会行为学的语言论，已可找到初步的连结点。前文论及"气"的因素时，侧重气在身体向度与意识向度的衔接作用，但需要用同样的力道再度阐释：气同样绾结了意识与世界的向度，如果形—气—神的存在乃是因气化而与世界共构的存在，身体主体的气—神的结构中即不可能没有与世界共构的因素内蕴其间。当形—气—神的主体经由语言的管道作用于世界时，其实已经是在原始沟通基础上的再度沟通，可以说：声音朗现出的人文是一种在世主体的"气化事件的世界性"与"语言事件的世界性"之汇合，言语、行为是重层的构造，它同时具有语言体系此社会整体性符号与神气流动此互渗的自然整体性的叠层构造，它是两种世界性的汇聚流通。在本体论意义上，道德意识语汇与自然语汇之间，在一个神秘的点上，必然是有潜存的连结结构的。

在转化精神意义为可见的公共论述时，精神意念并不是纯粹空白的，它和世界早已有隐密的共构关系，在这隐密的构造中，万象森然，但森然中最足以体现神圣性质之物象最易突显而出。因为它们是原型，原型具有来自无穷深渊中的力道，它是奕世迭代的文化积淀所致。在中国文化脉络下，神圣物象即是以五行为大宗，道德意识经由表象的功能，它可传达出整合意识内部的道德情感与物之意象的道德语言，完成"由意识到语言"的转化功能。如果说康德强调知识建构中形式想像的作用，我们有理由同意巴舍拉所说"物之想像"在表达精神内涵中的作用。

康德的形式想像乃是一种先验的构想力，先验的构想力对于物之呈现没有构成的作用。但没有此先验的构想力，知识活动即不可能建立。相对地，巴舍拉的"物之想像"是种构想的作用，它恍若潜存于意识深层的原型，原型是有"力必多"(libido) 的，它会往外投射为原型意象。一旦想像力和物之意象挂钩后，即有机会回到五行的本来面目。在巴舍拉晚期的诗学中，地、水、气、火的主题不断出现，可以见到其自然意象的主题受惠于荣格的原型论甚大。

当五行转回其原初面貌时，就能发现五行的精蕴固然在"行"本身，但也在人的意识中成长起来，五行的意象是内在于意识内部的生命形式。人是世界坐标的核心，他像一株巨树立于旷野，"我渴望生长，我往外边看着，而体内的树正自滋长"。难怪"一株高耸而微微摇曳的树，总是会触动灵魂"。[53] 灵魂为什么会被触动？因为灵魂就是一株直挺上扬的活生生的宇宙树，宇宙树也是定位宇宙秩序的宇宙轴 (axis mundi)，它是庄子说的"外化而内不化"的那个神秘之点、神秘之渊，这

---

[53] 第一个引文为里尔克 (R. M. Rilke) 的诗，第二个引文出自博斯科 (H. Bosco) 的 *Antonin*，两者皆引自巴舍拉 (G. Bachelard) 著，龚卓军、王静慧译：《空间诗学》，页 297。

个点、这个渊却也是株无形之树。既然提及庄子，不要忘掉：庄子正是极早或最早连结道、生命与巨树的哲人，《逍遥游》的"樗"，《人间世》的"栎"，《德充符》的"松柏"，这些不材之木与有材之木的本性，木木不同，但它们都是原型投射于外在世界之木所致，也都成为后世文人身处乱世时借以自处的典范。[54]

生命中不只有树，也有金石。生命需要成长，需要通天。但生命也需要有基盘，要有稳固的定点。稳固以"金"表之，定点乃是庄子所说"外化而内不化"的那个不化的点，后世称呼此生命中的不化的点为"丹"。稳固的定点因而可表为"金丹"，朱子感叹的"金丹岁晚无消息"[55]的"金丹"即是此义。有德者的声音铿锵稳健，此之谓"金玉其相"（《诗经·大雅》），其德位则形同"金声玉振"（《孟子·万章下》），这些金的象征义的来源甚早。金不只在内，也在关系，当诗人要表示坚持的情感时，他歌咏道："如何金石交，一旦更离伤。"[56] 阮籍面对着恶劣的政治局势，想到兄弟间的坚实情谊也不得不被

---

[54] 一个更显明的通天之木的意象当是《庄子·田子方》所说的老子的"形体掘若槁木，似遗物离人而立于独也"一段，此间的内涵牵涉到庄子思想与早期工夫论的关系，颇涉曲折，兹不细论。

[55] 朱熹：《题袁机仲所校〈参同契〉后》，《晦庵先生朱文公文集》，收入朱杰人主编：《朱子全书》（上海：上海古籍出版社，2002），册24，卷84，页3983。

[56] 阮籍著，陈伯君校注：《咏怀五言八十二首之二》，《阮籍集校注》（北京：中华书局，1987），卷下，页212。

拆散, 就像金石般的坚硬, 还是被拆离了, 遂不能不感到悲伤。外在的金石成了内在金石意象的对口事物, 也成了合情合理的伦际关系的象征。生命中不只有木、金, 也有水、火、土。依"物之想像", 这些物之意象也会适时地投显内在意象为可见之公共形象。

笔者所以在此举诗为例, 乃因对五行的每一行的精神内涵, 笔者皆已有专文探讨, 不拟再行重复论述。而诗具有表达隐曲心境的性质, 而且表达的是具体的智慧, 诗人的创作常被类比于造化者的创作。中国古代诗人虽然在五行论的文化中成长, 但他们未必研究过五行, 其诗文表现却直接地联系上内心的万象与自然的物象, 内外有种同构相映的关系。带有物象的原型会外透为语文的表达, 这个特性有助了解我们文化传统中的道德情感是如何表达出来的。"诗者, 天地之心", [57] 诗人的启蒙很值得我们重视。

六 结论:"五行"余韵

先秦时期的文献显示其时诸子对道德语汇与自然语汇的混用, 并没有觉得不妥, 甚至连不安的反思意识都未兴起, 这种安然的心态值得细究。他们这种自安固然可以解作原始心态的

---

[57] 见黄奭辑:《诗含神雾》,《黄氏逸书考》, 收入严一萍选辑:《丛书集成三编》(台北: 艺文印书馆, 1971), 册145, 页1a。

反映，乃是其时的诸子百家对语言的理解尚不够透辟所致，所以犯了"自然主义"的谬误。[58] 但在今日已大致脱离认知中心主义的时代来看，先秦诸子的混用精神语言与自然语言而态度自若，笔者认为这种姿态毋宁更接近正面的现量语式。因为在先秦时期，虽然以意识转换为中心的心学工夫论已经初步形成，一种典型的贯通全体法界的体用论则尚未兴起，像张载、王夫之那种要赋予世界"物与无妄"意义的体系性哲学不够明朗。但可以类比的思考方向是存在的，依"圣显"的理念，"物"一样可以带有盈满丰饶的精神内涵。春秋战国是大自然尚未被简单定位的年代，尚未被座架化 (racking) 的时代，[59] 思想不够精致化，但也不至于抽象化。原始智慧原汁原味，物有在其自体的神圣意义，物与心尚有多重的交流管道。先哲以物喻人，以物喻德时，精神性表述中凝聚着扎实坚挺的自然意象，物心相融，具体而有力，其关键在于另类的物之理解。换言之，在理学家中道—物勾连的体用论构造在先秦则以圣显之物的模式表现之。

反思先秦，其时德目的自然意象化与其视为思辨理性的不

---

[58] 道德意识的五行化此一现象牵涉到意识与自然的关系的问题，如果和经验科学的语句相比，通常我们认为"应该"的意识是关键的因素。谟尔 (G. E. Moore) 论伦理学命题时，即以"自然主义的谬误"指称将经验科学叙述带进伦理判断所犯之错误。参见谟尔（G. E. Moore) 撰，蔡坤鸿译：《伦理学原理》（台北：联经出版事业公司，1978)。

[59] "简单定位"是怀黑德 (A. N. Whitehead) 的用语，"座架"则是海德格 (M. Heidegger) 的哲学语汇，两词皆指向现代技术的特色。

足，不如视为前贤蓄意地搁置了直接性的精神表达性格，反而借着丰沛的支援意识灌注到抽象领域的叙述，因而使抽象者具象化，使具象者精神化。[60] 神圣的物性是其时先哲重要的支援意识，而借着物之意象表达精神意向的神圣性质则是我们判断五行原义价值重要的线索。

依目前学界一般的理解，精神的直接展现性是魏晋后三教常见的表达方式。精神展现的直接性和精神展现的中介性无疑地都可在中国儒道传统中找到源头，"精神表达的语言意象的中介性"并没有乍看之下那么特别。至于这两种表达方式之间到底是什么样的关系，显然是大问题，值得细部讨论。然而，可初步地肯定：具有文化内涵的道德命题所重者不必然要全体透明地主客双泯，文化世界不需要直接立下超越主体，以彰显在其自体。恰好相反，在文化领域中，超越主体最好先自我退位，退位不表示完全缺席，退位是种真正意义的"转进"。主体虽然是唯一的，但主体是千面英雄，它有各种的变貌。不同变貌的主体各有其胜场，也就是各有其辖域，超越的主体与文化的主体当各就各位。道德意识是有优先性，但优先性的道德

---

[60] 请看博蓝尼下列的话："观察一个有意义的关系，便是去整合那些指归焦点的支援线索，因此，也就是去掌握那些支援线索，好像它们是我们体内的反应似的。我们已经看过，在这层意思上，观察即是内敛于支援线索。一般而言，举凡周全的个体，我们对它们的知识都是出自内敛于它们，我们是参与它们，参与到仿佛它们是我们的部分肢体的地步。"博蓝尼（M. Polanyi）、浦洛施（H. Prosch）著，彭淮栋译：《意义》(台北：联经出版事业公司，1984)，页171。

意识如何呈现才是问题的关键。道德意识的呈现有"逆"，有"顺"。逆觉反证，纵贯直讲，脱离意象之中介作用，此是一路。顺意识发展拓开，以意象接引世界，此是另一路。

作为一种具有社会公共意识的命题如能借着声音、文字符号、身体表现的中介，让道德内涵声音化、意象化、形气化，也就是让道德从私人的事件变为公共的事件，从内在的幽暗事件化为精致的个人风格的事件，应该是一种有意义的价值选择。因为经此转身，反而可以看到更大的道德感染效果。仁、义、礼、智、信以木、金、火、水、土的面貌出现，五行的自然意象是建构思想德目的本质因素，仁者就像神木巍巍般地欣欣生意，义者就像金属铿锵般地果决犀利，礼者就像光明朗照般地钦明文思安安，智者就像流水不腐般地变化无方，信者就像黄土甸甸般地蕴藉负涵云云。先秦诸子的道德论述总是将精神的表现物质意象化，也将物质意象精神作用化。事例繁芜，兹不赘述。不会减损道德的尊严，反而可使道德意识形象化、能量化、世界化，因而也是更具体的存在。

至于后世儒学的发展特色却是大幅度地倾向于精神的直接表现，这种倾向和佛教东来引发的大转向有关，此义当另文细论。当代新儒家学者或主张唯心论的殊胜，而且只有中国哲学才可提供真正的唯心论；或喜欢论"中国文化之精神价值"，[61]

---

[61] 此语为唐君毅一本书的书名，参见唐君毅：《中国文化之精神价值》（台北：正中书局，1965）。此书的内涵即如书名所示，唐先生从各种文化的展现，指出其相蕴含的精神意义。

"价值"要加上"精神"两字，以显示有别于"物质"的内涵。笔者不认为他们指出的这段后续的精神发展不好，凡是读过天台、华严、张载、周敦颐之学的人很难不对这种透彻天人之际的学问心存敬畏。这种穿透几重云水身的主体性价值的倾斜显示了理性自身的发扬，佛教发展到了唐代的真常唯心系，儒学发展到了宋代的理学，岂是偶然！这种透过主体转换显示出来的本地风光，其他哲学传统确实少见。历史的发展很难说没有目的性。

至于"中国文化之精神价值"的提法，其理论依据和"中国哲学的唯心论殊胜"之主张不全相同，但却可相互声援。这种"精神价值"的提法难免令人联想到十九世纪末以来"东方精神—西方物质"这种粗糙的划分，但相似也可以有很大的歧异。唐君毅先生等新儒家的主张是种文化哲学的主张，他们提出中国的心性论反映在自然、文学、艺术、社会上的诸种表现，都显示出一种独特的精神表现，文化与心性是隐、显的一体表现。面对二十世纪排山倒海的唯物论思潮，或经验主义哲学，唐先生的用语自然有相当深刻的提撕作用。但花开并蒂，话说两头，发展和排除往往是同一个过程的双重面向，深化常不免要付出窄化的代价。六朝后三教精神史的发展，主体性的发扬常伴随着物学的衰零而至，精神之极尽精微洁净则常带来语言等表达性作用之瘫痪，章太炎所谓的俱分进化论，确实也是存在的。

探讨至此，不得不逼问：道德与自然何时开始分家？"五行"何以开始失去自身的光华？笔者相信原因一定是多重的，但就思想史的因素而论，个人认为与"无限心系统"之说的兴起颇有关联。文明突破初期的五行论蕴含的心物浃流的特色，随着工夫论的日渐细致，深之又深，精之又精，"内转"的底蕴盖住了物性的想像，直通的表达跃过了物性的绊累。但物极必反，工夫论的内转依然有可能会面临到心—物平等对待的时节，理学的发展即透露了此种转折的契机。这个问题当另文处理，本文仅能点到为止。

贰　浑沌与创造

一　浑沌之源：天山的帝江

　　自从"神话"一词在中国学术圈取得发言权以后，中国一向被视为神话不发达的文明，其原因或认为和黄土平原的地势有关，或认为儒家质朴学说的影响使然。然而，晚近的研究显示中国不但有神话，而且神话相当发达。神话中的宇宙开辟论在中国也绝非冷僻，恰好相反，我们观察六种主要的创世类型：创世主之创世、通过生成的创世、世界父母的创世、宇宙蛋的创世、陆地潜水者的创世、尸体化生型的创世，中国无一不具备。[1]

　　中国具备的创世神话，窃以为"浑沌"是最根源的创世神话母题，浑沌创世与上述六种创世神话多有重合之处。"浑沌"是个联绵字，它的化身特多，"混沦""囷敦""囫囵""鹘突""馄饨""云吞"甚至"昆仑"等字词都是同一词语的转

---

[1] 参见叶舒宪：《中国神话哲学》（北京：中国社会科学出版社，1992），页 329—347。

化。这些词语都含有"浑成一片、分节不清"的涵义,"浑沌"
语族的词性基本上是状词,这是个值得注意的现象。但更值得
注意的乃是"浑沌"此一词语蕴含了上古中国的创造神话,而
此神话又成为后来中国思想的宇宙论的源头。

至今为止,讨论浑沌神话的论文其实不算少,管见所及,
罗梦册先生《说浑沌与诸子经传之言大象》(上、下)两文[2]与
N. J. Girardot 的 *Myth and Meaning in Early Taoism: The
Theme of Chaos (hun-tun)*[3] 一书探讨尤为详细,但这两人
的著作就资料搜罗之广而言,固难间言,但两者同样有旁涉太
广的倾向,学者涉足入流,不见得可以脱身迷津。本文与罗梦
册及 Girardot 著作在材料及主题上颇有交涉,但论证及旨趣
上不同,所以试图对一些常见的主题重作解释。

浑沌的神话出处首见于《山海经·西山经》:

> 天山……有神焉,其状如黄囊,赤如丹火,六足四
> 翼,浑敦无面目,是识歌舞,实为帝江也。[4]

帝江即为帝鸿,即为浑沌,《西山经》此段所述就像《山海经》

---

[2] 罗梦册:《说浑沌与诸子经传之言大象》(上、下),《东方文化》第 9 卷
    第 1 期、第 2 期 (1971)。

[3] N. J. Girardot, *Myth and Meaning in Early Taoism: The Theme of
    Chaos (hun-tun)* (Berkeley: University of California Press, 1974).

[4] 袁珂注:《山海经校注》(台北:里仁书局,1982),页 55。

其他神话人物一样，其神话事件并不清晰，比较像对图画人物作扼要的解释。但我们分析其造形内涵，仍可发现它具有如下的特色：

1. 浑沌状如黄囊，它呈椭圆状。

2. 它没有面目。

3. 它六足四翼。

4. 它识歌舞，亦即它知韵律，而且通体火红光明。

5. 它朦胧一片，但又位居"天山"，天山者，通天之山也，亦即浑沌居于宇宙中央之宇宙山。

浑沌无面目，但我们仔细省察这五项特色，却仿佛可见其模糊之身影。首先，浑沌呈现出椭圆的形状，椭圆或圆在神话思维中具有象征最高存有者的涵义；其次，它识歌舞，显示自身有内在有机的动能。赤如丹火，显示带有光的属性；再者，天山不是泛泛之论，它应当位于通天的宇宙山；最后，关于六足四翼，笔者相信"六足"指向"六合"，"四翼"或许指向四时。开门见山，笔者认为"浑沌"主题是创造神话中常见的宇宙蛋主题。

二　宇　宙　蛋

"宇宙蛋"的创造神话主题普见于各大宗教，它可算是普世性的题材。中国的宇宙蛋神话题材其实不算少，但就像中国上古神话的各种题材一样，除了一两则故事外，其内容较零散，情节完整的叙述不多。由于宇宙蛋神话是普遍的神话题材，为了方便比较起见，我们不妨征引埃及、西藏的一则相关神话为例：

始初，世界是一片废水叫做努，它是伟大的父亲的住所。他就是努，因为他就是深渊，他使太阳神存在，太阳神曾说："看哪！在黎明时我是克佩拉，正午时我是拉，黄昏时我是塔姆"。光亮之神最初出现为一个发光的蛋，它漂浮在水面上。深渊的精灵，即父亲们和母亲们，和他在一起，因为他和努在一起，而他们都是努的陪伴。

拉从努升起，但却大于努。他是天父，众神的强有力的统治者，他按照自己的意愿最初创造的是：风神舒和他的配偶特弗内特。

然后，出现了地神塞勃和苍穹女神努特，他们是奥西里斯和他的配偶伊西斯，以及塞特和他的配偶尼普齐斯的父母。

拉在创世开始时说话了，吩咐天和地从一片废水中升起。

拉按照他自己的意愿，说出了心中的深思，他赋予名称的事物就出现了。他注视空间，他希望看到的事物就出现在他的面前。他创造了在水中和陆地上活动的一切生物。人类是从他的眼中生出的，创世者拉是众神的统治者，成了地上的第一个帝王。[5]

　　从前，由于诸神，格萨斯和贝的魔力，一只五颗宝石形成的蛋，从空旷的天空的圣胎中，用自己内部的力量裂开了。蛋壳成为护身盔甲，被膜成为防卫武器，蛋白成为英雄们的强力剂，内膜成为他们居住的堡垒，那昏暗的堡垒是"愤怒的水流的空中要塞"，它偷窃了太阳的光辉，变得如此辉煌。从这蛋的最内层，出现了一个具有魔力的人。[6]

宇宙蛋的神话当然不只见于埃及、西藏，我们在非洲、日本等地也可以见到，类似的主题流行这么的广泛，其相似性是否传播所致，行家或有所说。笔者认为更可能是初民共享的农畜文明提供了初民共通的神话思想，这样的思维使得它们创造出来的内容高度的重叠。[7] 上引的宇宙蛋的神话明显的具有下列的特色。首先，它取的是"蛋"的双重的象征意义，就形状而言，蛋始卒若环，首尾无端，就象征而言，这是最完整的

---

[5] 引自雷蒙德·范·奥弗（R. van Over）编，毛天祐译：《太阳之歌——世界各地创世神话》（北京：中国人民大学出版社，1989），页253—254。另一则更精简的叙述见同书，页268—269。

[6] 同前注，页363—364。原文甚长，编者筛选之，并加注说明这个神话叙述蛋如何把各种东西带到世上来："这蛋裂开了，它的外壳成为妖精的实体和寄生物，它的内膜成为八十一个邪恶的怪物和三百六十种危害。蛋白流到地上，成为四百四十四种疾病。蛋的核心成为三百六十种恶神。"

[7] 参见默西亚·埃里亚德（M. Eliade）著，吴静宜、陈锦书译：《世界宗教理念史——从石器时代到埃勒乌西斯神秘宗教》（台北：商周出版社），卷1，页115。

构造。就材料而言，蛋壳内部盈满了汁液，它用以象征生殖、丰饶。其次，宇宙蛋往往还不是在存有程序上最先出现的事物，它先前已有"水"此种原初未分的原始之物。换言之，宇宙蛋创造神话往往和所谓的"浑沦之化生"（creation from Chaos）分不开。"浑沦"（Chaos）也许是鸿蒙之水，也许是鸿洞之气，也许是太初之巨灵或怪兽，但这些水、气或怪兽基本上皆是用以象征构成世界之根源性之物。最后，人和世界万物的关系一体而化，两者或是世界万物由人的身体化出，或是同样从此一宇宙蛋生成出来。

如果比较《山海经》的帝江神话和上述的典型宇宙蛋神话，论者尚有疑虑的话，我们不妨回过头来看中国的材料。笔者前文说：中国神话中，除了少数一两则外，完整的宇宙蛋叙述并不多，这一两则叙述较完整的宇宙蛋神话即为著名的盘古开辟天地的神话。试观察最早记载此一神话的两则文献究竟所说为何：

> 天地混沌如鸡子，盘古生其中。万八千岁，天地开辟，阳清为天，阴浊为地。盘古在其中，一日九变，神于天，圣于地。天日高一丈，地日厚一丈，盘古日长一丈，如此万八千岁。天数极高，地数极深，盘古极长。后乃有三皇。[8]

---

[8] 参见徐整《三五历纪》，引自欧阳询：《艺文类聚》（北京：中华书局，1965），上册，卷1，页2。

元气蒙鸿，萌芽兹始，遂分天地，肇立乾坤，启阴感阳，分布元气，乃孕中和，是为人也。首生盘古，垂死化身：气成风云，声为雷霆，左眼为日，右眼为月，四肢五体为四极五岳，血液为江河，筋脉为地里（理），肌肉为田土，发髭为星辰，皮毛为草木，齿骨为金石，精髓为珠玉，汗流为雨泽，身之诸虫，因风所感，化为黎甿。[9]

盘古神话是典型的原始巨灵（怪兽）之神话，世界的一草一木，一山一水，无非是盘古之分身。但这则原始巨灵的神话也是宇宙蛋神话，盘古是在"天地浑沌如鸡子"的情况下成长，分裂，创造世界。盘古神话不管有没有受到外来文化的影响，但由它分布广至北方，[10] 以及其创造模式与帝江之相似，还有出现"浑沌"一词，此词既作状词又作名词用。由以上种种，我们有理由认定盘古神话的母胎乃来自古老的帝江神话。至少，帝江神话是盘古神话的一个重要源头。

浑沌是种宇宙蛋神话，这样的命题我们不但可从盘古神话

---

[9] 参见《五运历年记》，引自马骕：《绎史》（台北：台湾商务印书馆，1968），册4，卷1，页2b—3a。

[10] 两则神话出现记载的年代迟至三国魏晋，地域位于中国南方，以往的研究或认为这两则记载受到印度文明创世说的影响所致。参见何新：《中国远古神话与历史新探》（哈尔滨：黑龙江教育出版社，1988）。饶宗颐先生从其他记载指出此神话在东汉时期已经出现在中国地方。参见饶宗颐：《述宋人所见东汉蜀地绘"盘古"的壁画》，《中央民族学院学报》1989 年第 2 期，页 8—9。

处得到佐证，其他文明地区亦可见到。由于上引《三五历纪》的作者徐整是南方人，学者很容易联想到盘古神话可能受到海外神话思潮的影响。底下我们不妨观看《日本书纪》下列这则记载所述何事。

> 古天地未剖，阴阳不分，浑沌如鸡子，溟涬而含牙。及其清阳者薄靡而为天，重浊者淹滞而为地，精妙之合搏易，重浊之凝竭难。故天先成而地后定，然后神圣生其中焉。故曰：开辟之初，洲壤浮漂，譬犹游鱼之浮水上也。于时，天地之中生一物，状如苇牙，便化为神。号国常立尊，次国狭槌尊，次丰斟渟尊，凡三神矣。乾道独化，所以成此纯男。[11]

这段话与徐整的《三五历纪》所记皆相似，如果说《日本书纪》没有受到徐整的影响，似乎不太可能。《日本书纪》的记载提供了我们一些有意义的讯息。首先，"盘古"主题显示的原始巨灵与宇宙蛋的亲合性在这则扶桑的记载中，得到有力的印证。至少《日本书纪》所以会这样引用，正表示此书作者相信浑沌神话的母胎乃是宇宙蛋神话。其次，不管盘古神话有没有域外文明的因素，也不管《日本书纪》受到中土文献的影

---

[11] 参见黑板胜美、国史大系编修馆编：《日本书纪·神代上》（东京：吉川弘文馆，1985），卷1，页1。

响，《日本书纪》所以会这样相信，乃因宇宙蛋神话在上古亚洲，尤其在北亚、东北亚一带，流传的相当广。日本固有的文化风土使得它接受"混沌如鸡子"的叙述，一点困难都没有。

古代的殷商、夏朝，以至迤逦而来的朝鲜、鲜卑，满洲诸民族，论及其始祖时，皆追溯到蛋之起源。殷商的始祖神——或许当说是始妣神——简狄所以生出殷商一族，乃因她沐浴时，见到玄鸟之蛋，取而吞之，结果"因孕生契"。[12] 徐国的国族神话则是在遥远的时代，一位"官人"生下一个大卵，骇而丢弃于野，一只名为"何仓"的神秘之犬，衔归，孵此卵。时间一到，大卵破裂，"内有一儿"，功德圆满。[13] 高句丽始祖朱蒙的神话因韩剧的流行更广为人知。朱蒙的出身乃因其母被"日影"追逐成孕，生下一卵，后"有一男破壳而出，字之曰朱蒙"。[14] 类似的神话在东北亚民族中尚多流传，兹不赘叙，宇宙蛋的题材可谓源远流长矣！

如果我们以《旧约·创世纪》的创世模式作为参考的基准，此种"始祖卵"的神话不能归类为典型的宇宙开辟的神

---

[12] 语见司马迁撰：《史记·殷本纪》（北京：中华书局，1959），册1，卷3，页91。此故事是商人的神圣论述，所以《诗经·商颂》"天命玄鸟，降而生商。宅殷土芒芒"、《楚辞·天问》"简狄在台，誉何宜，玄鸟致贻，女何喜"，以及秦汉间著作多述及此事。

[13] 《博物志》记载则无徐犬孵卵之事，但不管有无"徐犬"之文，徐国开国神话归为宇宙蛋开创模式，总可成说。

[14] 魏收撰：《魏书·高句丽列传》（北京：中华书局，1974），册6，卷100，页2213。

话，而只能是二度创世的神话，但它依旧是追溯种族的"始源"，而在古代神秘人种学的思考方式下，我族始祖的起源不无可能是人类的起源。任何事物的起源也是种创造，人类的起源大概是除了天地开辟此事件外，最重要的创造了。根据耶律亚德 (M. Eliade) 的解说，天地开辟此一创造往往会变成其他创造的原型，[15] 我们看"始祖卵"的神话除了在"人"与"天地"的范围有出入外，其结构大抵雷同。我们有理由认定：这两组神话其实是同一套的叙述，可以产生始祖卵的土壤也就可以酝酿宇宙蛋的因子。或者说：始祖卵的神话也是种变形的宇宙创造，这样的创造乃仿造宇宙蛋的乾坤开辟而来。[16]

浑沌不管后来主要的用法如何，我们认为它的原始意象是宇宙蛋，就像 Girardot 所说的，它的长相就像后世人民常吃的汤圆（也叫馄饨），吃汤圆原本是除夕的习俗。宇宙小循环将终，新的一年来临，世人仿效宇宙蛋创生之形，吞食汤圆，这也是种创造。此外，古代中国流行为求怀孕、当吃鸟卵之习俗，怀孕生子也是种创生，人的创造当然是效法宇宙的创造而来。这些林林总总的线索，皆指向作为道家创造主题模式的"浑沌"很可能曾经是浑圆、光亮而无面目的宇宙蛋。蛋有蛋形，但宇宙蛋成了道的象征后，其形消融，不能不是浑沌。

---

[15] 上述说法参见耶律亚德（M. Eliade）著，拙译：《宇宙与历史——永恒回归的神话》（台北：联经出版事业公司，2000），页 13—16。

[16] M. Eliade, *Patterns in Comparative Religion* (New York: New American Library, 1974), pp.413—416.

三　凿破浑沌之一: 原始巨灵

浑沌无面目, 但宇宙不可能永远保持无面目的状态, 历史总是要发展的, 文明总是会兴起的。浑沌作为中国创世神话中重要的母题, 它的功能正是用以解释万物的存在, 它负有在历史中展现差异的职责。"浑沌论"实即"浑沌开辟论", 无面目的浑沌一旦用于解释世界的生成, 即不可能无面目。当浑沌以宇宙蛋的形式出现时, 我们即很难不想像: 如果不是"蛋"与"生成"的关系已成了初民生活中的常识, 这样的隐喻不会被建构出来。纵使"宇宙蛋"模式的内容不能完全以鸟禽的蛋生模式比拟之, 但无疑地, "宇宙蛋"模式的成立应当预设了鸟禽类的动物是已进入人类文明的历程之后才有的, 最可能的年代是畜牧或农耕文明初期的年代。

宇宙蛋的隐喻显示初民在构思宇宙开辟这个复杂的存在论问题时, 他们仍然依照他们最熟悉的生活经验推演, 再产生新的经验的连结地。《易经》论及圣人之创造时, 有言"近取诸身, 远取诸物"。当飞禽已成生活的必要物, 甚至成了宗教的圣物时, 如红山文化的鸟崇拜, 以及良渚文化的鸟崇拜, 其残留文物处处可见, 在东方海滨的早期文化中显然占有很重要的地位。当鸟成了一民族之图腾时, 此生物成了一民族的集体意识之体现, 我们即很难排斥鸟禽的生殖模式被初民整编进去宇宙开辟的想像活动。

然而，论及"近取诸身，远取诸物"之近者，莫过于具有人身之人。中国宇宙蛋创生模式之所以和盘古开天辟地模式纠结难分，正在于华夏初民建构至高至初的存有者时，天人之间的关联总是特别密切。浑沌之所以有盘古此太初巨灵的形象，就像甲骨文字中，"天""人"两字的构造相同或相近一样。人依自己的形象建构天神，也依自己的身体建构宇宙。

"近取诸身，远取诸物"一说或许不只是华夏初民思维的特色，只因汉字带有特别浓厚的表象成分，所以人身的隐喻特别突显。我们如果从当代的隐喻认知说着眼，也许隐喻与认知的构成无从分，而人身的隐喻正是隐喻之大宗。在盘古议题的研究上，我们一直发现在印度、在西亚都有类似支解原始巨灵以构造天地之说。《黎俱韦陀》中记载，世界最初唯有创造神 Atman，Atman 创造世界最足以和盘古开辟天地相对者如下：

> 由口生语言，由语言生火。
>
> 鼻遂启焉，由鼻生气，由气生风。
>
> 眼遂开焉，由眼生见，由见生太阳。
>
> 耳遂张焉，由耳生闻，由闻生诸方。
>
> 皮遂现焉，由皮生毛发，由毛发生草木。
>
> 心遂出焉，由心生意，由意生月。
>
> 脐遂露焉，由脐生下气，由下气生死亡。

肾遂分焉，由肾生精，由精生水。[17]

西洋神话中的彻墨（Tiamat）也活似西方版的盘古，马独克 (Marduk) 用太初神怪彻墨身体造世界："置（彻墨）之首兮，以为山岳。自其双眼，决为欧霏域与泰姬维两河。就其两乳，以起崇山……其股，牢结于天……泛流于彻墨之中兮。"[18] 盘古与 Atman、马独克的神话很难排除影响说的因素，中印间的交往常有许多不为人知的管道，但出自相同的人身隐喻之思维的可能性或许更大。

盘古神话在中国的痕迹其实不像前人想像中的那般晚与那般少，它的变形并非罕见。如前所述，就神话的结构而言，"浑沌神话"最基本的反映乃是对浑沌不断的克服，在浑沌被征服的基础上面，世界于焉产生。这故事最有名的就是"大禹治水"的载录，此载录中即蕴含了盘古神话的神话因素。我们知道：洪水原本即是浑沌，"大禹治水"此一词语即已预设文明起于克服浑沌。不仅于此，我们不妨再注意一般论"大禹治水"时，不太注意到的"禹杀相繇"之象征意义：

共工之臣名曰相繇，九首蛇身，自环，食于九土。其所歍所尼，即为源泽，不辛乃苦，百兽莫能处。禹湮洪

---

[17] 引见徐梵澄译：《黎俱韦陀·爱多列雅奥义书》，收入《五十奥义书》（台北：中国瑜伽出版社，1986），页 22。

[18] 引见饶宗颐：《近东开辟史诗》，《饶宗颐东方学论集》（汕头：汕头大学出版社，1999），页 27。

水，杀相繇，其血腥臭，不可生谷，其地多水，不可居
也。禹湮之，三仞三沮，乃以为池，群帝因是以为台。[19]

相对于盘古此太初巨人的模样，相繇的人之形象似乎不够突
显，他"九首蛇身，自环，食于九土"，其形貌毋宁更接近怪
兽。但我们不会忘掉这则记载是叙述上古时代一则有关人的历
史的载录。虽然是神话的历史，《山海经》说相繇为共工臣，
共工与相繇此君臣的关系就像五方神的主神与其辅佐之神的关
系一样，衪们事实上是一神的分化。共工与相繇皆是洪水的拟
人化，[20] 洪水漫无涯际，但人的思考需要具体的对象，所以原
始之物必然要以非人间性的妖魔鬼怪出现，此之谓有"物"存
焉。这样的"物"是异类的，是妖魔化的，它的血"腥臭"，
它所创造出的源泽"不辛乃苦"；它是反人间秩序的，其血
"不可生谷"，其地"不可居"，相繇代表的是不定性的精神。
大禹经过反复的整治（三仞三沮的"三"代表多数），才初步
镇压了浑沌的盲动力量。

相繇死矣！洪水平矣！世界于是建立："禹敷土，随山刊
木，奠高山大川……九州攸同，四隩既宅。"[21]《尚书·禹贡》

---

[19] 袁珂注：《山海经校注·大荒北经》，页 428。

[20] 苏雪林说"共工'原为水神'"。苏说可备一说。其论点参见苏雪林：
《天问正简》（台北：广东出版社，1974），页 129。

[21] 孔安国传，孔颖达疏：《尚书正义》，收入李学勤主编：《十三经注疏整
理本》（台北：台湾古籍出版公司，2001），册 53，卷 6，页 159—197。

说的大禹不管史上是否真有其人，但他的事迹是混合着英雄神
话与开辟神话的丰功伟业，此事绝无可疑。而且在上古的典籍
里，大禹不但是始祖英雄，也不仅是位可敬的人格典范，他
还被认为整理了世界的秩序，"信彼南山，维禹甸之"，"奕奕
梁山，维禹甸之"，《诗经》所歌咏的，乃是我们现在所谓的神
话，而当时人却普遍认为的"真实"。

建立世界秩序，它的前提是牺牲共工或相繇，亦即浑沌必
须分裂，此事其实不必推得太远，因为"浑沌"除了宇宙蛋、原
始整全之气外，它还有一个特别鲜明的形象，此即它是"太古凶
人"。《左传·文公十八年》记载：尧登位为帝，他的首务乃是流
放当时有名的四凶，四凶者：浑敦、穷奇、梼杌，饕餮是也：

> 昔帝鸿氏有不才子，掩义隐贼，好行凶德，丑类恶
> 物，顽嚚不友，是与比周，天下之民谓之浑敦。少皞氏有
> 不才子，毁信废忠，崇饰恶言，靖谮庸回，服谗蒐慝，以
> 诬盛德，天下之民谓之穷奇。颛顼氏有不才子，不可教
> 训，不知话言，告之则顽，舍之则嚚，傲很明德，以乱天
> 常；天下之民谓之梼杌……缙云氏有不才子，贪于饮食，
> 冒于货贿，侵欲崇侈，不可盈厌，聚敛积实，不知纪极，
> 不分孤寡，不恤穷匮，天下之民以比三凶，谓之饕餮。[22]

---

[22] 左丘明传，杜预注，孔颖达正义：《春秋左传正义》：收入李学勤主编，
《十三经注疏整理本》，册81，卷20，页667—669。

舜为尧臣，他要继承尧位，自然必须具有超凡入圣的本领，所以他"宾于四门，流四凶族：浑敦、穷奇、梼杌、饕餮，投诸四裔，以御螭魅"。《左传》所述"史实"，显然不是实录，神话内容极为丰富。四凶虽然各有来源，但笔者认为四凶原为一凶之分化，此一凶即为浑敦。舜只有将浑沌赶走，剩下来的空间才可以变为文明，亦即它才可成为人文的世界。对初民而言，他的住家环境与周遭暧昧的空间是对反的，前者可称为世界或宇宙，后者则是魔化之混沌。"未知的、异质的、未占领的领域仍漂流在浑沌的状态，人在占领它之前，在定位它之前，他必须象征性的将它变为宇宙。他透过仪式，再现宇宙之创造。在'成为吾人的世界'之前，非得先有'创造'此事不可"。[23] 至于被赶到四裔之外的四凶，它们从此与"螭魅"为伍。四凶也罢、螭魅也罢，它们通通是浑沌的化身，它们代表的通通是秩序未分化，甚至反秩序的原始存有。[24] 四凶被投到四裔，以御螭魅，这故事不过象征浑沌的空间被挤出来了，它人文化了，其他的空间则仍浸在乌黑黑的世界中。

尧舜将浑沌流放到四裔，以净化尧天舜日下的文明世界，这样的事件可说是"浑沌凿破"。凿破后的浑沌不死，它仍以

---

[23] M. Eliade, *The Sacred and the Profane: The Nature of Religion* (New York: Harcourt, Brace & World, Inc., 1959), p.31.

[24] 《尧典》记载的羲叔、羲仲、和叔、和仲四人可以作为对照，它们明显的是神话中"羲和"其人的分化。只是"羲和化成四神"乃是光明之四方辐射，"浑沌化成四凶"则是无明力量之四方分布。只要空间四等分的思维模式没改变，一神化四身的情况即会不时出现。

蛮荒的野性力量护守文明，以御螭魅。语及"浑沌不死"，我们马上会联想到"浑沌之死"的庄子著名寓言。在这则著名的寓言中，庄子寄托了他对浑沌的无限的向往，但对浑沌的"现实"遭遇也有无限的感慨。庄子这段寓言无疑深有寄托，其用意不在叙述一则遥远的上古神话，但我们如从上古巨灵的创世模式着眼，或许可看出此则寓言的另一面向。我们且看底下这则有名的故事。

> 南海之帝为倏，北海之帝为忽，中央之帝为浑沌。倏与忽时相与遇于浑沌之地，浑沌待之甚善。倏与忽谋报浑沌之德曰：人皆有七窍以视听食息，此独无有，尝试凿之。日凿一窍，七日而浑沌死。(《应帝王》)

中央帝浑浑沌沌，面目全无。北海之帝与南海之帝则动作敏捷，心思伶俐，他们要帮助一窍不通的浑沌，结果反而害死了它。倏与忽在此显然象征了理智与意志，理智与意志过度发达，浑沌必然枯竭而死。道家对"浑沌"的向往是极清楚的，它渴望一种回归到原始和谐的朴素社会与朴素心境，所以不管老庄，他们皆一再歌咏道：纯白的心境、纯白的社会、纯白的历史源头，这些心性论、政治论与历史论的论述彼此是可以相互诠释的，道家有反文明的倾向，这样的文献证据是不少的。

日凿一窍，浑沌必死，这是文明发展很难避免的趋势。但如果浑沌不只是神话的概念，也不只是指向历史发展初期的原始共产社会，而是被提升到一种精神的整全，甚至是种心性形上学的论述的话，那么，浑沌的吸引力还是极大的。道家思想的特色之一即是不断依循浑沌运行的法则，而且是环转的向着浑沌作永恒的回归："大曰逝，逝曰远，远曰反"，"夫物芸芸，各复归其根，归根曰静，是谓复命"，人与万物唯有不断逆返到存在源头的浑沌，他才可以找回自己的本质，此之谓"复命"，这是种"还"的精神。

永恒的回归是道家思维的一大特征，也是神话思维的典型。在原始巨灵的论述中，"浑沌"是以人的形貌出现的，由于浑沌无面目，所以"浑沌"不时会以"不才"的异形怪物的面目出现于世。然而，"浑沌论"与"浑沌开辟论"一体难分，我们观开辟浑沌者，如尧舜、如大禹，显示原始巨灵说当中的理性力量。但从"太初巨灵"的角度出发，《应帝王》可能还可传达出另外的讯息。我们观看典型的"太初巨灵"的神话，不管是马独克神话，或是盘古神话，世界的生成都是以巨灵的死亡，而且是肢解而死，才得以成立的。《应帝王》的浑沌之死，乃因日凿一窍，七日而死。其死因与盘古不同，"化生"的情节也不显，但两者同样有整全破损、身体肢解的内涵。即使我们对庄子的寓言所指另有他解，但其喻依所在，指向了一种曾被肢解的、但现已失掉其具体环节的浑沌神话，这种可能性应当是存在的。

即使《应帝王》的创化主题不明显，但我们如果理解在神话思维中，死与生、乐园与失乐园的关系永远是很复杂的，我们还是可以对庄子的浑沌论重新解释。在神话中，"原始乐园"是常见的主题，这种主题描述在一个人类无知无虑的年代，人活在一个上帝许诺的乐土里。后来因人类犯了难以宽恕的宗教之罪，他被逐出乐园，从此开始过起人的生活。《旧约》的伊甸园神话与中国的"绝地天通"的神话，可视为两组典型的叙述。

但乐园之失也是人间之始，与天断绝，人文乃兴。人类只有断绝了原始同一性的幸福之后，有了不幸、痛苦，责任也能兴起，主体也才可具备。庄子在《天地》所以特别批判修浑沌氏之术的汉阴丈人，而支持在具体世界生活的"真浑沌"，即缘于此原因。回归原始浑沌是否是道家唯一的文明论述呢？答案可能要看我们如何对待浑沌。道家的浑沌论其实是有很大的解释空间的，笔者认为除了老子所代表的"回归原始浑沌"是其中的一个类型外，另外一种可称为"参与浑沌之化"的类型，这是"游"的原理，庄子的思想可划归此类。我们且看底下这则也是相当著名的故事。

> 子贡南游于楚，反于晋，过汉阴，见一丈人，方将为圃畦，凿隧而入井，抱甕而出灌，搰搰然用力甚多而见功寡。子贡曰："有械于此，一日浸百畦，用力甚寡而见功多，夫子不欲乎？"为圃者仰而视之曰："奈何？"曰："凿木为机，后重前轻，挈水若抽；数如泆汤，其名为槔。"为圃者忿然作色而笑曰："吾闻之吾师，有机械者

必有机事，有机事者必有机心，机心存于胸中，则纯白不备；纯白不备，则神生不定。神生不定者，道之所不载也。吾非不知，羞而不为也。"（《天地》）

子贡听了汉阴丈人的话后，非常惭愧，他的弟子问他究竟怎么回事，子贡说：汉阴丈人是"执道者德全，德全者形全，形全者神全"的"全德之民"。子贡这里所说的"全德"恐不宜漠然看过，笔者认为此段反映了战国时期一种体现的修养理论。简单地说，得之于道、体之于身谓之"德"，全德之人的形体会转变其原有存在的意义，成为载道之体，此之谓"形全"。当学者形全于外时，其内心也必然同时体现其本质，此之谓"心全"或"神全"。相对于汉阴丈人的形全神全，子贡感慨他自己只是个"风波之民"。子贡"臆则屡中"，他是春秋时期数一数二的富豪，"风波之民"不会只是泛泛之论，此语背后反映了子贡的生涯，也反映了一个时代重商求利的风气。

子贡后来返回鲁国，他将此一故事告诉了孔子，没想到孔子另有解释，他说：

　　彼假修浑沌氏之术者也，识其一，不知其二；治其内，而不治其外。夫明白入素，无为复朴，体性抱神，以游世俗之间者，汝将固惊邪？且浑沌氏之术，予与汝何足以识之哉！

汉阴丈人的境界当然很高，但孔子认为他仍有限制，而且限制很大，因为他知其一，不知其二；治其内，而不治其外，换言之，他仍活在抽象的世界里。一种浑沌，两样文本，各自表述。道家到底是主张回归浑沌呢？还是认为浑沌永远回归不了，它只能是永恒的乡愁呢？

笔者认为道家所主张的浑沌有两种类型，一种是素朴主义的浑沌，它是反文明的，逆历史的；另一种是具体的浑沌，它是超文明的，也是超历史的。这两种类型的浑沌在道家文献中都可见到，《老子》"小国寡民"的论述，以及《庄子》外篇一些上古至世的文句，明显的都是反文明的论述，汉阴丈人所修的"浑沌氏之术"，指的也是这种浑沌。[25]

四　凿破浑沌之二：水、风与气

浑沌的原型很可能是宇宙蛋，这是道家创世神话的基模，但依据前文所述，宇宙蛋的创世模式往往有"宇宙蛋"此形之前的末形之形。未形之形如果可名为"浑沌"，"浑沌"显然即有两义，至少有两层之义。"宇宙蛋"与"浑沌"具有"昔天之初"那种是同是别的吊诡关系。"浑沌"的原始面貌据说是"无面目"，但无相即相，一相多相，它在后世的形象却具有多

---

[25] 参见拙著：《论道家的原始乐园思想》，《中国神话与传说学术研讨会论文集》（台北：汉学研究中心，1996），上册，页125—170。

重的面目，彼此的影像交错重叠，创造的意义纠结互渗。首先，它和"水"的创造意象分不开，我们引用到埃及，印度的例子，宇宙蛋之先都有"原始大水"。

中国最有名的"原始大水"的故事自然是鲧禹治水的英雄事迹，鲧禹治水是发生在中国远古时代最富戏剧性的一则神话事件。这个神话事件依据后代的诠释，一直带有浓厚的伦理意味，是则垂范后世的历史事件，但晚近的研究已经逐渐揭开这则神话另有源头，它其实是普见于环太平洋地区的"潜水捞泥者"的故事类型。[26]"潜水捞泥者"的神话大抵具有如下的主要情节：首先是宇宙汪洋一片；其次是有海底怪物带上了一块泥土之类的物质；再次是此泥土会成长，终于衍成陆地。

我们只要稍微反省一下鲧禹治水的事迹，不难发现两者之间的吻合关系，首先是"汤汤洪水方割，荡荡怀山襄陵"的大洪水；其次是负着青泥的玄龟，龟固远古时期的神物，黄帝之代表也；[27]再次是不断成长的"息壤"与"息石"，"息"者，孳息之义也；接着有英雄人物的整治大地秩序，命名高山大

---

[26] 参见邓迪斯（A. Dundes）：《潜水捞泥者——神话中的男性创世说》，收入邓迪斯（A. Dundes）编，朝戈金等译：《西方神话学论文选》（上海：上海文艺出版社，1994），页 357—381。

[27] 《拾遗记》言："禹尽力沟洫……玄龟负青泥于后。"袁珂注云："青泥当是息壤之属，使龟负之，以堙洪水。"袁珂未必注意到鲧禹治水的文化底层是环太平洋的"潜水捞泥者"神话，但所注竟如出一辙，这样的注释很有说服力。参见袁珂：《古神话选释》（台北：长安出版社，1982），页 300。

川。对始源的创造事件而言，命名绝不只是辨识的作用，它事实上也是创造。[28]"鲧禹治水"这则神话具足"潜水捞泥"神话的核心因素，不管夏民族为何会有环太平洋地区的文化因素，此事费人猜疑，但这则神话的类型原来极清楚，只因以往缺乏比较神话的基础，所以大家视而不见罢了。

"潜水捞泥者"神话比较特殊之处，在于它的创世之材料为土，水则被视为破坏者。但究实而论，水与土在神话思维中扮演的都是生生不息的创造者之角色，它们同样也带有破坏或死亡的意涵，但以前者为主。《管子·水地》言"地者，万物之本原，诸生之根菀也"，又言"水者，何也？万物之本原也，诸生之宗室也"。[29]水、地并称，同为"万物之本原"，此事并不矛盾，这是神话学的常态。[30]但放在"浑沌"与"潜水捞泥"的角度下考量，我们注意到：水是被"治"的，它是茫无分别的他者，它是无限纵深与无量广延的浑沌，只有大禹治完水以后，世界才能建立起来。底下，我们还将看到：水以及水的象征之怪兽被驯服，这是创造世界的先行工作。

浑沌创生后世最常见者，既不是宇宙蛋，也不是巨灵分

---

[28] 《尚书·禹贡》说禹"敷土，随山刊木，奠高山大川"，"刊"可作"砍伐"解，但此处似宜作"辨识"解，此字《史记》作"槎"，《说文》云："槎，识也。"引自屈万里：《尚书集释》（台北：联经出版事业公司，1983），页38。

[29] 黎翔凤撰，梁运华整理：《管子校注·水地》（北京：中华书局，2004），中册，卷14，页813、831。

[30] 参见 M. Eliade, *Patterns in Comparative Religion,* pp.254—255。

尸，也不是原始大水，而是原始的未分化状态，此状态之名甚多，后世常用的语言名之为"气"。但"气"已是统一而且稍带明确内涵的词汇，我们追究笼统之气，或气之始源，可以统称之曰："浑沌"，"浑沌"是原始未分化的整体。屈原在《天问》一开始即问：

> 曰：遂古之初，谁传道之？上下未形，何由考之？冥昭瞢暗，谁能极之？冯翼惟象，何以识之？

屈原问得好，"天问"可以是神话式的追问，也可以是宇宙开辟论的追问。前者的追问，我们可以用宇宙蛋、盘古、大洪水应付之。后者的追问则知识的兴趣较浓，而前人回答此问题时，则在知识的氛围中带上极浓厚的想像，想像中自然有神话、传说的影子。事实上，在文明发展的初期，神话的宇宙开辟论、哲学的宇宙论与科学的宇宙发生论，三者往往无法区分，因为宗教、哲学、科学当时仍处于未明显分化的阶段，它们能够运用的理论资源是高度重叠的。中国早期的宇宙开辟论亦然，它混合了各种文化部门的解释，但有一点特别值得留意的，即不管它的用语如何，它都隐含了后世所谓的"元气"的解释，我们且看底下的解释：

> 天墬未形，冯冯翼翼，洞洞灟灟，故曰太昭。道始于虚霩，虚霩生宇宙，宇宙生气。气有涯垠，清阳者薄靡

而为天，重浊者凝滞而为地。清妙之合专易，重浊之凝竭难，故天先成而地后定。天地之袭精为阴阳，阴阳之专精为四时，四时之散精为万物。积阳之热气生火，火气之精者为日；积阴之寒气为水，水气之精者为月。日月之淫为精者为星辰。天受日月星辰，地受水潦尘埃。[31]

有太易，有太初，有太始，有太素。太易者，未见气也；太初者，气之始也；太始者，形之始也；太素者，质之始也。气形质具而未相离，故曰浑沦。浑沦者，言万物相浑沦而未相离也。视之不见，听之不闻，循之不得，故曰易也……清轻者上为天，浊重者下为地，冲和气者为人；故天地含精，万物化生。[32]

本文选录的这两篇文章的年代都偏晚，《淮南子·天文训》出现的时间已迟至汉初。《列子·天瑞》的年代不详，看其文句，撰写的年代虽然未必迟至魏晋，但可能不会太早。如视为汉代之气论模式的作品，庶几近之。这两篇论及宇宙开辟的文字，都带有较多的哲学意涵，具典型的意义。

上引这两篇文字即使带有较系统的哲学诠释，也并不表示它的内容就受限于汉代的思潮，因为它整体的思考方式乃是神话思维式的。表面上看来，《淮南子·天文训》将"气"隶属

---

[31] 刘文典撰，冯逸、乔华点校：《淮南鸿烈集解·天文训》（北京：中华书局，1989），上册，卷3，页79—80。

[32] 杨伯峻：《列子集释·天瑞》（北京：中华书局，1979），上册，页6—8。

在"宇宙"阶段之后，《列子·天瑞》更将"浑沦"列在太初、太始、太素之后，但究实而论，气之前仍是气，浑沦之前仍是浑沦，"太初的浑全"仍是一切存在分化的起点。这种思考方式符合常识直线型的推演，可想见的，其年代应当很早，只是到了汉代才蔚为大宗。《淮南子》一书论及"根源"的问题时，几乎都立基于"天地未剖，阴阳未判，四时未分，万物未生，汪然平静，寂然清澄，莫见其形"（《俶真训》）的基础上，这样的倾向极为显著。但我们不会忘了：晚出的文字不一定代表晚出的思想，我们在稍早时期的《吕氏春秋》，甚至儒家的《礼记》里面，也都可以看到这样的痕迹，比如"本于太一，分而为天地，转而为阴阳，变而为四时"、[33]"万物所出，造于太一，化于阴阳"（《吕氏春秋·大乐》）。"太一"实即浑然未分之整体，它当然可能受到老子"一"的哲学的型塑，也可以神格化为至高神，但我们有理由认定它的本尊就是浑沌。[34]

　　神话的宇宙开辟论与哲学的宇宙论往往混合一起，很难区分，中外皆然。汉代哲学的主调是气化宇宙论，气化宇宙论的理论构造是将一切存在溯源到未分化的元气，或径称作气。气

---

[33] 郑玄注，孔颖达疏：《礼记正义·礼运》，收入李学勤主编：《十三经注疏整理本》，册74，卷22，页824。

[34] 《淮南子·诠言训》事实上已说见"浑沌"与"太一"的关联："洞同天地，浑沌为朴，未造而成物，谓之太一。"这里的"浑沌"作状词用，但依神话的思维，此状词转化作名词"太一"，并无不合理之处。参见刘文典撰，冯逸、乔华点校：《淮南鸿烈集解·诠言训》，下册，卷14，页463。

是先秦时期固有的论述，也是儒道墨法诸家共同享用的共法，但经过庄子、孟子、管子等重要学者或学派的不断创造，它的意义自然丰富多了。汉代的气化宇宙论不管是否真的能善述先秦儒道诸子的文化遗产，它显然已是哲学的论述。即使如此，我们仍然不得不承认：气化宇宙论与浑沌开辟论其实是同一条河川的上下游，流程的阶段不同，但共饮一条水，河谷中激荡的是同样的思潮。

五　光明之歌：太阳与宇宙山

我们分析《山海经》浑浑沌沌的帝江形象，认为它具有这样的特点：（一）浑沌状如黄囊；（二）它没有面目。这两点显现了宇宙蛋的特色。宇宙蛋的诞生往往预设这种创生不是无中生有的创生，而是建立在原始浑沌之上的再次创生。此原始浑沌或为宇宙大水，或为原始巨灵，或为太初元气，这种原始浑沌与宇宙蛋有种既同且异的诡谲关系。但我们对帝江"六足四翼""赤如丹火"与"位居天山"这三样特质却没有解释。

"位居天山"一义该如何理解？后文自会有论及。至于"六足四翼"与"赤如丹火"两项特色该如何理解呢？如果人间世不易找到相应物的话，我们不妨往天界搜寻。不用多费神，我们很容易再想到太阳的运行。在神话思维中，太阳往往以鸟的形象出现，《左传·哀公六年》记载："是岁也，有云如众赤鸟，夹日以飞。"这是个特殊的现象，是个凶兆，但赤鸟与太阳连结，这个叙述背后有文化传统的因素。我们都知道：鸟与太阳的关系是个常见的主题，太阳被视为金乌，汉代文物中固然层出不穷，但源头一定很远。三星堆的太阳神鸟箔片是令人惊艳不已的宗教艺术品，一出土没多久后，它很快地成了许多重要活动与机制的标志。太阳神鸟箔片的年代距今当已超过三千年，但这种金乌主题出现的年代可想像地会比三星堆的年代还早许多。

太阳神鸟（当是神鸟传说中的一种）的题材遍布很广，东夷神话中尤常见之。如果我们对殷商的先公先王之取名不陌生的话，大概都了解：殷先王的名号皆具光明义，其取名大抵与太阳之运行有关，如喾为昊，昏、微为日光熹微，昌若为阳光明灿，昭明为阳光乍显等等。[35] 其中，商汤一词之得名，最值得探索，它不无可能取自日出所出之旸谷之义。如果商汤意谓初生之太阳，[36] 一位新兴帝国的创造者，其意象不就仿如清晨兴起的红太阳？如果商汤又带有"汤臂三肘，是谓柳翼"的面

[35] 参见王国维：《殷卜辞中所见先公先王考》《殷卜辞中所见先公先王续考》，《观堂集林》，收入谢维扬主编：《王国维全集》（杭州：浙江教育出版社，2009），册8，卷9，页263—287、287—301。吴其昌：《卜辞所见殷先公先王三续考》，《燕京学报》第14期（1933年12月），页1—58。

[36] 关于商汤与太阳的关系，参见森安太郎著，王孝廉译：《黄帝的传说——中国古代神话研究》（台北：时报文化出版公司，1988），页21—26。

貌的话，[37] 那么，他与"赤如丹火，六足四翼"的浑沌会是什么样的关系？

浑沌神话兼具太阳与宇宙蛋两神话之素材，这样的情况并非特别令人意外。朝鲜族的始祖为朱蒙，朱蒙或称东蒙、朱明、东明，顾名思义，我们也知道他具有太阳神的成分，尤其"朱明"一词，是否即为"赤如丹火"的人格化呢？朱蒙如何降世的？我们不会忘记前引《魏书·高句丽》传所说：朱蒙的母亲被阳光追逐，"既而有孕生一卵"，朱蒙是卵生之人，只是此卵乃"太阳蛋"。有关朱蒙的文献不止此处，不同的典籍记载其出生虽语句上间有出入，但其故事兼具太阳与卵生，此事殊无差异。朝鲜的大姓如朴、如金，其始祖皆具卵生与太阳感生双重性格，此事亦可肯定。扩而充之，东北亚诸民族大抵皆有流传如是的神话主题，这种一致性大概不会没有意义的。

"宇宙蛋"与"太阳感生"结合，这种现象应该不只见于东北亚，它毋宁是东夷民族神话的共同特色。如就原始文献而言，在东中国地区，我们确实比较少看到直接记载的宇宙蛋—太阳感生—神鸟三合一的组合。但诚如学者早已指出的：东方夷人集团的"大皞"与"少皞"皆带有日神的性格，它们皆为

---

[37] "三肘"与"柳翼"语义为何？待考。"柳翼"的"柳"字从木从卯，不知是否有误？但"翼"总带有鸟飞的形象，此事当可确定。文见孙毂：《春秋演孔图》，《古微书》（台北：艺文印书馆，1966），卷8，页1。另《春秋元命苞》也有"汤臂三肘，是谓神刚。象月推移，以绥四方"之说。"神刚"之义仍待细考，引文参见《古微书》，卷6，页4。

风姓，风与凤本为同字，凤当为太阳神鸟。[38] 而且就流存于民间的神话传说，以及汉代的画像石、画像砖来看，"太阳"与"金乌"的关系原本极为密切，这种传说来源很早，晚近原东夷活动地区的考古出土一再出现神鸟—太阳的玉器，[39] 这显示金乌之说与大暤、少暤的太阳神祇形象其来有自。由上述种种线索推论，我们有理由相信宇宙蛋—太阳感生—神鸟的创世模式是流行于东亚及东北亚的东夷族之共同文化财。[40]

如果说"赤如丹火，六足四翼"可以解释"太阳"与"神鸟"的关系，"六足四翼"何所从来，此事仍不可解。笔者认为：我们不妨回到商汤的象征意义上来。商汤之得名既然与初日之旸谷有关，则四翼之意义自然可合理地设想同样与太阳之运行有关，而太阳的运行实际上又是天体运行的一个明显的指标。据两汉魏晋人士说：

> 日月……系于天，随天四时转行也，其喻若蚁行于磑上，日月行迟，天行疾。天持日月转，故日月实东行而反

[38] 饶宗颐：《中国古代东方鸟俗的传说——兼论大暤少暤》，《中国神话与传说学术研讨会论文集》(台北：汉学研究中心，1996)，上册，页61—75。

[39] 大汶口文化与良渚文化出土的器物中，有种被命名为丹凤朝阳的玉器与骨器，其形象尤为显著。

[40] 典型的流传于东北亚、东南亚以至缅甸、印度、西藏的卵生—太阳感生神话，据说其情节通常具有如下的模式："即是天神（太阳）之子与水女（龙女）结婚（神婚），女子产卵，卵生神子，此神子即是自己部落的始祖。"参见王孝廉：《神话与小说》(台北：时报文化出版公司，1986)，页144。卵生—太阳感生神话的分布甚广，细节不再细论。

西旋也。[41]

天体是圆的，故曰浑天，但它是会移动的，而且挟持日月，一并运转。所谓"日月系于天，随天四时转行也"。

日月随天体转，依四时即有节奏，此之谓"游移"说。在地则有"地有四游"说，此说显示若地动理论在中国早已有之。事实恐未必然，"地游"当是天、日、月一体东行，天体运动速度快，日、月行程缓，对照于天体的快速东行，日、月仿若西行。太阳因随天体四时运转，所以它有一定的轨道，春分、夏至、秋分、冬至此四个时间点当是太阳运行重要的转折点。太阳运行的法则之戏剧化，见于《尚书·尧典》的"乃命羲和，钦若昊天，历象日月星辰"一节，羲仲、羲叔、和仲、和叔分别在东、西、南、北方"寅宾出日""寅饯纳日"。笔者认为"四翼"指的就是"日有四游"，而"六足"或许指四方加上下此"六合"。简言之，"六足四翼"指的是太阳的运动。

"浑沌"与"昆仑"同音，此事亦极值得注意。神话中的"昆仑山"与现实的"昆仑山"不同，这已是学者的共识，无庸再论。"昆仑"一词就像"浑沌"一样，它同样带有黝黑、朦胧之义，后世由"昆仑"一词引申而来的"昆仑奴"等语

---

[41] 房玄龄等撰：《晋书·天文志》（北京：中华书局，1974），册2，卷11，页281。此语当出自王充：《论衡·说日》（台北：台湾商务印书馆，1965），卷11，页12。

词，皆有此意涵。但神话中的"昆仑山"最重要的意义，乃在它是通天的宇宙山，昆仑山的描述甚多，鱼龙漫衍，不可方物。为方便起见，我们且看洪兴祖的整理，其文如下所述：

> 《禹本纪》言：昆仑山高三千五百余里，日月所相避隐为光明也。其上有醴泉华池。《河图》云：昆仑，天中柱也，气上通天。《水经》云：昆仑虚在西北，去嵩高五万里，地之中也，其高万一千里。河水出其东北陬。[42]

引文的意思已说得相当清楚，我们看围绕在昆仑山周围的天柱、树木，以及此山皆有通天之中的作用，这是"昆仑"一山最重要的功能。其他重要的价值如不死药、长生水、灵丹妙方、奇珍异宝等等，都是附挂在此"中"的基础上的，此事论者已多，无需赘言。

值得注意的是：帝江为浑沌，昆仑山为天山，"帝江在天山"实即为"浑沌复浑沌"之义，这样强烈的论述颇堪玩味。在《庄子·应帝王》篇中，浑沌是"中央帝"，这个状词是远有所承的，这不是庄子惝来一悟之创造。我们都知道：世界上各个神话里的宇宙山几乎无一不立足于世界的中央，而且无一不是通天的管道，昆仑山以及附属其山的铜柱、若木皆为宇宙轴 (Axis Mundi)，它是初民堕落，被赶离开乐园以后，唯一

---

[42] 洪兴祖：《楚辞补注》(台北：大安出版社，1995)，卷1，页62。

可以和圣界取得系连的管道。浑沌为中央帝，它事实上就是通向神圣的不二法门。

"浑沌在天山"这个意象如果转译成思想概念的语言，我们认为它指的就是"圆"与"中"的象征。如果"浑沌无面目"意指原始存有是不可名状的无，是广漠的黝黑，是鸿洞未判的整全的话，"浑沌在天山"则突显原始存有本身是神圣的，因为它是"中"；是完美而整全的，因为它是"浑圆"。"圆"是宇宙运行的法则：

> 日夜一周，圜道也。月躔二十八宿，轸与角属，圜道也。精行四时，一上一下各与遇，圜道也。物动则萌，萌而生，生而长，长而大，大而成，成乃衰，衰乃杀，杀乃藏，圜道也。[43]

大至日月天体，小至动植飞蠕，它们无一不依循圆的轨道运作。孙子言用兵之要诀云："浑浑沌沌，形圆而不可败也。"[44]吕不韦言音乐之起源与节奏云："浑浑沌沌，离则复合，台则复离，是谓天常。天地车轮，终则复始，极则复反，莫不咸当。"[45]

---

[43] 参见许维遹撰，梁运华整理：《吕氏春秋集释·季春纪·圜道》(北京：中华书局，2009)，上册，卷3，页79。

[44] 参见吉天保辑：《孙子集注·势》(台北：台湾商务印书馆，1965)，册18，卷5，页57。

[45] 许维遹撰，梁运华整理：《吕氏春秋集释·仲夏纪·大乐》，卷5，页108—109。

军事与音乐亦皆依浑沌而来，而圆是浑沌运动的模型。准此，我们不难理解老子"大曰逝，逝曰远，远曰反"所说究竟是什么事。原来后世哲人一再咏赞的道之规律，它竟然是出自浑圆的浑沌之运动此一祖型。

确立了浑沌、中央与昆仑的关系后，我们不妨再稍微辨识一下"帝江"的身份。一位在《山海经》出现的神祇，祂位居宇宙山，掌控天下之中。祂赤如丹火，其形浑圆，大有太阳神的资质。对《山海经》神话不致于太陌生的人大概都可以猜得到，这样的神祇应当就是黄帝。事实上，"帝江""帝鸿""黄帝"乃同出而异名，同指向一位垂迹应世的人间上帝，亦即黄帝。

浑沌是矛盾，它一方面是无，"无面目"即"无规定"；但它一方面又是"有"，显象为黄帝，黄帝是上帝之化身，拥有上帝的诸种属性。"圆"即为其中重要的一个属性，"中"又是另一个属性。如果"圆"指的是同一种层面的运作模式，"中"则是纵贯的通向圣俗两界。浑沌圆中，圆中让我们联想到《洪范》"九畴"中的"皇极"之道。

古史相传：武王灭殷，立武庚，事定之后，他去拜访殷商最有智慧的哲人箕子，箕子向他陈诉《洪范》"九畴"这种由天降下的恩典。箕子所陈的"九畴"中即有"皇极"，皇极也者，"大中之道"也，这是孔传的解释。孔颖达的疏则云："凡所立事，王者所行皆是，无得'过'与'不及'，常用大中之道也。《诗》云：'莫匪尔极'，《周礼》'以为民极'，《论语》

'允执厥中'，皆谓用'大中'也。"[46] 孔疏虽然只是字面的解释，但它的解释恰好到位，我们发现后世儒典中的一些核心概念竟然来自遥远的神话传统。即使仅就字面意义而言，我们还可扩充孔颖达的范围，我们很难不想到底下这些名句："民受天地之中以生，所谓命也"（《左传·成公十三年》）；"中也者，天下之大本也……致中和，天地位焉，万物育焉"（《中庸·第一章》）；"万物负阴而抱阳，冲气以为和，和居中央"（《文子·上德》）。

上述前三条都是先秦儒典中的著名文句，它们所说的"中"都有决定理论方向的重要功能，《中庸》首章所述尤为重要，"参中和""观喜怒哀乐未发前气象"等决定性的工夫论的主张都源于此章的启示。第三条《文子》的话显然是用来注释《老子·第四十二章》："道生一，一生二，二生三，三生万物。万物负阴而抱阳，冲气以为和。"阴阳相和谓之冲，冲气因而有平衡中和之义，马王堆出土《老子》帛书，"冲气"作"中气"，其义更显，《文子》的诠释是有本的。

极也罢，中也罢，其始源的意义皆来自原始神话的"宇宙轴"之概念，由于有此宇宙之"中"，世界的价值与秩序才可维系得住。笔者认为：谈此义谈得最透彻者，当是上世纪代表性的重要宗教学者耶律亚德。但理学家虽然不知道"中"的象

---

[46] 参见孔安国传，孔颖达疏：《尚书正义》，收入李学勤主编：《十三经注疏整理本》（台北：台湾古籍出版公司，2001），册 54，卷 12，页 355。

征之历史源流，他们却都有另一层更深刻的体悟，我们且看陆象山的解释：

> 皇，大也；极，中也。洪范九畴，五居其中，故谓之极，是极之大，充塞宇宙，天地以此而位，万物以此而育，古先圣王皇建其极，故能参天地，赞化育。[47]

陆象山套用了《中庸》的成句，但他实质上已作了创造的转化，因为理学家引进了本体的概念。"本体"的介入一方面深化了"大中"的象征意义，一方面又淡化了"大中""皇极""圆中"的宇宙蛋—浑沌—太阳主题的母型。"本体代替宇宙轴"的思想史意义，宜另文再探。

六　结论：创造的原型

从浑沌创世的角度考量，我们发现它具有下列的特性。首先，宇宙的开辟不是由无到有的行动，也不是某位外在的"制造者"所制造出来的，它是内在于自然本身、由潜存到存在的翕辟过程。中国文化传统中不是没有人格神的思想，但《诗经》《书经》中的上帝不创世；盘古的创世也是在充满浑沌之

---

[47] 陆九渊著，钟哲点校：《荆门军上元设厅皇极讲义》，《陆九渊集》（北京：中华书局，1980），卷23，页283—284。

水的鸡子中进行的。其次，浑沌不是与世界（秩序）对反的混乱之 chaos，由于浑沌无面目，因而无规定性，它不能没有"无理""无序"的成分。然而，治乱者仍在"乱"的内在性自身，浑沌是与混乱对反的潜存之和谐秩序。就像《山海经·西山经》神话所说的帝江，它自己"识歌舞"，亦即有内在的韵律，浑沌的创造乃是泛神论式的创造。此义一转，我们可以理解何以儒道两家的宇宙开辟论之外显面貌常是美感的不断生成，因为浑沌内在即是美感的构造，相应地，它生成的自然也是美的秩序。最后，浑沌被设想为原始未分化的团块时，如水、如气、如无面目的原始巨灵，它的创造模式很容易被设定为直线与不断分化的类型。然而，后世儒道两家的浑沌生成论并非采不断分化的模式，而是采所谓"三极构造论"的模式，亦即浑沌变成了不变的核心，它成了"本体"，世界由此"本体"不断涌出。

以上三点环环相扣，浑不可分。以这三点为准，我们发现中国的宇宙生成论与犹太、耶、回教的形态固然大不相同，它与印度教"空"的精神亦大不相同。浑沌的创造论与犹太教传统的创造有绝大的差异，这一点是相当清楚的。不管是儒家或道家，一种独立于世界之外的超越的人格神，虽然不是没有出现过，但始终不占主流的地位。西方近代的中国观一再出现一种调子，这种调子一再宣称：中国思想没有超越的概念，只有内在的概念，这种论断引起很多的争议，主要的焦点当然在"内在的超越"一词能否成立。但我们如就浑沌的创造着眼，而且将此创造视为尔后儒道形上思想的重要泉源的话，那么，这种无超越论的话也许有一半是对的。儒道两家的形上学确实缺乏独立于自然世界之外的创造者之概念。浑沌的创造是内在于浑沌本身，亦即内在于自然自身内的创造。问题来了，此事如何解释？

这个问题就回到我们结论的第二点了，此即浑沌神话显示泛神论式的创造者与秩序不分的特性。原始面目的浑沌是茫无分别的、荒漠难分的、黝黑无名的整体，它是浑沌的黑暗面，但浑沌同时也是有内在韵律的，它具有"理"之光明，它天生的以"中""圆"的方式展现自体。简言之，"美""动力"与"秩序"是浑沌的属性。从浑沌神话到原始儒道两家的形上学、到魏晋之学、到宋明理学，我们发现贯穿这条中国思想大动脉的自然观从来不是简单定位的，从来不是随抽象的自然律运作的，也不是盲目的上帝意志运作的结果。恰好相反，这一条思想的大动脉显示中国的自然一直是生机论式，它内在具足动力、秩序、美感，这种自然观不但具足了儒道形上学的特色，而且我们有理由相信：中国的自然诗与山水画也是从这种思想的风土上成长茁壮的。

如果说自然内在具足秩序、美感、动力，这样的创造是什么意义的创造呢？我们可以设想两种形态，一种认为自然现象本身即是终极的，我们不可跃过整体之化，再去寻求背后的支体。这样的自然本身蕴含了杂多，而杂多中有一预定的和谐的配合关系。就中国文化的概念说，乃是和谐的感应关系，感应内在于世界的结构。生老病死，成长变化，无一不是这整体自然界的事事物物及其整体作用之结果，这就是郭象所说的"物自生"之说。浑沌的第一种面貌是整体论的浑沌，这是种内在一元论的变化之流，无创造之创造。

另外一种形态不是这种"神秘的整体论"，[48] 而是本体论的浑沌。这种面目的浑沌主张宇宙确有本体，此本体不离现象，但它不等于现象。它的创造不是现象论的物自生自化，而是本体的不断涌起。同样是内在于自然的创造，到底是浑沌等于自然，还是浑沌不离自然？这两种类型或可称为整体论的创造与本体论的创造之争，笔者相信：中国的儒道两家大体皆主本体论的创造义，它们的创造原型都可以追溯到浑沌的神话。浑沌的创造是种"内在的创造"，这样的创造是什么类型的活动呢？我们如何区隔儒道形上学的异同呢？

道家宇宙论脱胎于浑沌创造论，它是整体内在的创造，亦即其创造的来源是有，是一，是全，而不是无。然而，我们一般不是说道家注重"虚"或"无"吗？老子不是说："天下万物生于有，有生于无"吗？我们的解释显然要面临道家原始文献的挑战，中国历代儒者批判道家，往往也是从它的虚无之教的观点着眼，这么强的历史定见应该不会没有道理。话

----

[48] 这是张东荪的解释，参见张东荪：《知识与文化》（香港：龙门书店，1968），页 46—118、160—165、213—214。熊十力反对张东荪的"整体说"，力主"本体说"，参见同书，页 213。张、熊两人的辩论极具理趣，兹不细论。

又说回来，另外一种观点也有道理，我们不是也听过庄子对老子的评价"虚空以不毁万物为实"吗？老子自己不是也说常有与常无"同出而异名，同谓之玄"吗？如果"同出而异名"，这句话明确地表示"有"与"无"是一体的两面。到底无为本呢？还是有无同为本呢？这两组看似矛盾的文字该如何解释呢？

上述的矛盾只是字面意义的，老子的"有""无"双玄其实不难解释，它毋宁是东西方精神修炼传统常见的吊诡论述。当学者融进不可言说之氛围，说是一物即不中时，此自是"无"。但在此无的氛围中，又充满了绝对的真实、法喜，此圣悦之境被认为构成万物存在真实的核心，此自是"有"。这样的有无同时出现，这种看似矛盾的精神体验如果从概念来讲亦不难理解，因为"这种'无'并不是人们通常所说的无或无物，而乃是被认作远离一切观念，一切对象——也就是单纯的，自身同一的，无规定的，抽象的统一。因此这'无'同时也是肯定的；这就是我们所叫做的本质"。[49] 黑格尔 (G. W. F. Hegel) 的解释也许太形式化，这样的表达方式遗落了老子论道时的真实感。但"一"无内容，不可说，所以亦可名曰无，这样的解释是极合理的。事实上，理学家虽然往往佛老同批，佛老同样被视为虚无的代表，它们是破坏伦理秩序的元凶。事

---

[49] 黑格尔（G. W. F. Hegel）著，贺麟等译：《哲学史讲演录》（北京：商务印书馆，1959），页131。

实上，理学家大体批佛甚于批老，即使连护教甚力的朱子也认为：老子的无其实不是真的虚无，它仍是有。[50] 朱子的立场是很值得玩味的。简言之，道家说的"无"可确定不是虚无之义，它毋宁是未被规定的整体。落在现实上讲，也就是"始制有名"以前的整体。老子要求我们常居此境，庄子则要我们从此境逸出。但所谓走出其实也没有真正的出走，因为浑沌仍在具体的行为中不断涌现。

和道家相对照之下，儒家对浑沌似乎没那么着迷。如果依据一般的理解，儒家还当被视为凿破浑沌的倏忽。然而，问题的焦点不在此，我们可以说：儒家的太极论也是种浑沌论，儒道的差异不在浑沌的有无，而是在对浑沌的理解偏向不同所致。"帝江"此太古怪兽除了识歌舞外，它"赤如丹火"，此种指述可以给我们一点启示。因为依据神话的思维，光明除了可以象征类似顿悟这样的宗教经验外，它也可以用来象征一种分隔浑沌的原理。[51] 说得更直接一点，浑沌当中不能没有某种存在与道德的原理，这样的理才可以形成可理解的世界。儒家论及太极时，总强调它是"理"，而且这样的理既在浑沌，也在个体物身上。陆象山说："儒者虽至于无声、无臭、无方、无

---

[50] 有人问朱子：释老两者的"无"有何差异？朱子答道："老子依旧有，如所谓'无欲观其妙，有欲观其徼'是也。若释氏则以天地为幻妄，以四大为假合，则是全无也。"黎靖德编：《朱子语类》（北京：中华书局，1994），册8，卷126，页3012。

[51] E. Cassirer, *The Philosophy of Symbolic Forms* (New Haven: Yale University Press, 1955),pp.96—99.

体，皆主于经世。"[52] "经世"不只是政治的用语，它更是本体论意义的对世界根源的肯定之义，这是儒家的立场。儒家看到的浑沌可以无面目，但必须有"理"。

当浑沌转化成内在于世界的本体的概念时，我们可以看出儒道两家不同的抉择。道家喜欢的是种超脱对象或个体之外的无分别的状态，比如：老子要退回到存在的深渊，一切存在若有若无的准解体层次，淡然独与神明居。相对地，儒家强调本体（浑沌）之内在于事物本性之活动，这样的本体之活动会带来意义、方向、存在之感。换言之，本体（浑沌）要不断涌现为"有"，涌现为存在的样态，这是时时刻刻新新不已的创造。儒道两家的思想都是三极的构造，因为它们都要求"从浑沌中立根基"，[53] 差别只在如何立根基上，两家的关怀有出入罢了。浑沌的创造就是两种对浑沌所作的不同生命方向的抉择，是"生命退隐于原点的浑沌"与"浑沌创化于永续的生命"的区别。

---

[52] 陆九渊著，钟哲点校：《与王顺伯》，《陆九渊集》（北京：中华书局，1980），页 17。

[53] 这句话是王龙溪的语言。他劝学者要将"种种凡心习态，全体斩断，令干干净净，从混沌中立根基。自此生天生地，生大业，方为本来生生真命脉耳"。王畿：《王龙溪语录》（台北：广文书局，1977），卷 2，页 1。王龙溪的话是很典型的"本体创造论"。

叁 气的考古学
——风、风气与玛纳

一 云气之外

在中国文化传统中，我们如要找到比"气"字内涵更丰富的字，肯定不容易；我们如要找到比"气"字字义更模糊难辨的字词，也一样地艰难。"气"来自古典文献，任何一本古代典籍，我们几乎都可找到由"气"此字根所构成的大量词汇。这些大量的词汇即使到了今日，依然保留在口语中，如气氛、气息、气度、气韵、气候、气节、气魄、气机、气场、节气、生气、力气、神气、风气、习气、义气、精气、人气、行气等真是族繁，不及备载。不但如此，新造的词汇如氧气、氢气、电气、煤气、气压、气温等等，还不断地涌进我们的日常语言中，成为词典中的新收词目。"气"的生命力之顽强，气息之长，在汉字中是少见的。

在中国哲学中，"气"超越了貌相声色的"物"之层次，扮演说明个体形成之前的存在之角色。用唐君毅先生的语言讲，气乃"流行的存在"，或"存在的流行"。[1] 但何谓"流行之存在"？"存在"不好解，"存在"加上"流行"，其实还是存在，"存在之流行"一词比起"气"字来，其实不会更好解。"存在"一词一向是哲学的难题，维根斯坦（L. Wittgenstein）说："并不是'世界如何存在着'是神秘的，而是'只世界的存在着'这才是神秘的。"[2] 的确，存在不是知识论的问题，任何问题只要能够化成"如何"的知识论形式，不管如何困难，终究有解。但"存在"不属有解的领域，世界就如此呈现，不管它以美学的观相性格整体呈现，或以心体朗现的直觉全盘相印，甚或以感性的直接性显现，存在就是神秘，神秘不构成思辨的对象。

　　存在是神秘，但理解是人存在基本的向度，根源的事件需要精致的解释。一般的知识如果不能够提供合理的解释，先民不见得会停止探索，他会另寻出路。遥远的邃古之初，那是个神话的年代，神话年代的世界乃是力动的世界，剧场的世界，变化是世界最显著的特色。[3] 变化同于存在，存在的变化因此

[1] 参见唐君毅：《中国哲学原论——原教篇》（香港：新亚研究所，1975），页88。

[2] 维特根什坦著，牟宗三译：《名理论》（台北：台湾学生书局，1987），页157。牟先生此处的译文依德文译出。"而是"的原译文作"但"，为求文气通畅，笔者改换之。

[3] 这就是卡西勒（E. Cassirer）所说的神话世界的特色："一个戏剧世界，一个行动力量与争斗的权力的世界。在自然的每一个现象中，神话看到了这些力量的碰击。神话知觉永远充斥了这些情感的性质。"卡西勒 (E. Cassirer) 著，刘述先译：《论人——人类文化哲学导引》（台中：东海大学出版社，1959），页88—89。

不能不是"存在"一词最具特色的属性。在中国古代，更确切地说：在先秦时期，人们将这种不可见的变化因素之名称为"气"。不可见的"气"用以解释一切可见的事物，同时也解释不可量度的历史的推移、心情的变化、成长的状态云云，亦即解释"存在"。

为什么解释整体存在的变迁要用到"气"字？面对这个难以议题化的概念，我们或许可以从文字学的古义入手，探索其内涵。《说文解字》云："气，云气也。象形。凡气之属皆从气。"* 许慎认为气字的本义是"云气"，是个象形字，但这个作为"云气"解的有形之物如何演变成可以解释难以名状的身心语汇（如意气）？最后甚至可以成为那么神秘而全面性解释功能的哲学概念？显然路途迢迢，不是目前文字学所能解决的，中间需要有些新的因素带进来，才可以解释得清楚。

笔者倒不认为"云气"解一定说不通，事实上，荀子提供了我们一条有用的线索。《荀子》书中有《赋》篇，赋物五种，其中有一种名为"云"，云赋描述云之来去自如，变化万状，一化为雨，水润千里。其状五彩斑斓，备而成文。若此叙述，自然可视为对云的现象之描述。很写实，不必过求甚解。但"往来惛憊，通于大神。出入甚极，莫知其门。天下失之则灭，

---

* 编者按："气"为"氣"的古字，《说文解字》原文即为"气"。台湾版中"气""氣"二字有所区别，今改为简体后虽无差别，但基本不影响理解。

得之则存"这类叙述，[4] 或"此夫大而不塞者与？充盈大宇而不窕，入郤穴而不逼者与？"这类叙述，都已越出了云的物理形象，颇涉玄义，如果我们说出荀子设定的谜题之答案为"气"，或"云气"，其解可能比单独列出的"云"字更为合理。

云是自然界中常见之物，在中国农业文明的环境中，云和雨水的意象分不开，前贤设论时，云的比喻自然不会冷僻。[5] 然而，荀子《赋》篇所赋五物，其中"礼""知"两者乃荀子思想的核心概念，其重要不言可喻。"蚕"与"箴"两者则是透过衣服的象征，以言"功被天下，为万世文"（《蚕》）；"日夜合离，以成文章"（《箴》），这两赋是和"礼""文"的关怀结合在一起的，"礼""文"也是荀子思想的核心概念。"云"和这四物相比之下，其重要性何在？不能不令人好奇。然而，如果我们依《说文解字》解，荀子当日作《云》赋时，或许心中已有"气"的腹案。"气"在荀子的思想体系中既扮演了作为万物存在最基层之物，也作为物之转化所以可能的依据，它的地位很重要。如果此说无误，那么，谜面与谜底的隙缝自然就可弥合了。《云》赋更恰当的用语当是《云气》赋，荀子赋此云气，以表"气"之"大参天地，德厚

---

[4] 惛兮，犹晦暝也。极，读为亟，急也。参见王先谦撰，沈啸寰、王星贤点校：《荀子集解》（北京：中华书局，1988），卷18，页475。

[5] 如孔子论富贵之起灭无常，不足依赖，有云："不义而富且贵，于我如浮云。"（《论语·述而》）；孟子论王道政治之效应，亦云："天油然作云，沛然下雨，则苗浡然兴之矣。"（《孟子·梁惠王上》）

尧禹". [6]

就比喻言，云和气的意象有旁通之处，如果云取其流动变化意的云气理解，两者的关联处更明显。荀子赋云，采取的自然是文学的比拟用法，以云气比气，没有说不通之处。然而，一种自然现象语汇的云气之"气"如何演变成老庄哲学中的形上学之"气"，也就是从物理学（physics）的语汇变成后物理学（metaphysics），亦即形上学的语汇，显然需要有异质的跳跃。同样重要的演变历程，此即作为自然现象的"云气"之"气"如何变为"血气"或"精气"这类生命现象的语汇，显然也需要费些周折，好好思考。我们如只从"云气"的性能进入，借着意象的旁通，勾连从云气之变幻到存在之流行的演变过程，虽说可勉强如此推衍，终觉思路崎岖，相去有间。至于"气"字作为"乞求"的"乞"字解，[7] 其义相距更远，连结更难，似可不用再论。

思想是有风土性的，文明的胚胎不能不建立在该文明的环境基础上。"气"原本即是华夏文明对世界整体性质所作的

---

[6] 关于《云》赋与气的关系，参见朱晓海：《荀学的一个侧面——"气"——的初步摹写》，收入杨儒宾主编：《中国古代思想中的气论及身体观》（台北：巨流图书公司，1993），页451—483。

[7] 甲骨文中"三"字，于省吾释之为"气"字（即氣字所从出之字），认为其义有三，其中一个为"乞求"之"乞"的意思。参见于省吾：《释乞》，《双剑誃殷契骈枝》，收入宋镇豪、段志洪主编：《甲骨文献集成·甲骨文考释》（成都：四川大学出版社，2001），册8，页55—58。金文情况类同，高田忠周、孙作云、高鸿缙皆有是说，参见周法高编：《金文诂林》（香港：香港中文大学出版社，1974），册1，卷1，页294—299。

一种特殊的解释，其内涵之演变几乎与中国整体思想的演变同等长。我们要探讨"气"的本源及流变，不妨比照考古学的模式，挖掘华夏文明的风土基础，清理出从遂古之初至后世的演变途径。文字学是保存古代知识密码重要的宝库，它无疑是我们作知识考古学重要的器具，但碰到像"气"这般具有复杂内涵的形上学字词，显然我们又不能只依赖文字学。"气"字的云气源头有其合理面，但解释力道仍嫌不足。追源溯流，河流源头复杂不一，语词亦然，"气"字的来源可能不只一条。

重要汉字概念就像上古中国文明源流一样，可能都是很复杂的。[8] 面对意义重层之"气"，除了文字学提供的线索外，我们更需要的，反而是引进跨科系甚或跨文化的普遍文明现象的概念，笔者相信：我们需要从宗教学的角度，追寻"气"字的先祖。这位先祖就像一些研究早已指出的，应当就是"玛纳"（mana）这样的宗教理念，"玛纳"连带地会带有"圣显"(hierophany)、"力显"(kratophany) 的性质（见下文）。但"气"应当也有本土的先祖，前人的研究已指出"风"和"气"应当有亲密的血缘关系。[9] 笔者也相信"风""气"亲和性的假说，但亲和到什

---

[8] 其中一个原因当与种族之繁杂有关，中国文明的起源很可能是多源的，不同的民族贡献了不同的文明因子。中国新石器时代文物出土地点有如满天星般遍布于中国大地上，可见文明起源之多之杂。细节参见苏秉琦：《中国文明起源新探》（北京：人民出版社，2013）。

[9] 平冈祯吉、赤塚忠等人在半世纪之前已提到风与气的关系，前川捷三亦同意此说。参见前川捷三《甲骨文、金文中所见的气》，收入小野泽精一等编，李庆译：《气的思想——中国自然观与人的观念的发展》（上海：上海人民出版社，2007），页16—24。

么程度，仍大有阐释的空间。本文要作的事就是连结"玛纳—风—气"这几个概念的工作，以确定"气"的根本义。

"气"从"云气""风""玛纳"这几个源头分享其特质，再融合为一。在战国时期，此字基本上已完成作为存在基质与作为生命本质的基本功能。后世，"气"又与时精进，内涵日丰。宋儒兴起，"气"字与"理"字结合，形成理气论，更构成儒学思维的核心观念。"文变染乎世情，兴废系乎时序"（《文心雕龙·时序》)，重要概念的演变亦不出乎此，兹从"风"谈起。

二　四方风与时空架构

"气"无形无状，不好解，也不好比较。天壤之间，论内涵接近"气"者，莫过于"风"。"风"也无形无状，也不好解，但却人人可感。"风""气"两字时常连用，风的现象与气的现象也时常重叠，在小传统的医术与巫术中，"风""气"两字不时可以通用，如"占风""占气"之术的重叠即是。笔者认为："气"的性质要追溯到"风"，其系谱才可建立。上古之风有它独特的故事。

依和辻哲郎的名著《风土》的文化类型之归类，中国被归类为季风型气候。[10] 季风是大陆气温与海洋气温不均匀的流

---

[10] 讨论"季风风土特殊形态"有关中国的部分，参见和辻哲郎：《风土》（东京：岩波书店，1967)，页121—134。另参见拙作：《和辻哲郎论"间柄"》，《异议的意义——近世东亚的反理学思潮》（台北：台湾大学出版中心，2012)，页401—426。

动所产生的现象。东亚位于欧亚板块与太平洋之间，夏季来自太平洋的风，带着湿热的气流，吹向亚洲大陆；冬季，来自大陆西北的冷气团，干燥而寒冽，压向了地势逐渐低倾的东部土地。季风型气候最大的特色之一是依季节的转变，风向也跟着转变。夏季吹南风或东南风；冬季则吹北风或西北风。或者反过来说：依风向的转变，季节也就不一样。当南风或东南风转成了北风，或北风转成了南风或东南风，季节也会跟着转变。三代时期的中原之气候很可能比现在潮湿，季风型气候的类型可能更显著，因此，季风转变的经验很可能是三代人民共同的经验。

"季风"的"季"意指四季，季风的转变即预设了四季风的概念，"四季风"是和时空的定位连结在一起的。风何以能与时空结合，成为季节的指标，此事真是神秘。四季风此概念见之于文献，最早的源头可溯至商代的四方风，不管甲骨文中是否有"夏""冬"两个季节字汇，四方风的观念确实孕育了四季这样的想法。[11] 有关商代四方风最著名的一件甲骨文当是中国国家图书馆所藏编号"北图 12789"的文物，此件甲骨文物难得的是，它是一片载有四方风名与神名的牛肩胛骨，依

---

[11] 甲骨文已有"东土受年、南土受年、西土受年、北土受年、受中商年"之说。四方土和广受瞩目的四方风概念，当出自同一种思维，四方风又与四季的推移有关。以上论点参见胡厚宣：《论五方观念及"中国"称谓之起源》，《甲骨学商史论丛初集》（上海：上海书店，1989），册2，页1—3。

据胡厚宣的释文，其文如下："东方曰析，风曰劦。南方曰夹，风曰岜。西方曰夷，风曰彝。北方曰宛，风曰役。"[12] 这片甲骨文字刚被发表时，颇有人认为其刻辞为伪，但经胡厚宣考证过后，此片甲骨不仅确定为真，而且是难得的一件具有重要思想史意义的史料。后来学者还从现存甲骨文中，搜集到另外五则有关四方风的刻辞，在重要史料为数不多的甲骨刻辞中，这样的比例实在不低了。[13] 很明显地，四方风在殷人的精神世界中，占有重要地位。

由卜辞的四方风之记载，学者很容易联想到《山海经》与《尚书·尧典》里相关的叙述。《山海经》之文姑且不论，《尚书·尧典》有四方风之记载，自从胡厚宣提出重要的研究以后，[14] 学者多知道《尧典》的记载与《山海经》及贞卜文字的记载相合，由此可见四方风的观念传之已久。有关《尧典》与四方风的载录，虽然相关研究已多，但其内容似乎尚有阐释的余地。所以我们还是将《尧典》所说内容罗列如下，以供探究：

---

[12] 胡厚宣：《甲骨文四方风名考证》，《甲骨学商史论丛初集》，册2，页1—3。

[13] 上述所说，参见胡辉平：《国家图书馆藏"四方风"与大龟四版》，《中国书法》2012 年第 6 期，页 100—112。

[14] 参见胡厚宣：《甲骨文四方风名考证》，《甲骨学商史论丛初集》，册2，页1—3；严一萍：《卜辞四方风新义》，《甲骨文字研究》（台北：艺文印书馆，1957）；李学勤：《商代的四风与四时》，《中州学刊》1985 年第 5 期，页 99—101。

分命羲仲，宅嵎夷，曰旸谷，寅宾出日，平秩东作；日中，星鸟，以殷仲春；厥民析，鸟兽孳尾。

申命羲叔，宅南交，平秩南讹，敬致；日永，星火，以正仲夏；厥民因，鸟兽希革。

分命和仲，宅西，曰昧谷，寅饯纳日，平秩西成，宵中，星虚，以殷仲秋；厥民夷，鸟兽毛毨。

申命和叔，宅朔方，曰幽都，平在朔易；日短，星昴，以正仲冬；厥民隩，鸟兽氄毛。

《尧典》为《尚书》首篇，在塑造东亚文明的精神史上，此篇文章一直占有重要的地位。疑古风气大开以来，时间意识摧残了原型意识，史证要求动摇了读者的精神寄托，此篇鸿文的写成年代与价值地位遂有逐渐被往下拉降之势。后来因为契文四方风的发现，以及大量的新石器时代考古的突破发现，学者对华夏源头的兴趣日强，疑古学风逐渐被理性学风取代，《尧典》篇的地位才又有日益上升之势。不管此篇的写定年代为何，我们有很强的理论性的理由，认定《尧典》是中国人文之源很关键性的一篇文章。维柯 (G. Vico) 论文明之始时，很强调诗性的智慧，他所说的诗性的智慧常以神话的形式表现之。[15] 卡西勒 (E. Cassirer) 论秩序的形成，其源头往往从天

---

[15] 维柯（G. Vico）著，朱光潜译:《新科学》(北京: 商务印书馆，1989)。

体的秩序开始定位起，天文学是各文明都出现过的最早的知识体系。《尧典》提供了我们典型的诗性智慧，它也告诉我们最古老的天文学的消息。

《尚书》是载录中国上古文明的总集，《尧典》是此经的第一篇，它描述伟大的帝尧的治绩，其地位类似《创世纪》在《旧约》中的位置。《尧典》表现的正是诗性智慧，它以神话传说的方式，表现华夏文明是如何起源的，文明的起源即是秩序的创造。《尧典》中创造秩序的核心人物自然是帝尧，重要的辅助英雄分别是羲仲、羲叔、和仲、和叔，这四位英雄很可能是传说中"绝地天通"神话中的"羲和"此神人的分化。一年有四季，一地有四方，绝地天通的英雄因此也就不得不分而为四。《尧典》的结构显现人伦的秩序与自然的秩序是连续性的，帝尧的世界是彝伦攸叙、文明灿烂的神话乐园景象，而彝伦攸叙的关键在于时空秩序的优先定位。时空定位了，人文世界才可展开，此之谓"敬授人时"。

"敬授人时"此句话出自《尧典》，记载帝尧命令羲和"历象日月星辰，敬授人时"，它意指人间秩序依天界原型运作，天道明朗了，时间也就成立了，地界的人事自此有个准则。上段引文中《尚书·尧典》的记载明显的是神秘的宇宙图式之历史化，或许该说是：伪历史化。这种四方风的宇宙图式是个曼荼罗 (mandala) 形的构造，每一方位皆有特定之人、特定之山，更重要的还有特定之风神坐镇其间。《尚书·尧典》把"四方风"的内涵戏剧化了，它变成了一种"封神"的仪式剧。

我们看到这种"封神"的仪式剧和卜辞的"四方风"之叙述可说都是同一套叙述。这种分殊化的人、时、风、物，可以视为儒家版的浑沌的创造神话。原本模糊没面目的空间因为神圣的人物坐镇其间，遂由无名而有名，由浑沌而秩序，风与日、星居间扮演了关键性的角色，它们因秩序性地重复出现，共同建构了时空的格局。

《尧典》所述的"羲仲""羲叔""和仲""和叔"应当都出自"羲和"一语，也就是祂们都是"羲和"的分身。"羲和"是中国天文学与史学的"远祖"，但其本尊当是日神御者的称呼，[16] 因为是日神的御者，所以才会被带有浓厚日神性格的帝尧命令去"寅宾出日"。[17] 在这桩伟大的安顿世界秩序的事件中，这位作为日神分身或象征的"羲和"主宰了四时的分化以及相应的自然与人间设计。《尧典》此一图式甚有理趣，因为在文明的黎明期，太阳在建构人间秩序一事上，地位特别重要，超出了月、星、风的地位。正因太阳特别重要，所以才会有太阳神象征的帝王命令太阳神御者迎日（宅嵎夷，日旸谷，寅宾出日，平秩东作），这样叠床架屋的仪式。除了太阳，《尧典》还以鸟、火、虚、昴四星定位四季。《尧典》中没出现月

---

[16] "黄帝使羲和占日，常仪占月，臾区占星气"。参见宋衷：《世本·作》（台北：艺文印书馆，1966），页22b。

[17] 关于帝尧与日神的关系，参见拙作：《黄帝与尧舜——先秦思想的两种天子观》，《台湾东亚文明研究学刊》第2卷第2期（2005年12月），页99—136。

亮的踪影, 但我们由商代"既生霸""既死霸"之说, 可以想见天体的月与人间岁月周期的月的紧密关系。三光(日、月、星)在建构人类的时空秩序上, 非常关键, 兹不细论。[18] 倒是《尧典》论及羲和四人宅于四方, 每一季观测日时的后面, 都会加上"厥民"如何,"鸟兽"如何等, 其说颇特别, 值得再议。

《尧典》里所说的"厥民", 因为我们现在有了甲骨文以及《山海经》的帮助, 可以很确定地说: 它们是方位神, 而不是一般的神, 方位神有四个, 表示四方。这四位方位神也是风神, 四时气候不同, 风向与风的性质也不同, 因此, 风神遂分化为四。析、因、夷、陾除了为四方位神与风神外, 我们也有理由认定: 四方神实质上也是分至之神。[19] "分至"是太阳公转一年的分期概念, 细分则为春分、夏至、秋分、冬至。东方神为析, 也是春分神; 南方神为因(或作为迟), 也是夏至神; 西方神为夷, 也是秋分神; 北方神为陾, 也是冬至神。时间和空间在此是统一的, 宇宙恍如时钟, 太阳的迁移, 月亮的

---

[18] 参见拙著:《时间形式、礼与耻感——火的原型象征》, 台湾《清华学报》新 43 卷第 4 期 (2013 年 12 月), 页 555—598。

[19] 《尚书》所说的"平秩东作""平秩南讹""平秩西成""平在朔易", 指的即是太阳行经春分、夏至、秋分、冬至, 四方神因此也是分至之神。参见冯时:《殷卜辞四方风研究》,《出土古代天文学文献研究》(台北: 台湾古籍出版公司, 2001), 页 192—225; 黄怀信:《读〈尚书·虞夏书〉札记》,《古文献与古史考论》(济南: 齐鲁书社, 2003), 页 159—162。

迁移，星辰的迁移，就像时钟上的计时针一样，它们以东西的方位、定量的时刻，有度地在宇宙此大钟上移动，刻划出时空的格局。"日月有常，四时从经"，[20] 常态循环，周期出现，宇宙的秩序就形成了。"四民"除了是风神外，也是空间（四方）神与时间（四季）神。

在这种三光合构的宇宙关系中，时空的秩序和物候的秩序是一致的，在《夏小正》这类的著作中，春天总是和燕、雉结合一起；夏天总是和䖨、蜩结合一起；秋天总是和雁、熊结合一起；冬天总是和黑鸟结合一起。这些动物在《尧典》一文中被简称为"鸟兽"，由鸟兽再进一步简化为其毛羽的状态，春天交尾，夏天稀疏，秋天毛浓，冬天丰厚。一花一世界，一毛一如来。当气候改变，风的感觉不同，世界也就跟着轮转了。鸟兽的毛色带来了春、夏、秋、冬，就像北斗星的斗柄随岁月的变迁指向了四季的方位，也像太阳的行程带来了四方与四时的概念。《尧典》所述是物候学的世界，也是神话思维的世界。

在这种物候学的世界中，日、月、星辰、鸟兽的出现是一体而来的，它们在大自然此大荧幕上，共时性地出现，共时性地出现也就是共时性原理的展现。这些大自然的意象和时间、空间的格度是同时生起的，季节的变化和代表季节变化的自然物的关系不是因果性的，也不是逆因果性的，它们是同一个图

---

[20] 参见伏胜：《尚书大传》（台北：台湾商务印书馆，1965），卷 1 下，页 19。

式的不同部位。所以春秋季节的转移固然可以说是春气催来了燕子，秋气招引了鸿雁，但也未尝不是燕子带来春天，鸿雁携来秋天。这些物候以有秩序地轮转，解释了时空"变化"的因素，对初民而言，它们是以视觉的形象带来了变天的消息。它们有待摄受者的眼睛将之呈显，视觉是光，是呈现原理，眼睛彰显了有秩序的变化，视觉站在自然物象带来季节变化的论述这一边。但视觉不是唯一感到季节变化的感官，初民有更宽广的知识—知觉的转换系统。

相较于日、月、星辰、鸟兽这些有形有状的物象，四方风的性质是非视觉的，它们的取名与身体的感觉有关。甲骨文中的东风曰劦，是指和煦之风；南风曰岂，是指微弱之风；西风曰彝，是指萧瑟之风；北风曰殴，"殴"字字义难明，或许是指烈风。[21] 风无形无状，它之所以被理解，可能是透过一点听觉，甚至有可能透过一点嗅觉，但最重要的相应感官当是一种身体的触觉，一种温度的感觉。或是一种综合的身体感，这种身体感连着运动感、空间感、温度感综合而成。风的感觉是一连串难以量化的知觉之流，它是主体根源性的反映，情感起于感之情。感之情无分于内外，它勾连于内在的情绪与外缘的物象之间，内外以身体的外表区隔开，却以交感的实质串连起来。情者，实也，"真实"是"情"的另一个主要的定义。人

---

[21] 风名的解释参见杨树达：《甲骨文中之四方风名与神名》，《积微居金文说甲文说》（台北：大通书局，1974），页52—57。

的情动性连结于情气的流通性，有感即串连内外，这样的感之情才是感之实。在四季的迁流中，我们感受到的风气之冷、暖、暑、燠，风势之微、习、肃、烈，这都是很根源性的区隔性经验。依据物候学的共时性原理，四季风彼此的区隔也带来了四季与四方的定位。

风不在前，不在后；不在上，不在下；而是在人身内外，也在人身四周。人整体在风中，人也以整体的感受去领略风。就经验论经验，先民对于气候的感觉先于气候的知识而存在。对身处于季风型气候带的人而言，四方风和四方位、四季、四时农作（春生、夏长、秋收、冬藏）、物候之鸟兽是同一个世界图像的成员，其中的四季风扮演带动温度变化、季节推移、循环动力的角色。三代时期虽有专职的风神之说，[22] 但实际上的风神是一风化成四风，它们是时空相位皆不同的四方风神，它们赋予抽象性的时空架构一种原始的情感。

《尚书·尧典》不管成文于哪一个年代，它的内容应当是相当古老的，[23] 它有可能奠基于文明成立之际的关键期，因为四方风常和四方神、四季结合，这种曼荼罗式的设计不只见于

---

[22] 如周代的"飞廉"即是。

[23] 依据竺可桢之说，此文当成于西周初年，参见竺可桢：《论以岁差定尚书尧典四仲中星之年代》，《科学》1926 年第 12 期，页 1637—1653。赵庄愚则认为当成立于公元前 2060 年，参见赵庄愚：《从星位岁差论证几部古典著作的星象年代及成书年代》，《科技史文集·第十辑》（上海：上海科学技术出版社，1983），页 69—92。异说仍多，事关专家之学，无能细论。

中国。方位风有专名，也不只是中国巫文化的特性，中东古文明即有四方风神之说，美洲印第安人四季风的设计也极像中国，他们的四方也都有四风之神坐镇其间。推而广之，古希腊人有八风之说，中国至迟在春秋后，也有完整的八风论述。[24] 波里尼西亚 (Polynesia) 人有十二风之设计，库克群岛 (Cook Islands) 人甚至将风分类至三十二种之多。[25] 以四为基准的思考方式普见于许多文明区域，"四象性"常以符号"＋"或"卍"的形式表现之，换言之，作为人类两大宗教的根本象征都可追溯到遥远的史前时期。荣格（C. G. Jung）强调"四象性"（quarternity）是人的原型，是秩序原理，是曼荼罗人格的四方展现，此说很可能可以成立。谈到"四方风"这种原型象征，我们的视野显然已不能受限于文献的记载，神话学、人类学提供的助益绝不下于本国视域下的文化史或传统的经学。[26]

经学之前是神话，神话理性化以后，其叙述即成为经典的篇章。神话在人的精神发展史上占了关键的地位，季节神话的

---

[24] 参见郑骞：《八风汇考》，《龙渊述学》（台北：大安出版社，1992），页 543—607。

[25] A. H. Keane, "Air and Gods of the Air," in James Hastings ed., *Encyclopedia of Religion and Ethics* (New York: Charles Scribner's Sons, 1926), Vol.1, pp.252—257.

[26] 四方风神在许多民族的神话传说里都出现过，最明显的是美洲的原住民神话。如果张光直先生的"马雅—中华文化假说"可以成立的话，商代的四方风神话的源头可能更远，传播的区域也可能更广。另见饶宗颐：《四方风新义》，《中山大学学报》1988 年第 4 期，页 67—72。

重要性尤为显著，弗雷泽 (J. G. Frazer) 的《金枝——巫术与宗教之研究》可以说即是建立在季节神话的主题上，季节神话建构了根本的时空秩序，就像"四象性"建构了人内在的身体秩序。四象性与四季神话的图像学意象即是曼荼罗，曼荼罗是人格也是世界的隐喻，曼荼罗图像在各宗教与原型精神分析学中都有极重要的功能。"四方风"是曼荼罗世界的指标，它带来了四季、四方的演变，《尚书·尧典》展开的是曼荼罗的世界，也是风的世界。

《尚书·尧典》是经学版的曼荼罗时空创造学，是主体与文明发现之篇章。在设想中的文明发轫期，乾坤间虽已绝地天通，神人也已开始分业，但构成主体的具体内容仍不是明确的道德法则，也不是认识作用，而是强烈的一体之感。此际的世界是律动的、感性的构造，世界不是以认识的对象呈现于意识之前，它是以流动性的力量贯穿于一些特殊的圣显之事物上：日、月、星辰、名山、大川、神木、巨石等等。在曼荼罗式的圣显之世界图像中，感受者是以感性人的身份，神秘地参与了宇宙的变化。"风"是用来解释变化的因素，神秘之风因而成了"变化"的体现者，它是带动宇宙变化的体感原理。体感原理的风和周期循环的视觉原理之日、月、星辰合作，共同建构宇宙变化的大剧场。但风无形无象，"化"的角色特别明显。后世言"风化"，"风"的"化"之作用源自文明初期初民的反思，它的神话源头相当早，但绝不会衰老，它会一直贯穿到至今为止的历史行程，也会继续贯穿下去。

三　风土、风气与风俗

风是构成原初的宇宙秩序的元老，与天、地、日、月同在，它的功能非常重要，但就形成知识的条件而言，"风"却特别难以捉摸，因为知识意味着抓取、领受、知解，这些概念都带有明晰的视觉的联想，也都有主／客的构造内孕于其中。[27] 然而，风抓不住，也看不见，它首先呈现出一种体表的触感，触感没界限，流动于人身内外之间。风从来不是以对象物的身份呈现在人的意识之前，恰好相反，当我们有了风的意识时，我们早已浸渍在风中，被风所吹袭。风的意识先行于反思的意识，我们体之，而不能知之。

风的意识带着四方方位与三光合构成的时空图式，在此图式中，一种循环的时间形成了。在季风东亚，当西北风吹来时，寒气凛冽，草木枯槁，大地进入死寂的岁月。隔年，当春风拂袭时，草木萌芽，大地重新复活。春代表生命的复苏，而春的使者即是春风，春风之神是带着翅膀的鸟神，[28] 它早在下

---

[27] 庄子言："知者，接也；知者，谟也。"（《庄子·庚桑楚》）"知"预设了与"外在"对象间的接应或摹写的关系。

[28] 在五行的格式中，代表春季、东方的神祇曰勾芒，勾芒人面鸟身，此神曾出现在《墨子》《国语》诸书中，祂的来源应当很早。甲骨文中有"帝史凤"一词，"凤"是以作为上帝的使者的面貌出现的。《山海经·大荒北经》有"九凤"神鸟，据胡厚宣、杨宽考证，九凤皆勾芒。参见胡厚宣：《甲骨文商族鸟图腾的遗迹》，收入中国科学院历史研究所编，《历史论丛》（北京：中华书局，1964），第 1 辑，页 153—155。

民还没清楚地意识到季节的转换时，已渗进人的主体之内。人格结构的潜存构造乃是与风共在的构造，人格与风有种预定的和谐，因为风是感受的基础，也是感应的基础。风随四季而不同，也随四方而不同，同样地，人格的成长也和四时的轮转以及四方的错位而跟着不同。就此而言，初民的主体可说是风的主体，风意味着变化，所以风的主体也可说是风化的主体。在下文我们还会进一步引申道：风化的主体也是气化的主体。不管风化主体、风气主体或气化主体，其主体都是前意识地和时空的潜移密转共构而生，主体即潜存地呈现主体—四时—四方的构造。

"风化主体"或"气化主体"显示主体带着化的神秘功能，它不可不极细致精微，这是种前意识地天人交感的合一，这种感应首先见于主体与时间结构的关系，亦即主体与季节的推移是同步共振的。然而，主体一旦与四时、四方结合，风化的主体即不可能不落实于具体的时空当中。进入农业社会，这种感应即见于主体与农耕大地的关系，风与四方土结合，形成风土的概念，风土意味着一种对生命的新伦理，也可以说是一种新的人性观逐渐成形，风化主体因而是风土主体。中国人性论的发扬期在战国时代，农业文明初期很难有成论的人性观，但百姓日用而不知，无其名不表示无其实。在季风型农业中呈现的风土主体的特性既是时间的，也是空间的，这样的关系很具体地呈现在"月令"的设计中。

"月令"的内涵见于《礼记》与《吕氏春秋》之中，它源自"夏小正"的传统。"月令"的概念是农民历的概念，它规划着农业文明初期的住民的世界观与生活的作息。在华夏文明初期的农民历世界观中，春天由星辰、协风、燕子带来，也由星辰、协风、燕子共同组成。在"月令"的世界关系中，人也是"自然"的一部分，农业初期的人民要与星、风、鸟共同作息，成为这个结构中的一员。等到春去夏移，时序进入下半轮，"凉风至，白露降，寒蝉鸣"；"盲风至，鸿雁来，玄鸟归"，[29] 秋季降临。此时日星的移动日渐偏斜，万物开始收敛，玄鸟南归，百工休息，杀气逐渐盈漫于人事与自然之间。秋主刑杀，帝国法律主秋决，农业共同体的成员也当禀肃内敛。天人之际，皆带秋意。

同样是风，在大自然的剧场中，春风秋风的性质截然对反，一主生，一主杀。春秋是季节的概念，风如果与其他的概念结合，如与方位的东、西或颜色的青、白，同样也可以表示生死之意。在季风亚洲的农耕文化时期，四季的循环：春生、夏长、秋收、冬藏的韵律，表现得极为明显。弗雷泽《金枝——巫术与宗教之研究》的主轴可以说即是对普见于欧亚大陆的农耕文明的"生死仪式"的重新解释，农业文明特别容易形成四季循环的周期概念，形成宇宙性宗教，普世

---

[29]上述两句引文分别见于《礼记·月令》所述孟秋、仲秋之景象。郑玄注，孔颖达疏：《礼记正义》，收入李学勤主编：《十三经注疏整理本》（台北：台湾古籍出版公司，2001），册77，卷44，页1439。

皆然。[30] 在中国的初期农业社会中，这种生活与四时、四方共构的生活秩序尤其明显。"风土"意味一种建立在自然秩序上的社会秩序原理。

相对于"风"在构成广泛的身体秩序以及主体形成中的作用，"风土"则更具体地落实于农业文明的社会秩序上。相传圣王帝舜面对南风吹拂大地，乃弹五弦之琴，进而歌道："南风之薰兮，可以解吾民之愠兮；南风之时兮，可以阜吾民之财兮。"[31] 南风吹起，这不只是物理气息的流动，它也带来了农收、成长、生命，南风构成了农业文明春季的底据。《诗经·豳风·七月》不无可能是从周公东征之战士所作之怀乡诗，这篇怀乡诗也是歌咏周民族伟大的生活诗，此诗描述周人定居在周原（今陕西邠县）这块丰饶的大地后："九月筑场圃，十月纳禾稼。黍稷重穋，禾麻菽麦。嗟我农夫！我稼既同，上入执宫功。昼尔于茅，宵尔索绹，亟其乘屋，其始播百谷。"[32] 这是一幅建立在乡村共同体上的丰年乐园像。经由周人的努力，周原遂由蛮性的自然变为文明的风土。《七月》是大地成了一个民族为己

---

[30] 正如耶律亚德 (M. Eliade) 所说："农业文化发展出我们所谓的宇宙宗教，因为他们的宗教活动围绕着某个核心的奥秘：世界的周期性更新……以农耕为框架的宇宙时间经验，最后演变为周期性的时间以及宇宙循环的概念。"参见默西亚·埃里亚德 (M. Eliade) 著，吴静宜、陈锦书译：《世界宗教理念史——从石器时代到埃勒乌西斯神秘宗教》（台北：商周出版社，2015），卷1，页70—71。

[31] "昔者舜弹五弦之琴，造南风之诗"。参见王肃：《孔子家语·辨乐》（台北：台湾商务印书馆，1965），卷8，页7。

[32] 屈万里：《诗经释义》（台北：华冈出版社，1967），册1，页108—112。

的存在以后，人、社会与大地共渗共享的一首赞美之歌，建立在周原风土上的秋收、冬藏成了周文明核心的成分。

农业文明因为有了土地的介入，它的个性不能不有更强烈的稳定因素。无疑地，社会秩序的构造即有风土性，其时居民的主体也不能不是风土性的，风土性主体则不能脱离时间的构造，顾炎武所以强调三代以上之人皆懂天文，[33] 乃因三代以上之人的时间意识都是建立在天文学的基础上。如果说康德的时间形式用以解释人类知识成立的条件，是先验性的；我们也可以说：经验性的月令图像乃是具体的内在之时间性表象，它用以解释具体的人之知识的轨约条件，风土性不能不带有时间的流动性。同样地，我们泛论普遍性的知识条件时不能不预设空间形式，但论及具体的人之知识性质时，不能不论及人总是在具体的地理空间中存在的，人有土性，风土性人格因此也是蕴藏了细密叠合的在地性内蕴的人格。

在神话思维中，"土"不只代表生命的成长，土者，吐也，土就是生命的母体。母体宽广深沉，孕育子嗣，所以土也代表宽厚、深藏。中国是黄土文明很典型的区域，土在五行中实质上居有首出的地位。[34] "土"与"风"结合，"风"的流动性因

---

[33] 顾炎武引《诗经》之语后云："三代以上，人人皆知天文。七月流火，农夫之辞也。三星在户，妇人之语也。月离于毕，戍卒之作也。龙尾伏辰，儿童之谣也。"参见顾炎武：《原抄本日知录》（台北：明伦出版社，1970），卷30，页855。

[34] 参见庞朴：《五行思想三题》，《庞朴文集》（济南：山东大学出版社，2005），卷1，页276—278。

而受到减杀，或者转型，它深潜到土中，与土一体化。风土的结合是一出宇宙的大戏，是人类精神发展史上的大事，是宇宙生命由隐而显的结果。用芬克 (E. Fink) 的话表达，是天空与大地的永恒差异的运动；[35] 用卢耳克 (M. Lurker) 的话讲，是由代表生命动能的灵鹫与代表潜存黝暗力量的巨蛇的永恒斗争。[36] 在《易经》的系统中，天地的斗争整合即以乾元—坤元表之，乾元是始元的纵贯创生力道，坤元是旁通四极的广生能力。[37] 风土就像阴阳，或者说：风土就是具体的阴阳，这组词语是宇宙性的相偶性原理，是世界存在的构成因素。风土集结了，结构撑开，才有世界可言。

世界形成了，人才有了家。阴阳对转，风土抟合，以成世界，这种类似的思考是相当普遍的，这是种根源很深远的宇宙性思考。无疑地，人总是在世界中形塑自体的——具体的人的世界才是具体世界，也就是在具体的风土中成形的生活世界才是真正的世界。生活世界中的风不可能只是流动变化，它总是带着特定地区的湿燥、土地之物性以形塑人格，不同的土地因而有不同的人格。班固所谓："凡民函五常之性，而其刚柔缓急，音声不同，系水土之风气，故谓之风；好恶取舍，动静亡

---

[35] 引自钟振宇：《道家的气化美学》(台北："中央研究院"中国文哲研究所，2016)，页21—22。

[36] 参见卢耳克（M. Lurker）著，林捷译：《鹫と蛇》(东京：法政大学出版局，1983)。

[37]《易·乾·象传》云："大哉乾元，万物资始，乃统天。"《易·坤·象传》云："至哉坤元，万物资生，乃顺承天。"

常，随君上之情欲，故谓之俗。"[38] 刘安云："衍气多仁，陵气多贪，轻土多利，重土多迟，清水音小，浊水音大，湍水人轻，迟水人重。中土多圣人。皆象其气，皆应其类"[39]《周礼·大司徒》云："以土会之法辨五地之物生：一曰山林……其民毛而方。二曰川泽……其民黑而津。三曰丘陵……其民专而长。四曰坟衍……其民皙而瘠。五曰原湿……其民丰肉而庳。"[40] 类似的话语在先秦两汉古籍中不断出现，一方风土养一方人，早期中国的风俗论述有很浓的地理决定论性格。但话如果不要说得太死，风土与人性有神秘的连接点，其说并非无稽。

　　笔者相信周、秦、两汉古籍所说的不同地方的人带有不同的性格，这种观察具有相当的普遍性，是初民的智慧。我们在古希腊的记载，如希波克拉底斯 (Hippocrates) 这位医学之父的观察中；在印度的记载、早期伟大探险家的传记中，都可看到类似的载录。与异国他者的遇合是人类文明史中相当重要的经验，在此经验中，我们很容易看到"风土"与"人格类型"的关系。在十六七世纪的"民族学志"的叙述中，风土与人种的关系即成了主要的论点。我们上引的《淮南子》《吕氏春秋》《管子》之说，在后代的史书、地方志诸书中，也不断出现。

---

[38] 班固：《汉书·地理志下》（台北：鼎文书局，1978），册2，卷28下，页1640。

[39] 刘文典撰，冯逸、乔华点校：《淮南鸿烈集解·坠形训》（北京：中华书局，1989），上册，卷4，页141。

[40] 郑玄注，贾公彦疏：《周礼注疏》，收入李学勤主编：《十三经注疏整理本》，册61，卷10，页287—288。

从希波克拉底斯到管子；从孟德斯鸠（Montesquieu）到魏源，风土与民族的紧密关系一直没有受到忽视。然而，风土之重要性不能仅从民族分类此种角度进入，风土之重要性当从风土与主体性的构成来看。笔者此处的论述显然带有和辻哲郎风土论的预设，事实确也如此，和辻哲郎的《风土》一书接受了东西各种风土论述的影响，尤其受惠于赫德 (J. G. Herder) 的论点。赫德之异于先前的风土论述者，主要是他将风土视为人的精神的"记号"，它带有浓厚的精神性格，人的感觉因此是风土的，想像力是风土的，实践性的理解是风土的，感情与冲动是风土的，幸福也是风土的。各地风土必定不同，必各有特色，赫德讨论人的风土性格，具有很重要的尊重他者之价值。[41]

有关赫德、和辻哲郎的风土论之诸多问题，不是本文的主要论点，笔者借路经过，主要想确认人格结构与风土的内在关联，我们可用"风土主体论"一词描述人格与风土的诡谲结合。"风土主体论"一词既承认人的主体的创造性，意识作为心王，它有统摄诸种意识的功能。但我们也不宜忘掉：人是在风土构成主体之后才能反思主体的性质的，风土是前反思的生活世界，是人不能意识到的"成见"。这种成见虽然没有形成判断令式，无法发挥明确的指示作用，但它构成了人的情态性，这种风土的情态性与主体一体难分，换言之，风土性是主体的构成因。我们不妨想像：在我们未能明说的身心感受之

---

[41] 上述两节所说，参见和辻哲郎：《风土》，页 205—223。

中，那些与气候共感的张缩轻重之感、色声香味之韵、春朝秋夕难以掩抑的惆怅莫名之情，若此种种，混合构成了生活世界中的我，暧昧浑厚的情态性应当即是我们的人格的风土性作祟所致。

如果主体的一种条件可从风土性界定之，我们不能不考虑中国的风之现象学中的"风气"概念。"风土性"的始源意义是由时间性的四季推移与空间性的地理质性合构而成，然而，作为社会人的人不可能化约到自然人的存在，所以真正的风土性不可能只在深层结构的季节感与风土感中，而当有社会性的风土可言。社会性的风土包含结构性的礼，也包含非结构性的风尚，结构性的礼也是先于个体存在的礼，礼是社会整体递演的体系的文化符码。符码既是非个人的，也是个人的。它是非个人的，因为它是整体性存在的社会事实；它也是个人的，因为它是主体的构成因素，它是人作为社会人的本质因素。[42] 非结构性的风尚则是一时流行的文化样式，它的流行或许不见得有大道理可说，或许其道理隐藏在深层的社会结构中，但一旦

---

[42] 米德 (G. H. Mead) 认为有组织的、社会性的自我是可以出现的，因为我们采取"泛化的他人"的态度，我们扮演不同的角色，采取大家共享的符号，社会的价值体系即自然地深入于主体之中。他说："在我们生活的共同体中有一整套这样共同的反应，而这样的反应我们称之为'制度'。制度体现了共同体全体成员对一个特定情境的一种共同反应。"米德 (G. H. Mead) 著，赵月瑟译：《心灵、自我与社会》（上海：上海译文出版社，1992），页 230。米德这里所说的"制度"大体即等于笔者所说的"礼"。

风尚流行以后，它同样是影响主体形构的社会因素。不管礼或风尚，它们自然会带有非意识所及的影响力，这样的影响力即是风气，社会性的风土形成社会性的风气。风气云者，社会性之风尚，不可见之共感力。共感力绾结了社会的每一个体，人在风气中成长，风气渗透到每个人的经脉血气，每个个体分享了共感力的风尚与礼以成就自我。

当"风土"从自然义延伸至社会义时，风即从自然的作用力引申到社会的影响力，与"风气""风土"紧紧相扣的社会身体的概念是"风俗"。俗者，习俗也，习俗是在地化的继承结构，是不严格意义的"礼"。"风气"与"风尚""风俗"等家族语汇共同指向一种无形的、无名的社会主体的作用。在"风气"这些语汇的内涵中，意味着一种前于主体性的文化形态，这是种社会性的概念，它意味着从言语、行为、制度、习惯综合而成的作用力。这些作用力的形成虽然不能没有主体的参与，但在形成综合作用力的过程中，上层权力结构的力道尤其大，有风，所以说"君子之德风"，"风从虎"。然而，这些作用力既然是综合而成的社会性概念，因此，说到底，仍是无名主体的。它先于主体而存在，而且是主体建构的构成性因素。我们很难想像一种不在社会中成长的主体，没有在社会性风尚下的作用——包含知觉、语言、动作、规范等等在内——我们很难想像该主体如何形成。由于"风气""风俗"先于主体而存在，因此，如欲修身，有种哲学认为最有效的办法当是正本清源，先修好先决的条件，亦即使风俗朴实，风气醇厚，也就是改良以礼为运作核心的生活世界。[43]

风不只是构成自然秩序的要角，转成了风气、风尚、风俗，它也构成了社会秩序与人格结构中的核心因素。就如史宾诺莎（B. Spinoza）在《神学政治论》中所说："只是因为获得这两样东西：制度与习俗，才使得每个民族获得了它自己特殊的品格，它自己的存在方式和它自己的观念。"[44] 这段话用以解释个人的特性与民族的特性，应当都可以成立。

四　作为生命力的"气"之出现

早期华夏文明风的神圣化与神秘化当是季风亚洲的产物，而一种融合时空架构于主体的风土性则是华夏初民的人性构造，风土性格的人性依具体的时空格局之物候以反应之，则可以说是"太初存有论"（archaic ontology）的显现。"太初存有论"模式下的人对四时、四方的回应可以说是人文秩序的起源，也可以说是礼的起源之一。礼的起源和"神人以和"的要求息息相关，如前所述，初民世界中的四方、四季皆有神坐镇，这种"神人以和"的模式在中国的农业文明中彰显得相当

---

[43] 叶适的"皇极之学"可代表此一思路，参见拙作：《叶适与获生徂徕——皇极之学的开展》，《异议的意义——近世东亚的反理学思潮》（台北：台湾大学出版中心，2012），页363—396。

[44] 引自毕来德（J. F. Billeter）著，宋刚译：《沉默的中国》（高雄：无境文化事业公司，2015），页69。史宾诺莎此书中译本的译文参见温锡增译：《神学政治论》（北京：商务印书馆，1996），页245—246。

清楚，初期农业文明的时空是不折不扣的"神圣时空"。在尚未受到轴心时代兴起的思潮洗礼的神圣时空的架构下，天地人的三才之道是紧密相连的。四时的移动牵引着初民的作息，也带动初民对这种"天道"的膜拜，并形成一连串的仪礼，这是时空格局下内在一元性的大自然之回转。

在"初民"的世界中，时间、空间都是神话的，都是律动的。当伽利略 (G. Galilei)、哥白尼 (N. Copernicus)、牛顿 (I. Newton) 尚未介入时，时空不是认知的框架，而是生命的框架。生命的起源与风相关，春风带来春意，但风是否为自足原理？什么因素推动风的流动？"风"的背后呢？一种向更深层的无形力量的探究慢慢成形了，就像各地区文明发展的情况一样，这种更深层的生命因素的探究常和宗教仪式的实践有关，斋戒应当是很关键的因素。我们看到"气"的概念即出现于神秘化的风土仪式中，"籍礼"此仪式是风土的仪式，也是风、气的仪式。

《国语·周语上》记载"籍礼"的事迹，跟本文有关的气的内容如下：

> 古者，太史顺时瞷土，阳瘅愤盈，土气震发，农祥晨正，日月底于天庙，土乃脉发。
>
> 先时九日，太史告稷曰："自今至于初吉，阳气俱蒸，土膏其动。弗震弗渝，脉其满眚，谷乃不殖。"稷以告王曰："史帅阳官以命我司事曰：距今九日，土其俱动，王其祗祓，监农不易"。王乃使司徒咸戒公卿、百吏、庶民，

司空除坛于籍，命农大夫咸戒农用。

这是一则发生于周宣王时期的叙述，籍礼的年代还可往上溯至殷商，历代的君王也都采用——但多少是告朔之饩羊之义了。在上述引文之后，接着出现一连串的仪式行为：斋戒、供礼、于田中行象征性的耕作仪式云云。籍礼应该和普见于中东、西亚的农耕仪式相关，它背后预设了对土地——大母神的崇拜，也隐含了两性结合与参赞天地的关系、四时所代表的生死秩序之循环等等相关的因素。其中和"尝新"的仪式相关，尤其值得注意，君王供奉祖先第一把食物，其象征意义非比等闲。这是一幅宇宙全面复苏的复活图，无物不活，天人共喜。[45]

这时，我们见到"协风"所扮演的角色。在引文的前半部，还有一小段文字记载着：窥测宇宙秘密讯息的人是瞽瞍——早期文明能窥测天机的人总是非寻常的残缺者，圣俗的结构在这类污秽性的圣职人员身上显现，特显突兀。[46] 这位

---

[45] 籍礼的历史问题参见杨宽：《"籍礼"新探》，《古史新探》（北京：中华书局，1965），页218—233。

[46] "圣"在物上的显现，如神木之于群木，圣火之于凡火，灵泉之于众水，这些圣物都特别显现出令人"神秘向往"的作用。相对之下，瞽瞍、巫尪等人的身体表征不会令人如此联想。瞎子心明，听力特别发达，因而有可能更易接听到天界的讯息，参见叶舒宪：《瞽诵诗——瞽矇文化与中国诗的发生》，《诗经的文化阐释——中国诗歌的发生研究》（武汉：湖北人民出版社，1994），页244—349。但"知觉代换作用"的解释模式对巫尪等残怪之型人物即不适用，或许巴赫汀（M. Bakhtine）的"反常"之嘉年华会解释模式，或者吉拉尔（R. Girard）的"神圣的暴力根源说"，有部分的解释力道。

盲眼的圣职人员通知周王室成员：协风已至。周王于是率领臣子，先斋戒三日，再从事"参与天地"的大礼。籍礼不只是农业事件，它是代表上天行事的天子在四时循环的宇宙图式里，配合上天旨意所作的一件宇宙性事件。值得注意的是：协风此时是和"阳瘅愤盈，土气震发"一齐出现的，也就是天空中无形的"化之力"与大地中无形的"胎动力"齐幅共振。生命是个神秘，协风能传达此消息，因为风者，凤也，凤也是上帝的使者。[47] 它既是上帝的使者，传达了生命复苏的消息，因此也就有可能是带来了生命的复苏，而不只是传达消息而已。然而，"风"此际需要有帮手，我们看到一种大地生命力的气居间扮演了共同创生的角色。土地之所以可以生产农作生命，乃因有"阳气""土气"在大地下震发愤盈。

籍礼的形式有可能起源甚早，它不无可能和农耕文明一起出现。几乎可以确定就在执行此仪礼的这一个时期，"气"已经被视为大地的生命因素，而川谷即是大地生命流注之管道。川谷之于水气，一如经脉之于血气："川，气之导也……（天地）疏为川谷，以导其气。陂塘污庳，以钟其美。是故聚不陁

---

[47] 甲骨文里有"帝史风（凤）"之文字，《庄子·逍遥游》言及鲲化为鹏（亦即凤）的神话，可见到凤的早期形象。马王堆出土《十大经·成法》有云："昔者皇天使风（凤）下道一言而止。"此说也是源自古老的神话。《山海经·大荒东经》云："有五彩之鸟……惟帝俊下友。帝下两坛，彩鸟是司。"此五彩之鸟可为帝俊之使者，也当为凤凰之属。参见郭沫若：《青铜时代》，《郭沫若全集·历史编》（北京：人民出版社，1982），卷1，页328—329。

崩，而物有所归。气不沉滞，而亦不散越。"[48] 这是则大地与人身同形论的叙述，大地、川谷与水气的关系显然是运用了气—经脉的意象。地震所以发生，乃是天地之气的宣泄出了问题。反过来说，如果人们能够疏导川谷之气，天地自然可以步上正轨。"气"是万物存在之依据，《齐物论》说"大块噫气，其名为风。"庄子是位天才型的哲人，讲得真好，"气"是风的深层因素。但可想见的，"大地吐气为风"不是他的创造，而是忠实地引介来自悠远的传统的知识。风与气在此同化，但此时的气已被视为更根源的存在。周代重要的农业祭典——籍礼，说的就是这个故事，我们不会忘了前面业已引用过的"顺时瞂土，阳瘅愤盈，土气震发"云云的鲜明意象。《国语·周语》这两段话中的大地简直是一位大的人体，或者说：就像是位大的母亲，或许我们由此可推想"大母神"的由来。

人有脉，脉有气；土有脉，脉也有气。对初期农业民族而言，这种人与大地同型共范的关系不是个类比，而是个真实的世界图像。很明显的，当风是时空构造的核心因素，而且风构成实质的生活世界的潜层因素时，人的主体即是风化的主体，一种流动性的因素被视为遍布于人身内外的整体世界之间。流动之外显可感者为风，风之潜存内蕴者为气。既然大地之母也有大身体，水、川谷与人身经血类似，依据大小周天同构的原始思维法

---

[48] 徐元诰撰，王树民、沈长云点校：《国语集解·周语下》，（北京：中华书局，2002），卷3，页93。

则，初民自然认为天人两种现象背后的原理是同样的。川泽有气，人身亦有气。大地吐气，万物氤氲；人身吐气，亦与天地通。人只要透过呼吸，觉得有"气"自外而入，并与身上的血气相通时，他很难不认为：人的身体是个开放的交换系统，气不断地透过呼吸与身体体表的张缩，往返于身体内外之间。

风与气一体同化，其说虽然筑基于天人同构的类比基础上，但两者也都出自人最原始的经验。风是在自然间不可见的气息之流动，气则是某种类似风的因素在人身上流动，它被视为更隐微、更根本，这种内气外风的对照不只见于自然界的"大块噫气，其名为风"，它更见于人性的构造。人也有噫气往外的现象，它最初的显象即是呼吸，呼吸不仅带动了内外之气的交流，形成了原初的万物一体的脐带之感；它更带动了身体的震动、感受，于是有了生命之气的概念。气在鼻口与身躯之间流动，有之则生，无之则死，气于是成了存在与非存在的关键性因素。

呼吸等同于生命的本质，这是普遍的文化现象，中外皆然。"精气"（以及其家族概念，其义见后）是"风"最高的发展，风、呼吸、灵魂在许多语言里都是同源字，拉丁语的spiritus 指的是神的呼吸；英语的灵感 inspiration 也是吸气之义。希腊人的 pneuma 一语兼指风与精神；阿拉伯人的呼吸与风都用 juh。[49]佛洛伊德说："精神一词借自微风。"另

---

[49] 更详细的阐释参见泰勒（E. B. Tylor）著，蔡江浓译：《原始文化》（杭州：浙江文化出版社，1988），页 404—432。

外，英文、德文的"灵魂"(soul) 一词和奇特文籍古德文中用以表达红色、流动之义相通，也和斯拉夫语表"力量"之词相关。[50] 这些雷同的现象应当是有道理可说的，这种现象指向灵魂、空气、呼吸的紧密关系。但中国思想由此原始经验出发，透过了"气"的概念作媒介，它遂展开了庞大的概念系统。

论及气概念家族中与生命关系最密切者，当是气和血结合起来所成的"血气"一词，"血气"被视为身体的构成因素。"血气"的概念可想见的出现得很早，我们首先想到的是《论语》里一段著名的话语："君子有三戒：少之时，血气未定，戒之在色；及其壮也，血气方刚，戒之在斗；及其老也，血气既衰，戒之在得。"(《论语・季氏》) 孔子讲的这段话充满了人生的智慧，但可以想见的，"血气"的概念一定是既成的术语，血气和人的行为有关，大概也是时人的共识，而不是孔子个人的创造。孔子是在既有的文化传统上，特别突显血气在不同年龄层上可能会带来的行为上的偏差。孔子的论点不在讨论生命、血气的关系，但却是建立在"气血即生命的本质"此基础上。他的言外之义，也隐含了人的生理机能与道德行为之间有紧密的关系。

呼吸、生命与气的一体关系，我们可从《礼记・丧大记》记载的一则叙述看出。《丧大记》作者记载人病危时，其家属

---

[50] 参见荣格（C. G. Jung）著，黄奇铭译：《分析心理学的基本假定》，《寻求灵魂的现代人》(台北：志文出版社，1974)，页214—215。

当"属纩以俟绝气"。纩是新而轻薄的巾布,"易动摇,置口鼻之上,以为候"。[51]"候"自然指的是生死,尚有一息,口鼻上的纩会轻摇。纩不动了,意味着病人已死,气息已息。《礼记》这则叙述很平淡,呼吸与生命的关系应当不会在晚周才受到注意。但其叙述也显示先人对生死问题的慎重,我们至少可从这则经典的记载,再度确认呼吸与生死的关联。

我们只有在作为生理机能的血气与生命的外在表现之间拉上一条线,才能同情地了解经书所说的丧礼的意义,同时也才能同情地了解周人(至少春秋时期的周人)对血气、风气与所谓的民族性之间关系的理解。《国语·周语中》记载周定王有言曰:"夫戎狄冒没轻儳,贪而不让,其血气不治,若禽兽焉。"人兽的问题变成血气治不治的问题。血气不只可用来解释人种的行为之差异,它也用来解释动物的行为。《左传·僖公十五年》记载晋惠公与秦国交战,骑一匹郑国所献的马,晋大夫庆郑劝阻国君骑这匹马,他说的理由是:"异产"的马碰到紧急时,会因恐惧而"乱气狡愤,阴血周作,张脉偾兴,外强中干。进退不可,周旋不能"。庆郑这段话不但提到血气与马的行为的关系,它还提到血气与脉的关系。气脉之学是中国医学极大的特色,作为实用技术的医学何时成形,或者何时出现气—经脉的概念,恐怕很难确切地考定。周秦之际有可能是

---

[51] 郑玄注,孔颖达疏:《礼记正义》,收入李学勤主编:《十三经注疏整理本》,册77,卷44,页1439。

体系较完备的时期，[52] 但由西周记载籍礼的文字已用到大地的经脉的隐喻，我们有理由相信：早在中国文明的黎明期，气脉、气血这样的概念已经有了，在一个不容易明确认定的时期，"风""气"完成了功能的转换，"气"接收了"风"的性能，构成了生命基础。

五　玛纳与精气

当"气"被用来解释一切的存在，它又被视为具有主生死的力量时，它的形貌与三代时期的风即日渐同化，风与气的属性高度重叠。在战国时期，气扮演的角色无疑地愈形重要，至少在晚周诸子当中，气概念的重要性远超过风，两者比较的话，风或可视为外显的、粗糙的气，气则为内敛的、精致的风。有关风与气两个概念的演变系统，我们目前掌握不到足够的文献依据以澄清其间演变过程中的种种关键点，但气更形而上学化，也更性命之学化，这个倾向是可以肯定的。我们在晚周诸子中，会看到"人之生，气之聚也；聚则为生，散则为死"（庄子）或"一气孔神兮，于中夜存"（屈原）的论述，这样的论述在同一时期或更早的占卜文字中，却看不到等值的文字。但反过来看，我们虽然看不到这么明确的主张，不过由风

---

[52] 参见李健民：《死生之域——周秦汉脉学之源流》（台北："中央研究院"历史语言研究所，2000）。

的属性入手，我们发现：遍在性、生命的质素、无形无状、可体感而不可目视云云，这些质性同样见于风与气，两种概念之间又明显地有类似之处。风与气的关系因此视为相续性的，这毋宁是较妥当的安排。

目前学界有关气的研究已累积了相当的成果，如果我们以小野泽精一等人合著的《气の思想——中国における自然观と人间观の展开》[53] 作为研究这个领域方便的起点，气的研究史已超过了四十个年头，不管就气的性质，如变化、不朽、基质等；或就气在中国文化史上的展现，如文气、行气、气韵之说；或就气在中国哲学史里的分布，如理气论、唯气论、养气说，都已有不错的研究成绩。但学界这些研究成绩通常流于概念化，相对地，非学术性质的气之研究通常又缺乏这个领域该有的知识品质。所以研究文献虽然不少，却仍大有拓展的余地。

我们从前面引籍礼之说，可看到气概念是从具体的生活世界里朗现出来的，气的体验则和仪式进行当中一种身心的感受有关。我们不妨再引一则有名的故事，以证气和宗教实践的关系。笔者所举者乃是庄子《人间世》提出的有名的心斋论。在此篇中，庄子借孔子与颜回之口，不断地在"斋"与"心斋"之间作语言的游戏。庄子说的心斋的内容乃是"无听之以

---

[53] 小野泽精一等编:《气の思想——中国における自然观と人间观の展开》（东京：东京大学出版会，1978），中文译本见李庆等译:《气的思想——中国自然观与人的观念的发展》。

耳，而听之以心；无听之以心，而听之以气"。"心斋"明显地从"斋"中化出，没有斋，心斋也无法成立。气的体得只能经由心斋，但心斋却又由斋化出，宗教实践是尔后心性实践的源头。斋戒常需经由现实身心的转化，才可在一种深层的身心结构中完成与圣界的契合。换言之，气和一种转化的深层生命息息相关。

有关气与宗教实践相关的记载，我们还可找到一些文献作佐证，兹不赘述。笔者所以要提出气与宗教的连结之问题，乃因气在战国后的中国思想界，一直扮演独特的契近天人幽明之际的角色，气被认为绾结了先天、后天之纽的功能。论及中国的宗教，其相虽繁，但一种体证性格的天人奥妙的性命之学当是三教的核心，这点应该是可以成立的。其次，宗教的特色与宗教的起源一直是宗教学史的核心问题，诸说纷杂。不管如何界定，宗教当是文化领域内最足以带领初民走出一元内在的自然世界，碰到超越者的脸庞。初民借着圣俗分裂的构造，走向了一条追求不同精神层级的道路，完成被除凡尘的功能。没有圣俗的分裂，即没有种种宗教的追求。而论及宗教之源，我们不会忘掉一种无形无象、神妙灵现的因素，这个因素是宗教突破的重要力量，在人类学家或宗教学家笔下，名之为"玛纳"。看到玛纳的内涵，我们很容易想到汉字的对应项："气"。

"玛纳"之说在建构现代宗教学的过程中，扮演很重要的角色。马瑞特 (R. R. Marrett) 认为它可能比泛灵论的历史阶段还早，或许是最早阶段的宗教现象，可名为"泛生气论"（animatism）。"玛纳"是南岛系语言，这个概念意指一种非人格性的神秘力量，"玛纳"聚于何处何物，其物其处即获得更多更大的神圣力道，因而从周遭环境中脱颖而出。"玛纳"一词虽然取自南岛语言，但其解释效率不只限于一时一地的民族学领域，而是具有普遍性的意义。类似的语言不少，如 kike、orenda、waken、hasina、manitou 等等，玛纳与禁忌联合形成的玛纳—禁忌名称不同，但通常扮演非人格性的神秘力量。这种非人格性的"玛纳"带来了圣俗的原始分裂，对"玛纳"的经营因而也成了文明进展的大事。[54]

玛纳是否为人类宗教史上普遍性的"筑基"的概念争议颇大。我们确实在美拉尼西尼群岛外的许多地区看到类似的概念，除上述的 orenda 外，我们还可看到西印度群岛的 zemi，Hurons 的 Oki（岐），非洲矮人族的 megbe 等，这些神秘的概念都有些类似玛纳的内涵。然而，玛纳的现象是否那么普遍，那么同质，不同的判断也是有的。诚如耶律亚德 (M. Eliade) 所说的：连美拉尼西尼群岛的有些部落都没有类似的概念。他还引用拉丁 (P. Radin) 的研究，指出前人研究的玛纳的家族概念成员 wakanda、manito 等概念虽有"惊奇""神圣""非常""充沛"等内涵，都没有隐性力量的意思，其差异

---

[54] 参见林惠祥《文化人类学》，收入蒋炳钊、吴春明主编：《林惠祥文集》（厦门：厦门大学出版社，2012），上册，页 414—419。卡西勒推论宗教的起源时，由人格神、功能神一直往前推到瞬间神的"玛纳"，他也以自己的宗教哲学呼应了原始阶段宗教概念的论点。

也是很明显的。[55]

玛纳是否可能成为人类最古老的宗教概念，此事非笔者知识所能及。由于我们要从现代社会，即使是较原始的社会，重构一个前历史的宗教始源的阶段，可想见的，技术与理论的困难一定都很大。但"玛纳"这个概念可能有的普遍意义还是值得注意，至少有一说认为玛纳不只是初民的宗教概念，印度的"梵"（brahman）、伊朗的 xvarenah、罗马的 imperium等等也有类似的内涵。卡西勒更进一步提出希腊哲学提供的例证："斯多亚的学说，主张一种弥漫一切的'生气'——一种呼吸，散布在整个宇宙之中，它赋与一切事物以张力，由之而它们被联系在一起——还与原始的概念，如波来尼西亚人的'玛纳'，伊罗可的'鄂兰大'，夕乌克斯的'卫悭'，阿罗昆的'门尼托'等等，表现了非常惊人的类比情形。"[56] 卡西勒相信斯多葛学派说的"生气"与玛纳的类似性，不是类比，而是同根而发，出自极深的宗教情感底层。

跨文化之间的比较总会被质疑比较的合法性，但如果人类此"种"生物有求精神发展的种属的特性，我们不免会想到它在中国的对应概念。法国汉学家葛兰言（M. Granet），很早即提出中国哲学重要概念"道"与玛纳的关系，葛兰言之言

---

[55] 上述论点参见 M. Eliade, *Patterns in Comparative Religion* (New York: New American Library, 1974), p.22。

[56] 卡西勒（E. Cassirer）著，刘述先译：《论人——人类文化哲学导引》，页 106。

无由阅读，但黄文山先生曾引介其言，踵事发挥。葛氏与黄
文山将玛纳比作中国的道。黄文山引人类学家科德林顿（R.
H.Codrington）对玛纳的介绍，那是一种非物质而又超自然
的力量，它无所不在，一切生命形式，一切行动效果，不论
人、生物或无生物，皆受其影响云云。[57] 观黄文山所言，玛
纳似乎更接近于气的形象。然而，道与气的关系原本密切，从
《管子·内业》以下，历代以气释道者，不时可见。[58] 准此，
葛氏与黄文山之以道释玛纳，其实质内涵也可以说即是以气释
玛纳。

　　以气释玛纳，两者有其近似之处。然而，就像在人类学或
宗教学圈里对玛纳是否遍布一切，是否那么普罗存疑一样，颇
有学者即认为玛纳这类的特殊之物只有非凡的人、非凡的物才
可以拥有，并非遍布一切的天赋物精。换言之，玛纳也是精英
的概念，学者如想了解此概念，需要作工夫，先将原先的玛
纳性质精致化。同样地，与玛纳相对应的气也须精致化，才

---

[57] 黄文山《图腾制度及其与中国哲学起源之关系》，原刊于《"中央研究
　　院"民族学研究所集刊》1960 年第 9 期，页 50—70。后收入刘福增
　　等编：《中国哲学思想论集：总论篇》（台北：牧童出版社，1977），
　　页 166—172。

[58] 道教的文献不时可见，如"道本无形，但是元气。《养生经》云'道
　　者，气也'，保气，则谓得道，古来通儒以气为道"。参见释法琳：《出
　　道伪谬篇》，《辩正论》，《大正新修大藏经》（台北：新文丰出版公司，
　　1983），册 52，卷 8，页 547。与王阳明并世而生的湛若水所说也很
　　直接："即气即道，气之中正者，即道，道气非二也。"湛若水：《问
　　疑续录》，《湛甘泉先生文集》（台南：庄严文化事业公司，1997），卷
　　11，页 4。

可显示气的特殊性。裘锡圭先生曾撰文探讨精气说与玛纳的关系，[59] 依据其说，我们观人类学家对"玛纳"的形容，对照《管子·内业》《吕氏春秋·尽数》诸篇描述精气汇聚所产生的诸种神奇的效果，两者确有惊人的一致性。且看《吕氏春秋》的说明："精气之集也，必有入也。集于羽鸟，与为飞扬；集于走兽，与为流行；集于珠玉，与为精朗；集于树木，与为茂长；集于圣人，与为敻明。精气之来也，因轻而扬之，因走而行之，因美而良之，因长而养之，因智而明之。"[60]《吕氏春秋》的精气说的来源很值得探究，它当然有可能来自《管子·内业》所说，但《内业》的论点源自何处呢？问题还是存在。笔者相信：精气说有可能来自密传的宗教传统。我们试比较玛纳与精气，两说正可相呼应。

"精气"显然是"气"的进化版，它被视为构成人的精神，也是构成超越界实质的内涵之物项。"精气"这个复合词由"精"与"气"两字构成，由此词语的构造也可看出"精气"是"气"字的补充修正，如果"气"字能够完成《内业》作者设想的那种神秘绝俗的功能，即不须在此字之前更加上修饰词。然而，"气"字代表一种统一性原理的功能固然存在，它作为与自然隔离之上的超越功能却常显现不出来，所

---

[59] 裘锡圭对玛纳的理解主要依据林惠祥的解释，参见林惠祥《文化人类学》，收入蒋炳钊、吴春明主编：《林惠祥文集》，上册，页414—419。

[60] 许维遹撰，梁运华整理：《吕氏春秋集释·季春纪·尽数》（北京：中华书局，2009），上册，卷3，页66。

以《内业》作者不能不再加一种代表"美好""本质"意义的
"精"字，以显示"精气"不是一般的气。"精"字的出现是中
国思想史的一件大事，在东周的文献中，我们不时可看到"精
爽""其精甚真"这类的语词，这是一种带着神秘而美好质性
的术语，"精气"是"精"字语族中内涵最深远者。孟子所说
的"浩然之气"的"浩然"、庄子所说的"气母"的"母"字
也都是在这样的思考背景下呈现出来的，但后两者的用途不如
"精气"广。

　　不管玛纳、精气是否可视为最原始的宗教概念，它起源甚
早，大概可以确定。然而，论及玛纳这个根源性的概念时，耶
律亚德、卡西勒等学者都将奥托（R. Otto）《神圣的概念》一
书的核心概念带进来，这个挟带绝非偶然。在宗教史研究的演
进上，奥托"神圣"(luminous) 的概念非常重要，大异于以
往研究者从宗教概念如上帝、耶稣、三位一体等概念进入，讨
论宗教学的内涵。奥托则从宗教经验进入，他认为宗教之核心
在于"神圣"之体验。神圣这种宗教情感之异于一般心灵经验
者，在于圣俗的分裂所造成的那种总体的强烈的矛盾之感，亦
即神秘的畏怖与神秘的欣慕。奥托的《神圣的概念》一书提供
了我们一种从主体经验进入宗教界的途径，此书的诠释学的转
折对重主体性的中国哲学尤具深刻的启发意义。以神圣感的体
验为准，则精气的体验亦当带有一种强烈的情动因素，用耶律
亚德的话讲，也就是圣显带有力显。再下一转语，也就是玛纳
与禁忌同体共在。

我们将气、精气与玛纳对举，当然要面临跨文化语词转译的正当性问题之质疑。但是我们如果认为在遂古之初，论述成家的价值解释体系还没建构起来之前，人类文明的发展有共相，那么，人类学的知识用以解释文明初期的阶段文化即会有更大的适用性，职是之故，我们找出风、气与玛纳的共通性，也就不是那么不可理解的事。溯源以清流，源头清楚后，我们对气的流向也会更清楚。

六　服气、行气与养气

如果玛纳和气是同一时期宗教史的相对应概念的话，我们发现两者后来发展的途径却大异其趣。依据卡西勒之说，从玛纳到功能神到人格神，其发展是相当异质性的跃升，宗教常会提供超越时间之上的理念，但宗教本身也是有历史的。如果说在西方从玛纳到人格神的发展是藕断丝连的，在中国，气的后续发展则可看出是在同一路途上的更形深入，更形开阔。不管宗教精神发展的路途上有多少新的成员加入，气始终蕴藏在灵魂、神祇、心性诸概念之后，未曾断灭，它甚至形成一种足以和西洋文化对照的"连续型的世界观"。[61]

"气"在中国思想史的特殊地位在于它是可以经营的。由

---

[61] 此说为牟复礼 (F. W. Mote) 所创，经杜维明、张光直等人相续主张后，其义日受重视，参见张光直著，郭净等译：《连续与破裂》，《美术、神话与祭祀》(沈阳：辽宁教育出版社，1988)，页117—127。

于"风""气"与"玛纳"具有特殊能量的巫术特质，因此，控制"风""气"的技术不能不先后走上历史的舞台。我们看气的经营呈现出由外而内的模式，首先出现在历史舞台上的是一种带有浓厚巫术性质的"占风""宁风"之术。甲骨文中颇有这些记载。当殷商民族由东北而中原，由游牧而农居，如何正视与农作有关的天文、土地、风、水，遂不能不浮上政治的舞台。天文、地理、风、水这些因素加起来，即是农业民族的核心要义。宇宙是个生命循环不已的系统，咒术是个潜存的知识体系，它或许改变不了大自然的物理性质，却可暂时抚平初民对生命的焦虑。从"占风""宁风"这些巫术的行为更进一步，继而有"占气""望气"之术。我们现在看到战国秦汉这些诸"气"的经营范围，常见于天文学、军事的领域。[62] 因为正是在这两个领域内，不确定的知识的因素特别多，其影响又特别大。所以意味着"无形的变化"之"风""气"遂乘之而起，两者先后递现，"风"的内涵逐渐被"气"所接收。可以预期的，只要军事或政治上的偶然因素不能彻底被转化时，各种类似"占风""望气"之类的神秘巫术就不会告退历史舞台。即使"风""气"这类的字汇不再流行了，仍然会有各类的英

---

[62] 参见坂出祥伸：《占风术のさまざま——中国古代における》，《关西大学文学论集》第 34 卷第 3、4 号合刊（1985 年 3 月），页 1—22；《中国における风の观测と观测器具の发达》，《关西大学文学论集》第 35 卷第 1 号（1985 年 12 月），页 1—19；《中国古代の气または云気による占い——汉代以后における望气术の发达》，《关西大学中国文学会纪要》第 10 号（1989 年 3 月），页 1—24。

雄好汉，从生辰八字到面相、手相、星相、紫微斗数，南北杂货，华洋名品，会纷纷取而代之。

"占风""占气"的技术中没有道德的属性，没有理则的内涵，它们是纯粹的力量。事情的成败胜负，端看风、气如何经营而定，但风、气是很难经营的，占卜传统中的"术"与"数"带有相当大的解释空间，一切依科技理性算计的因素至此都不得不低头。如果我们将文中的风、气代之以玛纳，应该不难找出彼此间的公因数。我们有理由相信：越是早期的风、气理念，其巫术性质越浓。

"气"的内涵可以追溯到早期的风—玛纳的源头，但"气"后来在中国文化诸领域却带来巨大的影响。诚然，类似"气"这种无形而神秘的全体性力量之概念并非中国所独有，其他诸大文明也有类似的概念，但"气"在中国文明中的影响之大确实是很特殊的。"气"贯穿于大小传统间，影响同样重大。大体说来，在小传统中的"气"的内涵接近于玛纳，大传统中的"气"的精神内涵则越来越浓。小传统中的气虽说源于玛纳，但它既然在历史的流变中演化成与生活相关的术，它总要有知识的涵义在内。这些由天人相符所构成的知识，如命数云云，到底有没有效？能否找到需要大量非量化的诠释过程的知识，是件不容易判断的事。[63] 但我们看到"气"在后来的大传统中

---

[63] 据说劳思光先生认为占卜这类的知识介于理性与非理性之间，他的态度令笔者联想到荣格对占卜的判断，两人的结论颇可相互发明。为免瓜蔓，兹不赘述。

所扮演的角色，基本上是对巫术性的玛纳能量的批判与转化。应然的意识在战国时期形成以心性论为中心的哲学。"善为易者不占""易为君子谋，不为小人谋"诸说，显示"气"在彼时的诸子体系中虽占有重要地位，但巫术性格已淡，一种带有规范性、精神性的气将成为文化的主流。

这种转化巫术性力量的过程，我们不妨称为道德化的价值建构工程。我们这里所说的道德化不是依现在的"道德"义而言，而是依据"道"与"德"之原始义来说。"道"字宏大，它将作为一种形而上学的原理踏上中国的思想舞台。相对于"气"的弥天盖地，难以规范，"道"字所出的途径义则容易引申出"法则""遵循以行走""由此到彼之目的"诸种内涵。"道""气"的转换关系在秦汉后——尤其宋明阶段，仍有反复演出的过程。"道"字作为首出的形上学原理之地位没被动摇，但以气代道的情形也是有的。而在原始阶段的玛纳演变成"道"或形上学之气的过程中，气作为存在原理，或自然哲学原理，缺少主体转换过程的形上学之气，这样的自然主义的叙述也是有的。但大体而言，在春秋战国时期，一种具有规范及精神内涵的形上学之道已经形成，儒、道两家的思想特色以及历史任务，至少有一项是转化玛纳的巫术性质以证成气的形上学。

儒、道两家的气的形上学的一项特色在于气作为形上原理与作为一种具有超越性质的生命原理的相关性，事实上，一种脱离具有工夫论内涵、不具性命之学意义的观解形上学的气学在中国思想史领域内固然存在，比如说：王廷相哲学，但不是儒道传统的核心关怀。相反地，气的形上学有种须被证成的性质，气的形上原理在形上学结构中虽是首出，但在理论次第上，或是工夫次第上，却有待气作为心灵核心因素的转化才可体现。气哲学变成性命之学的内涵乃是玛纳概念精粹化的合理发展。

"气"的精粹化意味着环绕着"气"，一种与身心相关的修养技术的形成。不像早先时期初民对"风"，"气"的经营是非主体性的，此际对气的经营是另类的模式。学者返身自求，首先出现一种透过呼吸吐纳，融合身体外的"风""气"与体内的生命力的修行方式，我们不妨称为服气法。这种以呼吸法为中心的服气法在后世的道教文献中有大量的记载，在埃及、印度的文献中也颇有类似的方法。在中国呼吸吐纳的方法很可能于新石器时代即已存在，晚近研究中国气功、修行法的学者追溯这些功法的起源时，往往追溯到新石器时代的陶器、岩画，这样的溯源虽然缺乏文字的佐证，但从图志学的观点来看，是足以成说的。[64]

如果从文字的载体来看，盛行于中国南方的陵阳子明之术所说最为典型："春食朝霞，朝霞者，日始欲出赤黄气也。秋食沦阴，沦阴者，日没以后赤黄气也。冬饮沆瀣，沆瀣者，北方夜半气也。夏食正阳，正阳者，南方日中气也。并天地玄黄之气，是为六气也。"[65] 从四时春夏秋冬到昼夜的时段，各有

---

[64] 上述说法参见李志庸：《中国气功史》（郑州：河南科学技术出版社，1988）。

[65] 天逸注《远游》"餐六气而饮沆瀣兮"，参见洪兴祖：《楚辞补注》（台北：大安出版社，1995），卷5，页251。

不同的气，但都需呼吸吐纳之。如果只是一味之风或者一味之气，如何分辨四时之气或昼夜之气？这些不同的气与生命的经营有何关系？显然，中间有些环节失落了，其技术不易追踪。但服气要有作用，"观想"应该居间扮演了重要的角色，行者透过了观想的内化作用，外在的自然之气因为有了呼吸、气管、经脉的管道之加持，产生了与生命同质化的作用，须弥纳于芥子，朝霞、沦阴、沆瀣等气变成了服气者生命的部分。

在后世中国的修炼传统中，《陵阳子明经》的法门所代表的是服食天气或外气的类型，这种类型的法门与玛纳的原型较为接近，但与作为更精纯的生命原理的气之关系较远。但即使服外气的法门较原始，较遥远，我们仍看出此法门也需要精神的努力，所以要观想的介入。而"观想"所以可能，乃因这种身心技术背后自然预设了风、气与灵魂间的内在关联。大约在战国时期，我们看到一种先验而具有宇宙性的神秘灵质的气被阐释出来了。这种更精致的气或被称为"气母""先天之气"云云，这个概念意指在粗显的、表层的形气构造外，人人都有一种作为生命本质的"精气"。

当一种先天之气的概念形成时，相应的工夫也形成了。先天之气的工夫途径有两种，在老子、列子、管子这些道家型哲人的著作中，我们看到他们如何透过观想，或者说，如何透过坐忘、日损、虚无这类损之又损的负面方法的观想，自我退位，让先天之气在虚无荒漠中自然生起。屈原的《远游》更具体地指出仙人王子乔传授的成仙之道的具体步骤："一气孔神兮于中夜存，虚以待之兮无为之先"，此文可视为真正的"万古丹经王"。《远游》修的是成仙之术，在儒佛大修行者的眼中，成仙不是值得颂扬的目标，其层级也比不上老、庄、列的虚静之术所欲达成的境地。然而，我们如单论调气养生之术，道家的致虚守静、朝彻见独与内丹道教的行气法，固有着力与不着力之别，有自然与勉强之异，但类型是相同的。

论及治气养身之术，如果道家诸子侧重负面的方法，儒家则重视正面的法门。当气被视为灵魂的本质，而且被收编到心灵的内涵时，可意识到的意志以及随之流行的气，两者被视为一体的两面，心显气隐。心之意志带有更大的动能，它可牵引气之流行，一种重视心气相连、心至气次的扩张效果之法门即出现了。孟子讲四端扩充、志气同流，《内业》讲内静外敬，气盈四海云云，即类似后儒所说的承体起用之工夫。晚近出土的《五行》篇更将道德意识的仁、义、礼、智、圣穷源至心灵深层的仁气、义气、礼气、智气、圣气云云。[66] 气的动态性格的道德属性更加显著，气与心性的本质性关联也因此确立下来。气是晚周的公共论述，儒家在此一时期不但没有缺席，它

---

[66] 出土帛书《五行》篇只列出"仁气""义气""礼气"，缺少"智气"与"圣气"，因为依据思孟学派"志至气次"的理论，只要有心识的活动，即会有气的流行，只是或有大小轻重之别而已。陈来教授引用理智德性与实践德性之别，认为乃因《五行》篇作者重视理性之外的心理因素，此解释具有部分的解释效力，但对"圣"德的解释，似乎不如对"智"德的解释。参见陈来：《竹帛〈五行〉与简帛研究》（北京：生活·读书·新知三联书店，2009），页158—164。

还赋予心气相连极大的道德意义，其论述与老子的"心使气曰强"的遮拨法成了极有意义的对比。

至少从晚周起，由于气被视为内在于人的生命本质，发展到先天之气的理念时，治气、养气之说即取得安身立命的地位。对"气"的经营因此被视为工夫论的主轴，它与调心的工夫论可分可合。在六朝、在宋明，如何正心诚意，如何经营气，如何心气两调停，即成了学者主要的考量。"守一""观想""主静""持敬""致虚"云云，都成了儒、道两家核心的工夫论。我们追溯后代成熟的内丹或心学的性命之学时，都可在先秦儒道的精气论中找到源头。气的故事如果从四方风起头，其脉甚长，我们在晚明刘宗周的性宗之气论说及王夫之的天均哲学的气论说，一是深之又深的性天之独，一是浩瀚无涯的道气流行，应该可以找到完美的句点，至少是完美的歇脚处。

七 结论：盈天地皆气也

"气"是个不容易找到相对应的西洋词汇之重要本土概念，我们怎么设想一个遍布虚空、无形无状、却又可不断转化世界的力量呢？笔者从季风亚洲重要的天文地理现象"风"入手，找到风与气的联系点。由风、气的概念再往宗教学的相对应概念寻其轨迹，笔者找到玛纳作为风与气的前身或是分身，找到"圣显"与"力显"作为玛纳的重要属性。但中国气概念之异于其家族概念玛纳及不同的化身者，在于气后来发展出极精致的气的形上学与工夫论。不像其他文明地区的玛纳不能充分展现其内涵，后来宗教的发展乃是对此概念的征服，始源的概念提供的基础不够宽厚。[67] 相对地，中国重要的宗教核心理念与"气"常构成连续性的结构，气是具有明显中国文化特色的哲学概念。

气作为形上学语汇，它在后世的发展才特别显现出精彩。本节将以笔者特别关心的理学为核心，稍作勾勒，以作总结。在理学兴起后，"气"此概念或被视为最高存有下的次级概念，如程朱理学的理气论的气；或被视为最高存有的另一名称，此一意义下的"气"有几种不同的形态，有自然哲学的唯气论传统，如王廷相哲学的气；也有超越哲学之类型，如张载、刘宗周思想中的气，这是一种可以和"本体"地位等同的核心概念。在超越哲学中作为最高存有的气通常可作为体用论中的"用"字理解，这样的"气"字通常和"理"字隶属同一层，理气同一。道气或理气通常维系不一不异的诡谲关系，其类型极像泛神论的模式，或万有在神论的模式，程朱的理气论在这方面表现得特别明显。直线型的宇宙开辟论在中国哲学史上，尤其在汉代，确实是存在的，但非主流。

后世凡持中国哲学"无超越论"之类的主张者，其持论之有效性大概只对汉代那种宇宙论中心的哲学有效——中国的宇宙论中心哲学通常采取自然主义的元气论的立场。但从自然主

---

[67] 笔者对宗教史的了解相当有限，此处姑且言之，以俟通人仲裁。

义的观点界定气的内涵，对儒道两家哲学的大本大宗却是弥近理而大乱真。"气"在儒家与道家思想中无疑占有相当核心的位置，佛教东来，马上面临和"气"的沟通的问题。[68] 但儒道两家的气不管是否被视为道之同义词，"气"的根源性是超越性的，它总是被视为代表创造源头的心或道的属性，在语言的表述上，甚至于比"理"或"道"的位置还高[69]——实质上，两者在本体论上的优先地位仍须斟酌。道的活动性即是气，所以道体的实相是超越义的道气同流；心体的活动性也是气，所以心体的实相即是超越义的心气同流。凡体证型的超越哲学言及气的优位性者，如张载、刘宗周某些语言所示者，其实质的内涵都是"理气一物"。

笔者所以要提出体证型的超越哲学的"气"的性质具有本体的意义，乃是要突显此种"气"的理念带有本体的创造义。不管是实践义的主体介入人间，或是宗教义的道体介入自然，作为本体的道体或心体只要一活动，总有新的意义会被带到每一活动上来。"气"概念在理学体系中，或者在中国的书法、诗歌、绘画等文学领域或艺术领域中，与其说扮演永恒回

---

[68] 圭峰宗密所谓："儒道二教，说人畜等类，皆是虚无大道生成养育，谓道法自然生于元气，元气生天地，天地生万物。"参见释宗密：《斥执迷第一》，《原人论》，《大正新修大藏经》，册 45，页 708。"气"构成了佛教与中国思想传统最大的差异。

[69] 如罗钦顺即言"理只是气之理""理须就气上认取"。这类的语言自然须善解，不宜将救弊之言视为定义之言。参见罗钦顺：《困知记》（北京：中华书局，1990），续卷上，页 68。

归的同一性的角色，或执行毕来德 (J. F. Billeter) 先生所说的
"内在一元论"的功能，[70] 不如说：它扮演了日生日化的新生的
功能。

有关中国哲学没有超越性，没有宗教性，这类的僵硬印象
在今日学界虽然稍有松动，不像谢林 (P. W. J. Schelling)、黑
格尔 (G. W. F. Hegel) 那个时期所见到的那般死硬僵化。但改
头换面，类似的说词还不少。本文无法处理此一问题，但我们
追溯气的始源直至"风"的概念，比较"风""气"两说，或
许可以得到进一步思考的线索。作为气的远祖的风之创生性，
乃是季节神话般的循环性的反复再生。相对地，气的循环性格
不显，尤其当心气的概念结合成形后，气带来的消息往往是气
性之新、奇、诡、怪，破坏常规。但同时也彰显了气的虚己回
荡，与世界共化。气之殊异性与共感性同时显现特色，明代王
阳明之后的文化正显示了这样的讯息，后儒批判阳明后学的理
由往往不在他们陷于内在的一元性之反复重述，而在他们完全
逸出了儒门的矩矱。气化日新，故事正长，就此暂止。

---

[70] 参见毕来德 (J. F. Billeter) 著，宋刚译：《庄子九札》，《中国文哲研
　　 究通讯》第 22 卷第 3 期 (2012 年 9 月)，页 5—39。

肆 从明暗到阴阳

一 前言：二元论之源

光明与黑暗是神话最常见的一种主题，也是二元结构中时常并生而起的一组意象。在中国思想的发轫期中，这组常见的神话意象被整编到儒、道、阴阳诸家的思想中，先秦诸子或重光明，或重黑暗，或重明暗一体的吊诡性。明暗两者当中，光明意象的运用尤广。在这种从"神话到哲学"的转换过程中，神话意象与工夫论的主体经验关联甚深，明暗从天文物理学的性质变为深层心理学的概念。

明暗的原形是天文物理学的概念，与明暗性质息息相关的是太阳（日）、太阴（月）的意象。日月行空，日月在空，天空包容了日月。但天空的形貌却因日月的照耀而明，没有了日月，长空将是万古如长夜。辽阔感不复存在，物象的层次感不复存在，甚至万物陷于沉甸甸的漆黑中，存在即被知觉，所以也可说不再存在。明暗依附于日月，明暗递换就和日月代运一样，都出自原始的经验。"月亮"作为三光之一，太阳之对偶，其特质原本也是一种光明，是一种在漆黑世界中的明光。但就对初民的生命建构而言，其作用不如太阳来得大，就明暗的意象而言，太阳提供了其意象存在主要的来源。

明暗的概念后来与阴阳的概念相互涵化，阴阳进而吸收了明暗的意涵，阴阳或相续流行，阳了即阴，阴了即阳，《易经》所谓"一阴一阳之谓道"。阴阳此组概念也可并置相偶，如阳中有阴，阴中有阳，周敦颐《太极图说》所谓"水阴根阳，火阳根阴"。阴阳这组词语既有时间性，也有空间性，既辩证且共构，它的双元性成了中国思维的主要范畴。

二元结构与终极的本体的关系，或说对偶与绝对的关系，一与二的关系，乃是普遍性的宗教与哲学的议题。太极与阴阳的关系也可视为"一"与对偶"二"此普遍议题的一个类型，在后世的宇宙论与天道性命贯通的工夫论中，"太极"与"阴阳"的关系将成为一组重要的公共论述，带动千年的思潮。"从神话到哲学"是普遍性的思想演变历程，"阴阳"这组重要的哲学理念也是有前身的，本文的重点放在阴阳概念的神话意象之源，论述将绕着作为太初本体论的"明暗"的视觉意象展开。

二　阴阳相偶

光明与黑暗不是无因之自然，它是依附在空间形式中最根源、规模最宏伟的基本划分。宇宙开辟的神话表述的内容当然是宇宙的开辟，但宇宙开辟的事件中，首先被创造的往往就是空间，以及空间里的黑暗与光明。只有黑暗与光明分裂了以后，空间的具体形象才能形成。具体的神话空间形成了，接着而来的神话事件也才有布局开展的场域。

据说："几乎所有氏族和宗教的创世传说中，创世的过程与光明的破晓溶为一体。在巴比伦人的创世传说中，世界生成由于旭日与春日之神发动的对魔鬼的玛特所代表的浑沌与黑暗的战争。光明获胜是世界及世界秩序的起源。埃及人的创世传说也被解释成是对每日日出的模仿。创世的第一幕始于一个蛋的形成，它从原始水中生成；从蛋中流溢出光明之神，对它的起源有很多种说法，不过这些说法都追溯到一种初始现象——光明从黑暗中喷薄而出……创世的描绘无非是有关光明诞生的故事——正像神话精神在每一新的白昼兴起，每一新的黎明来临时所体证的那样。对神话观念来说，黎明的到来，不是单纯的过程；它是一次真正的和初始的创生——不是遵循确定法则周期性重现的自然过程，而是某种完全独特和唯一性的事物。"[1] 以上是卡西勒 (E. Cassirer) 论神话思维的空间直观中的一段警语。我们如果同意神话思维有种特殊的空间直观形式，神话空间展现出一种情感的、巫术的、原始的同一之构造，那么，我们也不得不承认在这些神话空间的观念兴起前，其自体的神话空间非得先自行分裂不可，换言之，非有光明不可。

[1] 卡西勒（E. Cassirer）著，黄龙保等译：《神话思维》（北京：中国社会科学出版社，1992)，页 109—110。

如果光明是开辟的第一步, 宇宙开辟的韵律可以称作太阳之歌的话, [2] 那么, 中国的情况怎么样呢? 光明之前呢? 中国常被说成是神话极不发达的一个古文明, 开辟神话据说也是极淡的, 淡如影子。那么, 作为原始开辟事件的世界之起源, 到底怎么设想呢?

中国的宇宙开辟神话是否如此简淡? 中国远古时代是否也有太阳之歌? 此事费人猜疑。战国晚年, 忠贞耿耿的三闾大夫屈原被流放到了沅湘之间, 传说他忧心愁悴, 茫茫然徘徊于山泽间, 见到其地有楚国先王祠堂, 他游观壁上图画之山川神灵, 感慨万分, "因书其壁, 呵而问之, 以渫愤懑, 舒泻愁思", [3] 他书于壁上的内容就是《天问》。《天问》破题即言:

> 遂古之初, 谁传道之? 上下未形, 何由考之? 冥昭瞢暗, 谁能极之? 冯翼惟像, 何以识之? 明明暗暗, 惟时何为? 阴阳三合, 何本何化?

《天问》是否起于呵壁, 此处姑且不论。值得讨论的是:《楚辞》学史上,《天问》曾被视为逻辑最零乱的作品, 屈原用了一堆的问句串起全文, 他似乎运用肯定句的能力都没有

---

[2] 雷蒙德·范·奥弗 (Raymond van Over) 编, 毛天祜译:《太阳之歌——世界各地创世神话》(北京: 中国人民大学出版社, 1989)。

[3] 这是最早的注家王逸的解释。参见洪兴祖:《楚辞补注》(台北: 大安出版社, 1995), 卷 3, 页 123。

了。[4]《天问》以疑问句形式破题是很显目的现象，屈原二十五篇作品中，以质问贯穿全文者，我们首先想到的是两篇作者较有争议的《卜居》《渔父》，其次是《天问》。《卜居》《渔父》两篇，尤其《卜居》，显然描述的是晚年屈原极端挫折的心境，问句是他对存在的怀疑的一种文体的投射。《天问》的创作是否也有可能处于类似的心境？

如果《卜居》还设定了一个可供屈原咨询的太卜詹尹的话，《天问》却恍若自言自答，一个苍白创伤的灵魂的自白。然而，问句起源于疑问，论疑问之大者，莫过于宇宙之起源。《天问》作者——这位憔悴于江浒水边的诗人首先问的正是宇宙开辟的问题，类似的问题以及类似的提问方式也见于稍早时代的大哲人庄子，也见于域外的玄远之士及民间的传统，这样的质问方式很难说不是出自严肃的考量。很明显的，屈原虽然问了一堆问题，但质问内容的基调与其说是人格摇落下的狐疑，还不如说他以原始玄学的思考方式，传达了知识的讯息——此处的知识指的是神话的知识，原始玄学指的是一种存在的疑惑。[5]

---

[4] 胡适早就批判《天问》："文理不通，见解卑陋，全无文学价值。"胡适：《读楚辞》，《胡适古典文学研究论集》（上海：上海古籍出版社，1988），页344—351。

[5] 参见藤野岩友：《巫系文学论——以〈楚辞〉为中心》（东京：东京大学书店，1969），页49—84。藤野岩友此书指出《天问》与战国设问文学的关系。卫德明《天问浅论》，收入马茂元编：《楚辞资料海外编》（湖北：人民出版社，1986）。苏雪林：《天问正简》（台北：广东出版社，1974），页27—29。此书第49页以下皆为《天问》所论有严肃的神话祭典的意义，而且可能受外来文化影响。

　　"遂古之初，谁传道之？"追问始源，此追问实已预设了始源的意识。否则，他如何追问？"上下未形，何由考之？"其理亦然！屈原如果没有"太初的空间上下未形"之想法，他如何针对空间的创造传说，满腹狐疑？"冥昭瞢暗""冯翼惟像"，指的皆是溟涬浑沌、无象无状的模态，因此，无从追根究柢。屈原的质疑甚是，但他怎么会提出冥暗、冯翼的幽黑空间形象来的？"阴阳三合，何本何化？"这个问句如果没有预设了老子"道生一，一生二，二生三，三生万物。万物负阴而抱阳，冲气以为和"的形上学的观念，[6] 或者另外的神话学的答案，[7] 实在不好理解。最关键的在于"明明暗暗，惟时何为"此句。屈原知道从一切漆黑黝暗的空间中，忽有明光出现，明光与黑暗分离，宇宙开始动了起来，所以才会有接着而来的"阴阳三合"。"明明暗暗"前承黑暗，后接光明；前接缄默，后接热闹，它是由无到有的枢纽。屈原的问句是种诗意的宇宙开辟论，他问的是开辟神话的问题，只是他使用一种诗意的方式，并且暗中借用楚文化的思考架构及意象而已。

---

[6] 参见冯友兰：《再论楚辞中的哲学思想》一文，原出版社不详，此文现当已收入《三松堂全集》。

[7] 如《淮南子》所言："古未有天地之时，惟像无形，窈窈冥冥，芒芠漠闵，澒濛鸿洞，莫知其门。有二神混生，经天营地，孔乎莫知其所终极，滔乎莫知其所止息，于是乃别为阴阳，离为八极，刚柔相成，万物乃形。"参见刘文典撰，冯逸、乔华点校：《淮南鸿烈集解·精神训》（北京：中华书局，1989），上册，卷7，页218。底下引文同出此版本。《精神训》此段话无疑是汉代宇宙论的叙述，但"二神混生"之语如果不是出自早期神话——有可能是天父地母的神话，也是很难想像的。

三 老子的皦昧重玄

同样代表楚文化的《淮南子》论及宇宙开辟时说道：

> 天坠未形，冯冯翼翼，洞洞灟灟，故曰太昭。道始生
> 虚霩，虚霩生宇宙，宇宙生气。气有涯垠，清阳者薄靡而
> 为天，重浊者凝滞而为地。清妙之合专易，重浊之凝竭
> 难，故天先成而地后定。天地之袭精为阴阳，阴阳之专精
> 为四时，四时之散精为万物。(《天文训》)

《淮南子》提到宇宙从浑沌一片到芸芸万象间的关键是阴阳的
出现。"阴阳"两词连用，成为重要的哲学语汇，其流行时期
当在战国晚期到两汉。笔者认为这是明暗观念加上宇宙二分的
想法在此时期的结合。换言之，阴阳取代了明暗的解释功能，
但明暗的意义还是包含在阴阳之中的。

从屈原到《淮南子》，我们无疑看到了明暗神话的因素，
但在非神话时期写成的宇宙开辟神话如果没有受到当时重要的
宇宙论或形上学思潮的影响，这是不合理的。我们如果想找出
比较完整的空间神话之详细节目，大概只能往楚地的民间传说
里设法，晚周秦汉的文献是无法提供完整的情节的。

然而，由屈原、刘安的气—阴阳之语汇及空间神话的思考
模式，我们可以得到一个线索：神话空间的明暗因素转化到哲

学性的阴阳观念，这当中有种结构性的置换关系。在置换中，感性的色彩减杀了，普通概念的成分增加了。而影响这种转变的主要思想家当是老子。

老子是中国第一位严格意义的形上学家，他所论述的形上之道，不但规约了尔后的道家、道教学者的理路，它也深刻地渗透了儒家及其他学派的思想体系。老子论及"道"的本根性及创生性时，明暗的意象总不免会跟着而来。

> 道可道，非常道；名可名，非常名。无，名天地之始；有，名万物之母。故常无，欲以观其妙；常有，欲以观其徼。此两者同出而异名，同谓之玄。玄之又玄，众妙之门。（《第一章》）

此章显示了道的双重性，它一方面是绝对，道之在其自体。它没办法被言说、论述，换言之，它没有办法被对象化，禅宗所谓"说是一物即不中"。因此，它是"无"。老子说："无，名天地之始。"严格说来，无即是无，"天地"一词的空间意象及"始"的时间意象都不能用，因为，"创造"或"杂多"还没有开始，它是"常无"。但"无"虽不能以论证解说，也不能用智性证成之，它却不是虚无，它是绝对的潜能，一切存在的母胎，而且是不落于现实变化之流的存在根源，所以它又是不同于现实"定有"的"常有"。常有常无"同出异名"，亦即两者指涉者相同而称呼不同，换言之，就道论道，绝对的无也是绝对的有。绝对者往往具有语义概念冲突的悖论（paradox）性质，老子的道之双重性，其义犹是。[8]

老子的道之问题论者已多，本文题旨不在此处。但从《老子》首章，我们看出"无—始—妙"与"有—母—徼"的对举。道是无／有、零／壹、始／母两种对立的同一之体，但"妙"与"徼"是怎么地对立之同一？

"妙"是深微奥妙之义，这个语义的解释是确定的。"徼"字的解释则颇复杂，不同的文字解释义不见得不能相容，但有一解将"徼"字解释为"皦"字，此说既有版本学的依据，而且也有明晰的理路，很值得留意。且看于省吾解释如下：

> "其上不皦"，景龙本作皦，敦煌丙本作皎。是徼徼窍皎并皦之假借字也。《一切经音义》四，引埤苍"皦，明也"。《论语·八佾》"皦如也"，《释文》"皦如其音节奏分明也"。上言，"故常无，欲以观其妙"，妙谓微妙，十五章"微妙玄通"，微妙与皦明为对文。"常"俞樾读"尚"，是也。金文皆作"尚"，故尚无者，欲以观其微妙，尚有者，欲以观其皦明。有无既分，则可别其微明，有无不分，则显晦一致。十四章云："故混而为一，其上不皦，其下不昧"，是上下为对文，皦昧为对文。四十一章"明

---

[8] 参见拙作：《先秦道家"道"的观念的发展》（台北：台湾大学出版委员会，1987），页45—52。

道若昧"，明即皦也，明与昧为对文。王弼谓妙者微之极也。《易·象辞》"天道草昧"，董遇章句："草昧微物"，是昧与微妙义相因。[9]

我们如依循王弼本的"徼"字，不采用景龙本所写定的"皦"字，当然可以的。"皦"字作边界解，可以显示道之落实于人间事物，不能不有所分别、分界。但于省吾的解释在内在的义理上是说得通的，"有无既分，则可别其微明；有无不分，则显晦一致"，尤有理趣。以明暗比喻道之双重性，这是老子、道家诸子论及道体时，很常使用的一组暗喻，也是宗教史上体证入玄的冥契者很常表述的证语。

于省吾解首章"观其徼"的"徼"字时，引用的"其上不皦"，语出《第十四章》，此章颇多诡谲之词，论及老子的明暗意象之运用，此章提供了重要的讯息。我们不妨观看此章论及道体的文字所言何事：

> 视之不见名曰夷，听之不闻名曰希，搏之不得名曰微。此三者不可致诘，故混而为一。其上不皦，其下不昧，绳绳不可名，复归于无物。是谓无状之状，无物之象，是谓惚恍。

---

[9] 于省吾：《老子新证》，《燕京学报》第 20 期（1936 年 12 月），页 245—262。引自萧兵、叶舒宪：《老子的文化解读——性与神话学之研究》（湖北：湖北人民出版社，1993），页 201。

此章中的"道"具有有／无双重性，这是相当清楚的。夷、
希、微三者"不可致诘"，这当然是"无"，但"无"中有
"象""物""精"，这就不能不是"有"了。"无"最显著的意
象是暗，"夷""希""微""窈兮冥兮"皆指向"暗"意。"有"
的意象比较复杂，因为"有"要具足存在真实的属性，所
以"有"中有"物"，有"象"。但我们不宜忘了，"光明"也
是"存在"的一种常见的象征，所以《第十四章》才会有"不
皦""不昧"的双遮拨语汇，事实上"不皦"即"昧"，"不昧"
即"皦"，《第四十一章》所谓"明道若昧"是也，这种诡辞为
用的表达方式，曲折地表达出暗／明乃无／有此道之重玄结构
下的一个变项。[10]

　　老子论道体或论体道，无疑地，重视皦昧一体，他不可
能是虚无主义者，不管就人生哲学或就本体论意义来论，老子
都不是那么负面意味的、生之意志解消的、叔本华类型的哲学
家。但他在后世发挥的作用，主要还是一种退居到无分别的
原始状态，也就是敛光匿影，玄之又玄，以至于无之境。《第
四十一章》云："明道若昧，进道若退，夷道若颣，上德若谷，
大白若辱。"在明昧的诡谲构造中，明昧的位置仍呈现奠基与
基础之上的关系。在诸色中，唯有黑暗没有任何光线，色泽也

---

[10]《老子》书颇多诡谲重玄之词，与《老子·第十四章》旨趣相近者尚有
　　《老子·第二十一章》："道之为物，惟恍惟惚。惚兮恍兮，其中有象；
　　恍兮惚兮，其中有物。窈兮冥兮，其中有精；其精甚真，其中有信。"
　　既无且有，既暗亦明，是谓恍惚，兹不赘述。

是光，在诸色呈显的光谱中，黑是最底层的颜色，它成了所有色的基础，就像下是高之基，草昧是文明之基。老子作为追求永恒回归的哲人，其思想特色不能不立基于无分别的原始基础上，这是种大母神的哲学，也是玄之又玄，亦即玄冥黝暗的无之意识之哲学。

四　庄子的明白入素

"不皦""不昧"是遮拨性的说法，如果我们用正面性的语汇描述，那么，"不皦不昧"实即"又皦又昧"。道家论道，客观面的论道体与主观面的论体道，其终极境界被认为是相同的。换言之，修养境界可以用本体宇宙论的语汇加以描述。此义于老、于庄、于道家诸子，甚至于儒家之心性形上学，亦可适用。《老子》书中言体道之工夫语不少，然言及体道境界之内容时，除"复命曰常，知常曰明"（《第十六章》）明确提及"光明"的意象外，其他地方大概没有见到。此处的"明"虽用以描述洞澈本源的智慧，但似乎不是用以指涉终极境界的述辞。然而，"光"用以形容洞澈本心的刹那经验，这是种极常见到的比喻手法，中西皆然。而本心彰显时，其相是极高明亦极黑暗，这也是种极常见的悟道之诡辞。中国思想史上，最善于形容此义者，当是庄子。

庄子与老子论道比较大的差异，当在前者客观论道之语少，而言及体道境界者多，老子则客观面重。如果老子是皦昧

重玄结构中偏于玄昧之道者，庄子则是皦昧重玄结构中之偏于
皦者，此其大较也。庄子论体道功夫，大抵走的是逆觉体证之
路，层层遮拨，一消一长，终于有证道之境生焉：

> 吾犹守而告之；三日而后能外天下；已外天下矣，吾又
> 守之，七日而后能外物；已外物矣，吾又守之，九日而后能
> 外生；已外生矣，而后能朝彻；朝彻而后能见独；见独而后
> 能无古今；无古今，而后能入于不死不生。(《大宗师》)

三日、七日、九日的时间或许是虚说，"外天下"→"外
物"→"外生"的顺序则不是虚说，它表示的是普见于庄子思
想中的转化感性、智性的桎梏，终至于体证一种大不同于日常
生活经验的玄异之道。"无古今"当指时间意识的解消，"不死
不生"则指生死关之破除。生死与时空是任何有情最难克服的
关卡，是"个体"成立的先决条件。此关一破，通常意指学
者应已证道，体得终极之意义。然而，从"外天下"→"外
物"→"外生"到"无古今"→"不死不生"间有个连结的
环：朝彻见独。只有通过了这个环节，一些玄妙的境界才会呈
现。此环节的"独"意指天人相通之"独体"，玄家多有此了
解，此注是可以肯定的。"独"就像"一"一样，它们都是道
体叙述与体道叙述常见的词汇。我们可以设想：如果绝对者
（道、上帝、太一、梵天等）是杂多、双化，而不是无杂多、
超动静之一，祂之外还有与之相对者，那么，他还能称作"绝

对者"吗？如果"绝对"（一）与相对（二）还有议题可以深
究的话，那也只能在冥契境界中的绝对者之自我矛盾的问题，
此义姑且不论。剩下来须解释的是"朝彻"，何谓"朝彻"？

成玄英释"朝彻"："朝，旦也。彻，明也。死生一观，物
我兼忘，惠照豁然，如朝阳初启，故谓之朝彻也。"《释文》引
郭司马曰："朝，旦也。彻，达妙之道。"[11] 成、郭之说皆为古
注，以"朝阳初启"释"朝彻"，其文甚美，亦合文辞之义。
而且《庄子》书中，亦甚多旁证，如云：

> 宇泰定者，发乎天光。（《庚桑楚》）
>
> 上神乘光，与形灭亡，此谓照旷。（《天地》）
>
> 吾与日月参光，吾与天地为常。（《在宥》）

《在宥》所言，乃庄子假黄帝参广成子修行有得之语，其言颇
有后世内丹道教伏炼苦修，九转丹成之义。[12] 以"光明"象
征丹成，这种意象绝非罕见。《庚桑楚》篇所云"发乎天光"；

---

[11] 引自郭庆藩辑：《庄子集释》（台北：河洛图书公司，1974），页254。

[12] 黄帝问广成子这段比喻的用法很容易令人联想到《周易参同契》所说。
至于耶教从创世时，上帝说有光即有光开始，"光"即被视为始源的
神圣象征，此事更无庸多论。一条有理趣的线索值得在此提出：后世
被怀疑和景教有些关联的钟吕内丹道教，亦大用特用光之象征，他们
称之为"金华"。而景教与此内丹道教也可称作"光之宗教"。景教与
内丹道教关系参见尉礼贤（R. Wilhelm）《太乙金华宗旨》之解说，
参见汤浅泰雄、定方昭夫译：《黄金の华の秘密》，（京都：人文书院，
1980），页130—131。

《天地》所云"乘光""照旷";《在宥》所云人与日月鼎立之
"三光",无疑地都是以纯白明净的亮光比喻人心之洞见本体,
本末兼赅,内外一如。[13]"太阳"的隐喻在东西哲学史上常扮
演重要的角色,其中一个极重要甚至是最重要的用法,当是宗
教经验中冥契现象的核心述词。

"光"的物理性质颇特别,既是波,也是粒子。"光"作为
隐喻的喻根之性质也很特别,它显现了温热之感,一体无分之
感,也显现了一种呈现原则,它常用来比喻心体。"光"之外,
"白"又是另一个常用的意象。如云:

> 瞻彼阕者,虚室生白,吉祥止止。(《人间世》)
>
> 夫明白入素,无为复朴,体性抱神,以游世俗之间
> 者,汝将固惊邪?(《天地》)
>
> 纯素之道,唯神是守;守而勿失,与神为一……故素
> 也者,谓其无所与杂也;纯也者,谓其不亏其神也。能体
> 纯素,谓之真人。(《刻意》)

《人间世》所言,乃《庄子》书中有名的"心斋"工夫之境界
语。"虚室生白"是至人达到"以无翼飞""以无知知"的境界
以后,本心状态的一种漂亮比喻。"心斋"的"虚室生白"理

---

[13] 成玄英注"发乎天光"云:"夫身者神之舍,故以至人为道德之器宇
也。且德宇安泰而静定者,其发心照物,由乎自然之智光。"注"照
旷"云:"智周万物,明逾三景,无所不烛,岂非旷远。"

论出自孔子之口，《天地》所描述的汉阴丈人其境界如何界定，姑且不论。但他所以不用省事的机械，是因为怕有"机心存于胸中，则纯白不备。纯白不备，则神生不定；神生不定者，道之所不载也"。孔子说他修的是"浑沌之术"，"纯白"无疑地意指心体。"素"与"白"可以互释，"纯白""纯素""明白入素"所说其实是同一回事，都指学者处于此一心境时，不依理智，此时"纯"是心体某种特殊直觉之流行，所以说是"唯神是守""与神为一"。

老子论"道"，常喜欢使用黑暗意象之"玄"；庄子论道，则喜欢运用光明意象之"素"。"素"与"玄"一样，都是尔后道家诸子论及道体与体道时常用的术语。他们或用"玄"，或用"素"，更常见的是"玄""素"并用。玄素并用，明暗同行，这样的表达方式已见于老子之论道体，但更常见之于庄子之论体道。庄子论工夫、境界时，喜欢用黑暗与明暗并举的意象，这点是很清楚的。就像我们上文一再铺陈的：他喜欢用光明的意象。庄子因为强调遮拨、逆觉的工夫，所以我们可以预期：当内容越来越少，分别越来越模糊时，意识的分别功能会越来越稀薄，如果我们用意象语形容，那么，它会沉入"黝暗"之中。所以说：

> 堕尔形体，吐尔聪明，伦与物忘，大同乎涬溟。解心释神，莫然无魂。(《在宥》)
>
> 形若槁骸，心若死灰，真其实知，不以故自持。媒媒

晦晦，无心而不可与谋。(《知北游》)

　　《在宥》所述乃是"心养论"，"心养论"与内篇所说"心斋论"的实质内涵是相同的，两种工夫不管在用语或在旨趣上，所说都极近似，不，应该说：它们实质上即是一种工夫。《知北游》的话语与《齐物论》所述南郭子綦的寓言亦甚相似。这些语言都强调学者直入意识之最底层时，必有"媒媒晦晦""大同乎涬溟"此种幽暗无别的境界产生。

　　但如心体充分朗现，无一法可说，说即不中的话，那么，黑暗与光明这样的术语有何差别呢？黑格尔 (G. W. F. Hegel) 论"有""无"的差别时说道："有，这个无规定的直接的东西，实际上就是无，比无恰恰不多也不少。"反过来又说："无与存有是同一的规定，或不如说是同一的无规定，因而一般说来，无与存有是同一的东西。"[14] 上述的语式虽是典型的黑氏逻辑的解析，但我们运用到道家的冥契论之述语时，依然管用。假如绝对的黑暗指的是心体的自我同一，绝对的光明何尝不可指涉心体的自我活动，两说皆依超越义的"心体"而展开。果不其然，庄子论及学者体证至极时，即用到两者并生的意象：

　　　　视乎冥冥，听乎无声。冥冥之中，独见晓焉；无声

[14] 黑格尔（G. W. F. Hegel）著，杨一之译：《逻辑学》（北京：商务印书馆，1966），上册，页69—70。

> 之中，独闻和焉。故深之又深而能物焉；神之又神而能精
> 焉。(《天地》)

冥冥中，自有光明，这就是"晓"，庄子此处用到视觉的意
象；寂寂中，自有天乐之和谐，这就是"和"，庄子此处用到
听觉的意象。黑暗、寂静与光明、天籁，两者同时生起，这
是未分化之分化，是听觉、视觉处在神妙的动静交接点。如
果不嫌推论太远的话，我们不妨说：这是五官互融的联觉
(synesthesia) 层次，是意识底层自我矛盾之统一。

但论及明暗两种意义之矛盾统一，感性色彩最强、对照也
特别强烈的篇章，当是底下所述两章：

> 我为汝遂于大明之上矣，至彼至阳之原也；为汝入于
> 窈冥之门矣，至彼至阴之原也。天地有官，阴阳有藏。慎
> 守汝身，物将自壮。(《在宥》)

成玄英疏云："至阳之原，表从本降迹，故言出也。至阴之原，
示摄迹归本，故曰入窈冥之门。""至阳""至阴"语义恰好相
反。"摄迹归本"与"从本降迹"，两者的活动方向似亦对立。
但这两处所说，其实仍是在动而未动、分化而未展现的阶段。
"官天地、藏阴阳"，天地被总摄了，阴阳被藏匿了。这种意象
如用神话的语言翻译，它就是"绝地天通"前的原始乐园，是
天父地母兴起前的浑沌世界；用原型心理学的话讲，它是"阿

尼玛"（anima）、"阿尼姆斯"（animus）平衡之人，是两性具足（androgyny）之人；用哲学的语言讲，这是两仪未明确划分、有无参差互入时的临界层次。既然运动、时间、杂多尚未启动，它们刚刚在乍醒未醒状态，所以"至阴之原"不多不少，其实也就是"至阳之原"。

《在宥》有"至阴""至阳"之说，《田子方》也有，而且两者所说可以互相印证。据说孔子有一次拜见老子，"老聃新沐，方将被发而干，慹然似非人"，孔子惊讶此人"形体掘若槁木，似遗物离人而立于独也"。老聃对"立于独"有个解释，但他的解释很特别，他说道："至阴肃肃，至阳赫赫；肃肃出乎天，赫赫发乎地；两者交通成和而物生焉。"这段话描述的既是"立于独"，又是"游心于物之初"的境界。老子此处以一位宗教修行者的姿态出现，他是深契性海，冥极天枢的宗师，这种形态的哲人，我们在后世的高道、高僧、鸿儒身上，可依稀仿佛见之。老子此处所说的"独"当是意识境界的体验法语，"物之初"则指涉创造的起源。"游于创造之起源"，实即"游于道"。处在这种玄秘的境界时，体证者或不能言说，或言说时则同时兼具绝对的光明与绝对的黑暗于一身。

体道的境界很难用意象表拟，严格而论，体道境界的道自是超越两边，即阴即阳，非阴非阳。但庄子在此强调"道与万物"之关系，所以在同一中不得不有二元，至阴与至阳遂以连体的概念一并出现。阴阳出现了，但它们仍未分裂，不过，潜能发展为现实，这似乎是不可避免的。意识在绝对自我同一中，它不得不衍为两极之对立，开始分化。这种情况就像宇宙开辟时，道与阴阳的关系一样。老子洗涤洁净，披发八荒时，他的意识小周天正原原本本地再度重复宇宙大周天之创造。《田子方》"老聃新沐"这段叙述和《在宥》的广成子开示黄帝之言，很可能都源自上古宗教实践的模式，也就是来自闻一多所说的"古道教"，其内容有待细检，兹不赘述。

老、庄思想中，宇宙的创造与意识的分化总是不易分别，世界的形成过程与意识内容的展现过程，两者用语时常雷同。大体说来，如论及宇宙由本原之分化时，阴阳观念即会出现；如论及体道境界及道体观念，则明暗的意象占了上风。

老、庄相比之下，老子侧重明暗重纽的幽玄面，永恒回归的大母神模式是老子道论与工夫论的同盟军，或者说原型更恰当。大母神模式下的体道模型乃是学子须透过不断遮拨返归的历程，回到象征未分化的根基的母腹上去，幽玄意识也是无之意识。相对之下，庄子虽然也主张明暗的诡谲同一，但他更侧重精神之乘物游心，与化同流，这种道论与工夫论的原型很可能源于古巫教的出神之教（technique of ecstasy）。出神之教不只塑造了庄子真人的形象，它也使得庄子眼中的主体只能往气化日流、光明日光的途径上迈进。老子无疑是庄子的博大真人，庄子受惠于老子匪浅。但论精神发展的模态，庄子的主体注重日生日成，与物宛转，与老子大有区别，反而与儒家更有切合之处。

五 儒家政教的钦明文思

如果说老庄中的明暗意象的主轴是心性形上学的语言，它指向道体与体道的种种向度，那么，儒家典籍的明暗意象之光谱则比较复杂，它从政教此头展现，再延伸到心性道体的层次。而且，自始至终，先秦儒家偏好光明的意象，玄秘的黑暗意象甚少被提及。经验性的"黑暗"用语在日常语言中通常是贬义，儒家诸子的用法也是如此，荀子恶之尤甚。儒家是彻彻底底的太阳之教，光明始终贯穿儒家各阶段的教义，至少在先秦阶段，光明的隐喻取得压倒性的优势。我们且从《尚书》《诗经》《周易》这三部最原始的儒家经典立论。

我们谈到儒家使用的光明意象，最方便处，莫过于从《尚书》谈起。《尚书》是儒家政教理念之鸿章，百世不刊之大法。谈及《尚书》，最方便处，又莫过于聚焦于开宗明义的《尧典》。《尧典》破题即说：

> 曰若稽古帝尧，曰放勋，钦明文思安安，允恭克让，光被四表，格于上下。克明俊德，以亲九族。九族既睦，平章百姓。百姓昭明，协和万邦。黎民于变时雍。

《尧典》谈完了帝尧之德化以后，接着又说道："乃命羲和，钦若昊天，历象日月星辰，敬授人时。分命羲仲，宅嵎夷，曰

旸谷。寅宾出日，平秩东作……申命羲叔，宅南交。平秩南
讹……分命和仲，宅西，曰昧谷。寅饯纳日，平秩西成……申
命和叔，宅朔方，曰幽都，平在朔易……帝曰：'咨！汝羲暨
和。期三百有六旬有六日，以闰月定四时成岁。'允厘百工，
庶绩咸熙。"接着此段，再有尧传位于舜，舜再传位于禹之故
事，远古的历史自此展开，文繁，兹不赘述。

《尧典》这段故事用的是神话的母题，从早期汉学家马伯
乐 (H. Maspéro)、白鸟库吉以下，《尧典》的神话性格这点
已经被确认。而且此则叙述的神话母题可归类为太阳神话，也
有相当强的研究成果支持此说。《尧典》中的羲和之原始身份
当是日神之御者，祂是诸日之母。羲仲、羲叔、和仲、和叔四
人则是羲和一身之分化，用以配合四方四季，以达成空间及时
间神圣化的效果，这点也可以确定。空间、时间从蛮性的浑沌
变为可理解的、有意义的形式以后，历法也就产生了。[15] 历法
是衡量时间的向度，是人文活动依循的总原则，它是种秩序原
理。总而言之，羲和的运动是时空构造及世界活动的原型，是
绾领自然及社会秩序的枢纽。在这种秩序之重组中，无疑地作
为原始科学的阴阳观念也被整合进去，巫术、神话、科学形成

---

[15] 参见马伯乐（H. Maspéro）著，冯沅君译：《书经中的神话》（上海：
商务印书馆，1939），页 3—20；御手洗胜：《尧、丹朱、欢兜、傲、
长琴じついて》，《古代中国の神々——古代伝说の研究》（东京：创文
社，1984），页 409—476；叶舒宪：《中国神话哲学》（北京：中国社
会科学出版社，1992），页 15—17。

了一种奇妙的组合。[16]

羲和和太阳的关系极为密切，这事实在太清楚了，无庸多论。但在《尧典》中，他变成了一位恪忠职守的官员，他及其分身羲仲、羲叔、和仲、和叔被派到天地的四隅去寅宾出日、寅饯纳日。尧到底有什么身份，为什么他可以命令太阳的御者呢？

本文重点不再讨论尧的神话性格，而且，讨论尧的文章也不少了。择要而论，"尧为太阳神"之说是个值得重视的假说。我们的思路也不需要拉得太远，就在《尧典》破题处，我们已看到尧又名"放勋"。

> "放勋"此词的起源当是"放出光辉"或"发出光辉"之意。"明"这样的形容词会被用上，这是理所当然的。我们如果考虑此篇颂尧之作乃是以尧为帝，它不是句句都和太阳有关吗？我们如果依此观念解读，基本上是应当可首肯的。[17]

想到尧和太阳有关，我们就不得不设想"光被四表"的"光"字根本不需要假借为"广"，光就是光，以光形容太阳之尧，可谓恰如其分。[18] 至于尧能"克明俊德"，并使"百姓昭明"，可谓日月无私照，一向被视为至公的表现。尧天舜日，光明普照，一连串

---

[16] 参见白鸟库吉：《尚书の高等批评——特に尧舜禹に就いて》，收入《白鸟库吉全集》（东京：岩波书店，1970），册8，页393—398。

[17] 加藤常贤：《真古文尚书集》（东京：明治书院，1964），页195。

[18] 同前注，页196。

光明的意象环绕上古此位明君，这样的神秘感应效果是意料中事。

太阳带来了光明，光明使一切存在于黑暗中变得明晰，这也是一种从无到有的创造。但太阳不仅止于光明，光是视觉的意象，光中还有火，火是种温度的感觉，它带来了热情与生命。光与火同时生起，这就像祝融与尧帝难分难解一样。尧"钦明文思安安，允恭克让，光被四表，格于上下。克明俊德，以亲九族"。火神祝融亦大体近似，传说："夫黎为高辛氏火正，以淳耀敦大，天明地德，光照四海，故命之曰'祝融'，其功大矣……祝融亦能昭显天地之光明，以生柔嘉材者也。"[19]《国语》描述祝融所用的语言，我们几乎可以原封不动，即运用到帝尧上去。看来：光与热是一体的两面，它们"彰显"了存有，也赋予了一切存在生命。[20]

光明与火热的故事说来话长，这个来自太阳的意象，后来普遍运用到上帝与人帝的身上，因此，我们看到了皇矣上帝固然意指光明之上帝之义，我们看到五帝及商周之先王，往往也从阳光烛火之处，借得笼罩一身之光芒。[21] 但也有少数帝王运

---

[19] 徐元诰撰，王树民、沈长云点校：《国语集解·郑语》（北京：中华书局，2002），卷16，页465—466。

[20] 上述所说，参见御手洗胜：《古代中国の神々——古代伝说の研究》，页409—476。

[21] 关于三皇、五帝及先王之光明义，参见何新：《中国远古神话与历史新探》（黑龙江教育出版社，1988），页48—73；萧兵：《太阳英雄神话的奇迹》（台北：桂冠图书公司，1992），页30—44；杨希枚：《中国古代太阳崇拜研究》（语言篇）、（生活篇），《先秦文化史论集》（北京：中国社会科学出版社，1995），页738—783。

气比较差，他们没办法得到太多的阳光普照，他们或许只能沾落日之余光，甚至只能遁入暗中，期待另一次新开辟的黎明。殷商先王的冥、昏微很不幸的就是背负着黯淡的声名，他们的存在乃是依附在阳光之不在。[22]

在与不在，其实还是依附于光明之架构下所得到的人格模态。从神话象征入手，我们如再仔细作先公先王、先帝先皇的语义考古学，应当是可以有所斩获的。但对后代儒学思想产生重要影响的，乃是这些来自太阳火热光明之意象。它们后来被整编到儒家的经典里，被视为理想人格重要的特质。《尚书》中，"光"字14见，如"光被四表"、"光宅天下"（《尧典》）、"光于四方"（《泰誓》）、"惟公德明光于上下"（《洛诰》）、"文王之耿光"（《立政》）、"对扬文武之光命"（《君牙》），此中"光"字无一不美，明君无一不光。

"明"字亦然，但哲学趣味更浓。《尚书》中"明"字118见，其中虽间有些日常用语，不值得细论。但大部分的用语都是胜义字，都是用以表现人神之光明俊伟，如言"克明俊德"、"明明扬侧陋"（《尧典》）、"厥后惟明明"（《胤征》）、"顾諟天之明命"（《太甲上》）、"受天明命"（《咸有一德》）、"保受王威命明德"（《召诰》）、"惟天明畏"（《多士》）、"明德惟馨"（《君陈》）、"克慎明德"（《文侯之命》）等等。在这些句子中，特

---

[22] 关于冥、昏微及其他先王如昭明、昌若等之象征，参见吴其昌：《卜辞所见殷先公先王三续考》，《燕京学报》第14期（1933年12月），页1—58。

别值得留意的是"明德""明命"的语汇已经出现了。姜亮夫释《尧典》"明德"义曰："明德即内圣之道，帝王得之自天明明之德也。其源起于古人对光明崇拜之宗教思想，为中土上古政治至高至要之一概括，亦即政治上对帝王至高道德标准之要求。古书言明德者至多，儒家经典无不言之。"[23] 姜亮夫之言颇有理据，下节再申论之。

《尚书》的"光明"叙述极强，不须喋喋不休，再加论证。我们且举儒家文化另一源头的《诗经》为证，以示光明之于《六经》，无所不在。《诗经》"明"字42见，除了少数"明"字作状词用，价值中立外，绝大部分的"明"字都是好的意思。如言"以我齐明"（《甫田》）、"畀尔昭明"、"昭明有融"（《既醉》）、"克共明刑"（《抑》）、"敬恭明神"（《云汉》）、"昊天曰明"（《板》）、"既明且哲"（《蒸民》）、"赫赫明明"（《常武》）、"明昭上帝"（《臣工》）、"在公明明"（《有駜》）。这些"明"字就像《尚书》中的伙伴字词一样，表现了崇高、壮美、鲜亮的语感。至于"明"字的同胞兄弟，如"昭""昊""显""旦"等，其意象同样是"休有烈光"（《载见》），它们都表达了类似的来自阳光普照的明亮崇伟的蕴含。

《易传》是沟通天人之际的重要典籍，它是儒家形上学一次突破性的飞跃。和其他形上学著作相比之下，《易传》含有

---

[23] 姜亮夫《〈尧典〉新议》，收入杭州大学古籍研究所编：《文史新探》（上海：上海社科院出版社，1988），页10。

更多原始精神的因素，也含有更多丰富的意象。黑格尔认为蕴含感性的思维是幼稚的，我们毋宁认为：能够含有原型感性意象的思维，才是最深刻的思维活动，因为它直入无意识深处。学者透过原型意象，将私密性的精神意象转化为可感的物之意象，打动人人皆具有的共感。《易传》所用的原型之感性意象中赫赫有名者，有中、圆、龙等，光明自然也是其中极重要的一种。

《易传》和《中庸》一样，揭举天道，依天道以明人事，而天道是光明的。《易传》开卷首卦《乾》卦之《彖传》曰：

> 大哉乾元，万物资始，乃统天。云行雨施，品物流形。大明始终，六位时成，时乘六龙以御天。乾道变化，各正性命，保合太和，乃利贞。首出庶物，万国咸宁。

"乾元"实即道，用本体论的语言表达，即为道体。它是存有的依据，世界的源头，所以万物才能资之以始。道体不孤立，即在变化之中，遍布一切。时间的开展即是道之翕辟，所以云雨变化，无非至道。道不但创造万物，它们还内在于万物，成为其性，使万物皆得其存有之保证。所以说"各正性命，保合太和"。我们注意在开阖变化的历程中，大道彻头彻尾是彰显的，《彖传》作者用光明的意象形容此事，他说此历程是"大明终始"，道与光明同体同在。光明所照，道即展开。

道体大明终始，而且，遍于一切存在以为其性，因此，任何个体之性也都是光明的，没有一物是无体之偶然，也没有一物能自外于道体之明光。所以说：

> 天下雷行，物与无妄，先王以茂对时育万物。(《无妄·象传》)

《无妄》卦的组成是《乾》上《震》下，卦象是天下雷行。雷代表震动，生机的突现。但雷行通常也伴随着火，伴随着光，此《谦》卦所以说"天道下济而光明"。天道下济，万物各得明光以为性，天道的前身或元神可说即是太阳，是神话学的太阳，而非天文物理学的太阳。《象传》述及《无妄》此卦之卦象道："刚自外来而为主于内，动而健，刚中而应，大亨以正，天之命也。"《无妄》卦将"天命"的问题带进来，"无妄"即"诚"，战国时期的儒家不管子思、孟、荀，皆将"诚"视为宇宙的真实，"诚"是战国儒家留给后世极大的礼物。《无妄》此卦可以视为万物存在的充足理由定律，它是《乾》卦的补充。一从道体论，一从万物论。道贯万物，万物依道，道器一如，物物无妄，而其道光明则殊无二致。易传的形上学，乃是道气、天人、体用一如的开展。始终是彰著的形上学，光明的形上学。

道体如是，存在如是，学者之心性与行事更应如是。《易传》作者论《同人》卦说道："文明以健，中正而应，君子正也"；论《大有》卦说道："其德刚健而文明，应乎天而时行，是以元亨"；论《大畜》卦："刚健笃实辉光，日新其德，刚上而尚贤"；论《离》卦则曰："离，丽也。日月丽乎天，百谷草木丽乎土，重明以丽乎正，乃化成天下。柔丽乎中正，故亨"；论及《艮》卦则曰："艮，止也。时止则止，时行则行，动静不失其时，其道光明。"《易传》论学者之行事，其理论依据大体类似。卦象不同，取譬不同，学者的行事自然也不同。但在不同的行事中，却有一相同的道德人格作支柱，而这种光明俊伟道德人格的意识构造是继承光明的天道而来的。

以上引述五卦，词义俱美，这种美就像《易经》整体的风格一样，它显现了刚健不息的形貌，典型的壮美。我们如再仔细检析这种壮美的构成因素，不难发现它是由一些原型意象贯通而成的：《同人》卦是"文明""中正"；《大有》卦是"大中""文明"；《大畜》卦是"辉光""大正"；《离》卦是"火"与"正"；《艮》卦又是"光明"。"中"与"光"贯穿了这五组卦的根本精神。"中"与"光"，这种原型不是凭空而起的，它们是道体展现的模式，也是心体开展的形式，其源头可以确定应当来自邃古之初的太阳崇拜与宇宙轴的中之宗教象征。光明与中正结合，这组象征成为两千年来儒家形上学的基本骨干。

六　明德与明命

上述儒家经典的文字提供了不少重要的德目，笔者认为其中最重要的德目是"明德"与"明命"的观念。雅、颂中"明德"之言一再出现，如言"帝迁明德"、"其德克明"、"予怀明德"（《皇矣》)、"明尔德"（《荡》)、"敬明其德"（《泮水》)、"克明其德"（同上）等等。因为有了这种明德，所以人才可以"日就月将，学有缉熙于光明"（《敬之》)。这里的"德"字是否可以往超越的概念解释，固然可疑。但至少就德行而言，它披上了来自太阳神话的神圣性质时，即有初民时代太初本体论的价值。当此神圣性质一旦内化，并与深刻的意识经验结合在一起时，"明德"即有可能转化成人性论的概念。而论及"明德"之源，即不能不有来自上天（太阳）的"天命"之说，"天命"昭昭，即是"明命"。"明德""明命"的概念原为原始宗教语汇，随着文化日盛，主体奋起，乃发生质的变化。

"明德""明命"是经典中的老名词，它在后世儒学史上的重要意义乃因超越的人性论的介入，"明德"等成了理学工夫论的拱心石。但它们的起源很早，值得探索。出土的礼器中，"明德"概念间可见到，它传达了来自遥远的上天与遥远的先祖的讯息，且看下面两则叙述，兹节引其文如下：

> 丕显高祖、亚祖、文考，克明厥心，疋尹厥威仪，用辟先王。癝不敢弗帅祖考秉明德，貏夙夕佐尹氏。（《癝钟》) [24]
> 丕显皇考惠叔穆穆秉元明德，御于昏辟，浑沌亡愍，

---

[24] 《癝钟》释文及释义，参见高明：《中国古文字学通论》（北京：文物出版社，1987），页461—463。

旅敢启帅型皇孝威仪，御于天子。(《虢叔旅钟》)[25]

这两件礼器的制作年代当在西周，两件都是钟。礼器中钟用以沟通神人的功能最明显，因为乐器之感通无形无象，却可配合宇宙及人身的韵律，达到声入心通之效果，商周的乐器是传递此岸礼义、彼岸讯息的法器。这两件礼器铭文终了，皆言及钟声"丰丰熊熊"，"丰丰熊熊"当是拟声字，表钟声之宏亮悠远。祖先及大神听到钟声，受到感召，"其严其翼"乃降格降福。

在这种庄严神圣的祭礼中，后代子孙在大神及祖灵面前宣誓道：他要效法先祖的"威仪"，遵从他的"明德"，这样的誓言是极肃穆的。虽然由上下文看来，我们认为西周时期的"明德"概念不见得有严格意义的"性善"的意涵，这里的"明德"恐怕还是一种果德的状词。诸子兴起前的"明德"该如何解，学者言之不一，"明德"大概还是祭祀共同体中显现出来的德行之状词。它与"威仪"及敬穆的情感同时呈现，它们同是商周礼乐文明中一种具有文化架构指涉意义的伦理词汇，它们不是深层内省的心性语汇。但就像宗教经验是心性经验的孪生兄弟一样，礼乐共同体中光明的、庄严的"明德"概念在诸缘成熟时，很快就会转为人的本质之状词。

---

[25] 释文参见郭沫若：《两周金文辞大系图录考释》(上海：上海书店，1999)，下册，页127。

《大学》《中庸》即接受了"明德"以及"明命"的语词，并赋予崭新的意义。《大学》首章云："大学之道，在明明德，在亲民，在止于至善。"这就是所谓的大学三纲。三纲中，"明明德"居首。上一个"明"字作动词，下一个"明"字是状词，用以形容"德"。但"在明明德"是什么意义呢？朱子注曰：

> 大学者，大人之学也。明，明之也。明德者，人之所得乎天，而虚灵不昧，以具众理而应万事者也。但为气禀所拘，人欲所蔽，则有时而昏；然其本体之明，则有未尝息者。故学者当因其所发而遂明之，以复其初也。[26]

在朱子定为《传》之首章，有言曰："顾諟天之明命。"朱子又注曰："天之明命，即天之所以与我，而我之所以为德者也。"[27]《大学》中另有"克明德""克明峻德"诸语，朱子的注解基本相似，无德不明。

"明德"和"明命"的意思实质上是同层的，朱子的注解虽有程朱学派特有的风味，但不管程朱陆王，他们都是将"明德"视为"本体"，他们都认为人之超越本性是虚灵不昧（亦即"明"）的。换言之，"明德"一词已经不再是社会性伦理的语汇，它是心性论的语汇，它预设了性善的观念。"明德"不

---

[26] 赵顺孙纂疏：《四书纂疏·大学纂疏》（台北：新兴书局，1972），页1—2。

[27] 同前注，页28。

但具足价值之善，它同时也兼有"虚灵不昧"的光明属性。它虽然具足在我身上，但它的本源却是超越的，乃"天之所以命我，而至善之所存也。是其全体大用盖无时而不发见于日用之间"。[28] 朱子这里说光明之德来自"天"，其实真正意义乃指"明德"是先天的，它不因修习而得，不因气禀而有本质上的增损。"明德"在神话时代借到太阳的明光；到了西周春秋时期则得到祖宗神祇的护佑；到了晚周，它终于成为心性的真正本质。孟子提出了性善论，《大学》给此论补充了明亮光洁的属性。

《大学》文简字约，其人性论的真正旨归不能没有异论，但人性为善，其善为明的主旨应当还是有的。《中庸》论"明"，其义理结构则殊为皎白，更无隐遁。《中庸》论圣人之德，其德皆明白光畅，如言："故至诚无息，不息则久，久则征，征则悠远，悠远则博厚，博厚则高明。博厚所以载物也，高明所以覆物也，悠久所以成物也。博厚配地，高明配天，悠久无疆。"（《第二十六章》）又如言："唯天下至圣……溥博如天，渊泉如渊。见而民莫不敬，言而民莫不信，行而民莫不说，是以声名洋溢乎中国，施及蛮貊。舟车所至，人力所通，天之所覆，地之所载，日月所照，霜露所队，凡有血气者，莫不尊亲，故曰配天。"（《第三十一章》）一种崇高的叙述，悠久的叙述，动力不断生起的叙述。光明朗耀，充塞乾坤，若此之

---

[28] 赵顺孙纂疏：《四书纂疏·大学纂疏》，页 29。

言，贯穿全篇。

子思论圣人之德，喜欢言"如天""配天""与天地参"。"天"之意象固多，但众多意象中，"光明"乃是"天"之意象中特别鲜明者。在芸芸万物之中，大约只有天可以拉开与大地之子隔离的广阔空间，大约也只有天可以容纳日、月、星辰这些发光体为己身。由于天的意象之崇高明亮，所以子思更常用"高明"这类的语言，形容道体或圣人之俊德，所谓"高明所以覆物""高明配天""极高明而道中庸"等等皆是。

高明固苍天之德也，高明之德又称"明德"。《中庸》终章曰：

> 诗云："予怀明德，不大声以色。"子曰："声色之于以化民，末也。"诗曰："德辅如毛。"毛犹有伦，上天之载，无声无臭，至矣！

这里说的"明德"当是一种全体尽畅之果德，其相光明。然而，此德之"明"所从来？我们不妨看《第二十一章》所述："自诚明谓之性，自明诚谓之教。诚则明矣，明则诚矣！"朱注："自，由也。德无不实，而明无不照者，圣人之德所性而有者也，天道也。先明乎善，而后能实其善者，贤人之学，由教而人者，人道也。"[29]"性"与"教"是两种境界，其语如孟

---

[29] 赵顺孙纂疏：《四书纂疏·中庸纂疏》，页24。

子所谓"性之者也，反之者也"，两层的修行等第的叙述。又如王阳明所谓"即本体即工夫，即工夫即本体"，一体而两端的修养模式。从本体之基中，我们看到人之本体是"德无不实，而明无不照"。此处的"明"显然是种性光，或如前引《庄子》所谓"天光"，这是种洞彻一切的存有之彰显。诚是本体，故承体起用，自诚而明。但用不离体，所以洞彻本源后，明则诚矣！

《中庸》因为自首章"天命之谓性，率性之谓道，修道之谓教"以下，对天道性命贯通有种明确的规定，所以人性之德，本相光明，此义遂无可逃。《中庸》之"诚明"配上《大学》之"明德"，后来成为理学家人性论的光明意象之主要来源。如果说理学家人性论的光明意象主要来自《中庸》《大学》，天道光明之主张之大宗则来自《易传》。《易传》的"光明"之语特多，如前所述，不再征引。

《易经》的光明意象特别彰显，此经事实上是构成儒家太阳教之说的主要依据。《易经》所以有特别多的光明意象，此特征与《易经》的结构有关，《易经》此书由八八六十四卦组成，八卦取自自然界的八种主要意象：天、地、水、火、风、雷、山、泽，八个意象之卦又可统合在天地意象的乾坤两卦之下，乾坤两卦和作为统一原理的乾元又有一而二、二而一的关系。二而一、一而二的关系换个表达方式，也就是太极与阴阳的诡谲同一的关系。如换成自然现象，也就是天与天地的关系。乾元的意象在《易经》中的系统，实质是以"大明终始"

的太阳明光朗现出来的。《易经》上承遂古之初的太阳神话，下开宋明儒的本体宇宙论，其义甚宏。

七　理智之光的两种解读：老庄与荀子

在普世性格浓厚的儒道诸子中，明暗的意象通常和道体、心体的属性结合在一起显现，这种明暗意象的表述可以理解当是出自古老的太阳神话。然而，就像上帝和世界的关系，到底上帝在世界之外？或上帝在世界之中？想像不同，理解的模式也会有所不同。心体与理智的关系也类似，心体到底在理智之中？或在理智之外？也有不同的解读。"光"到底是否可用于理智的功用，或有几种光，问题就不能不出现。

如前所述，老子因为强调道体的绝对性，所以喜欢黑暗、深谷、大海的意象。即使他谈及体道时，因为强调的是"损之又损"的历程，最后进入无分别的意识底层，所以他依然侧重黑暗的意象，它代表绝对在其自体的"无"。庄子也重体道，他常偏向突显开悟明觉的光明；但未始有物的意识是既有亦无，亦黑亦白，所以他会明暗两者兼用。《大学》《中庸》《易传》则强调天道性命下贯，纵贯的道德意识只会开展到人文世界来，所以它们虽然也说道体、心体，但它们几乎一面倒地偏向于心性的功能面、阳刚面、纵贯面，所以光明的意象远远压过黑暗的意象。

然而，明暗的意象除了可以上提到心体，从超越面加以论

述以外，它也可以指向理智的功能。这种尾随下谈的明暗之价
值等第，因为思想家重点不同，其评价也就跟着不同。光用以
象征上帝的创造，这事可以理解，因为这是"有"的彰显；它
可以用来象征心体，这事也可以理解，因为这是心灵全幅的展
现；但它为什么也可以形容理智呢？此事其实也不难理解，因
为光与理智有功能上的类似性。威尔赖特 (P. Wheelwright)
说道：

> 心的本质是难以捉摸和含混不清的，没有任何一种分
> 析方法能够使人们准确地理解它。但是我们知道它的一个
> 不可或缺的方面——辨别力。不论在行动的领域里还是在
> 沉思冥想中，辨别能力都是心灵的一个本质标记，而这一
> 能力首先是光所象征的东西。[30]

威尔赖特所说，乃从意象的相似性着眼，照耀的功能连结了理
智与光明，照耀的功能也连结了心体与光明。两者的差别在于
心体的照耀是种全体的展现，它是天光、性光，其间没有阴影
的减杀。至于理智的明光则是对于世界的选择性分别，它照出
了某部分的价值，但也使得未照耀到的部分落入黑暗中。因为
每位哲学家的整体的思想体系有别，所以先秦诸子对理智的明

---

[30] 威尔赖特 (P. Wheelwright)《原型性的象征》，收入叶舒宪选编：
《神话——原型批评》（陕西：陕西师范大学出版社，1987），页 226。

光之价值判断也不一样。

道家诸子不喜欢来自理智的小明小光。理智之光从性体明光中流出，但如果流而不返，它往往又会成为性体明光的减杀。依道家思想通义，这种分析性的理智之光不是呈现了不离根本的万物，而是割裂了存在与本根的联系，造成了世界根源性的异化。道家诸子书中，若此之义处处可见，但最具体的，也最令人难安的莫过于《庄子·知北游》里记载的"光曜"与"无有"对话的寓言。"光曜"代表理智的明光，"无有"代表实际理境。依据典型的道家诸子寓言，"光曜"无论如何努力，总无法契近理境。《知北游》由数则寓言组成，这些寓言的旨趣大体皆意指道不对感性智性开放。此篇第一则寓言"知谓无为谓曰"，其旨趣与表现手法和"光曜问乎无有曰"尤其相近。两者其实可以互训，"无有"即是"无为谓"，"光曜"即是"知"，其文具在，检索甚易，故不录。

"光曜"一词是贬义，但"光"与"曜"如拆开来对照用，则"光"即成为性体明光，"曜"则成为理智之光，或炫耀之光，两者的价值相去天壤。炫耀之光是种减杀，所以体道之士必须作一种还灭的工夫，使灿耀的理智还减到此体自呈的性光，这就是"光而不曜"（《老子·第五十七章》）。光而不曜即是"葆光"，庄子说"葆光"之境乃"注焉而不满，酌焉而不竭，而不知其所由来"（《庄子·齐物论》）。庄子之说可能承自遥远的北斗神话，斗杓第七星谓之瑶光，瑶光之光不定而明，若浑圆的滑稽之耀。[31]"葆光"另有一解，据成玄英疏："葆，蔽也。至忘而照，即照而忘，故能韬蔽其光，其光弥朗。"其解亦通。"韬蔽其光，其光弥朗"之注解，庄子未必不能同意，他自己即说过"去小知而大知明"（《庄子·外物》）。[32] 老子如果看到了，也理当赞成。因为他主张"用其光，复归其明"（《老子·第五十二章》）。

老子在这里把"光—曜"的语式改成"明—光"的语式，两句中的"光"之语义不相同，但两者想传达的讯息是相同的。[33]《第五十二章》所传达的，其实非常明显。因为他这句话是承接着"塞其兑，闭其门，终身不勤。开其兑，济其事，终身不救"这样的工夫来的。"兑""门"这两个隐喻当指感性、智性的窍口或管道。学者如果顺感性智性发展，使用小光小曜，其人必定"终身不救"；如果逆其倾向发展，展现性光，则可行若无事。

---

[31] 参见刘武：《庄子集解内篇补正》（台北：木铎出版社，1988），页 61—62。

[32] 庄子这句话是假神龟之口说出的，神龟极灵，它能解读各种占卜的讯息，它甚至能灵应到和别人的梦感通。结果却不免剖肠而死，所以说"去小知而大知明"，成玄英疏解此句道："小知取舍于心，大知无分别。遣闲夺之情，故无分别，则大知光明也。"光与曜的关系，就像大知与小知的关系，后者则自前者出，但后者出来并自行运转后，却损伤了前者。因此，学者唯有反曜入光，反小知入大知，才可以重新恢复整全的人格。

[33] 吴澄注解此句道："水镜能照物谓之光，光之体谓之明。用其照外之光，回光照内，复返而归藏于其内体之明也。"此注甚明。参见吴澄：《道德真经注》（台北：艺文印书馆，1965），下册，卷3，页21。

老子、庄子人格形态不同，按照《庄子·天下》的说法，庄子的体道比老子还深。如果老子代表一种未分化的一，庄子则代表一种具体的一，道在分殊性原理的语言、技艺中展开。他们两人使用"光"的意象时，也不能说没有差异。老子因为重"涤除玄览"，强调人需深潜地扎根于深层意识，所以重凝寂的、默照的性光；庄子重气化流行，所以特别突显性光通于神气之作用。依庄子整体思想定位，他应该可以发展出光耀相容、性光理智同体异同的理论，事实上，我们从《养生主》《达生》诸篇，也可抽绎出类似的论点。[34] 但或许世人容易迷用忘体，所以我们更常见到的乃是庄子对理智之光的不信任，他也常强调"转理智之光，成就性光"的逆返工夫，老、庄在这点上是一致的。

荀子和道家诸子就不一致了，而且恰好站在反面。因为荀子的心的概念和老子的心不一样，而且也是站在对立面。老子的心是种典型的无限心之心，是后世所谓作为本体之心，它超越于经验世界之上，也落在人的主体之极深处。荀子的心是种统类心，它是具有能动性的、秩序性的知识心，但也有自我转化的能量。荀子可能接受了道家虚静的观念，但在心的超越性这一面，两者始终有距离。荀子接受道家的心之虚灵义，但此虚灵落在玄妙的气化层次，能否"上与造物者游，而下与外生

---

[34] 庄子特别着重由技进道，由技进道的前提要先有对物的客观性之"天理"之认识，以及主体对此"天理"之熟化。

死、无终始者为友"？只能存疑，和超越层恐仍有一间。如果
我们以佛教真常唯心系所说的如来藏自性清净心，或以陆王心
学所说的本心为准，荀子的心灵概念是不属此类的。所以荀子
的心灵所具备的朗照功能，就不可能是全体大用的性体明光，
它只能是种理智的照耀。然而，荀子的统类心连着气的活动而
言，这种心灵除了认知功能外，它也背负了主体转化的实践功
能，这种理智的照耀遂也有种极高的朗现心的本质之属性。荀
子的统类心也是气化心，他的气化心也可美身，可至诚独行，
荀子的心灵概念很容易让我们联想到他与朱子的关系。

荀子称呼这种具有转化主体性质的统类心为"大清明心"，
他解释其义道：

> 虚壹而静，谓之大清明。万物莫形而不见，莫见而不
> 论，莫论而失位。坐于室而见四海，处于今而论久远。疏
> 观万物而知其情，参稽治乱而通其度，经纬天地而材官万
> 物，制割大理而宇宙里矣。[35]（《荀子·解蔽》）

荀子一方面从材质主义观点界定人性，这样的人性具有感性的
欲望，它自然容易流于恶。但身为儒者，荀子却又认定人可以
成圣，世界也有人文化成的机会，这当中的诀窍在于人的心是
"大清明心"。"大清明心"的功能无疑是认知性的，但认知性

---

[35] "宇宙里矣"的"里"字作"理"解。

的"大清明心"不仅止于技术性的认知功能而已, 它有规范世界并使世界秩序化的能力, 它也有透过日渐清明的心之气化功能, 使整体人格产生质的突破, 遂也有极高明的圣之人格意识于焉产生。

由于心灵的朗照并辨别的能力乃是"光明"隐喻的来源, 而这种朗照辨别的能力之解读也可以是很复杂的, 所以我们有必要稍进一解。荀子界定人心, 最主要的一点无疑地是它有认识并且统类的能力。但规范生活世界的心灵是"虚"的, 是"一"的, 是"静"的, 它用以归类整理世界, 化繁为简, 化多为一, 而主体始终宁静安详。荀子的认知心比休姆 (D. Hume) 所说的心具有更重要的作用, 因为它是主动地构成世界, 而不是被动地反映世界。它可以依照礼乐的形式, 或者说, 在内在的礼乐生命形式与生活世界的礼乐规范合谋之下, 整理出一个完美的人文世界。心灵与世界, 两者互相需要, 缺一不可。世界所以需要, 因为它提供了材质, 或者提供了绾结社会实体的礼乐之文。但材质需要加工, 朴散为器, 材质才可以成为成品。荀子赞美大清明心"万物莫形而不见, 莫见而不论, 莫论而失位……经纬天地而材官万物, 制割大理而宇宙里矣!""宇宙里"即"宇宙理", 宇宙钦明文思安安矣! 这是对于心灵充分发展导致的文明安定世界最高的赞美。理智的明辨能力被提升到极高的层次, 可说前无古人, 后世除朱子等少数人外, 对理智上参造化的功能似亦缺少可以与之比垺者。

荀子爱好明亮光洁、秩序井然的世界, 这是他思想的一大特色。他重人心，即重人心之明；他重礼义，亦重礼义可以使世界秩序化，亦即使世界由暗到明，所以说："在天者莫明于日月，在地者莫明于水火，在物者莫明于珠玉，在人者莫明于礼义。"（《天论》）礼义是秩序原理，荀子界定人，人一定是社会性的，社会性的人之所以得成为人，乃因他的主体虽受限于欲望的基本人性，但人的主体在本质上即有与世界共构的礼义之生命形式。接着再透过大清明心消化生活世界的礼义，使自己的人格与行事明确化、架构化起来，此后，学者才有明确的自我意识。所以，世界之明亮有则，乃因人心的照耀功能加上整编了主体与生活世界中的礼义的内容，两者相合，才有合理的人文世界产生。如果没有了礼义，则世界不成世界，所以说："水行者表深，表不明则陷。治民者表道，表不明则乱。礼者，表也。非礼，昏世也。昏世，大乱也。"（《天论》）荀子用明乱形容有无礼义这种"表"的状态，有礼则明，无礼则昏。这里的"礼"已经不仅是文明的内容，它事实上已经化成用以规范内容的形式，也就是近于"理"。

荀子是国史上少见的对理智兴趣特浓的思想家，他彻头彻尾具备了理性论者的心灵。他重视光明，这是相当显著的，我们观《荀子》一书，发现只要他一言及光明处，无一不表示道德之善之义。如言"称善成德而神明自得，圣心备焉"、"无冥冥之志者，无昭昭之明：无惛惛之事者，无赫赫之功"、"天见其明，地见其光，君子贵其全也"（《劝学》）、"由礼治则通"（《修身》）、"名声若日月"、"通则文而明"、"诚心行义则理，理则明，明则能变矣"、"公生明"（《不苟》）、"顺明王"（《非相》）、"贵名起于日月，天下应之如雷霆"、"炤炤兮其用知之明也，修修兮其用统类之行也"、"并一而不二，则通于神明，参于天地矣"（《儒效》）、"名声若日月，功绩如天地，天下之人应之如景响"、"主能治明则幽者化"、"道德诚明，利泽诚厚"（《王霸》）、"易知则明"、"主道利明不利幽"、"智惠甚明"（《正论》）、"虚壹而静，谓之大清明"、"心者，形之君也而神明之主也"、"危微之几，惟明君子而后能知之"、"人心譬如槃水，正错而勿动，则湛浊在下，而清明在上，则足以见须眉而察理矣"、"上明而下化"（《解蔽》）、"积善而不息，则通于神明，参于天地矣"（《性恶》）、"重义轻利，行显明"、"请成相，言治方，君论有五约以明"、"君法明，论有常"、"请牧基，明有祺"（《成相》）。[36] 若此之言，未及备载，阳春德泽，绵延流长，一路光明，朗耀荀卿全体之书。

由荀子的大清明心及礼义观念，我们可以理解他为什么特别喜欢《大雅·皇矣》"其德克明，克明克类"的意象。"克明克类"译成现代的哲学词语，它正是唐君毅先生所说的统类心。反过来说，凡是不能"克明克类"的思想、概念、行事，荀子一定反对。《不苟》言："公生明，偏生暗；端悫生通，诈伪生塞；诚信生神，夸诞生惑。"荀子在此处列了一组明暗意

---

[36] 参见蒋年丰《荀子"隆礼义而杀诗书"涵义之重探》，收入东海大学文学院编：《第一届中国思想史研讨会——先秦儒法道思想之交融及其影响》（台中：东海大学文学院，1989），页 123—143。

象的系谱学，公—明—端悫—通—诚信—神六者一组，偏—暗—诈伪—塞—夸诞—惑—组，前组是光明—理性，后者则是黑暗—凌乱的。在黑暗的这一系列文字之中，我们还可以加上"端""蔽""曲"等等带有偏颇义的词语，这些词语是荀子道德思想的对立面，荀子将它们投到他家异派身上。

荀子批判当时的诸子百家，认为他们都有蔽，有蔽即有阴影，即有照不到之处，"故为蔽：欲为蔽，恶为蔽。始为蔽，终为蔽。远为蔽，近为蔽。博为蔽，浅为蔽。古为蔽，今为蔽。凡万物异则莫不相为蔽，此心术之公患也"（《解蔽》）。换言之，一般人只要有陈述的地方，一定就会有遮蔽，这就是"蔽于一曲，而暗于天理"。荀子批评当时的诸子百家，都说他们蔽于一端，有见于此，无见于彼。明于一端，暗于全体。荀子在这点上的用语和庄子极相近，《庄子·天下》也说当时的诸子百家皆有所见，但可惜蔽于一端，不晓得"古人"之全体大用。但庄荀两人所说"天理""大体"的内容相差就甚远了，真是各理其理，各体其体。

孔老之后，善言光明意象者，莫过孟、庄、荀三子。"克明克类"的荀子和"宇泰天光"的庄子与"充实而有光辉之谓大，大而化之之谓圣"的孟子，三人皆礼赞光明，但三人的光明之内涵是不一样的。荀子批判庄子"蔽于天而不知人"，意即：此种光不是圣人、大儒、君子该发出的理性之光。虽然庄子也不能说"不知人"，我们看他在《养生主》《达生》诸篇中所透露出来的讯息，明显地是天人相融，理智与性体的作用是贯穿的，但荀子不看庄子这一面，因为看不到。荀子讨厌子思、孟子，批判他们两人"僻违而无类，幽隐而无说，闭约而无解"（《非十二子》），其理亦同。"僻违""幽隐""闭约"这些语汇正是黑暗的意象；"无类""无说""无解"这些正是统类心最不能忍受的错乱表征。思、孟承体起用，另开儒家生面，荀子就是不喜欢思、孟这种直接承体起用的实践方向，他讨厌无辩证过程的直接呈现心体之模式。思、孟其实不僻违幽隐，他们也常用克明克类的意象。但因为思想的定位不同，所以荀子看不到。

然而，身为战国末期最重要的大儒，荀子到底还是吸收了一向批判甚厉的老庄，思孟学说的精义，荀子也强力主张大清明心的"诚""神""化"，[37] 虽然心学系统者可能主张其诚其神化都仍是有限的，其实并无神化可言，因为荀子并没有将成圣的依据建立在超越的性体之基础上。荀子的成圣论毕竟紧紧地依附在礼义与大清明心相互支撑的架构中，主体因此产生参赞造化的经验所致。然而，从荀子的观点看，他可以质疑：何以要立超越的依据？正因现实的人性有太多的缺陷，但人人却都具足统类心的转化功能，所以我们才有了向上一机，而且可层层上升，直至理清明如天之境。过此以往，凡不能依统类心的运作而实践者，即"愚矣""愚暗矣"！这是荀子另类的思考。

---

[37]《劝学》言："积善成德，神明自得，圣心备焉。"《不苟》言："君子养心莫善于诚……诚心守仁则形，形则神，神则能化矣。"荀子诚、神、化之道，尚可发挥，当专文立论。

八　结论：阴阳的兴起

明暗的意象在先秦儒道的思想中确实占据相当重要的位置，我们不妨将上述所说略加整理如下：

1. 明暗的意象来自宇宙开辟的神话，宇宙原是浑沌幽暗，后来才有明显之分。明暗之大分来自太阳与太阴之破除黝暗阴阳形成了思维模式之大宗。

2. 太阳神话提供了光明的道德象征，这种神话构成了儒家道德意识的象征性表述，一种承体起用的形上学说与太阳神话的彰显功用也有连续性的关系。

3. 道家主张意识之返本归根，所以重意识之在其自体之不可表述，因此重幽暗面。但此不可表述之幽暗意识有自我表述之纯粹统一，所以也重视一种未分化的纯粹光明。老子的明暗意象既指向宇宙论的开辟，也指向心体同时具足的意象。庄子重心性工夫，但更突显心气流行的彰显功能，所以他用的意象虽然也是明暗并举，但体验突破之述语更喜欢运用光明意象。在学派的划分上，庄子介于儒道之间。

4.《中庸》《大学》《易传》等晚周的儒家经典都彰显一种具有本体论向度的文化哲学，诗书礼乐成了道的具体内容。这些经典都是"文"，都是"道之显"。这些经典蕴含的道体心体的内涵常可见到"明德"、"明命"等光明的意象，这种光明意象奠定了理学家体用论的文化哲学的基础。

5. 道散为器，形上之源生成了文化的表现，始源的光源也不能不散为理智之光。道家否定理智之光的价值，视之为异化的小光小明，也就是"光而不曜"的"曜"。荀子则大力宣扬理智之光的价值，理智之光不但构成天生人成的工夫论的前提，它也有转化经验之我以趋近形上理境的"化"之能力。

根据上述所列，我们发现先秦儒道两家学术巨子，除了荀子以外，他们用的明暗意象之主要功能，乃是指向后世所说的道体与心体。由于儒道两家的道体语言与体道语言往往不易分别，因此，我们时常不易判断它是主体性的境界语言，还是客观性的理论语言。主体的境界语与客体的论述语两者重叠，这是体验的形上学一种特别的现象。

我们如果把上述使用明暗意象大宗的两个领域合并起来，称作心性形上学语言的话，我们发现心性形上学使用的道之创生或本心发展的意象，和宇宙开辟的神话所用的明暗意象很难分别。大体说来，明暗可视为儒道两家思想根源性的隐喻。我们看到"黑白双玄偏于黑"一直是道家心性形上学的主色彩，"玄之又玄"的重玄教甚至成为六朝隋唐一支很有思辨力道的道家宗派；而"光明刚健"则是儒家不管论道德意识发展或论道体自身的活动时，都会一再反复重述的论点。儒道两家偏好的光泽不同，这当与两者强调的意识之展现位置不一样有关。道家重逆觉反证，儒家重扩充日新。遮拨的历程必然会走向玄默深渊的回归，扩充的历程则是道体明光不断地向前涌现。至于明暗意象会被道家视为贬义，那是因为这些明暗意象已经是意识分化以后的产物。这样的明暗不是始源的、存有论意识的明暗，而是操控的、概念的理智之了别作用。但荀子因为重视文化世界架构与人格成长的本质系连，所以他自然会大加赞美理智之明光。

如果明暗真是一种原型的象征，它是道体心体展现出来的表现形式，那么，我们很自然会追问：明暗既然这么重要，那么，我们要置阴阳概念于何地？阴阳是贯穿哲学、宗教的大传统与医卜星相的小传统的核心概念，它的重要性不言可喻。这种质疑很重要，就秦汉以后思想的发展而言，我们发现真正成为中国思想重要的两元对立之哲学概念，乃是阴阳，而不是明暗。阴阳与明暗，必有分矣！

明暗的意象很重要，它是贯穿人类精神发展的一条主干。"光明与黑暗，昼与夜相互交替的球体，是他（地球居民）思维能力的最早推动和最终归宿。不仅我们的地球，还有我们自己，我们的精神自我……不断发展的、对昼与夜、光明与黑暗之区别的见解，是一切人类文化发展的最深层的活力"。[38] 由于昼夜的轮替是构成人类时间最明确的刻度，中文的"日"字兼指太阳与时间单位的每一天。人类的秩序，从简单的昼兴夜寐，到畋猎的季节狩猎，农耕的春耕秋收，无一不建立在原初的昼夜对分的基础上。光明与黑暗之分既是自然界的现象，也

---

[38] 特路尔斯·伦德（T. Lund）话语，引自卡西勒 (E. Cassirer) 著，黄龙保等译：《神话思维》，页110。

是人类生活世界的运作框架，它构成了秩序的基础。我们有理由相信：人的生命构造也有与之相应的明暗起伏的讯息。

无疑地，在诸子百家兴起时，"阴阳"却成了一种根源性的二分法之范畴，而不是"明暗"两字。《老子·第四十二章》云："万物负阴而抱阳，冲气以为和。"《易传》云："一阴一阳之谓道。"不管是空间性的构造，或是时间性的构造，我们皆可看到阴阳对立或阴阳代换的二分模式。这种二分法的阴阳概念出现后，它与作为统体原理或基础原理的道、太极、一、无、元之间的关系，也就是一而二、二而一的结构如何理解，构成了思想史上一组极玄奥但也极吸引人的理论难题。

"明暗"的意象如何或何时被"阴阳"取代？这种问题确实需要作更仔细的考量，笔者认为就结构功能的关系而论，明暗的意象与概念后来专精化了，它一大部分的功能被并入"阴阳"一词，这个代换的关系是可以确定的。因为"阴阳"概念的起源本来就是源于明暗的意识，许慎注"阴"曰："暗也，水之南山之北也，从阜，会声。"注"阳"曰："高明也，从阜，易声。""阴阳"之义即明暗之义。两字字形乃"假云日山阜以见其义"，段玉裁有是说。[39]"阴阳"的概念和"明暗"并行不悖，但成为重要的哲学术语可能在东周后。然而，在阴阳概念普遍使用之前，明暗的意象还是常被用来解释宇宙、道的

---

[39]《说文解字》"阴""阳"两字的相关说法参见丁福保编：《说文解字诂林正补合编》（台北：鼎文书局，1983），册11，页448—451。

创造与人心的展现。只是当时重隐喻、图像，所以找不出一组可以严格和阴阳并举的概念，但相应的象征是有的。等阴阳概念成熟后，因为它的解释性更强，使用者更多，意象性强的明暗隐喻终于从哲学的第一线撤退，阴阳成了中国文化最基本的概念。

后出的阴阳概念吸收了光热与玄奥，它的内涵增加了，解释能力增强了。由于"阴""阳"的语音易上口，相关的图像（如太极图）易动人，渗透到民间生活的医、卜、星、相、武术等领域甚深，它的胜出不难想像。而由于二分法不管在人性的构造上，或者在文明的建构上，都有极深的渊源，二分法与超越者的"一"的关系如何理解，更是许多哲学派别都出现过的玄之又玄的议题。所以随着人类各区域知识交流的普及化，"阴阳"变成了普世性的"一而二二而一的诡谲性"的最佳代号。

阴阳概念代替明暗意象，成为更流行的中国哲学的概念，这种代换结果并不令人意外。语音是有魔咒力道的，汉字字形也是有魔咒力道的。"阴阳"两字不管就读音言，或就视觉言，都很容易产生一组既对立而又紧密相关的联想。但阴阳取代明暗并不是全面性的，到底"阴阳"一词包山包海，广泛解释诸多现象后，它的抽象性即不能不趋于浓稠，而日月作为天体最显著的代表又人人共见，亘古亘今，不会因时减杀，所以即使到了后代，我们还是时常可以看到以明暗形容天道人性之述词。在内丹道教及宋明理学家的著作中，我们都可以看到明暗的意象不断出现。王夫之干脆就主张儒家是太阳教，而佛老是太阴教。阳光到底普照那家，信仰人人不同，当然不可能会有绝对的答案。但这至少表示明暗的魅力是从来不曾消失的，以后大概也不会。[40]

---

[40] 比如牟宗三先生判教时，也使用了明暗这样的一组对照意象。参见牟宗三:《才性与玄理》(台北: 台湾学生书局, 1975)，页 375—378。

伍　刑—法、冶炼与不朽
——金的原型象征

一　前　言

　　"五行"概念源远流长，它在后世的用法是和"阴阳"概念结合在一起的，这种结合很可能成于阴阳家之手。邹衍等阴阳家曾高举"五德终始"之说，畅论五行在政治上的作用。[1]五行说在后世似乎成了阴阳家的标帜，但在九流十家分立之前，"五行"其实早为国人所熟悉，它是公共财产。中国的五行要素中，水、火、土也见于古希腊及印度的思想之要素，金与木则为华夏哲人所偏重。金与木在中国古代可以和水、火、土并列，应该有特别的思想风土的因素，并非凑数使然。"木"的象征可能可以追溯到中国早期萨满文化的通天教义，有关"木"与宇宙树、通天及其文化意义的关联，笔者已撰有专文探讨其义，兹不赘叙。[2]本文中的"金"行特重义道、永恒、

---

[1]　详细的考证参见王梦鸥：《邹衍遗说考》（台北：台湾商务印书馆，1966），页1—15。

[2]　参见拙作：《太极与正直——木的通天象征》，《台大中文学报》第22期（2005年6月），页215—250。

转化诸义之象征，此间意蕴，待发覆者仍多，本文可算是试探之作。

"金"和其他四行相比之下，其语义较含糊。木、水、火、土四行皆作通名用，木为一切木属植物之总称，没有专称"木"的木本植物；水也是一切水之总称，没有一种作专有名词用的水；其他的火、土两行亦然。"金"的涵义则有广狭之分，狭义之"金"乃指"金银铜铁"此类别中的金，亦即黄金之义。广义的"金"则包括各金属在内，其义一如其他四行之名与其指涉物之关系。中国五行理论中的金作广义的用法，它意指金属之总称，但最重要的指涉则是金属类的青铜与黄金。本文的用法大抵取广义的意义，除非特别注明，通常指称的是青铜或黄金。由于取义有别，分辨甚易，所以不再注明。

二 兵神与文明

制造工具是人之为人的主要特色，金属的使用则是人类历史进步的一大标帜，石器时代、青铜（金）器时代、铁器时代的划分是极常见的历史发展阶段之分法。这种分法虽为现代史家所用的框架，但古人依其素朴的知识，多少也作过类似的分类。晚近学者论历史的分段时，常引用成于汉代的《越绝书》的观点。此书记载风胡子与楚王的对话，提到上古有"以石为兵""以玉为兵""以铜为兵"及"以铁为兵"四个阶段。[3]"石兵、玉兵、铜兵、铁兵"之分，虽为武器的发展而设，基本上也反映了类似的历史发展之认识。比起随手可得的天然木石，从土石中发现金属的成分，炼之，锻之，使之成器，其难度高多了。冶炼而成的青铜器比起采撷制成的木石之器，在效能上无疑有极大的飞跃。在早期国家执行最重要的国家功能时，不管是"国之大事，在祀与戎"的祭祀与军事，或是作为国本的"农战"，亦即农耕与军事事业，青铜器的出现都是划时代意义的，代表着历史已翻开新的一页。作为新工具材料的"金"发挥的能量，不管在质或在量上，都与初民先前使用的初级的自然器物有极大的差别。

金属作为重器所使用的材料可能起源于新时代，中国考古首见之金属制品当是马家窑文化时期的一把青铜刀。[4]可想见的金属制品的使用应当更早，只因历史悠远飘渺，本文无能追踪其始末。但我们观察中国最早的一部准地理书《山海经》，发现其时五金已广受注意。总计其时出现的"金"共达156处（金106处，黄金29处，赤金13处，白金8处）、银14处（银13处，赤银1处）、铜31处（赤铜10处，铜10处，加上铜山11处）、铁40处、锡3处（锡、赤锡、锡山

---

[3] 参见袁康：《越绝书·外传记宝剑第十三》（台北：台湾商务印书馆，1965），卷11，页93—94。

[4] 1975年马家窑出土铜刀，年代为西元前3000年左右，这是中国发现年代最早的青铜器物。参见李学勤：《青铜器与古代史》（台北：联经出版事业公司，2005），页2。

各一）。[5] 五金广受注意，五金中的"金"出现更是频繁，其次
数之高，远超过其他的特产。《山海经》的成书年代就像先秦
许多古籍一样，难免有争议。但其内容基本上可视为先秦时期
的材料，这应当是可以备一说的看法。"金"在先秦这般受到
重视，显示它具有特殊的功能，所以当时最权威的地理书上才
会记载这么多产金的地方。

对金的重视也见之于《管子·地数》的记载："上有丹砂
者，下有黄金。上有慈石者，下有铜金。上有陵石者，下有铅
锡赤铜。上有赭者，下有铁。此山之见荣者也。苟山之见其荣
者，君谨封而祭之，距封十里而为一坛。是则使乘者下行，行
者趋，若犯令者，罪死不赦。"[6]《地数》所说可谓是原始的矿
冶学，原始的矿冶学半技术，半神话。丹砂之于黄金，慈石之
于铜金，似乎类似矿床之于矿苗。但人君对"山有荣者"，要
"封而祭之"，要十里一坛，这明显的是将蕴有金矿的山神秘化
了。荣者，精华外显之貌，《管子》一书常用的语汇。[7] 山因为
有了"金"，所以有荣，所以和其他的山不一样，它变成了圣
物，需享受圣物的待遇。圣物是权力的来源，根据《管子》的
说法，有荣之山乃"天财所出，地利所在"，周文王、武王以

[5] 笔者的统计根据袁珂注：《山海经校注》（台北：里仁书局，1982）所附
的检索。

[6] 黎翔凤撰，梁运华整理：《管子校注·地数》（北京：中华书局，2004），
下册，卷23，页1355。

[7]《管子·戒》有"道之荣"之说，《内业》也说："精存自生，其外安荣，
内藏以为泉源。"两者的"荣"皆有精华外显之义。

此"立功成名于天下"。

由《山海经》载录的产金地域之广，以及《管子·地数》篇显示的"金"之神圣化，我们不难理解青铜器、天命与国家权力的密切关系。有关青铜器与天命的关系，留待下文再谈。此处我们只要想到国家的介入，再想到历史上金属的使用，很容易就联想到此器物与暴力的关系。事实上，我们目前所知中国最早的金属制品即是青铜刀。金属器物的出现代表一种新的利向性 (in-order-to) 结构的现身，[8] 它是人力、也是主体意志的延伸。由于有了金属器物带来的力之突破，连带的才有财富与人力的集中，才有了国家。

国家是暴力的产物，也是垄断暴力最重要的机制，作为形成国家的黏着剂的"金"的主要象征意义之一即是权力。而金的权力最集中的表现正是在《左传》所谓的两件"国之大事"：祭礼（祀）与军事（戎）上面。对于礼器与兵器的经营则是"祀"与"戎"的具体内容。有了兵器与礼器，因此，有了文明，国家从此掌控了历史前进的机制。

"金"在推动文明进展的过程中，扮演了关键性的角色。创造华夏文明的"始祖"何人？史书的记载有各种的版本。大

---

[8] 此处的用语"利向性"(in-order-to) 借自海德格 (M. Heidegger) *Being & Time* 一书对"器物"的解释，中译本《存在与时间》译为"为了作……之用"，本文的译语为笔者意译，借以突显其哲学蕴含。海德格的"利向性"参见陈嘉映等译：《存在与时间》（北京：三联书店，1987），页85。

体说来，儒家主帝尧，黄老道家则主黄帝，两说各有支持者，但在历史的流变中，也常纠结互入，模糊难分。儒家主帝尧，主要是出自伦理的关怀与禅让的政治主张，此点姑且不论。黄老道家主黄帝，乃以黄帝为理想天子的原型，黄帝是文化英雄，是氏祖神，但又保留了上天在人间代理人的角色。黄帝作为典范式的天子，其图像与帝尧极不相同者，乃在黄帝成为天下共主的历程中，不忌讳使用暴力，更恰当地说，乃是他借着以戈止武，一统天下。

黄帝虽号称文明之祖，但他的一生如果抽离掉战争的因素，即苍白一片，了无可观。他与炎帝战于阪泉，与蚩尤战于涿鹿，又与四帝战于四方。在迈往天子的宝座之途中，中原大地层层浸渍了征战双方溅洒的鲜血。即使黄帝后来成了仙话人物，他一生最重要的活动仍是"且战且学仙"。征战不忘学仙，学仙不忘征战，黄老道家的黄帝就是为此一大事因缘而出世的。在一系列的战役中，冲突最激烈的，乃是与蚩尤的争战。

黄帝与蚩尤之战是中国传说史上最激烈的一战，连天界诸神、四方动物都参与其事，这是中土的特洛伊之战。黄帝与蚩尤之战自从《史记》将它载入典籍之后，变成赫赫史实，双方呼风唤雨、惊天动地的场面不必细论，本文关心的乃是双方主帅的象征意义。蚩尤是太初时期最显耀的要角之一，他与黄帝的关系颇有神话论述中太初兄弟之争的模态（见后文）。但就文化的意义着眼，笔者认为蚩尤最重要的一种身份乃是兵神，战国、秦汉君王出兵时，都要祭祀蚩尤图像。秦始皇到了东方

海滨，祭祀八神，八神中有兵主，兵主即蚩尤是也。更奇特的
是天上的星象，如果号称蚩尤旗的星辰突然出现，全天下必有
兵灾。蚩尤在汉代画像石的图像就是执五兵之怪物，[9] 这些叙述
都显示蚩尤是兵神。

蚩尤是兵神，更直截了当地说，蚩尤乃是"金"的体现
者。我们看战国两汉出现的蚩尤图像，莫不充满金戈铁马的铿
锵意味。传说黄帝摄政前，"有蚩尤兄弟八十一人，并兽身人
语，铜头铁额，食沙石子，造立兵仗刀戟大弩，威振天下，诛
杀无道，不仁不慈"。[10] 这个传说的另一版本写道："黄帝之
初，有蚩尤兄弟七十二人，铜头铁额，食沙石，制五兵之气，
变化云雾。"[11] 八十一当九九相乘之数，七十二当九八相乘之
数，八十一与七十二为中国古代流传极广的神秘数字，两者都
是数之极，皆为天意之显现。蚩尤兄弟不管是八十一人或是
七十二人，其义皆指蚩尤为一种深不可测的命运之体现者。观
看蚩尤的意象，隐约之间，我们可看到后世梁山泊三十六天
罡、七十二地煞的造反者之图式。

上述的叙述出自神话，神话多少需要解码，《管子·地数》
的语言就白话多了，它说得更加透彻："葛庐之山，发而出水，

---

[9] 详细的解说参见刘铭恕：《武梁祠后石室所见黄帝蚩尤战图考》，《金陵
齐鲁华西三大学中国文化研究汇刊》1942 年第 2 期，页 339—365。

[10] 参见黄奭：《龙鱼河图》，《汉学堂知足斋丛书》（北京：书目文献出版
社，1992），下册，页 1185。

[11] 同前注。

金从之，蚩尤受而制之，以为剑铠矛戟，是岁相兼者诸侯九。雍狐之山，发而出水，金从之，蚩尤受而制之，以为雍狐之戟、芮戈，是岁相兼者诸侯十二。"蚩尤因葛庐之山之金制成剑铠矛戟，因雍狐之山之金制成戟戈，两次事件都引发了诸侯大规模的"相兼"。很明显的，蚩尤此兵神既是冶炼师，也是战神。

上面这些叙述不管是出自哲人的正典叙述或出自稗宫野史，其内容都指向蚩尤是和冶炼兵器的意义结合在一起的。当矿金被层层炼掉砂石后，作为武器原料的"金"就出现了。各种"金"混合使用，再加提炼，即有兵器。蚩尤不止握有五种兵器，铜头铁额、食沙石子的蚩尤本身事实上就是兵器。

全身皆可视为兵器的蚩尤，正是"金"行最佳的体现者。在后代成熟的五行的图式中，我们发现蚩尤即曾被定位为佐少昊"治西方……主金"。[12] 亦即他是金行的佐助神，是另一位蓐收，就像勾芒为东方木行的佐助神一样。"蓐收"据《国语·晋语》的记载，乃是"人面、白毛、虎爪、执钺"，此神很显然是秋金的神格化，但由"执钺"此特色，我们看出蓐收作为"刑神"的特色已经呼之欲出。事实上，依据《晋语》的记载，虢公因为梦到蓐收，蓐收警告晋国将来袭，虢公不听，国遂以亡。蓐收此"刑神"，隐约之间，也具备了战神的身份。刑神与战神，一主内，一主外，两者所司固多为杀伐之事。蓐

---

[12] 袁康：《越绝书·计倪内经第五》，卷4，页33。

收"虎爪、执钺",他的形貌转成神话的语言,即是手执五兵的蚩尤,两人可视为同一神祇的分化。

古书中的蚩尤与兵器的关系极为密切,从蚩尤作为暴力象征的兵器(金)的体现者来看,黄帝征讨蚩尤,这样的传说是有深层意义的。黄帝好不容易将蚩尤打败,传说蚩尤还被驯服了,成为黄帝的六相之一。[13] 这显示代表天命的天子(黄帝)如果要取得天下,他必须驯服作为暴力工具的"金",征服之,吸收之,转化之。谁能取得金的控制权,谁就能控制天下。黄帝之所以能打败兵神蚩尤,其来有故,因为他也有兵神的嫌疑,他取得天下共主的方式颇有"以戈止武"的意味。黄帝四面,形象多重,因此,也可说没有一种唯一的面貌。他垂衣裳,拱坐,众生随类各得解。但他至少有一个面向和蚩尤长得很像,亦即两人都可视为兵神的化身。而蚩尤虽说兵败被杀,但他仍能化身为天界之星,地界之神,受人礼敬,这也反映了"金"顽强的生命力,它不可能凭空消失的。

三 刑—型的矛盾统一

"金"转为"兵"(武器),这样的转换可以视为权力意志中暴力的一面。然而暴力与非暴力、破坏与秩序间总有复杂

---

[13] 依据《管子》的说法:"黄帝得蚩尤而明于天道。"黎翔凤撰,梁运华整理:《管子校注·五行》,中册,卷14,页865。

的辩证关系。我们现在看到最早也可算是最完整的蚩尤之载录乃是《逸周书·尝麦》与《尚书·吕刑》这两篇文章。前书记载：宇宙开辟之初，有赤黄两帝，平分世界的统治权。后来蚩尤作乱，黄帝征伐之，蚩尤被杀于中冀。黄帝"顺天思序"，"乃命少昊清司马鸟师以正五帝之官，故名曰质，天用大成，至于今不乱"。[14]《逸周书》的版本是将蚩尤和太初的二帝相争，黄帝杀之，以及尔后的鸟师纪官之传说连结在一起。《尝麦》文字古朴，其文应当曲折地反映了部分的史实，有史料价值。[15]

《尚书·吕刑》则另有解释。此解释来自正统的经书，它传达了更多的讯息。《吕刑》此篇文章假借"王"的口吻说出："若古有训，蚩尤惟始作乱，延及于平民。罔不寇贼，鸱义奸宄，夺攘矫虔。苗民弗用灵，制以刑；惟作五虐之刑曰法，杀戮无辜。爰始淫为劓刵椓黥；越兹丽刑并制，罔差有辞。"[16]蚩尤不但是兵神，他还是一位恶劣的刑法之祖。对外用兵，对内用刑。"兵"为境外之"刑"，"刑"为境内之"兵"。上帝看见地下秩序大乱，罔有馨香之德，惟闻刑发腥臭，所以他就命重黎"绝地天通，罔有降格"。接着，上帝再命"伯夷降典""禹平水土，主名山川""稷降播种"，世界重上轨道。

---

[14] 朱右曾：《逸周书集训校释》（台北：世界书局，1967），页 165—166。

[15] 关于《尝麦》的年代及内容之价值，参见徐旭生：《中国古史的传说时代》（台北：仲信出版社，1958），页 93—101。

[16] 屈万里：《尚书集释》（台北：联经出版事业公司，1983），页 253。

《尝麦》与《吕刑》的版本不同，但它们都是用神话的语言表达秩序与暴力的关系。依据神话思维，最"原始"的法有一起源，它源于最原始的秩序遭到了破坏。"昔天之初"，世界原本和谐，天上地下相通，东方西方和融，可惜蚩尤作乱，上帝乃命重黎"绝地天通"，原有的秩序顿时消失无踪。尔后，随着蚩尤被杀，世界再度获得秩序。秩序—浑沌—再秩序的构造反映了文化英雄神话暴力的本质，而作为惩罚力量的刑终于跃上了历史的舞台，刑以"兵"及"法"之双重面貌出现。自原始的神话事件开始，正义、法制与军事即是三位一体，不可割离。中国刑法的神话具体地表现在《尚书·吕刑》及《逸周书·尝麦》两篇之中。

《尚书·吕刑》与《逸周书·尝麦》传达了一项讯息：法的建立与宇宙秩序的恢复及生命之重获生机同时生起。《吕刑》言蚩尤被征服，世界绝地天通之后，"伯夷降典""禹平水土""稷降播种"之事相续而起。虐刑换成了正典（降典），世界透过命名（名山川）取得新的本质，生命接着启动（播种）。《尝麦》亦将刑兵之事与尝新祭典相提并论，农作的前提是宇宙性的大肃杀之后，大自然重新走上轨道。"刑"既意味兵刑，也意味典型，绝灭与生成并肩而至，这是个值得玩味的现象。

如果黄帝四面，蚩尤至少也具备了两面。一方面他代表兵神，兵代表破坏，蚩尤连自己的名字本身都指向一种"乱"源。《广雅》释"蚩"曰"乱也"，释"尤"曰"异也"。"蚩尤"两字意味着"反秩序"，他是"反义逆时""反义背宗"的

代表。一言以蔽之，蚩尤可视为破坏原理。[17] 但破坏要为重建
秩序作准备，原始的破坏其实是一种初阶的秩序，这又是另一
义。蚩尤是破坏世界秩序的"原始浑沌"，它的负面形象是很
清楚的。但唯有此浑沌被支解了，世界秩序才得以建立，这种
正面的功能就很少受到正视了。浑沌不死，五兵永存，蚩尤作
为"兵主、兵神"，它虽然需要调伏，但它不可能被毁灭，因
为刑兵与律法是一体的两面。没有律法的刑兵乃是原始的恶
魔，它需要被克服。但没有刑兵的律法是缺乏动力因的纯粹形
式，它无法介入任何秩序的重组，律法必须建立在刑兵的基础
上。《管子·五行》篇说蚩尤明于天道，黄帝后来将他收编了，
以治理天下。《管子》此处的蚩尤形象与大部分的古书之记载
不同，却有另一层深刻的涵义。

　　集"恶"之大成的蚩尤可能不是那么恶，他就像见之于神
话主题的原始巨灵，如西亚的 Tiamat 或印度的 Atman 一样，
都是兼具正负两种面向，善恶聚于一身。[18] 蚩尤的双面性如果
再以人格的形式显现，此双面性即化身为黄帝—蚩尤的构造。
黄帝—蚩尤构造可视为神话中的"原始兄弟"之类型，此构造
通常以黄帝—炎帝构造的形式表现出来，贾谊说："黄帝者，炎
帝之兄也。炎帝无道，黄帝伐之涿鹿之野。"[19] 古书中的炎帝与

---

[17]　蚩尤作为破坏原理的下场，《黄老帛书》有详细的解说。

[18]　Alan W. Watts, *The Two Hands of God* (New York: George
　　　Braziller,1963), pp.189—238.

[19]　贾谊之语出自《新书·益壤》(台北：台湾商务印书馆，1965)，卷1，
　　　页 16。

蚩尤事迹常相混淆，涿鹿之战只是其中之一个个案。炎黄为兄弟，蚩尤与黄帝也可视为兄弟。既是兄弟，则显性的蚩尤既然仍扮演负面的角色，黄帝自然不得不分工配合，经常扮演隐性而正面性的蚩尤的角色。古籍常言始作兵者为蚩尤，但黄帝也善兵，且其臣始作弓矢。《周礼·春官宗伯·肆师》："祭表貉，则为位。"郑玄注："貉，师祭也。……于所立表之处为师祭，祭造军法者，祷气势之增倍也。其神盖蚩蚘，或曰黄帝。"[20]战神或言蚩尤，或言黄帝，两者混淆了，也可以说两者本来就是同一种功能神的分化。难怪刘邦出兵时，也是黄帝与蚩尤一齐祭祀。我们如从律法与刑兵，或从乱兼治，乱二重义、或从蚩尤与黄帝乃一体两面的关系着眼，则知刘邦的举动并不难理解。[21]

四 冶炼与转化

大概很少金属制品不需要提炼的过程，合金制品固不待论，即使单一金属的制品也无法避免冶炼的手续，中国上古

---

[20] 郑玄注，贾公彦疏：《周礼注疏·春官宗伯·肆师》，收入李学勤主编：《十三经注疏整理本》（台北：台湾古籍出版公司，2001），册62，卷19，页596。

[21] 原始的矛盾统一是神话中极普遍而又深刻的洞见，参见 M. Eliade, "Mephistopheles and the Androgyne or the Mystery of the Whole," in *The Two and the One* (Chicago: University of Chicago Press, 1962), pp.78—122。

最具代表性的金器如鼎、如剑、如镜，因为制作精良，滓质
净尽，因此，提炼的手续尤为繁复。当冶炼还不被当作一种抽
象的理性化的劳动的时候，一件金属制品的制作往往带有神秘
化的作用。原始材料由粗矿石转化到纯金属，再由几种纯金属
交相混合，冶炼成剑、镜等制品，这样的劳作至少会经历两次
的转化历程。由于这两次历程会带来两次几近革命性的物质变
化，与日常经验所知者大不相同，因此，前近代的人往往将
这种历程视为"圣显"(hierophany) 的历程，或视为"力显"
(kratophany) 的过程，而"圣显"或"力显"可视为一种
"神圣意识"的分殊性展现，两者其实一体两面，同时而来。[22]
本节将以剑及镜这两种制品为例，探讨冶炼与圣显过程的
关系。

剑是宗教的圣器，也是杀人的利器。在战国时期，炼剑技
术突飞猛进，有多种名剑传闻于世，如干将、莫邪、巨阙、辟
闾等等，皆有名于时，干将、莫邪后来还演变为利剑之代称。
他们铸的剑据说："观其钘，烂如列星之行；观其光，浑浑如
水之溢于塘；观其断，岩岩如琐石；观其才，焕焕如冰释。"[23]

---

[22] "圣显""力显"的观念借自耶律亚德，前者参见伊利亚德（M.
　　 Eliade），杨素娥译：《圣与俗——宗教的本质》（台北：桂冠图书公
　　 司，2001），页 61—64。"力显"(kratophany) 意指 Manifestation
　　 of Power, 参见 M. Eliade, *Patterns in Comparative Religion* (New
　　 York: New American Library, 1974), pp.14—18。

[23] 袁康：《越绝书·外传记宝剑第十三》，卷 11，页 90—91。

晚近大陆出土不少越王州句剑与吴王夫差剑，[24] 虽时隔两千多年，然出土时，其剑仍然寒光照人，锋利异常。战国冶剑技术大幅飞跃的记载，看来不假。

战国诸种兵器中，名声最响亮、传闻最久远的当是干将、莫邪这两把名剑。战国两汉有关这两把剑的传闻不少，《吴越春秋》记载吴人干将制剑时，"采五山之铁精，六合之金英。候天祠地，阴阳同光，百神临观，天气下降"，规模之壮观，前所未见。可惜，"金铁之精不销沦流"。干将技穷，无所适从。干将妻莫邪提醒他"夫神物之化，须人而成"的法则。干将回想道："昔吾师作冶，金铁之类不销，夫妻俱入冶炉中，然后成物"的历史。于是莫邪乃"断发剪爪，投于炉中。使童女童男三百人鼓橐装炭，金铁乃濡，遂以成剑"。剑成，共得两把，阳剑名为干将，作龟文。阴剑名为莫邪，作鳗文。[25] "龟文""鳗文"很容易令我们联想到"玄武"的图像，《吴越春秋》的叙述看起来与玄武的象征恐怕不无瓜葛。

干将、莫邪的故事最令人怵目惊心的段落当是莫邪"断发剪爪，投于炉中"，金铁之精乃得流动、融合，铸成名剑。"断发剪爪"显然是作为活人的代替品，以人祭剑。对前近代的社

---

[24] 李学勤先生在 1993 年写的一篇文章中，统计可考的出土吴王夫差剑有 8 把，越王州句剑有 10 把。参见李学勤：《台北古越阁所藏青铜器丛谈》，《四海寻珍》（北京：清华大学出版社，1998），页 120—133。

[25] 上述内容见赵晔：《吴越春秋》（台北：台湾商务印书馆，1965），卷上，页 23—24。

会而言，发须爪是常被认为带有神秘的能量的。在有名的商汤祷于桑林，祈求降雨的故事中，商汤早已使用过发须爪，代替自己，作为"牺牲"之用。[26] 事实上，在流传年代较晚的一个版本中，莫邪不是"断发剪爪，投于炉中"，而是自身跃入炉中，嫁给炉神，才铸成名剑的。[27] 不管是亲身牺牲，或是以发爪代之，两种叙述的意义都是相同的：宇宙间有个能量平衡的法则，神物之成需要另一种同样珍贵的生命作为转嫁，生命的能量由彼处（工匠莫邪）流向此处（神剑莫邪），彼此转换交接之后，神物乃得大功告成。

干将、莫邪的故事流传两千多年，可见此叙述浸入人心之深。此故事在"金的原型象征"研究上之所以特显重要，乃因"冶金"的历程在此被类比为宇宙创造的历程。科学家为证明物理定律，将家中所有的东西一一投入炉中，最后连仅存的家具、衣物也一并投入，这样的举动被视为可以类比宗教献身之狂热。干将、莫邪炼剑，投尽一切可用的资源之后，最后献上

---

[26] 汤祷桑林之事原见《吕氏春秋·季秋纪·顺民》及《淮南子·主术训》。详细情况参见郑振铎：《汤祷篇》，《郑振铎文集》（北京：人民文学出版社，1985），卷4，页468—495。另参见江绍原：《发须爪——关于它们的风俗》（上海：上海文艺出版社，1987），页138—141。

[27] 根据陆广微《吴地记》所述："干将曰：'先师欧冶铸剑之颖，不销，□□耳。以□□成物，□□可女人聘炉神，当得之。'莫邪闻语，□入炉中，铁汁出，遂成二剑，雄号干将，作龟文；雌号莫邪，鳗文；余铸得三千并号□□剑。干将进雄剑于吴王而藏雌剑，时时悲鸣，忆其雄也。"引自陆广微《吴地记》，收入王谟辑：《汉唐地理书钞》（北京：中华书局，1961），页308。

自己的性命，这样的叙述则是一种可以比拟上帝创世的伟大行径。尤其莫邪在成剑之最后一刹那，纵身入炉（即使是仪式性的用发须爪代替），将生命力转到神剑上，更像极了殉道的义举。他的模式与上帝创造人类，最后向土偶吹上一口气，将生机灌入其身躯中，两者的结构如出一辙。

干将、莫邪的故事传说久远，越演越烈，它是少数青春永驻的上古神话，文人居间扮演了推波助澜的角色。但冶炼需要牺牲人身，这样的神话不只见于干将、莫邪的案例，也见于印度的 Asur、Munda 诸民族，见于非洲的 Nyasaland 的 Achewa，这是种流传很广、也很古老的神话母题。这种母题的神话通常有模仿开天辟地的神话事件的意义，牺牲人身以成就冶炼事业，这种行为模式也见于另一种牺牲仪式：农耕仪式中的牺牲人身以促成谷物丰收，两者颇有异曲同工之效。上述的论点在耶律亚德 (M. Eliade) 论冶炼神话的大作中皆已出现过，[28] 可惜他对内涵最丰富的干将、莫邪神话点到为止，着墨不深，因此，一个最足以支持其说的案例竟无法成为强而有力的盟军。

笔者认为吴越的冶炼神话不能只是从传奇的观点定位，无疑地，从蚩尤造兵到干将冶炼，其间都有开天辟地、乾坤定位的因素，明乎此，我们可以了解老子谈及道的创造性时，为什

---

[28] M. Eliade, *The Forge and the Crucible* (Chicago: University of Chicago Press, 1978), pp.61—70.

么会运用橐籥（鼓风炉）的隐喻，借以表示"虚而不屈，动而愈出"（《老子·第五章》）。我们也可以了解庄子论及人与造化的关系时，所以主张"以天地为大炉，以造化为大冶，恶乎往而不可"（《庄子·大宗师》）。制陶与冶炼这两种在初民社会最重要的制造业，为什么后来都变作了极根源性的象征，象征天地的创造，因此，有"陶冶天下""陶铸万物""冶炼天下"之说，应该也不难了解。

和"兵"之神话最堪相比者，当是"镜"的象征意义。"兵"的起源传说和黄帝、蚩尤有关，"镜"据说也是黄帝首先创造的。在神秘的王屋山，黄帝和另一位众多传说胄集的西王母会面了，他制成了大镜十二面，随月用之。[29] 黄帝制镜的传闻就和许多事物起源的传说一样，片断、单薄，不成系统。但比较之下，制镜的传说由于具备了黄帝、西王母、十二月这三项显性的神话因素，因此，镜的神秘内涵多少可以揭露出来。

大自然大概没有现成的镜，所有的镜都是加工制成的。目前所知最早的铜镜是分别出土于甘肃及青海的两面新石器时代齐家文化的铜镜，殷墟也出土过几面。这几面铜镜虽然谈不上精致，但没有一面是天然生成的，都是经加工制造的。青铜镜的原料为铜、锡、铅，此种合金一般都是铜占的比重最

---

[29]《轩辕内传》之说，引自马骕：《绎史》（台北：台湾商务印书馆，1968），册4，卷5，页59。

高，锡次之，铅又次之。铜镜初步制成后，往往又要加上"玄锡""白旃"施工的手续，镜面乃能反映发光。在出土的铜镜中，我们不时可看到这种加工的叙述：

> 汉有善铜出丹阳，和以银锡清且明。
>
> 七言之始自有纪，涷冶铜锡去其滓，辟除不祥宜贾市。
>
> 吾作明镜，幽涷三商，周刻无极，配象无疆。[30]

上述的镜铭几成套语，出土铜镜的铭文不时可见工匠透过冶炼铜、锡、铅，使锡流金熔，化为一体。上述所录铭文，即言及此事。但镜要发挥反映的作用，需再铺陈水银，始能有光。台北故宫所藏八卦镜的铭文即记载此一内容，铭文曰："水银是阴精，百炼得此镜。八卦气象备，卫神永长命。"[31]

在技术与巫术未分化的年代，由粗矿石到一片明光，这样的过程可想像的，会给工匠带来情感上极大的震撼。类似的冶炼过程，以及类似的情感冲击，也见于其他青铜器的制造。一

---

[30] "七"原作"黍"，"祥"原作"羊"，"贾"原作"古"，为理解方便起见，改成本字。铜镜是工艺用品，出自匠人之手，其铭文多代代相传，成为套语。这些镜铭不能算是作者个人性的创造，而当算作一种集体的意识的反映。因此，也可以更反映了普遍的精神。上述铭文参见王士伦编：《浙江出土铜镜》（北京：文物出版社，1987），页35第58条、页36第67条、页41第170条。

[31] 参见台北故宫博物院编辑委员会编：《故宫铜镜特展图录》（台北：台北故宫博物院，1986），页230—231。

件青铜器铭文说道："余择其吉金黄炉，余用自作旅簠。以征以行，用盛稻粱，用孝用享于我皇祖文考，天赐之福。"[32] 一件合金的乐器完成后，器物主人和祖先及上天沟通管道就打通了。冶炼就像一场庄严的祭典一样，这样的冶炼过程与其视为一种技术的突破，不如视为一种本体论新价值的创造。其规模与价值位阶虽不如始源性的开天辟地，但就意义而言，却也有一脉相承之处。

铜镜的本质在于光，光的根源依据乃在于三光——日、月、星辰，尤其是日、月两者。日月两者中，阳光更是重要。阳光在神话思维中往往具有本体论的优先地位，有了阳光划破了黑暗，才有原初的世界秩序之程式。[33] 铜镜有个重要的功能即在于它保存了光，它的巫术作用有部分即与此功能相同。在初民社会，铜镜的光不是用物理法则可以解释的，它有超越的源头。因此，如何借助于来自天界的明光，乃成了制镜行为中最重要的关键。《礼记·内则》有用"金燧"服侍父母的经文，孙希旦注解道："冬至日子时，铸铜为鉴，谓之阳燧。夏至日午时，铸铜为鉴，谓之阴鉴。"[34] 王充有更精准的解释："阳燧取火于天，五月丙午日中之时，消炼五石，铸以为器。磨砺

---

[32] 引自于省吾：《曾伯霎簠铭》，《双剑誃吉金文选》（北京：中华书局，1998），页 207。

[33] 参见卡西勒（E. Cassirer）著，黄龙保等译：《神话思维》（北京：中国社会科学出版社，1992），页 109—110。

[34] 孙希旦：《礼记集解》，《续修四库全书》（上海：上海古籍出版社，1995），册 104，卷 27，页 4。

生光，仰以向日，则火来至。"[35] 阳燧与阴燧的光并非自体发生，而是取自天界。由于事关天界，因此，制器的时间之选择也不能不慎重，工匠通常选在每年时令交错最关键性的两个时间点：冬至子时兴夏至午时，这两个时间点正是阴阳消长的转折点。

两"至"当中，冬至子时的神秘性更强，幽湅铜镜的时机似乎也常选在此时。"幽湅三商"的"三商"当指日落后、日出前的时间，匠人制镜，选在此黑漆的天地中，"周刻无极，配象无疆"，亦即将无穷的时间（无极）与无边的空间（无疆），镲收在铜镜中。一面典型的铜镜（如四方规矩镜），其镜钮象征宇宙中心的昆仑山，四角象征通天的四柱或八柱。圆镜象征圆天，镜面的矩方象征大地。即使不是规矩镜，笔者认为：隋唐以前的古镜大体都有非现实性的神秘意味。在所有器物中，似乎没有比铜镜更富有宇宙性的象征意味了。[36]

不只器物本身具神秘内涵，笔者认为：在所有器物中，似乎没有任何一种器物的铭文比铜镜更能突显冶炼过程的神秘。在铜镜铭文中，我们不时看到"冶炼""幽湅"的语词，不时

---

[35] 王充：《论衡》（台北：台湾商务印书馆，1965），卷 2，页 18。

[36] 关于中国铜镜宗教内涵，参见福永光司：《道教における镜と剑——その思想の源流》，《东方学报》1973 年第 45 卷，页 59—120。中译本见刘俊文编，许洋主译：《道教的镜与剑：其思想的源流》，《日本学者研究中国史论著选译》（北京：中华书局，1993），卷 7，页 386—445。陈珏先生的《〈古镜记〉中之"古镜"考》一文也多所探讨，参见《初唐传奇文钩沉》（上海：上海古籍出版社，2005），页 158—203。

看到幽涑的时间要配合上宇宙的度数，极度的神秘化。幽涑的历程因为叙述者绝少，其具体内涵固难得知，但后世有些记载显示铸铜时，有"须发皓白、眉如丝、垂耳至肩"的老人及"衣黑衣"的十岁儿童突然降临，玉成其事。这样的老人隐隐然有荣格 (C. G. Jung) 所谓的"智慧老人"的意味了。在道教的铸镜传统中，更有将人身灵魂与镜合铸之说，[37] 古镜与人身仿如有种主体性的流通、转换，其意义与莫邪和宝剑的生命可互通，可说没什么两样。冶炼往往带有秘仪的性质，也带有神秘的传说，这种现象是很常见的。耶律亚德在论冶炼师、炼丹术的名著中，即提到古代的矿山常被视为许多妖魔精怪聚集之区，所以冶炼师一般会带有神魔的性格，也有召唤神魔的能力。此外，冶炼时还要配合"神婚"等等的仪式，神器乃得有成。[38] 耶律亚德所写的内容很多出自民俗学的材料，但我们从后世民俗所透露的消息大体可想见昔日初民看待冶炼的意识。

冶炼"金"的过程可想见的远较其他器物复杂，其脱胎换骨的效果也远较其他诸行的制品为甚。铜镜经由几道冶炼的程式后，最后呈现的是可以比美阳光的镜光：光亮、透明、反映、无限。在两汉的铜镜中，我们不时可以看到"见日之光，天下大明""内清质以昭明，光辉象夫日月"这类的叙述。这

---

[37] 《灵宝无量度人上经大法》《地祇温太保传》中皆有记载，引自刘艺：《镜与中国传统文化》（成都：巴蜀书社，2004），页 164—166。

[38] 参见 M. Eliade, *The Forge and the Crucible,* pp.53—70。

类叙述的文字直接以镜光比日月之光，他们的比喻恐怕不仅止于文学的技巧，而是认定镜光承自日月之光。隋唐镜铭中，其描述镜光之文字尤为杰出，有些镜铭可视为其时已极少人创作的四言诗。如《美哉四瑞兽铭带镜铭》："美哉灵鉴，妙极神工，明疑积水，净若澄空，光应晋殿，影照秦宫，防奸集祉，应物无穷，悬书玉篆，永镂青铜。"《光流五瑞兽铭带镜铭》："光流素月，质禀玄精，澄空鉴水，照回凝清，终古永固，莹此心灵。"《练行六瑞兽铭带镜铭》："练形神冶，莹质良工，如珠出匣，似月停空，当眉写翠，对脸传红，绮窗绣幌，俱含影中。"[39] 这些句子文简义丰，言近旨远。一方面既富文学情趣，一方面又带有广袤神秘的意涵，其传情达意的效果远胜于一般宗教诗歌的颂赞。类似的冶炼成功境界也见于刀剑的铸造。剑由各种金属熔铸而成，它须不断提炼，最后亦可达到光明、坚硬、犀利的境地，传说中的第一名山（昆吾）冶炼出来的剑据说即可"光明洞照如水精状，割玉物如割泥"。[40]

就"金"的象征而言，"冶炼"本身的转化过程就是极重要的象征财，此象征财的重要性不下于它所发挥的经济效应。没有一种器物会像金属制品那般需要大费周章地提炼、熔合、铸成。这样的一种提炼过程固然是种物理现象，但"内清质以

[39] 上述铭文参见孙祥呈、刘一曼编：《中国铜镜图典》（北京：文物出版社，1992），页509、514、515。

[40] 东方朔：《海内十洲记》（台北：艺文印书馆，1966），页4。

昭明，光辉象夫日月"说是咏物（铜镜）固可，说是咏心亦可。物理与心理现象在此有种奇特的混合，后世道教炼丹文献中常有内丹、外丹模糊难分的情况，这样的现象在铜镜铭文中已经出现了。

五　悠久与不知老

比起五行中的其他四行，原始矿石中的金（铜）本来即有较强的硬度，它可以抵挡较大的外力的冲击，当然也更能抗拒时间的侵蚀。矿石的粗铜一经提炼后，不管是变成青铜礼器，或是变为刀剑兵器，其硬度、密度更是脱胎换骨，今非昔比。青春会流逝，美人会迟暮，草木必朽，水火如幻，唯有金之容颜未改，始终倔强如初。由于金的硬度特高，不易受外力改变，金自然而然的即带有悠久的与不知老的象征。

金的"悠久"象征最明显的见于三代的青铜器，青铜器作为三代文明的象征，其主要的象征权力之来源即在于金的抵抗时间流逝的悠久之本质。这样的质性如是明显，所以我们看到三代贵族在其铸造之青铜器铭文中，总不忘提及斯义。我们且就《两周金文辞大系图录考释》，随机抽取，举一则内容精简、文字较易厘定的铭文为例，以兹说明：

> 唯十年四月吉日，命瓜君嗣子作铸尊壶。柬柬肃肃，康乐我家。迟迟康淑，承受纯德。旂无疆，至于万亿年，

子之子，孙之孙，其永用之。[41]（《嗣子壶铭》）

嗣子壶之名在商周诸多青铜器中，不甚响亮。铭文内容普通，铭器造型平平。但也正因为如此其貌不扬，此器的铭文恰好可以当作平均值看待，它反映青铜器的一个共相：一种悠久的历史意识。这样的历史意识和家族的命运（子子孙孙）、家族得以长治久安的资格（纯德）结合在一起。在其他的铜器中，铭文通常还结合了人的寿命（以介眉寿）这个因素。人命、天命、家运、国运四种悠久的时间因素因此全聚集在青铜礼器上了，嗣子壶这类的礼器遂拥有其他器物难以承受之文化重量。

商周青铜器有关"悠久意识"的套语特别多，随手翻阅金文考释文献，即可看到"旅其万年，子子孙孙，永宝用享"（《虢叔旅钟》）、"登于上下□□、闻于四旁、子子孙孙，永保是尚"（《者减钟》）、"孙孙子子，其永亡终"（《麦尊》）、"受兹永命，无疆纯右，康其万年眉寿，永宝兹段，用夙夜无怠"（《伯康段铭》）。[42]"永命""永保""永亡终""无疆""无期"，这类表示时间无限的词语在周代的青铜器铭文中特别拥挤。我们很有理由说：周民族有种强烈而特殊的历史意识，我们如果

---

[41] 参见郭沫若：《两周金文辞大系图录考释》（上海：上海书店，1999），下册，页239。另参见于省吾著：《双剑誃吉金文选》，页156—157。

[42] 前三条分别见于郭沫若：《两周金文辞大系图录考释》，下册，页127、153、40。《伯康段铭》铭文见于于省吾：《双剑誃吉金文选》，页193。

用铜器铭文的用法，可称之为"万年意识"或"永之意识"，但更好的用法也许是"永命意识"。"永命意识"所以比另两个用语恰当，乃因"万年意识"只突显了时间的悠久。但时间再怎么悠久，"万年"之语总有期限，而且对此悠久意识的来源没有说明。"永之意识"比起"万年意识"来，更能突显时间之无尽、无期。而且其语族繁茂，不及备载。周器铭文一再言及"永保""永宝""永亡终""永用""永保用""永寿用"。"永"字迢递，绵绵无绝期，这些语词显现了作器者对后代子孙永无了期的关注与永无止境的期待。

但比起"永命意识"，"永之意识"仍嫌不足。因为周人的悠久的历史意识并非凭空发生，它和"天命观"分不开。周初"天命观"是东方历史上一次极具革命性的突破性概念，有了天命观，因此，有了"天命有德"的概念，有了超出于偶然性质的血缘、传统、运气之上的道德理则之概念。对于天命的敬畏之情普见于两周的文献，金文所见与《诗》《书》所载，恰可相互发挥。"维天之命，於穆不已，於乎不显，文王之德之纯"，《中庸》曾引此段《大雅》的诗句以证道体之创新不已，《中庸》之解当依《中庸》义理衡定之，不一定是《诗经》原义，也不一定与宋儒的解释一致。但《中庸》所以援引此诗，亦非无据。因为周初这首诗描述在事变之流之上有一股生生不息的生机之源，"於穆不已"这样的概念引发了子思的灵感，使他可以借题发挥。"天命"不必一定要依照宋儒的道体的概念去诠释，但"天命"无疑带有理则、敬畏，以及一种超越于时间之流上的恒久之感。[43]青铜礼器的制作原本即含有抗拒时间的信念，周人更因将"天命"的观念带进制作之中，青铜器遂有了文化的"永命"的象征意义。

青铜器式样不少，而最能突显青铜器的永命性质者莫过于"鼎"此一重器。中国历代如有宝鼎出土，一朝君臣往往欣喜若狂。西元前116年，汉武帝因汾阴的魏脽后土营传有周鼎出土，群臣欣喜，纷纷称贺，汉武乃下诏改元，年号名为"元鼎"，并大赦天下，与民更新。[44]其时，独有吾丘寿王力持异议，不主出土之鼎为周鼎，他解释道："周有明德，上天报应，鼎为周出，故为周宝。今陛下恢崇大业，天瑞并至。昔秦始皇出鼎于彭城而不能得，天祚有德，而宝鼎自出，此天所以与汉，乃汉宝，非周宝。"[45]天子闻之，当然大悦，结果只有吾丘寿王独得其赏。吾丘寿王透过曲线的智慧，投君所好，可谓善祷善颂。元鼎元年被视为时间重新起算的新纪元，万象更新。

汉武帝听到宝鼎出土，欣喜若狂，是有历史原因的。因为最近且相关的历史记忆就发生在他的祖父文帝在位时。文帝曾

---

[43] "天命"一词在宋代之后的思想史上扮演极重要的角色，朱子学"从理界定天命"是尔后大部分争辩的核心，中国的气学学者以及日本的古学派学者抨击其说甚厉。笔者同意：西周时期大概没有程朱理学那种超越的性理概念，但此时未必没有宗教义的超越性以及创生性。

[44] 根据《汉书》《资治通鉴》等书的记载顺序，大赦天下在先，得鼎在后。笔者认为前后顺序倒过来，理路较顺。但合理路不一定符合史实，笔者的猜测只能聊备一说。

[45] 参见荀悦：《前汉纪》，《景印文渊阁四库全书》（台北：台湾商务印书馆，1983），卷13，页11。

到汾阴南的黄河旁,"欲祠出周鼎",结果不成。而文帝所以会到汾阴求鼎,还有更深的历史因素。因为正如吾丘寿王所说,在汉武帝即位的百年前,雄心勃勃的绝代枭雄秦始皇刚削平六国,一统华夏。其时泗水传说有宝鼎出现,秦始皇乃命人到泗水打捞。据说当一切就绪,宝鼎即将出水之际,忽有潜龙出现,咬断打捞宝鼎的绳索,宝鼎于是再度沉入深渊。汉武帝听到宝鼎出土,恐怕很难不想到前代的这两桩历史事件。

秦皇、汉武是霸主的代表,他们对宝鼎的患得患失已到痴迷的程度。他们的痴迷并非不可解,因为在秦汉时期,宝鼎是被视为天命的代表的,谁拥有了宝鼎,谁就拥有了天下。宝鼎 = 天命 = 国家的传说之来源甚早,就史料而言,或言黄帝,或言夏禹。黄帝据说曾制三鼎,以象天、地、人,此三鼎每在天命鼎革之际,即会应运而生。[46] 但鼎所以变成天命的象征,"夏鼎"的传说才是造成后代君王狂热追逐的源头。夏鼎一说是夏后欲命令传说中的风神蜚廉"折金于山川",并在产金的神秘地点"昆吾"陶铸其金之后所得。鼎成,"四足而方,不炊而自烹,不举而自藏,不迁而自行",并且其行藏与天下兴亡相应,神秘得不得了。[47] 但夏鼎传说的重心还不在启,而在禹。禹铸九鼎的故事不但更赫赫有名,它对鼎、天命与国家正当性的关系也有更合理的解释。在《左传》一

---

[46] 参见司马迁撰:《史记·封禅书》(北京: 中华书局, 1959), 册4, 卷28, 页1392。

[47] 参见墨翟:《墨子·耕柱》(台北: 台湾商务印书馆, 1965), 卷11, 页11。

书中，王孙满面对来势汹汹、不怀好意的楚国军队，谈及夏禹当时如何从"远方圆物，贡金九牧"的冶炼材料中铸造九鼎，使天下百姓皆知九州神奸，"魑魅魍魉，莫能逢之"。根据王孙满的解说，能不能得天下的关键"在德不在鼎"。周王室天命未改，"鼎之轻重，未可问也"。[48] 王孙满的解说虽是外交辞令，但充满了儒家政治哲学的精神，内容自有理路。但我们如果将政权正当性的议题还原到太初的年代之价值体系，王孙满的话恐得稍加修正。得天下的秘密应当在鼎亦在德，因为鼎德一体，能所不分。

　　鼎的故事很难看成史实，只能视为传说，但传说追溯到黄帝、夏禹却非偶然。黄帝是文化英雄，也是传说中的共祖，司马迁论历史的起源即始于黄帝。夏禹治水，其业绩不只是治理了水患而已。洪水事实上被视为一种宇宙性的大灾难，世界被毁灭了。大禹治水后随山刊木，为之命名；划分九州，立定赋则。《尚书》说：这是"地平天成"的工作，"地平天成"也就是宇宙的重新创造。禹功甚伟，上帝因此在水患平定之后，赐给他"玄圭"，以表功绩。"玄圭"是"玄"与美玉之"圭"的结合，这是另一组的象征故事。除玄圭外，九州之牧各进贡其州之金，铸成九鼎，九鼎因此成了九州的象征。鼎（金）与始源之帝的黄帝、夏禹同在，它的象征意义是很清楚的。

---

[48] 参见左丘明传，杜预注，孔颖达正义：《春秋左传正义·宣公三年》，收入李学勤主编：《十三经注疏整理本》，册81，卷21，页693—695。

　　由于鼎的出身不凡，所以比起我们上文所举的钟、簋、尊、壶等礼器金文所显现的历史悠久之情，笔者认为周人的"永命意识"似乎更集中地显现于鼎铭上。《大盂鼎铭》曰："盂，丕显文王，受天有大命。在武王，嗣文王作邦，辟厥慝，抚有四方，畯正厥民，在于御事。㢭！酒无敢□，有柴蒸祀，无敢扰。故天翼临子，废保先王，□有四方。"[49]《大盂鼎铭》的铭文文字铿锵，情理醇厚，其价值真抵得上《诗》《书》的一篇名章。若此美文在金文中虽也少见，但相对之下，鼎一般来说似乎更能将周人"永命意识"所涵盖的诸要项：天命、明德、邦国、人民、永恒等等包含进来。因此，也可以说是更典型地反映了周人精神的宝物。

　　三代吉金的永命意识是后代儒者终生向往的道德典范，就像三代吉金的器物是后代艺匠难以企及的美感典范一样，因为滋养这种器物与意识的文化土壤因各种因缘聚合而成，是一次性的，时移境转之后，在后代已不易再现。但"金"作为一种绵延的存在，或作为一种抵拒时间腐蚀性的象征，就感官的现实而言，应当是不变的。事实上，在作为后代主要"金器"的铜镜或铜剑上，我们依然看到一种悠远的时间意识凝聚其中，只是"天命有德"的意识没有了，因此，凝聚在青铜礼器上的古典的道德意识也变得极稀薄了。取而代之，占据主导性的时间意识是私人性的，它或表现为对个体生命之无限延伸之渴

---

[49] 金文异字甚多，不便排版，故取通行字。原文参考郭沫若：《两周金文辞大系图录考释》，下册，页33—34。

望，或表现出一种对"人爵"的长久维持之期待，或表现出一种强烈执着于个体性情感的永久维系。

第一种主题是渴望私人性的个体生命之无限延伸，此主题最常见的是见于四方规矩镜中有关神仙、神兽的铭文，如"上大山，见神人，食玉英，饮澧泉，得天道，物自然，驾交龙，乘浮云，白虎引兮直上天。受长命，寿万年。宣官秩，保子孙""尚方作镜真大好，上有仙人不知老，渴饮玉泉饥食枣，浮游天下敖四海，寿如金石为国保"。[50] 神人、玉英、澧泉、仙枣等等构成一幅异质的世界图像，企望长生不老是这类铜镜的主导性思想。第二种，企求"人爵"绵延不绝的想法也普见于铜镜中，"积善之家，天锡永昌""寿如金石，累世未央""三羊作镜大毋伤，令人富贵乐未央"，诸如此类的铭文显现了一种彻底俗世的价值显现，希望荣华富贵永世未央。第三种的永世之感表现出个人性情感之永久维系，如言"与天无极，与地相长，欢乐未央，长勿相忘"。典型的清白镜也有类似情感的铭文："洁情白而事君，怨污欢之弇明，焕玄锡之流泽，恐疏远而日忘。慎糜美之穷嘻，外承欢之可说。慕窈窕之灵景，愿永思而毋绝。"[51] 这样的铭文即使摆在汉魏

---

[50] 以上引文的文字参见王士伦、王牧编：《浙江出土铜镜》（北京：文物出版社，2006），页35—36。

[51] 清白镜就像其他类型的汉镜铭文一样，常有简字，且省字，此处所引是文义较完整者。相关讯息参见李学勤：《论西伯利亚出土的两面汉镜》，《四海寻珍》，页288—293。

乐府中看待，也不逊色。论情思绵密，恐怕还可算是个中之佼佼者。

以上三种悠久之情所求者不同，或为寿命，或为爵禄，或为感情，但同样是私人性的。无关乎天命，也无关于邦国，因此，缺少三代吉金特别彰显的严肃之宗教情感与伦理性格，却多了一分人间性的意味。但不管是三代吉金或是后代铜镜，只要铸造者或委托铸造者对"永恒""不变"有心理上的要求，他们即会诉诸金属制品表达这样的情感。"金"总是扮演有限之人对抗无限之时永不缺席的同盟军之角色。

六　金丹的追求

在各种自然物中，金的不朽性质最为殊胜。唯一可堪比较者，厥为石。金与石不管在硬度、持久度方面，都有近似之处。三代人物言时计功，昭告神明，或想传达任何可以传诸久远的行动时，常假借"金"以行之，青铜礼器是典型的代表。三代后，则常以石代之，盟誓立言，勒功记事，常假石碑表达之。金与石因而常连用，借以表达悠远连绵之追思。蔡邕《铭论》说："物不朽者，莫不朽于金石。"[52] 其说良有以也。金石之学在后代自成一门学问，此门学问专门研究刊布于青铜等

---

[52] 引见张溥编：《蔡邕集》，《汉魏六朝百三家集》，《景印文渊阁四库全书》（台北：台湾商务印书馆，1983），册1412，卷18，页43。

"金器"与石碑、石鼓、摩崖等等"石器"上的文字或图式。金石之学是门唤起历史记忆之学，也是抗衡时间流逝之学。[53]

金石落在邦国宗族层次上，有延长历史记忆的青铜器、石碑。落在个人追求肉体长生的层次上，即有炼丹之学。我们现在知道炼丹以求长生最早的一条资料当是西汉李少君所言用黄金器饮食可得长生，成仙遨游："致物而丹沙可化为黄金，黄金成以为饮食器则益寿，益寿而海中蓬莱仙者乃可见。"[54] 之后的桓宽则明言秦始皇求仙方，当时燕齐之士争趋咸阳，"言仙人食金饮珠，然后寿与天地相保"。[55] 李少君此人颇有郎中的嫌疑，效法他的行径的少翁、栾大皆因其术不灵，因而惨遭杀身之祸。李少君在炼丹史上很重要，他的"炼黄金、成仙长生"的观点是炼丹术的核心因素，比任何炼丹家派都要早。[56] 但不管李少君所说黄金为器可得长生，或桓宽所说"食

---

[53] 关于金石与历史记忆的关系，一个极显明的例子是中国历史上所以多有石经与摩崖文字，其原因通常是佛教僧侣或佛弟子因怕佛教受到政治迫害，正法灭亡，所以才会"托以高山，永留不绝"，因为"缣竹易销，金石难灭"，铁山摩崖的《石颂》有此说。《石颂》拓文见山东石刻艺术博物馆编：《山东北朝摩崖刻经全集》（济南：齐鲁书社，1992），页1—189。

[54] 司马迁撰：《史记·封禅书》，册4，卷28，页1385。

[55] 桓宽著，王利器注：《盐铁论校注》（上海：古典文学出版社，1958），页208。

[56] 参见李约瑟 (J. Needham) 著，陈立夫主译：《中国之科学与文明——炼丹术和化学（续）》（台北：台湾商务印书馆，1985），册15，页37。然而，如依据前文桓宽所说，至少秦朝时的燕齐方士已经开始传播丹道了。

金饮珠，然后寿与天地相保"，这样的理论恐怕都是前有所承，并非凭空杜撰的。事实上，丹沙因为被视为带有神秘的生命基质，所以李少君才会要求先"致物"，丹沙乃能发挥作用，"物"大致为非自然之类的灵异之物之义。致物—丹沙—黄金—成仙这样的信念恐怕早见于新石器时代的墓葬。而以金缕玉衣作为保护贵族尸体、以求长生的习尚，在汉代已颇为流行，晚近出土实物，间可见到。[57] 这种流传于丧葬行为的生命仪式具有顽强的生命力，不随时代兴亡而兴亡，它的来源有可能很早。

石之美者为玉，金与玉在修炼密术中常连用，《黄庭经》说"含漱金醴吞玉英"，即以金、玉两者作为服食修炼主要的材料。对前近代许多人而言，金石或金玉不仅可外在于躯体，佩之，戴之，如金缕玉衣一般，使肉身保持长久。他们更相信如果能服食金玉，应该可从服食者内在的形躯面改造人的生理结构，以得长生。服食金玉以求长生的技术不知始于何人，《山海经·西山经》说："稷泽，其中多白玉，是有玉膏，其原沸沸汤汤，黄帝是食是飨。"[58] 黄帝被视为历史的肇始者，也是传说中的伏炼之祖。《楚辞·远游》说："吸飞泉之微液兮，怀琬琰之华英。""琬琰之华英"即王逸注所说的"玉英"，此词与"金华"恰可相互发挥。《远游》论服食游

---

[57] 最著名者如满城中山靖王刘胜夫妇墓所见的金缕玉衣即是，汉墓中出土文物中偶见金缕玉衣，可见一时之风气。

[58] 袁珂注：《山海经校注》，页41。

仙之术，出自赤松子、王子乔所教。以上两则所说都是服食之
事，[59] 或者说：服食与行气兼备，[60] 内外兼顾。黄帝、赤松子、
王子乔的年代悠邈难定，但可想像的，服食求仙的风气早已
有之。

　　金、玉两者皆有魔咒之力，在先秦时期，玉的魔力似乎超
过金，玉的魔力可能和"精"的信仰有关，玉一般相信是"水
之精"或"精"的化身。但两汉后的服食传统，金的地位有日
渐上升之势，这个传统和淮南王刘安应该有密切的关系，往
上也许可以追溯到邹衍。[61] 服金以求长生最密集的记载见于
《抱朴子·金丹》一篇："夫金丹之为物，烧之愈久，变化愈
妙。黄金入火，百炼不消，埋之，毕天不朽。服此二物，炼人
身体，故能令人不老不死。此盖假求外物以自坚固，有如脂之
养火而不可灭，铜青涂脚，入水不腐，此是借铜之劲以扞其肉

[59] "怀琬琰之华英"据王逸注，乃是"咀嚼玉英，以养神也"。洪兴祖：
　　《楚辞补注》（台北：大安出版社，1995），卷5，页254。"怀"者，
　　不是怀藏，而是服食。
[60] 蒙文通于《晚周道仙分三派考》一文中，力主赤松子、王子乔之教为
　　"行气"，而不是"药饵"，但就文献看来，当是两者兼具。蒙文收入
　　《古学甄微》（成都：巴蜀书社，1987），卷1，页335—342。
[61] 邹衍常被视为中国炼丹术之祖，参见李约瑟（J. Needham）著，陈
　　立夫主译：《中国之科学与文明——炼丹术和化学（续）》，册15，页
　　8—16。比较李少君与邹衍的例子，我们不妨说：前者是明文记载，
　　后者是逆推所得。后者的逆推虽是推论，但其检证标准却包含了炼丹
　　术的诸元素，这是比较严格的学术要求。由服食求仙的相关记载来看，
　　原始的炼丹术年代当更早。道教传统所说的伏炼之祖为黄帝，虽然很
　　难说是史实，但放在本节的脉络看，却有理路。

也。金丹入身中，沾洽荣卫，非但铜青之外傅矣！"[62] 这是全文的总纲领，接着是九丹之炼法及说明，接着又有一大堆的丹法，加上各种炼丹的神秘规矩，《金丹》篇可视为前此炼丹术之集大成之作。葛洪无疑费了很大的工夫创作斯篇，但诚如他自己所说：《抱朴子·金丹》的内容不是葛洪个人的创见，而是来自一种神秘久远的传承。

服食金玉会和外丹的概念结合，除了《抱朴子》外，我们不会忘记《周易参同契》这么重要的一环。此书《第十章》说："金入于猛水，色不夺精光。自开辟以来，日月不亏明。金不失其重，日月形如常。金本从日生，朔旦日受符。金返归其母，月晦日相包。隐藏其匡廓，沉浮于洞虚。金复其故性，威光鼎乃熺。"《第十一章》也说："巨胜尚延年，还丹可入口，金性不败朽，故为万物宝，术士服食之，寿命得长久。"就"金"与"外丹"的关系而言，这两章当是最典型的论述。外丹所以得以长生者，乃因巫术的两项原理而来，一是"圣显"的加持，亦即来自天界的日光下贯于"金"，使其发光，"金"因此也带有来自天界的神圣性质。这种天光与"金光"的本体论关联，绝非罕见，我们前文论冶剑的意义时，已见过类似的观点了。如果要再往前追溯，我们不会忘了《易经·说卦》所说"乾为金"此名言。在其他的文明里，也有类似的思考

---

[62] 参见王明：《抱朴子内篇校释》（北京：中华书局，1985），页71—72。

模式。[63] 其次则是相似法则使然。《周易参同契》说"类同者相从"，即是此巫术法则的另一说辞。金炼至最纯的境地，即所谓的九转还丹。学者服食不朽之纯金，吃物补物，[64] 理所当然地认为会带来不朽之金身。

《周易参同契》向来有内丹、外丹的诠释之别，上述两章前贤亦有作内丹解者。笔者倾向此书为内、外丹混合之典籍，很难以单一观点一以贯之地通读。即便我们采彭晓、俞琰的内丹学诠释观点，将外丹文字完全化为内丹的论述。但至少这些外丹语言仍须被视为内丹的比喻，既然是比喻，此比喻的喻依仍有独立的认知意义，因为它有来自外丹的源头。而可想见的，在当时修炼的人士当中，颇有人相信"还丹可入口，金性不败朽"者。

金石之学是门抵抗时间的学问，中国的金丹之学（炼丹术）依席文 (N. Sivin) 的解释，恰恰好也是"控制时间"的一门学问。[65] 时间控制到了极致，即是与时间同极，与时间同极的存在者即是所谓的"仙人"。然而，时间就像《薄伽梵歌》

---

[63] 就"金"的象征而言，其素材来自天界的陨石，是更常见的另一种"圣显"方式。两者的材料虽然不同，但"光来自天界"与"石来自天界"，其运作原理是一致的。参见 M. Eliade, *The Forge and the Crucible* (Chicago: University of Chicago Press, 1978), pp.19—26。

[64] 后代的一位道士张隐居曾引俗语"食金如金，食玉如玉"以证金丹理论。参见张隐居：《张真人金石灵砂论·黄金篇》，《正统道藏》（台北：新文丰出版公司，1977），册31，页690。

[65] 参见 N. Sivin, "Chinese Alchemy and the Manipulation of Time," *Science and Technology in East Asia* 64/4 (Dec.1976): 512—526。

所描绘的是吞噬万有的巨灵，一切的存在皆无从逃脱被吞噬的命运。[66]"几回天上葬神仙，漏声相将无断绝"（《官街鼓》），李贺的诗道出了时间之威力无穷，人无所逃于天地之间。何况，服食金丹是否可在身体上显现"金性不败朽"，许多经验性的案子无情地粉碎了这来自"类同相从"的巫术信仰："服食求神仙，多为药所误。"（《古诗十九首·驱车上东门》）服食金丹，可得长生？越来越多人相信这只是一则无稽的神话。

外丹死而内丹生，金的不朽意义慢慢地从物相的流动中，转移到人的生命因素。内丹的成立一般溯源到隋代的苏元朗或再上追溯到陈朝的慧文，就"内丹"一词的成立而言，这样的溯源是可以接受的。但就内丹之实考量，源头可以更早。至少我们如就金的"不朽"象征着眼，金从外服的丹药变成内在生命（精）的代称早就发生了，而且正是在《周易参同契》此书上，我们看到最明显的换轨的机制。

《周易参同契》提及生命（精）的不朽象征，用到"黄芽""金华""黄中"三个明显可和"金"代换的术语。此书说："王阳嘉黄芽"，"黄芽"得到王阳这位著名的古炼丹师之

---

[66] 且看《薄伽梵歌》第十一章，第二十七、二十八、三十二节所述：不管王侯将士，"皆匆遽入君唇吻兮，可愕可怖之断龈，见有留挂于齿隙兮，其头皆碎为齑粉"；"如江河众流，唯奔于海兮！此辈人世英雄，皆汇入君之口，腾光彩兮"；"'我'为'时间'兮，灭群生而峻起！'我'来尽毁此诸世！"徐梵澄译：《薄伽梵歌论·附薄伽梵歌》（北京：商务印书馆，2003），页571—572。

保证。[67] "黄芽"也者，生命之芽之状态，白玉蟾说："心地开花，谓之黄芽。"[68] 黄芽实为内丹之异名。"金华"意指黄金之华，修炼有成的状词，此一词语流传到后世，声势极为显赫，几乎变成道教修炼的专有语汇。《周易参同契》说："黄帝美金华。"伟大的词语自然要得到伟大人物的背书。"黄中"一词的象征意味也极强，此词语结合了"中"此神圣方位与"金之黄"此神圣颜色，早在《易传》成立的年代，它即意指生命的贞定原理，所谓"黄中通理，正位居体"是也。[69] "黄芽""金华""黄中"三者在后世的内丹修炼传统中，都变成了极重要的术语。真正的不朽之因素已不在自然世界中的黄金，而是内在于人的一种精微的生命之元素。追求性命之学的学者之首务即在唤醒此金之质素，催化之，促成之，以期开花结果，黄中通理。

不朽的召唤由物质的服食转往内在精神的唤醒，此一巨大工程的变迁之历史脉络仍有纠结不明之处。但可以确定的是："金"的不朽意义之载体已有转变，而转变的历程是和一种广义的性命之学之兴起息息相关的。六朝之后，道教的修炼之学与精气神的身体图式理论越发成熟，"金华"盛开的园地自然

---

[67] 王阳居廉用奢，世传王阳能作黄金。参见应劭撰，王利器校注：《风俗通义校注·正失》（北京：中华书局，2010），上册，卷2，页119。

[68] 引自赵台鼎《脉望》，收入陈继儒编：《宝颜堂秘笈》，卷3，页13。

[69] 语出《坤·文言》。依据孔颖达的疏，这两句话只是形式上的泛指至中至正之义，不是心性论语汇。

而然地转向了人的内在之精微的身体。丹不在外, 而在内。所以采食、伏炼, 不必求诸名山的黄金与丹砂, 只要往内自求即可。但内要内到什么程度才算数? 依据长期的身体技术之修炼所得, 一种深入生命的底层, 撞击到意识与气交接的层面之学说就浮现了, 性命双修的炼丹理论终于变为主流, 甚至连"金丹"一词都变成内丹的意义了。[70]

丹道的性命双修发源于隋唐, 后来成为金元道教的重要主张。但修炼既然不会只有丹道的模式, 金的象征意义之旅途也就还没走完。"金"是汉文化共同的象征财, 它的意义自然会被其他的学派吸收、转化, 我们仅举儒学的发展为例。我们发现相对于两汉六朝重视事功、伦理的儒家思潮, 唐代中叶后, 儒家对性命之学的需求越来越强烈, "金的不朽象征之内在化"也逐渐在儒门的著作中出现, 王学的传统可以找到较多的材料足作印证。至少我们在《传习录》书中看到王阳明以黄金的纯度与斤两比拟圣人之境界,[71] 其高弟王龙溪也以炼丹比良知,[72]

---

[70] 此《悟真篇》所以有"学仙须是学天仙, 惟有金丹最的端"之语。张伯端的"金丹"是内丹, 葛洪的"金丹"是外丹, 两者的关系可以说是后出转精, 是一种质的飞跃。但就葛洪的观点看, 张伯端的用语不免有"乞丐赶庙公"的嫌疑。张伯端之语参见仇兆鳌:《悟真篇集注》(上海: 上海古籍出版社, 1989), 卷上, 页 62。

[71] 圣人的金之成色之论, 参见王阳明《语录一·传习录上》"希渊问"条。收入吴光等编校:《王阳明全集》(杭州: 浙江古籍出版社, 2010), 卷 1, 页 30—31。

[72] "良知与炼丹"之喻, 参见王畿:《易测授张叔学》,《王畿集》(南京: 凤凰出版社, 2007), 页 418—419。王龙溪还以金在矿比喻良知在缠, 良知全体朗现, 其景象则为"管取全收大地金", 同上, 页 559。

这些都是众所共知的例子。这样的比拟可以看出：金的"物质性"变得极为稀薄，它的不朽象征早已和儒门的诠释活动紧密地结合一起，成为心性论王国的成员了。

七 结 论

金带给感官的消息是坚硬（触觉）、清冷（触觉）、光白（视觉）、清脆（听觉），以及一种身体收敛内聚的肃穆感，[73] 这些不同的知觉相互支援，形成相当一致的联觉系统。和木、水、火、土相比之下，金行提供的感觉作用以及象征意义相当清晰、独特，和其他四行的作用可以清楚的区隔。五行意义固定化后，金行在时间、空间、身体等各种向度上，更确切地说，也就是在全体世界的分类系统上，占有五分之一的比重，其内容不免因为指涉过多而日渐稀释。但我们一看到此行拥有的基本质性：禁也、义也、白也、秋也、商也、刑也，却有似曾相识之感。很明显地，定型化的这些质性乃沿袭三代以下金的原型象征而来。[74] 换言之，金行的"物性"与感知者的"感

---

[73] 笔者想到对"金行"最好的叙述不是来自理论论证，而是诗赋。宋玉《九辩》首章云："悲哉！秋之为气也，萧瑟兮草木摇落而变衰，憭栗兮若在远行。登山临水兮送将归。泬寥兮天高而气清，寂寥兮收潦而水清。"此章咏秋，视之为咏金亦未尝不可。宋玉无意传达五行思想，但金行所要传递的情感：萧瑟、憭栗、寂寥却可于此赋见出。

[74] 最完整而制式的五行理论当是隋代萧吉的《五行大义》，此书内容太繁，不便讨论。我们且以《吕氏春秋》讨论五行说较早的 （ 转下页 ）

性”最为一致，金行的象征和我们的原始经验很能相呼应，其他四行在这点上就比较不是那么明显。

上述所说的“物性”“感性”云云，牵涉到洛克（J. Locke）所谓的“初性”与“次性”之分。“金”作为五行之一，它的象征意义自然是多面向的。它会引发人的沉重、寒冷之感等，如李贺诗中常见的色泽即多清冷沉钝之感，这种金的属性可视为洛克义的次性，它当然有美学上的意义。金为五行之一，它与其他诸行的关系当然也很值得探究。如金由土出，这是流传相当广的神话主题，中国的文献也不乏这样的记载，汉代娄敬甚至有种金于地之传说。又如言及修炼，不管是外丹、内丹，金、火总是相连，个中的机关也仍有待发覆。

金的象征义虽多，但笔者认为最具文化意义的当是刑—法、冶炼与不朽，刑—法的性质来自金之硬度，冶炼的意义来自金之由粗矿石转为贵重金属，不朽的象征则来自金在时间上的绵延性质。金性坚硬，利断万物，中国的青铜兵器和青铜礼器一

（接上页）文字为例，略进一解。在《孟秋纪》篇中，此书提到金与天时人事的种种呼应关系。这些关系中除了天子要行“尝新”礼，先荐寝庙之外，另外有两个要目。一是金行适用的范围：秋，其日庚辛、其数九、其虫毛、其音商、其味辛。其色白、其帝少昊、其神蓐收。二是天子要对外征伐不义，对内修法制，缮囹圄。金和空间的西方、时间的秋天与庚辛之间连在一起，这是时空形成的大架构。“其虫毛”，据注家注解，指的是虎。龙虎对配，分配东西，此事可推到新石器时代。“其音商”，根据传统的音乐理论，“商”代表悲哀内敛之声，其声呜呜然，如怨如慕，如泣如诉，此固秋声也。辛在味觉当中，意指爽利，非甜美苦辣等强烈之味。其色白，白为素色，一切颜色的基质，与金最亲。上述这些论点与金行给人的感觉显然颇近似。

样出色，它带来的摧毁的效果也特别显著。但在上古，金的神话传递的讯息有两面性，摧毁从来不单独出现，它与秩序同时而来。刑—法意味着刑杀与法制，刑与法两者是连体婴，两者在发生的次序与结构的位置上，紧密相连。刑杀与法制的相生相杀，我们可视为金行一个很明显的悖论表现，这种悖论性格显现在我们对正义的要求上面。我们依法则为的是要制裁（摧毁）不义，我们制裁不义为的是要维系法则。在各种德目中，与金的性质最接近的道德德目即为"义"。

在儒家的德目之光谱中，"义"总是作为"仁"的补充法则而出现。儒家论道德，仁的首出性是无庸置疑的，仁通常与"生命""创造""本体""爱之情"等等价值连结在一起，有了"仁"，才有尔后一切德目的呈显。但"仁"如果是首出性的创生原理的话，它在秩序的构成方面则不免有所欠缺，所以需要"义"此秩序原理之补充。朱子说："义，便是惨烈刚断底意思"；"义是肃杀果断底"；"义如利刀相似，都割断了许多牵绊"。[75] 和"仁"的连绵、统属相对照，"义"的分别、刚断是很明显的。而凡由义衍生出来的语汇，如义兵、义气、公义、正义，也都带有类似的内涵。仁是慈母原则，义是严父原则，《易传》说："立人之道，曰仁曰义。""义"虽是"仁"的补充原则，但却是本质性的补充，两者缺一不可。

---

[75] 上述引文参见黎靖德编：《朱子语类》（北京：中华书局，1994），册1，卷6，页110、106、120。

我们论"金"与"义"的关系时，因为受到儒家用语的影响，通常会赋予"义"字明确的道德涵义。事实上，体现金行的义道之涵义较广，"义如利刀相似"虽是朱子的解释，却很符合"义"的原始精神。战国时期流行文—武、刑—德之说，"武""刑"都是作为金行表现的义道之变形，而文—武、刑—德的构造也可以视为仁—义此构造的另类表现。《管子·四时》说："阳为德，阴为刑……德始于春，长于夏；刑始于秋，流于冬。"《经法·君正》篇云："因天之生也以养生，谓之文；因天之杀也以伐死，谓之武。"我们试比较"金""义""刑""武"诸概念，不难看出它们是同一概念家族的成员。

我们引用到《管子·四时》与黄帝帛书中的相关概念，不是偶然的。笔者认为在先秦诸子百家中，最能体现金的刑杀—法制之双重面向者，厥为兵家、黄老道家与法家。[76] 兵家著作多假借黄帝之名，或多言及黄帝与蚩尤及四帝征战之事。黄帝与蚩尤皆为兵神，兵家祖述黄帝，再合理不过了。而兵家可视为金行最重要的代理人，也不难想像而知。黄老道家的"黄帝"意象与内容与兵家关联很深，上世纪下半叶出土的《黄老帛书》中，其内容也多假黄帝君臣的对话，谈及此义。所谓"凡谋之

---

[76] 唐君毅先生则认为墨家最重义道。唐先生的说法有文献的依据，因为墨家重义，《墨子》书中即有《贵义》篇。但墨家重义，其"义"重视的是"客观"的文义，与本文从"金"行的象征入手不同。言各有当，兹不赘述。

极，在刑与德"，"作争者凶，不争者亦无成功"。[77]《鹖冠子》
更干脆说"人道先兵"，[78] 讲得再白不过了。兵家与黄老是奇特的
连襟，两者大体都依天道以言政事及兵事。言兵事，不能不兴义
兵；兴义兵的目的则是为了要建立秩序。黄老道家与兵家貌离神
合，它们的精神可以说是金行的具体呈现。至于受黄老道家影
响的法家也会受到金行的影响，也是合理的事。我们现在看到
谈"刑—德""文—武"之说最显著的著作除黄老帛书外，即是
《管子》一书了。法家因为受到秦朝施政成绩的拖累，形象大
坏。但它的初衷恐怕仍在刑德相济，商鞅所说"以战去战、以
杀去杀、以刑去刑"，[79] 即为此一学风的忠实反映。

　　除了刑杀，"金"所以能发挥作用，乃因它被制成金器。
在制成的过程中，它通常需要被提炼、融合、模铸，乃克成
物。简言之，"金"由矿石转到金器，要经由大规模的变形过
程，这种变形过程在其他自然元素之加工中较少遇到。因为
"金"之转换的规模大，rite of passages 的时间长，其成品之
精与原料之粗的对照也较强烈，因此，冶炼的模态隐约之间与
变形神话同化了，如出一辙。两者同样强调外貌极大规模的变
化，但在变化中仍能维持一点不变的相同质性。金的冶炼所以

[77]　河洛图书出版编辑部编：《帛书老子·十大经》（台北：河洛图书公司，
　　　1975），页 212、214。
[78]　参见陆佃：《鹖冠子·近迭第七》（台北：世界出版社，1979），卷上，
　　　页 26。
[79]　商鞅：《商子·画策第十八》（台北：台湾商务印书馆，1965），卷 4，
　　　页 8。

常伴随原型神话的题材，也常会带来特多神秘因素，并非不可理解。

冶炼是项艰巨非凡的工作，需要不同矿物的消解与融合。冶炼的过程需要身心全体卷进，情意志一体融合地跃入，它活像另一种形态的宇宙创造。炼金因此变成了一出神圣庄严的事业，名剑有灵，在主客结合的冶炼事业中，物的出矿淬金和人的转识成智（归性复初）、金的"一泓秋水照人寒"和人的本心的"具众理而应万事"[80]之结构，竟仿若一种叙述的两种版本。从荣格、耶律亚德之后，我们知道炼丹术所描述的物理变化，与其说是化学事件，毋宁是种精神转化的物质显像。"方正而明，万界无尘，水天一色，犀照群伦"。[81]镜乎？心乎？是同？是别？冶炼的事件带有内、外泯绝的质性，金（物）的述词与心的述词可交换使用，这也是金行的一大特色。[82]

---

[80] 参见黎靖德编：《朱子语类》，册1，卷14，页265。

[81] 台北故宫博物院收藏《薛氏方正镜》的铭文，参见《故宫铜镜特展图录》，页234—235。此镜为宋代湖州薛沓侯作，湖州薛氏镜的铭文玄味特浓，笔者怀疑此镜风格与理学的兴起有关。

[82] 上述的说法与荣格的炼丹术理论相合。荣格对炼丹术最特别的解释，莫过于认为炼丹术表现了原型心理学所谓的"自性化"(individuation)的历程，席文认为荣格的假说对史家几乎没有发生什么作用。笔者了解荣格在正统学科眼中，不免异端气息，但他的炼丹术理论牵涉到心理—物理关系，确实与中国的内丹、外丹相混的事例相符合。席文之说参见 N. Sivin, *Medicine, Philosophy and Religion in Ancient China: Researches and Reflections* (Aldershot: Ashgate Publishing Limited, 1995), viii, p.4 荣格的假说对科学史家是否毫无作用，笔者无能赞一词。但就意象论的角度而言，荣格的观察有其合理性。

在刑杀与变形之外，金的另一个基本象征厥为不朽，人类如果有对不朽的要求，即会展现出对金的追求。西方的炼丹术以及中国的丹道，正是围绕着金的象征所展开的仪式，这样的仪式或透过相似律的转化作用（以物补物），将金之物质转化为金身；或透过对内在的神秘身体（水中金）之体认，体现精气神，以期超凡入圣。至于中国的金石学所显现的对不朽的追求，那是另一种层面的事，这是在国家、天下、天命的层次上，与历史记忆的拔河。"金丹"与"金石"都是透过"不朽"之质性，走入人类的历史。

但"不朽"不管意指时间无限延长的长度的概念，或意指超越衡量单位的非时间性概念，一种建立在物质性基础上的"金石"或"金丹"，怎么能够与之竞赛呢？就"不朽"的观点看，记忆镂在金石上，与写在水波上，并没有太大的差别。服金丹（不管是外丹或内丹）所得的金刚身躯，与食五谷所成的血肉之躯，也很难讲有质的价值之差异。随着时间的迁移，一种新的不朽观出现了。历史记忆的载体渐由鼎铭丰碑转到立德、立言、立功的"口碑"，表现出"道德行为永续性的信念"。[83] 而"金丹"也逐渐由物质义转到精—气—神之精微身心体构造，最后终转到先天的心体本身。历史记忆的不朽观与身心体不朽观的基础逐渐汇流，指向了一种立基于超越向度的

---

[83] 这是贝塚茂树对《左传》所说"立德、立言、立功"此三不朽的思想史意义之解释，参见贝塚茂树：《不朽》，《贝塚茂树著作集》（东京：中央公论社，1977），卷6，页7—22。

心性内涵。亦即人的不朽之依据在心之"体"，其历史影响之不朽之依据则在此心体之"用"。[84] 经过了这种转换的历程后，"金"彻底地变成了一种完美无陋的隐喻，这是不朽义发展的极致。

---

[84] 笔者认为到了宋朝，儒家的不朽观更由"道德行为"的侧面内转到"道德行为依据的心性主体"，此程明道所以有"尧、舜知他几千年，其心至今在"之说，参见程颢、程颐：《河南程氏遗书》，《二程集》（北京：中华书局，1981），上册，卷7，页96。胡五峰也有"心无死生"之说，参见胡宏：《知言・附录》，《胡宏集》（北京：中华书局，1987），页333。现行《知言》一书无"心无死生"此名言，大概因为朱子作《知言疑义》一文反对其说，张栻也觉得其语不妥，当删。所以此说后来就被删除了，我们读的《知言》是净化本。然而"心无死生"乃胡五峰论心要义，不是一时笔误。在现行《知言》书上，我们仍可看到"宰物而不死者，心之谓欤"的论点，同上，页28。

陆　创生、深奥与消融
——水的原型象征

一　前言：原型中的原型

水是占地表面积最广之物，百分之七十由水所覆盖。水是构成人身最重之物，它构成人身重量的一半以上。水是形成文明最根源的因素之一，古代诸大文明可以说都是河的文明，埃及的尼罗河文明、西亚的两河文明、印度的恒河文明及中国的黄河文明皆是。水是生命的要素，也是民生重要之物，这是现代社会中一般人民的共识，但先民对此也不陌生。在辽阔的华北平原上，农耕成了华夏先民的主要产业，春耕、夏长、秋收、冬藏的循环构成了初民基本的生活教育，与农业息息相关的水因此成了其时文明的重要内涵。威特福格尔 (K. A. Wittfogel) 的中国文明水和社会说，未必可成定论，但却是很重要的一种中国史的假说。

水是物，但不是现代科学理性意义下所说之物。对先秦诸子而言，水不仅用于民生，不仅是利用、厚生之物，水也是建构他们哲学想像的重要象征。抽离掉水的因素后，我们很容易忽略绾结他们各自思想体系的黏着力。作为人类思考的原型象征，水的神秘功能不仅见于中国，在希腊或印度的四行说中，水都列入其中，可见其跨文化的质性。发生于中土的水之想像与其他文明地区有共相，也有殊相。本文将举儒家、道家、阴阳家等为例，证成此义。

二　孔门之仁与水的生命象征

先从儒家谈起。《论语》一书里有几则与水相关的重要公案，这事很值得留意。《先进》记载孔子曾和他的学生子路、曾皙、冉有、公西华四个人交谈，孔子问他们：假如哪天他们有机会出仕执政，他们会怎么作。子路率先回答："千乘之国，摄乎大国之间，加之以师旅，因之以饥馑。由也为之，比及三年，可使有勇且知方也。"孔子听了，微笑不语。冉有与公西华也分别表示他们有意于礼乐教化之事，孔子听了，不置可否。最后，孔子问曾皙其意何如。曾皙当时正在鼓瑟，他听到夫子的问题后，"鼓瑟希，铿尔，舍瑟而作。对曰：'莫春者，春服既成，冠者五、六人，童子六、七人，浴乎沂，风乎舞雩，咏而归。'"孔子听了，喟然叹道："吾与点也。"[1]

《先进》这篇文字是《论语》一书中有名的美文，"与点"一章几乎成了所有宋明儒必参的公案，陈白沙、王阳明对此

---

[1] 引自赵顺孙纂疏：《四书纂疏·论语纂疏》（台北：新兴书局，1972），卷6，页20。

都曾再三礼赞。但这篇有名的文字到底该怎么解？却极令人费解。按照儒门的精神，儒者对世界的责任是无穷无尽的，子路、冉有、公西华三人的抱负或许大小有别，但他们都想治国、兴礼乐、以人文化成政治，这不是孔子一再劝导学生黾勉从事的事业吗？当子路、冉有、公西华这三位学生走了以后，孔子和曾皙有段简短的对话，孔子表示他为什么没有赞美他们的理由。孔子的评语相当温和，而且批评中时见赞许之义。但主要问题不在这里，而在孔子为什么赞美曾皙？孔子是位了不起的艺术家，他喜欢歌唱，自己会弹琴作曲，对诗歌也非常内行，他还认为仁者智者一定喜欢山水。因此，孔子能欣赏自然，他多少具有一些隐士的生命情调，这都是可以理解的。但为什么他特别赞同曾皙的话语？为什么生命情趣的鉴赏判断其地位可以超出严肃、正统的政治伦理判断之上？是否曾皙的美感命题其实也是另一种的政治命题？是否舞雩是祭天祷雨之所，雨水是农业文明的基础，是真正的"下层建筑"，雨水不足，一切免谈。所以曾皙的话语其实还是反映着他对时政的关怀？[2] 还是曾皙的话既歌咏了先王之志，又表达愿意回来重新跟夫子学习，温故知新，所以孔子特别赞美他呢？[3] 以上的设

---

[2] 这是格拉耐（M. Granet）反讽式的设想，参见格拉耐（M. Granet）著，张铭远译：《中国古代的祭礼与歌谣》，（上海：上海文艺出版社，1989），页149。

[3] 何晏注云："歌咏先王之道，而归夫子之门。"参见何晏注，邢昺疏：《论语注疏·先进》，收入李学勤主编：《十三经注疏整理本》，册91，卷11，页173。

想都有可能，但这么一设想，曾晳的话语即与其他三位同门的
话语同化了，看不出其特质何在。

前代经学家的注释都不餍人意，所以朱子就另出新解了：
"曾点之学盖有以见夫人欲尽处，天理流行，随处充满，无少
欠阙，故其动静之际从容如此。而其言志则又不过即其所居之
位，乐其日用之常，初无舍己为人之义，而其胸次悠然，直
与天地万物上下同流，各得其所之妙，隐然自见于言外。"[4] 曾
晳这席美妙的语言经过朱子一解，字字句句都反映了"天理流
行"的至善境界。朱子的注解是有背景的，理学家如程明道、
邵雍、陈白沙、王阳明等人践履所至，皆能于日用常行内，直
诣先天未画前。以他们的体验为准，儒门确实有"天理流行，
随处充满，无少欠阙"之境。而"浴乎沂，风乎舞雩，咏而
归"确实也可以作这样的解释。因此，同样一种美感经验，它
可能只是美感的，但也有可能在美感的向度之外，另有深层的
精神涵义。理学家解释显然偏向后者，笔者也同意这种解释有
部分的道理。因为如果不是这样的境界，孔子为什么会起了这
么深的共鸣？可是话说回来，如果境界这么高，曾晳为何在儒
学史上没有多高的地位？孔子除了在这一章以外，似乎也没有
怎样的赞美过他，反而他儿子曾参的地位重要多了。看来，曾
晳大概还到不了程明道、陈白沙的境地，曾点（亦即曾晳）不
属于曾点传统。孔子与曾晳同样喜欢"浴乎沂，风乎舞雩，咏

---

[4] 朱子注引自赵顺孙纂疏：《四书纂疏·论语纂疏》，卷6，页22—23。

而归"，但两人的体验可能还是有层次之别。

问题依旧是问题。孔子听了曾晳一席话后，固然可以往天理流行的层次理解。但目击道存，则无处不通，因此，任何触目之物都是等价的，山山水水与瓦甓屎尿并没有分别。如果这样的话，孔子赞美"浴乎沂，风乎舞雩"就变成是偶然的了。可是，事情真是这样吗？朱子在曾晳的话语下注云："今上巳被除是也。"朱注可以给我们一些启示。

朱子并不是最早以"上巳被除"诠释"浴乎沂"之事的人，早在汉季，即有此说。[5] 上巳节为三月初三，上巳有被除不祥之举，如《风俗通义·祀典·禊》所云："周礼女巫掌岁时以被除衅浴。禊者，洁也……故于水上盥洁之也。巳者，祉也，邪疾已去，祈分祉也。"[6] 其例甚多，不必枚举。然而，上巳节除了被除不祥外，它还具有从男女聚会、恋爱以至生子的功能。《诗经·郑风·溱洧》一诗描绘郑国士子与女子在溱水与洧水嬉戏的情状，其言词甚为生动。[7]《韩诗》对此有说曰：

---

[5] 朱子在《或问》即说："汉志三月上巳被除，官民洁于东流水上。而蔡邕引此为证，是也。"引自赵顺孙纂疏：《四书纂疏·论语纂疏》，卷6，页22。

[6] 应劭撰，王利器校注：《风俗通义校注》（北京：中华书局，2010），下册，卷8，页382。

[7]《诗经·郑风·溱洧》之言如下："溱与洧，方涣涣兮；士与女，方秉蕳兮。女曰：'观乎？'士曰：'既且！且往观乎？洧之外，洵讦且乐！'维士与女，伊其相谑，赠之以芍药。溱与洧，浏其清矣；士与女，殷其盈矣！女曰：'观乎？'士曰：'既且！且往观乎？洧之外，洵讦且乐！'维士与女，伊其将谑，赠之以芍药。"

郑国之俗，三月上巳之溱洧两水之上，招魂续魄，祓除不祥，故诗人愿与所说者俱往也。[8]

"说"者，悦也。配合《韩诗》之说与《溱洧》一诗的内容，我们有理由相信：所谓的"悦"，实即两情相悦。两情相悦再进一步，即有男女云雨之事。[9]《周礼·媒氏》云："仲春之月，会令男女，于是时也，奔者不禁。"上巳虽非仲春时节，但三月初三确实接上了仲春之尾，而月日数字重叠，往往又是中国节令的习惯（如元旦、端午、七夕、重阳）。因此，上巳如果带有高禖崇拜的涵义，此事一点也不意外。由男女云雨再进一步，当然就是生子之事了。恰恰好，此事也与上巳节紧密相关。两汉时期，帝王往往于三月上巳，到灞水边或宫中的"百子池"，祓除不祥，以求多子。士子或于此月临流浮卵或浮枣，以庆佳节。浮卵或浮枣之举当系纪念简逖行浴，"见玄鸟堕其卵，（遂）取吞之"的始祖诞生神话而来。[10]

---

[8] 参见范家相：《三家诗拾遗》（台北：艺文印书馆，1966），卷5，页6。

[9] 郑玄注此诗言："因相与戏谑，行夫妇之事。"毛亨注，郑玄笺，孔颖达疏：《毛诗正义·郑风·溱洧》，收入李学勤主编：《十三经注疏整理本》，册55，卷4-4，页376。为什么"相与戏谑"就是"行夫妇之事"，就字义而言，不易理解。但郑玄是注解礼仪最翔实之经学大家，其注应当有据，或许汉代上巳节仍残余桑濮之风。

[10] 详细论证参见孙作云：《诗经与周代社会研究》（北京：中华书局，1966），页295—331。月朗：《简狄吞卵神话与上巳祈子习俗》，《民间文学论坛》1991年第2期，页7—13。

男女的聚会、恋爱、好合、生子，其相虽殊，但都是"生殖"一事的不同发展。上巳节的功能显然是多方面的，但它最主要的功能当是"生命的成长"。[11] 即使就"祓除不祥"而论，它预设的也是"俗质""积淀"的祛除以及新生命的开始。新生命开始，这事如何可能？我们看看"沐兰汤""沐浴""百子池""溱洧""浴乎沂"等等的语句，应当不难了解：这是"水"的宗教功能所致。水具有无限的潜能，生生不息，这是"水"最基本也是最普遍的象征（见后）。"仁"（道德心）生生不息，刚健日新，这也是儒家最重要的概念的最重要面向。因此，宋儒以"天理流行，随处充满"解释曾晳之说，语似唐突，在深层之义上，却扣得极为紧密。

除了"吾与点也"这段著名段落外，我们可以再观察《论语》里另一段有名的公案：

> 子在川上曰：逝者如斯夫，不舍昼夜。（《子罕》）

这段话意象极美，因此，孔子故里也就有"子在川上处"的地点。但这段话前无所承，后无所续，用朱子的话讲，它是标准的"没巴鼻"底话。就字义而论，孔子是感叹（或赞叹）流水滔滔，永不回头。但"逝者如斯夫"是否纯是直抒胸臆的"赋"，还是有"比兴"的意味呢？它只是"一句叹惜光阴"

---

[11] 孙作云甚至认为"上巳"实即"尚子"。同前注，页322。

呢？还是像"桓子野见山水佳处，则呼奈何，夫子于此，亦有一往深情"呢？[12] 参考前贤的注解时，我们还是不能不想到宋儒的解释：

> 天地之化往者过，来者续，无一息之停，乃道体之本然也。然其可指而易见者，莫如川流，故于此发以示人，欲学者时时省察而无毫发之间断也。[13]

朱子这段话反映的不只是他个人的观点，宋明儒大体都有此领会。[14] 论深造自得，体契道妙，宋明儒当然远超出前代儒者之上。从体验哲学的角度着眼，他们对孔子思想的理解是很值得重视的。

但论者如果不接受这样的解释，他们硬要宋儒拿出更可靠的证据来，那么，问题依然没有解决。因为孔子这席话固然可以往道体生生不息，无片刻停留的方向解释，但我们怎么知道圣人看到水流不停，即可生起这样的联想？如说目击道存，为

---

[12] "一句叹惜光阴"语出杨复所。"桓子野"云云，当是张岱之按语。此两种注解皆引自张岱著，朱宏达点校：《四书遇》（杭州：浙江古籍出版社，1985），页217。

[13] 朱子注引自赵顺孙纂疏：《四书纂疏·论语纂疏》，卷5，页14。

[14] 程颐即说："此道体也，天运而不已，日往则月来，寒往则暑来，水流而不息，物生而不穷，皆与道为体，运乎昼夜，未尝已也，是以君子法之自强不息，及其至也，纯亦不已焉。"同前注。另参见同卷，页14—15引用程朱及其门人的论点。

什么"富贵于我如浮云"的浮云、夫子"与弟子习礼大树下"的大树，不会引发类似的联想呢？水流不停，此意象是否有特别的涵义？

上述的质疑很难"实证的"予以取消，我们确实找不到足够的文字，足以支持朱子的注解是可靠的。但直接的证据如果不足的话，我们不妨迂回前进，从"水"的象征意义着眼，看看能否从另一种角度再度确认宋明儒的洞见。事实上，孔子喜欢流水是有名的，荀子曾述及此义，其言如下：

> 孔子观于东流之水。子贡问于孔子曰："君子之所以见大水必观焉者，是何？"孔子曰："夫水遍与诸生而无为也，似德。其流也埤下，裾拘必循其理，似义。其洸洸乎不淈尽，似道。若有决行之，其应佚若声响，其赴百仞之谷不惧，似勇。主量必平，似法。盈不求概，似正。淖约微达，似察。以出以入以就鲜絜，似善化。其万折也必东，似志。是故见大水必观。"(《宥坐》)

类似的话也见于《大戴礼记》《说苑》及《孔子家语》，[15] 孟子及其门人也都了解孔子对水一往情深（见下文）。上述这种现象固然可以用古书所说的名人逸事多陈陈相因解释，但我们如

---

[15] 四篇文字略有出入，参见李涤生：《荀子集释》（台北：台湾学生书局，1979），页646。

果配合上引《论语》章节及思孟荀子也一再引用水的意象看来，孔子将水当作一种主要的象征，这是可以肯定的。

《荀子·宥坐》所言，多少有些汉代经生的气息。但我们如再仔细思量，不难发现这些制式的语言背后其实还是透露了一些可靠的讯息。"夫水偏与诸生而无为也，似德"，这句话表示水具有创生性，但其创生不是出自有限者的意志，而是出自无为。"其洸洸乎不淈尽，似道"，这句话显示了水具有无限的潜能，它的能量是无穷尽的，与道相似。"其流也埤下，裾拘必循其理，似义"，这句话表示水无固定的本质，它有无限随势转化（自我转化）的能量。以上三点是"君子见大水必观"的三个主要理由。我们如果将这三点和孔子论仁作一比较，不难发现：两者极端相似。"仁"是孔子思想的核心，这个概念的实质内涵可以说主要是由孔子一手建立起来的。"仁"是种道德情感的真机，它具有生生不息之生意，学者最怕的即是麻木不仁，程颢说得好：

> 医书言手足痿痹为不仁，此言最善名状。仁者，以天地万物为一体，莫非己也。认得为己，何所不至？若不有诸己，自不与己相干。如手足不仁，气已不贯，皆不属己。故"博施济众"，乃圣之功用。[16]

---

[16] 程颢、程颐：《河南程氏遗书》，《二程集》（北京：中华书局，1981），上册，卷2上，页15。

仁人这种盈满生机的心灵表现在行为上，即是一种"无适也，无莫也，义之与比""无可无不可"的"圣之时"之态度。这是否"其流也埤下，裾拘必循其理"呢？

由于"仁"不只是行为的事件，它还指向道德心灵的向度。而道德主体在实践的历程中，它势必不断地扩充、展现，日新又新，愈动愈出。依据儒家的传统，"仁"的概念不只是一种表德，它具有无穷的奥秘及潜能。因此，原则上说来，我们无法穷尽"仁"的内涵，因为它通向于无限层的天道性命，由此看来，仁不是"洸洸乎不淈尽"吗？

儒门的"仁"与《荀子·宥坐》的"水"，其内涵竟相似一至于斯，这难道是偶然的吗？我们回过头来重新探看宋明儒解释"浴乎沂，风乎舞雩，咏而归"及"子在川上"两章，乍看之下，这些文字似乎理学气息过重，理学家可能无意间将自己的思想成分读进了圣人的典籍中。但依据上文所说，我们认为《论语》两章如果没有明文表示大道流行之义，但至少它隐含了这样的内涵。《论语》这种隐含还不仅仅是种类比，而是"水"这个意象在当时的文化体系里面即有这样的质素，因此，当孔子很自然地使用"水"这种意象表达他的内心深层一种具有宇宙性意味的情感时，我们可以理解：他虽然没有作理智型的哲学论述，但他事实上参与了当时共同的文化象征符号，他的抒情语言内部浓缩了"水"这个意象一脉相承的文化传统，尤其是它的创造性、变迁性、深奥性。

孔子见大水必观，子思、孟子恐怕也有此嗜好，这是孔门家法。现行《中庸》一书不管是否全部为子思所作，但此书可以代表子思学派的思想，这点应该是可以成立的。据朱子的编排，《中庸》一书首尾不过三十三章，但在儒家思想史上却具有举足轻重的地位。它是先秦儒家形上学的代表，也是尔后宋明儒学形上学的滥觞。此书建立在孔子"仁"学说的基础上，仁是道德心生生不已之真机，《中庸》由此更进一步，揭露宇宙生生不息之真相。《中庸》"生物不测"和《易传》"生生之谓易"的思想携手，共创一种宇宙性的生命哲学。这种生命哲学后来与《论语》《孟子》的道德哲学同列，成为儒家永世不替的核心石。《中庸》怎么建构生生思想的形上学论点呢？它当然有论述，《中庸》首章"天命之谓性，率性之谓道，修道之谓教"即是此书的核心纲领。

但我们如果仔细观察《中庸》的论述，不难发现《中庸》在主要的章节处用了"水"的隐喻，这种情况于此书后半部尤其密集。我们都知道《中庸》后半部的主要概念为"诚"，诚是真实无妄。《中庸》主张道的创生是存有的真实，世间万物无一物可少，无一物不纳道体之创造性以为己性。这种"天德"落实到人身上来即成为"人德"，学者唯有真实无妄，承体起用，才算与道同构，同步运作。道是深潜莫测的本体，诚是永恒不已的真实创造，落到人身上来，人的道德创造也是永恒不已，愈动愈出的。然而，这种道德的创造性要怎样表现出来呢？最好的隐喻恐怕非"水"莫属了。《第二十六章》论"至诚无息"处，子思言诚体悠远、博厚、高明，因此，可以载物、覆物、成物，天地之道一言以蔽之，即是"其为物不贰，则其生物不测"。底下，就引喻说明此事，其中有言："今天水，一勺之多，及其不测，蛟龙鱼鳖生焉！"这里的"水"当然具有创生义、无限潜能义。但子思此章因为将水与天、地、山并列，天地山水都是原型象征，都是活之物质，因此，子思这里用的水的意象虽然泼辣生动，但它的特殊质性相形之下并不特别显著。

底下所说，恐怕就大有文章了。

> 仲尼祖述尧舜，宪章文武，上律天时，下袭水土……万物并育而不相害，道并行而不相悖。小德川流，大德敦化。（《第三十章》）
>
> 唯天下至圣为能聪明睿智，足以有临也……溥博渊泉，而时出之。溥博如天，渊泉如渊。（《第三十一章》）
>
> 唯天下至诚为能经纶天下之大经，立天下之大本，知天地之化育。夫焉有所倚，肫肫其仁，渊渊其渊，浩浩其天。（《第三十二章》）

这三章所述的主词为"仲尼""至圣""至诚"，换言之，也就是道成肉身的果地境界之事。此时"人力穷而天心见，径路绝而风云通"。就传统的工夫论讲，学者只能礼赞，而不能论述。因为此时所见，乃是不可思议的超越界、神圣界、无限界。很值得玩味的，子思此时自然而然地就用了"水"的象征。《第三十章》言及"小德""大德"，语若有别，其实相去惟是一间。因敦化也者，所指为超言说界，这也是《中庸》结穴所言："上天之载，无声无臭，至矣！"之境。语言论及此处，很难再增添一丝一毫，象征、比喻云云，自然也该归入扫除之列。但我们如仍要用言说表达，则"如何表现道"的问题就跟着出现，而"水"的象征也就浮现上来了。换言之，"川流"再加速、加强的话，它就会"敦化"了。准此，"小德""大德"境界诚然有别，但如论其指涉，其实所指涉者仍是连续的，袁了凡云：

> 流者，出也。川流者如水分于万川，滴滴各全水味也。化者，融也。敦化者，如大炉火，钗钏镮钟，无不融化而归一也，一随万而出，则缕缕分析而不穷。万得一而融，则重重摄入而无碍。[17]

依据注解，"滴滴各全水味"的"川流之水"，与"无不融化而归一"的"敦化"，两者的语义指涉虽有广狭之别，但其内容却都是相同的，这是华严世界因陀罗网境界门的展示，是种化境语言。袁了凡所说，我们还可以在《第三十一章》与《第三十二章》得到印证。当子思想到"至圣"万德皆备、无能名焉的人格时，他也是想到用不时涌现的泉水以比喻之。渊

---

[17] 张岱著，朱宏达点校：《四书遇》，页62。

泉时出，这表示体现道的圣人人格不断地创生，表示他有无限的潜能，不可能用尽；这同时还表示他玄妙莫测，所以如渊又如水。同理也见于《第三十二章》的"至诚"之论："肫肫其仁，渊渊其渊，浩浩其天。"语言极美，其以"水"象征绾结人德（仁）与天德（天）尤其显著。子思甚至形容"天"时，都忘不了使用水之意象的"浩浩"两字。

"浩浩"如果用以形容"至诚者"人格之既深且广的话，"洋洋"则进一步强调圣人人格如华严义海，鱼龙尽现："大哉！圣人之道！洋洋乎发育万物，峻极于天。优优大哉！礼仪三百，威仪三千，待其人而后行。"（《第二十七章》）儒家的圣人之道不会只是万物一体、毫无内容，相反地，它总是强调一多相容，动静并蓄，即俗即真，道器一如，儒家的圣人之道即表现在生命的展现处。由此，我们最后可以过渡到《中庸》里既玄且美的一章：

> 君子语大，天下莫能载焉；语小，莫能破焉。诗云：
> 鸢飞戾天，鱼跃于渊，言其上下察也。君子之道，造端乎
> 夫妇，及其至也，察乎天地。（《第十二章》）

这段话一向被宋明儒视为"子思吃紧为人处"。这段话受到重视是可以理解的，因为它代表一种"活泼泼"的精神，这是"天地生物气象"最好的写照。建立在水丰富象征意义之上的"鸢飞鱼跃"概念，一向与"喜怒哀乐未发前"气象并列，同

是宋明儒重视的核心概念。事实上，这两套工夫一向被认为是互补的，连续的。学者只有透过慎独的工夫、知大本的位阶后，才可体证活泼泼的气象，渊渊其渊，浩浩其天。仁一小一天的内在关联亦由此可见矣！

三　动能之水与平准之水：孟荀的例子

子思和孟子在学派归属上时常连在一起，这是有道理的。他们两人喜欢用"水"形容活泼泼的道，这点也是一致的。孟子的弟子徐辟问孟子道："仲尼亟称于水曰：'水哉！水哉！'何取于水也？"这个问题问得好，为什么孔子老是赞扬水呢？《孟子》一书没有明说徐辟为什么问这个问题，但我们很容易感受到徐辟的不解。孟子的回答是这样的：

> 孟子曰：原泉混混，不舍昼夜，盈科而后进，放乎四海，有本者如是，是之取尔。苟为无本，七八月之闲雨集，沟浍皆盈，其涸也，可立而待也。故声闻过情，君子耻之。(《离娄下》)

"原泉混混"一语令我们联想到前文已提过的"溥博渊泉，而时出之"，但《中庸》所言，重在果地；孟子所言，则从道德有本有源这个观点着眼。

孟子的思想重点为性善，但他所说的"性善"不只是个伦理法则，它是安置在身心连续体上面的一个述词。孟子在这点上和康德，甚至程朱大不相同，后者不能接受道德可以扎根于具体化的身心气状态，但孟子主张的人性虽然不能化约为心理学或生理学的语汇，可是它却非得在身心气上展现、成长、超越不可。毫无疑问，孟子的人性理论带着一种"机体的"性格，它是整体的，不可能与道德意识活动背后的身心向度、社会向度、自然向度、超越向度分开；它也是成长的，道德不由外塑，它虽然要在"他者"的身体、社会、自然之结构中展现，但展现的动力源自人格内部，所以道德只能"由仁义行"，而不是"行仁义"。孟子怎么样表现这种机体的道德观呢？很自然地，他会联想到具有成长、整体、生命、深奥涵义的隐喻，"树木"即是其中之一；[18] "莠麦"又是其中之一，[19] 孟子用莠麦及树木形容道德，这样的意象确实很妥帖。每棵树木及莠麦成长时，都需要阳光、水、空气的辅助，但每棵树木及莠麦都有内在的生命力，它的生命力贯穿到全身的每一枝叶。

"树木""莠麦"的意象很好，比起"螺丝钉""铁锤"等等现代政党喜欢运用的伦理学语汇，它亲切可人多了。但"树

---

[18]《告子上》云："牛山之木尝美矣，以其郊于大国也，斧斤伐之，可以为美乎？是其日夜之所息，雨露之所润，非无萌蘖之生焉，牛羊又从而牧之，是以若彼濯濯也。人见其濯濯也，以为未尝有材焉，此岂山之性也哉！"

[19]《告子上》又云："今夫莠麦播种而耰之，其地同，树之时又同，浡然而生，至于日至之时，皆熟矣。虽有不同，则地有肥硗，雨露之养，人事之不齐也。"

木"及"莘麦"在表现深奥、超越、无限方面，功能欠佳，此时，"水"的意象就派上用场了。孟子每次提及人的四端不断成长、成效甚快时，总喜欢用"如火始燃，如泉始达"形容。"如火始燃"主要形容其速甚快，甚猛，其用法主要是种类比的关系。"如泉始达"则不仅于此，"泉水"是种原型的意象，它深层地与人性及根源的自然结构结合在一起。准此，我们可以理解《孟子》底下这两段话：

> 孔子登东山而小鲁，登太山而小天下，故观于海者，难为水，游于圣人之门者，难为言。观水有术，必观其澜，日月有明，容光必照焉。流水之为物也，不盈科不行，君子之志于道也，不成章不达。（《尽心上》）
>
> 舜居深山之中，与木石居，与鹿豕游，其所以异于深山之野人者，几希。及其闻一善言，见一善行，若决江河，沛然莫之能御也。（《尽心上》）

流水潺潺等于四端发动，江海万顷等于修身有成。《孟子》一书还没有提出类似熊十力所说的"即本体即工夫""即现象即本体""即大海即波沤"的本末不二、一多不二的圆融观，但始末同质、人人皆具成圣成贤之潜能、江海即由水滴"盈科而行"而成，这些概念在《孟子》里是很清楚的。

"若决江河""观于海水"即是人格充分体现的境界，这样的境界如果再回到道德主体上解释，即是"浩然之气"盈满天地的层次。孟子谈的道德不只是道德规范，也不仅是道德情感，它是连着道德规范、道德情感并带动人存有性格的转变，而存有性格的转变是建立在身心连续体的转换上的。孟子认为人身底层是由气组成的，"气"是身体活动的构成因，也是意识活动的隐暗之身体向度，所以说"志至焉，气至焉"。理论上讲，气、血是人身结构上的两种不同指谓。就自然思想而言，气和水也分别隶属不同的范畴。但当孟子形容道德心"上下与天地同流"时，他却用到了"浩然"这种"江海浩浩"的语汇。[20] 我们几乎忘了：孟子讲君子过化存神的不可思议境界时，用了"上下与天地同流"这样的语汇，这语汇运用的不正是大水的意象吗！

读《孟子》一书，一而再，再而三的，我们老是看到前水复后水，意象相续流。"天下之言性也，则故而已矣。故者以利为本，性者，人物所得以生之理也。故者，其已然之迹，若所谓天下之故者也。所恶于智者，为其凿也，如智者若禹之行水也，则无恶于智矣！禹之行水也，行其所无事也，如智者亦行其所无事，则智亦大矣！"（《离娄下》）在孟子看来，大禹超过水利工程师的层次，他是善于修身养性的大圣人。当时谈性的人多矣，但没有一位好好地从水中悟出大道理来，"人性之善也，犹水之就下也。人无有不善，水无有不下"（《告子

---

[20] 引自黎靖德编：《朱子语类》（北京：中华书局，1994），册4，卷52，页1247。同卷，页1243"浩然之气，清明不足以言之"条，朱子复云："浩然，便有个广大刚果意思，如长江大河，浩浩而来也。"

下》）。水具有自然、生机、动能、深奥诸性能，它几乎可以视为人性结构在自然界的投影。和孟子同代的思想家如告子、公都子等人如果不是不看水，要不然就是看错水，他们误以为性犹湍水，无分东西。孟子有没有规劝这些思想家观看水或观想水，我们不得而知。但显然，他和孔子一样，也是"水哉！水哉！"的"亟称于水"。

荀子和孟子性格不对路，思想难接榫，但有一点相同的，荀子也是逢水必观，亟称于水。不过，两人所赞扬的水之质性并不完全一样。首先，荀子也同意水是可以成长的，这点和他的人性观相同。表面上看来，孟子的主张也是如此。实际上，两者的依据却大不一样。孟子说水可以成长，乃意指水有内在的动力，这是种源头活水观。荀子强调的水可以成长，重视的乃是种后天经验的积累，这是种聚水成海观。他说：

> 积土成山，风雨兴焉；积水成渊，蛟龙生焉；积善成德，而神明自得，圣心备焉。故不积跬步，无以致千里；不积小流，无以成江海。（《劝学》）
>
> 雨小，汉故潜。夫尽小者大，积微者著，德至者色泽洽，行尽而声问远。（《大略》）

"积"是荀子好用的语汇，荀子的道德离不开知识，知识离不开积累。他承认圣人有种神圣的性质，所谓"神明自得，圣心备焉"，"诚心守仁则形，形则神，种则能化矣！"

（《不苟》）这样的圣人性格也可在身体上显现出来，所以荀子有"美身"之说，"美身"是"君子之学""入乎耳，著乎心，布乎四体，形乎动静"（《劝学》）。荀子这些概念与孟子的"诚""践形"之说何其相肖！他喜欢用"水"类比知识的成长，此知识癖好与孟子又何其相似。但这种种的相似却抵不过一个根本的差异，此即荀子思想中缺少一种"道德内在、天人相通"的道德情感理论。荀子显然承认学者努力到一个程度，是可以有所突破，体证到某种特别的境界的。但"尽性""知天"这种可能性是不会有的，因为超越的性体概念在他的思想中是不存在的。他也谈"神"，但"神"不会是《易传》或周敦颐所说的本体之妙用，它毋宁是种描述礼义兼备的人格之状词罢了。[21]

　　荀子所说的道德如是，他所说的水之象征也是如此。"积水成渊，蛟龙生焉"，这显然是水的功能之一大突破，但水累积至江海，其过程仍是"积"。江海为"总"，其"总"由各滴水组成。荀子没有"源头活水"的概念，就像知识的积累是无限的渐教的历程之延伸，水滴可以衍为江海，渐教的无限拉长历程也是不可少的。为什么孟荀同样认为水可以成长，前者主张的是有机的成果，而后者却只能用"累积"的工夫呢？

　　谈到孟子用有机的源头活水，荀子用的是水滴积累之隐

---

[21]　参见朱晓海:《荀子之心性论》（香港：香港大学中国文学系博士论文，1993），页 106—115、186—201。

喻，[22] 我们由此可以进一步确定荀子的水譬喻之另一特性，此即荀子的"水"不是有机的，它缺乏歌德 (J. W. Goethe)"形态学"（morphology）观念底下所说的有机体"完整""成长""形式内容同质"的因素，[23] 孟子谈到道德意识如江河之流、原泉混混，及其至也，浩然之气弥漫两间时，我们注意到泉水、江水本身不是我们现在所说的"物质"之水的概念，水是自生自长、自具规范、完整无缺的，荀子不认为如此，他说：

> 君，考槃也，民者，水也，槃圆而水圆。君者，盂也，盂方而水方。（《君道》）

荀子的思想缺乏"内在的动能"的主体这样的概念，他强调的都是后天的、积累的、学习的、塑造的面向，其伦理学、政治学、知识论、人性论等等，所说皆是如此，我们看到他用的"水"之意象也是如此。水随物变形，这固然是水的质性。道

---

[22] 陈白沙云："渺哉一勺水，积累成大川，亦有非积累，源泉自涓涓。"参见陈献章：《答张内翰廷祥书，括而成诗，呈胡希仁提学》，《陈献章集》（北京：中华书局，1987），卷4，页279。白沙诗中提到的"积累成川"及"源泉涓涓"两种水，实即荀子与孟子的水观。

[23] 歌德这些想法基本上是反牛顿 (I. Newton) 的机械论及林奈 (C. Linnaeus) 的"属类学的"生物学观点，参见卡西勒（E. Cassirer）著，孟祥森译：《卢梭康德与歌德》（台北：龙田出版社，1978），页101—128。

家诸子看了，他们会强调水之无为、无执、在方法方、在圆法圆。荀子看了，却强调水内在没有法则，它是受外在力量规范的——荀子看待人性，亦同此模式。至于人如何"化"，以达圣人之境，这是另一层面之事。

除了"积累""受塑造"这两样特点外，荀子的"水"意象另有一较为特殊的质性，此即它的"光明、客观反映"。荀子最反对幽暗、隐晦、浑沌，他喜欢的是光明、条理、客观。[24] 他说："在天者莫明于日月，在地者莫明于水火，在物者莫明于珠玉，在人者莫明于礼义。故日月不高，则光明不赫；水火不积，则晖润不博。"（《天论》）一连串光明的意象串连成荀子喜欢的世界图像：日月、水火、珠玉、礼义。当然，光明的东西之所以能大放光明，还是要透过"积"的历程。水火的"火"姑且不论，水的光明意象是怎么来的呢？荀子在《解蔽》这篇重要的篇章中，说明其义如下：

> 人心譬如槃水，正错而勿动，则湛浊在下，而清明在上，则足以见鬚眉而察理矣。微风过之，湛浊动乎下，清明乱于上，则不可得大形之正也。心亦如是矣。故导之以理，养之以清，物莫之倾，则足以定是非决嫌疑矣。

---

[24] 参见蒋年丰《荀子"隆礼义而杀诗书"涵义之重探——从"克明克类"的世界着眼》，收入东海大学文学院编：《第一届中国思想史研讨会——先秦儒法道思想之交融及其影响》（台中：东海大学文学院，1989），页123—143。

荀子在这里将心和水作比。荀子认识论的核心概念是"心"，心最理想的状态是"虚一而静"，这就是"大清明心"。在大清明心的朗照之下，"万物莫形而不见，莫见而不论，莫论而失位。坐于室而见四海，处于今而论久远。疏观万物而知其情，参稽治乱而通其度，经纬天地而材官万物，制割大理而宇宙里矣"（《解蔽》）。一言以蔽之，心正则世界正，心乱则世界乱，心是世界秩序化、再创造化的主宰。但荀子的心可以"秩序化""再创造化"世界，并非取其心性形上学本体义，而是取一种统合虚静、理智、好礼义之道的统类心，[25] 它能"经纬天地而材官万物，制割大理而宇宙里矣"之先决条件，乃是它能不夹杂任何私欲的因素，客观呈现世界如其自如的模态。怎么样表现这种独特的心境呢？荀子用了镜与水为喻，他在这点上和庄子非常相似，[26] 水、镜都是中国哲人喜欢用来形容道体、心体的象征。[27] 但镜、水相较，镜似乎还不如水。镜、水都可表现"客观呈显万物"意，但镜缺乏水的流动感带来的活动

---

[25] 关于荀子的统类心，参见唐君毅：《中国哲学原论·导论篇》（台北：台湾学生书局，1986），页131—141。

[26] 《庄子·天道》也说："水静则明烛须眉，平中准，大匠取法焉。水静犹明，而况精神？圣人之心静乎！天地之鉴也，万物之镜也。"郭庆藩辑：《庄子集释》（台北：河洛图书公司，1974），页457。以下引《庄子》文字，皆依此版本。

[27] 参见 Julia Ching, "The Mirror Symbol Revisited: Confucian and Taoist Mysticism," in Steven T. Katz ed. *Mysticism and Religious Traditions* (New York: Oxford University Press, 1983), pp.226—246.

义。[28] 事实上，"大清明"三字很容易就会让我们联想千顷水碧的意象。

我们第一节引用《宥坐》"孔子观于东流之水"之章。此章言子贡问孔子："君子之所以见大水必观者，何故？"孔子回答了一段话，其中有言："其流也埤下，裾拘必循其理，似义……主量必平，似法。盈不求概，似正。淖约微达，似察。"水的意象确实可以有"义""道""勇""法""正""察"诸义，但透过我们上文对孔子与荀子"水"意象的解析，我们发现《宥坐》的孔子话语恐怕还是荀子使用的"重言"。"义""道""勇""法""正""察"的水意象应当是荀子的成分多于孔子的成分。

四　道家"水"的玄奥之义

先秦诸子重视水的另一大家厥为道家的老庄。老子重视水，这点是很清楚的，且看下列三章文字：

> 上善若水，水善利万物而不争，处众人之所恶，故几于"道"。居善地，心善渊，与善仁，言善信，正善治，

---

[28] 我们不妨听听巴舍拉 (G. Bachelard) 的解释："水提供的意象更自然，它比较天真淳朴……镜子太文明化了，太几何形式了，也太容易被操控为一种对象。" E. R. Farrell, tr., *Water and Dreams: An Essay on the Imagination of Matter* (Dallas, TX: The Dallas Institute of Humanities and Culture, 1983), p.5。

事善能，动善时。夫唯不争，故无尤。(《第八章》)

江海之所以能为百谷王者，以其善下之，故能百谷王。是以"圣人"欲上民，必以言下之；欲先民，必以身后之。是以"圣人"处上而民不重，处前而民不害。是以天下乐推而不厌。以其不争，故天下莫能与之争。(《第六十六章》)

天下莫柔弱于水，而攻坚强者莫之能胜，以其无以易之。弱之胜强，柔之胜刚，天下莫不知，莫能行。是以圣人云："受国之垢，是谓社稷主；受国不祥，是为天下王。"正言若反。(《第七十八章》)

水低下、柔弱、不争，结果却能统摄一切、至刚至强。论能量之大，天下万物没有任何东西比得上水。老子这里作了个经验的类比，道无为而无不为，就像水柔弱却可以洞穿最坚强的金石一样。如果孤立来看，老子这般操控水的意象，一方面固然突显了水的无限能量，但一方面也加深了老子阴柔、深沉的分量。得失之间，固是难言。

然而，老子用的比喻往往不仅止于工具性的外在类比关系而已。就像老子的道普遍应用在人事上，其根源却非得扎根于形上的真实不可；老子的水类比也是普遍应用在人事上，但它的根源深多了。且看下面所述：

道冲而用之，或不盈。渊兮似万物之宗。(《第四章》)

　　谷神不死，是谓玄牝。玄牝之门，是谓天地根。绵绵
若存，用之不勤。(《第六章》)

　　大道泛兮，其可左右。万物恃之以生而不辞，功成
而不有。衣养万物而不为主，可名于小；万物归焉而不
为主，可名为大。以其终不自为大，故能成其大。(《第
三十四章》)

"谷神"为川谷之神，用以喻道，"谷神"可能兼具水与女性隐
喻两种。[29]《老子》一书，水意象与女性意象皆可隐喻道，两
者分开使用，但偶尔也一齐出现。老子的道是否有创造性，学
者的观点并不一致。但我们如以他使用的水之意象为准，那
么，老子的道是有创造的意义的——至少有创造的意象在内。
《第四章》虽然没有明言水，但"冲而用之，或不盈，渊兮似
万物之宗"，这样的语汇显然与"谷神"意义相通，同时指涉
渊深与动能二义。而且其渊深与动能还不同前引《第八章》
《第六十六章》《第七十八章》诸章的伦理学用法，它这里用的
是始源义，是本体义。"冲而用之"的道、"不死"之"谷神"
的创造义也反映在《第三十四章》的文字中。"大道泛兮"很
容易令我们联想到柏拉提诺（Plotinus），柏拉提诺的"上帝"

---

[29] 老子道的女性生殖隐喻，参见加藤常贤、水上静夫：《中国の修験
　　　道——翻訳老子原义》(东京：雄山阁，1982)，页38—62。加藤常
　　　贤强调的是女性生殖功能，其实他引用的章句中也时常见到"水"的
　　　意象。

具有无限的动能，祂不断地从自身内部涌现能量，溢出外界，衍成世界。[30] 老子的"道"亦犹是，它既像鼓风炉一样虚而不屈，动而愈出；它也像大水一样，在秩序没有形成之前，先溢出浑沌世界化的基质，随后才有世界的展开。

老子大概是中国思想史上首位将水与女性意象结合，同时指涉道的思想家，这点很值得玩味。水与女性意象结合，这个现象在先秦诸子的著作中或许较为罕见，但从神话学的眼光看来，水与女性结合毋宁是种常态。水最重要的象征就是它是一切潜能之总合，是一切存在之根源，它是圆融未分之浑沌。就潜能与存在关系而言，这种关系很容易就转变为母—子的意象。由水涌现了万物，就像由母生出子一样。纽曼（E. Neumann）在《大母神》一书中，提到许多神话都强调女神的创生性，这些女神往往以圆杯形的容器盛水象征之。

> 容器中的水是生命的原始胚胎，许许多多的神话告诉我们：生命就是从中产生的。这是种"深奥"之水，一种深之又深的基层之水，它可以是汪洋与湖泊。但母性水不仅含摄一切，它也滋养成长，促使转形，因为一切生物如要茁壮，维持生命，它们必须仰赖大地之水或牛乳不可。

---

[30] 参见史泰司（W. T. Stace）著，译者不详：《希腊哲学史》（台北：双叶书店，1964），页306—310。

> 由于水的象征可以系连乳房与子宫，因此，雨水可视为天
> 界之牛之乳，地上之水可视为大地之乳。[31]

纽曼此处提到女性、圆深容器、水三者合在一起，象征一种根源的创生能力。而且万物被创生以后，它们仍需时时仰赖此根源的"水"或"乳"滋养。我们几乎不必深思，即可在《老子》一书中找到对应的概念，前引《第六章》："谷神不死，是谓玄牝。玄牝之母，是谓天地根。绵绵不存，用之不竭。"所说正是此义。

　　老子书中提到女性、圆深容器及水的意象极多。围绕着女性意象的语汇有静、下、阴、柔、雌、牝等字；围绕着圆深容器的意象有橐籥、埏埴之器、溪、谷；围绕着水意象的有溪、谷、江、海、甘露等等。这三组意象是相容的，它们或单独出现，如言："天门开阖，能为雌乎？"(《第十章》)"天下有始，以为天下母。"(《第五十二章》)或两者并列，如言："大国者下流，天下之交，天下之牝，牝常以静胜牡，以静为下。"(《第六十一章》)偶尔我们还可看到三者并列的，如《第二十八章》云："知其雄，守其雌，为天下溪。"溪当含水与圆深二义，所以《第二十八章》此段话可说兼具老子的三种重要的道之隐喻。

---

[31]　E. Neumann, *The Great Mother* (Princeton: Princeton University, 1972), pp.47—48.

老子的道以水、圆深、女性之象征展现出来，这是可以理解的。水因绾摄一切潜能，它被设想可以生出万物，所以与母生子的女性意象相通。然生殖的女性意象为子宫，范围大一点来说，是腹部，它位于人身下半部，其形为圆深，深这种意象至少又可和深不可测之水的意象相通。由于这三者的意象环环相扣，所以它们往往被联合运用，用以象征太初的创造实体。

老子运用了这组意象比较特别的地方，在于他不仅从神话处借来这组意象，用以形容深邃之道，而且还在于当他由客观的论道进而提出主体性的体道时，他还是运用了圆深、女性、水之意象。这当中一个关键性的因素是他的工夫论提供了他这种想法，而老子的工夫论主要又集中在逆觉遮拨的历程，"致虚极，守静笃"（《第十六章》）、"为道日损，损之又损，以至于无为"（《第四十八章》）、"塞其兑，闭其门，终身不勤"（《第五十二章》）。学者去除感性、智性的执着，守静，致虚，其结果是造成意识的反身流向，更确实地说，乃是人的意识往下渗透，直至感性不起、智性不作的身心连续体底层，在此连续体底层处，意识与无意识合一，人是以"全体"的方式与物交通，其状况有如江河归海一般，顿入无分别界。庄子形容此境最好："视乎冥冥，听乎无声。冥冥之中，独见晓焉；无声之中，独闻和焉。故深之又深！而能物焉；神之又神，而能精焉。"（《庄子·天地》）这种意识下降的历程及其所得，恰好也验证了体道境界可用圆深、水、女性的意象形容它，所以说：

"古之善为士者，微妙玄通，深不可识……旷兮其若谷，混兮其若浊，澹兮其若海，飂兮若无止。"（《第十五章》）"我愚人之心也哉！沌沌兮。俗人昭昭，我独昏昏。俗人察察，我独闷闷。众人皆有以，而我独顽且鄙。我独异于人，而贵食母。"（《第二十章》）意识下降直至无分别后，老子竟然可体验到"若谷""若海""贵食母"之感。我们相信：老子的夫子自道也是一般体道者的写照。[32]"我愚人之心也哉！沌沌兮"此句另有玄机，容后再论。

　　"水"在《老子》书中透露出处世的智慧与形上的奥义，但基本上它是非情感性的，非私人性的。在《庄子》书中，除了上述的特殊性质外，它变成了可游可观的自然，它是人文世界的延伸，但这种由人文世界延伸过来的自然并没有丧失掉它原始的质性，相反地，它与庄子提倡的精神风貌（逍遥的精神、神话、寓言的幻构空间）结合一起，造成一种奇妙的转型。比如说：庄子与惠施游于濠梁之上，两者辩论"儵鱼出游从容"，到底是否鱼乐？或者人有没有可能知道鱼乐？此段隽永小品的主角是庄子、惠施与游鱼，水仅是背景。但就像《中庸》鸢飞鱼跃的化境离不开水的象征之背景一样，此地"从容"的儵鱼也脱离不了南方文化中的"水"之象征意义。濠水已不是野性的自然，它可游、可观、可论，它变成了庄子生活

---

[32] 关于意识下降的历程与水、谷、女性意象的关系，另参见山县三千雄：《神秘主义者としての老子の新解》，《人文论集》第 12 号（1975 年 2 月），页 23—66。

世界的成分。但濠水在这种人文之转型中，它也注进了"观物的方式"（有没有可能"知"物？"知鱼乐"的"知"到底是什么"知"？）的意义向度，这种向度又和"水"原本即具有的生机、深奥、无区别的神秘功能绾结在一起，共同铸造了濠水的文化意义。

诠释学上有"效应历史"(effective history) 的说法，[33] 任何文字意义都不可能是字典的、对应的，它一定会承载以往的传统，并成长变化。我们了解它一定也是处在某种不完全透明的情境去理解，不可能掌握当中完全的意义。当然，如果意义的变化太琐碎 (trivial)，那么"效应"云云也没有多大的意思。但水在《庄子》书中，其意义确实有很大的改变，它由野性的、神话的变为一种深层意识化的、逍遥化的"水"之意象。这两个阶段的意象不是断层的，而是一种辩证转化，早期的丰富意义被"道"（精神）驯化后，仍保存在后者的意象中。现在既然说到了逍遥，我们不妨即以《逍遥游》之水为例。此篇以"北冥有鱼"开卷，以惠施与庄子论"有用""无用"之两则对话终卷。其中一则对话提到惠施谓庄子曰："魏王赐我大瓠之种，我树之成，而实五石；以盛水浆，其坚不能自举也。剖之以为瓢，则瓠落无所容，非不呺然大也，吾为其无用而掊之。""大瓠"是南方民族常见的象征，它用以象征创

---

[33]　参见 Gadamer, G. Barden and J. Cumming trs., *Truth and Method* (London: Sheed & Ward, 1975), p.267—274。

造、神圣、生殖等等，[34] 庄子借用此义。但他将它嵌镶在"有用／无用"的论述下，而"有用／无用"的论述显然又是"逍遥游"精神下的一个子题。果不其然，庄子即批评惠施不知"用"，他并建议道："今子有五石之瓠，何不虑以为大樽，而浮乎江湖，而忧其瓠落无所容，则夫子犹有蓬之心也夫！"将葫芦编为大樽，浮游江湖，这样的意象极美。但庄子这里显然结合了"葫芦"及"水"这两组来自宗教传统的神圣意象，但放在"道即自然"（如"道在屎尿"）的脉络下重新解释，这些意象表现出庄子所欲追求的逍遥游之精神。庄子这般使用水之意象，无疑为后世的山水文学、隐逸文学开了先锋，但我们不宜忘掉：它与原始宗教的"水"之象征意义仍有紧密的系连。因此，庄子虽然开拓了许多水的意象，或者说：增加了许多的水的空间，但这些水的空间之意义不能从地理学的观点来看，

---

[34] 闻一多早在他的名文《伏羲考》已指出葫芦与西南各民族的创造神话、始祖神话的密切关系。参见闻一多：《伏羲考》，《神话与诗》，收入朱自清、郭沫若等编：《闻一多全集》（台北：里仁书局，2000），册1，页3—68。刘尧汉：《中华民族的原始葫芦文化》，《彝族社会历史调查研究文集》（北京：民族出版社，1980），页218—237。及《中华民族龙虎文化论——联结中国各族的龙虎文化纽带渊源于远古女娲、伏羲的合体葫芦》，《中国文明源头新探——道家与彝族虎宇宙观》（昆明：云南人民出版社，1993），页216—277。更踵事发挥此义，并指出葫芦文化与中原文化的密切关系，以及彝族对中华文化母体的重大影响。最近的研究参见 V. H. Mair,《Southern Bottle-Gourd *(hu-lu* 葫芦*)* Myths in China and Their Appropriation by Taoism》，收入李亦园、王秋桂主编：《中国神话与传说学术研讨会论文集》（台北：汉学研究中心，1996），页185—228。

也不能从文学的技巧之观点定位，而当从水的原始象征意义及庄子的精神化之道的象征意义，此两者结合所造成的转型效果考虑。

我们不妨再以《逍遥游》开宗明义的"北冥有鱼"之名文为例。"北冥有鱼，其名为鲲。鲲之大不知几千里也。化而为鸟，其名为鹏。鹏之背，不知几千里也……怒而飞，其翼若垂天之云。是鸟也，海运则将徙于南冥；南冥者，天地也"。这段文章中有神话中的动物：鲲与鹏；有神话的主要素材：鲲化为（变形）鹏；也有神话的地理：北冥与南冥。冥者，海也，"取其溟漠无涯"。[35] 由无涯之大海中有鲲鹏之变化，这意味着由海水之原始存有 (being) 而有生物之变化 (becoming)。庄子借用这种神话母题（至少是神话意象）象征至人境界提升→臻乎逍遥→引发存有秩序的转变。《天地》言"谆芒"将东往"大壑"，在东海之遇到"苑风"。"苑风"问"谆芒"为什么要东游以观大壑，谆芒答道："夫大壑物也，注焉而不满，酌焉而不竭，吾将游焉。"大壑即为尾闾，即为归墟，归墟中有石，其名为沃焦。传说其石阔四万里，厚四万里，乃羿射九日，堕落所致。[36] 大壑为万流归宗之地，是代表大自然能量不断注入与不断蒸发的平衡处，因此，它是"绝对""无限"，而谆芒"游焉"。谆芒这里的"游焉"就像孔子、荀子所说的见大水必

---

[35] 郭庆藩辑：《庄子集释》（台北：河洛图书公司，1974），页 2。

[36] 沃焦神话，参见泰民校刻：《锦绣万花谷》（台北：新兴书局，1974），卷 5，页 160。

"观焉"的"观焉"，在一游一观之间，游者观者即可汲取水的神圣意义。所以当苑风接着问"圣治"如何？"德人"如何？"神人"如何时，谆芒皆有以答之。而最后以"上神乘光，与形灭亡，此谓照旷。致命尽情，天地乐而万事销亡，万物复情，此之谓混冥"结束此章。显然，神话中的"尾闾"此一地理空间已和"混冥"的心性形上境界结合一起，它庄子化了，但仍保有神话中的奥义。[37]《庄子》书中与水相关的地理意象，住往皆有此义。《天地》言"黄帝游于赤水之北，登于昆仑之丘。而南望还归，遗其玄珠"，《知北游》言"知北游于玄水之上，登隐弅之丘，而适遭无为谓焉"等等，皆可依同一方式，解析其中的义理。

　　庄子的水意象（或许该包含山在内，山水连用）无疑是后来山水文学的滥觞，但和后者不一样的地方，在于前者不只是美感的意义，它含有"由神话转化的哲学"涵义在内；然而，庄子的水意象也不再是神话的水之作用而已，其差别主要在于庄子的水已是辩证的精神化之产物，它是与人的世界相融的水，而不是"他者的、绝对玄奥的"水。开启后来山水文学的这位不世出的大师，他其实不属于他开创出来的传统。他活在神话、神秘的因素仍是自然有机的成分的时代，加上他天才的创发，因此，他看山是山，看水是水；但其山水却无一不超出

[37] "尾闾"其实是中国神话地理学相当重要的一个概念，详细的论述参见御手洗胜：《"尾闾"という語の原義について》，《広島大学文学部纪要》第47号（1988年1月），页43—51。

诗人所看到的山山水水。

庄子描述的自然之水之意象往往具有神话、神秘、逍遥的意味，但很值得玩味的，庄子描述的水这些质性同时也见于他对心性的论述。庄子和老子在外貌上不太相同的地方，莫过于庄子论"道"很少客观地从宇宙论立言，他是从"主体转换所呈显的境界"着眼。而主体只要一转换，心性的底层境界一呈显，水的意象也就跟着来了。《应帝王》记载郑国有神巫季咸，其人神相，臆则屡中，列子为之神迷不已。列子的老师壶子敦请季咸给自己看相，事实上就是斗法。初相，季咸认为壶子已无生机，必死无疑，因壶子示之以"杜德机"的"地文"。再相，季咸认为壶子有生机点，其实，这是壶子故意示之以"善者机"的"天壤"。明日，季咸又见壶子。季咸：

> 出而谓列子曰："子之先生不齐，吾无得而相焉。试齐，且复相之。"列子入，以告壶子。壶子曰："吾乡示之以太冲莫胜，是殆见吾衡气机也。鲵桓之审为渊，止水之审为渊，流水之审为渊。渊有九名，此处三焉。尝又与来。"明日，又与之见壶子，立未定，自失而走。壶子曰："追之！"列子追之不及，反以报壶子曰："已灭矣，已失矣，吾弗及已。"壶子曰："乡吾示之以未始出吾宗。吾与之虚而委蛇，不知其谁何，因以为弟靡，因以为波流，故逃也。"

神巫看相不看外表，他直入意识深层的神气流行处，亦即他是以直觉感通得到讯息的。"地文""天壤"境界仍低，所以季咸得窥伺其机（虽然是壶子故意"示"的）。但一到"太冲莫胜"之境，季咸就束手无策了，所谓"太冲"，乃是"聪明虽用，必反为神，谓之太冲"，[38] 这已是"循五官内通而外于心知"的神妙心境。等到"衡气机"时，更是心气相依，诸念不起，全然止息。庄子此处就用洄流、止水、流水比喻心境了。水态不同，其体则一，正如心气流行虽异，心体湛然则一。最后，壶子使出"未始出吾宗"的撒手锏，季咸遂不得不落荒而逃。因为他感知的心境竟是"因以为弟靡，因以为波流"。此处的"波流"自然指涉心灵之化境，纵横自在，其地位似乎还超过"知天乐者，其生也天行，其死也物化。静而与阴同德，动而与阳同波"（《天道》）的境界，反而与云门三句的"随波逐流"相当。

　　庄子以水喻道，以意识下沉、精而又精、深而又深体道，这些基本上是承自老子的。"渊"老子用之，庄子也用之，除"九渊"外，庄子也说："夫道渊乎其居也，漻乎其清也。"（《天地》）"海"，老子用之，庄子也用之，除象征的用法外，他也说："渊渊乎其若海，魏魏乎其终则复始也。"（《知北游》）庄子的"心养"理论与"心斋"理论，都是重要的体证工夫，

---

[38] 刘文典撰，冯逸、乔华点校：《淮南鸿烈集解·诠言训》（北京：中华书局，1989），下册，卷14，页488。《文子·符言》亦言："聪明虽用，必反诸神，谓之大通。"徐慧君、李定生校注：《文子要诠》（上海：复旦大学，1988），页94。两书文字稍有出入，但都主张感官知觉逆反为一种创造性的直觉。

庄子说道其过程如下：

> 心养。汝徒处无为，而物自化，堕尔形体，吐尔聪
> 明；伦与物忘，大同乎涬溟；解心释神，莫然无魂；万物
> 云云，各复其根。各复其根而不知，浑浑沌沌，终身不
> 离。(《在宥》)

"涬溟"注家言是"自然之气"，但由其义玄冥万象，差异
归于大同，我们可以推知庄子这里用的还是水的意象。

我们当然不是否认庄子用"气"来界定心灵流通之效用，
心气合一是庄子的基本设定，这是没问题的。但庄子在这点上
和孟子有点类似，当他们提到心气之奇妙莫测时，往往用了水
的意象及其象征作用，所以才会有"浩然之气"及"涬溟"之
"自然之气"。[39] 当然，"心养论"最可以勾引我们兴趣的，还
是"浑浑沌沌，终身不离"的意象，此处，我们又碰到"浑
沌"了，这是笔者要处理的另一个主题。

五　五行学说与《管子》的水思想

孔孟老庄使用水的意象，它的意义源远流长，其源头恐怕

---

[39] 很凑巧的，宣颖注解"涬溟"即说是"浩气"，参见宣颖注《南华经
解》，收入严灵峰辑：《无求备斋庄子集成续编》(台北：艺文印书馆，
1974)，册32，卷11，页227。

非得追溯到上古的神话不可。但先秦诸子的水意象最接近神话的巫术源头的，恐非阴阳家莫属。只可惜阴阳家虽然一度声势显赫，邹衍的著作之数量及影响力更是惊人，但现在除了一些零金碎玉外，他们的作品几乎零落殆尽。[40] 不过，就秦汉时期一些与阴阳家相关的思想来看，我们大体还可知道阴阳家的"水"的意象是什么模态。

阴阳家的水的概念最重要的特征，莫过于它把水当成五行的宇宙图式中的一行，定型化了。它的质性从此即与五行宇宙图式中的时间、空间、声音、颜色、身体、动物、植物的分配连在一起，此"行"中的事物互相指涉，大家同是此行大家族中的成员。兹以底下两则文字为例：

> 孟冬之月，日在尾，昏危中，旦七星中。其日壬癸。其帝颛顼，其神玄冥，其虫介，其音羽，律中应钟，其数六。其味咸，其臭朽，其祀行，祭先肾，水始冰，地始冻，雉入大水为蜃，虹藏不见，天子居玄堂左个，乘玄辂，驾铁骊，载玄旂，衣黑衣，服玄玉，食黍与彘，其器宏以弇。[41]
>
> 三寒同事。六行时节，君服黑色，味咸味，听征声，

---

[40] 依据王梦鸥先生所说，邹衍遗说只有两条是可靠的，一条讲四时改火，一条讲四代更迭。王梦鸥：《邹衍遗说考》（台北：台湾商务印书馆，1966），页54。

[41] 许维遹撰，梁运华整理：《吕氏春秋集释·孟冬记》（北京：中华书局，2009），上册，卷10，页215—216。

治阴气，用六数，饮于黑后之井，以鳞兽之火爨。藏慈厚，行薄纯，坦气修通。[42]

以上所引，是我们目前所知年代较早的两条阴阳家思想资料。到了汉代，阴阳家与儒家思想合流，相关的资料就更多了。上引《吕氏春秋》与《管子》两条资料，其内容间有龃龉，但大的原则非常清楚，那就是"水"被视为五行中的一行，它在宏观的宇宙图式中占据了五分之一的比重。它与空间的北方、时间的冬季、五色的黑色、五味的咸味、五音的征声、数字的六、动物的"介虫"、五谷的黍、五帝的颛顼、北方之神的玄冥等等结合起来。这些从现代分类学观点看来无一相关的要素，在五行学说的"关联式思考"模式笼罩下，[43]它们却被视为共同分享了"水"行的共同成分。在许多神话里，水都是被视为始源的创造泉源，它在一切存在之先，即使在中国残缺的神话素材里，我们都可以看到类似的想法。但在阴阳家的宇宙图式里，水变成了五行之一，它的地位基本上和金木火土四行相当。虽然我们有理由相信五行的起源不会太晚，至少比邹衍的时代要早许多，但五行的关系弄得这么秩序井然，这个业绩

---

[42] 黎翔凤撰，梁运华整理：《管子校注·幼官图》（北京：中华书局，2004），上册，卷3，页185。

[43] "关联式的思考"之义参见李约瑟（Joseph Needham）著，陈立夫主译：《中国之科学与文明——中国科学思想史（上）》（台北：台湾商务印书馆，1973），册2，页465—491。

应该算是邹衍的。否则，"怪迂之变""闳大不经"之谈，就不知要从何说起。而梁惠王、平原君、燕昭王对邹衍的百般礼遇，[44] 也就无从谈起了。

其次，水兼始终，生死相悖二义，水这种悖论 (paradox) 性格至此确定下来。在五行学说的模式解释下，水是和北方、冬天连结起来。而在许多神话传统中，季节的冬天与方位的北方，本来都具有"死亡"之义，现在水行既然与冬季及北方同质并列，因此，水自然也就带有终结之义。但水具有创生义，这又是水最重要的一项特征，东西方传统皆如此说。阴阳家刚好连了水的生死二义，且看下面两条资料。

> 天之道，终而复始。故北方者，天之所终始也，阴阳之所合别也。[45]

> 水位在北方。北方者阴气，在黄泉之下，任养万物。水之为言准也。养物平均，有准则也。木在东方。东方者，阳气始动，万物始生。木之为言触也。暗气动跃触地而出也。火在南方。南方者，阳在上，万物垂枝。[46]

---

[44] 邹衍的传记资料极为缺乏，目前可见，唯一比较完整也较可靠的，仍是司马迁的叙述。以上所说，参见司马迁撰：《史记·孟子荀卿列传》（北京：中华书局，1959），册7，卷74，页2344—2345。

[45] 董仲舒：《春秋繁露·阴阳终始》（台北：台湾商务印书馆，1965），卷12，页1。

[46] 陈立撰，吴则虞点校：《白虎通疏证·五行》（北京：中华书局，1994），上册，卷4，页167。

《白虎通》言："阴气，在黄泉之下，任养万物。"此句话透露水行为什么可以兼具始终、生死二义。"黄泉"本来即是个原始宗教的概念，它位于黄土之下，是人死归往之所。但很奇特的，作为死亡之所的黄泉居然也是阳气萌生之处。换言之，它是阴阳交会之处：

> 黄钟者，阳气踵黄泉而出也。其于十二子为子。子者，滋也；滋者，言万物滋于下也。其于十母为壬癸，壬之为言任也，言阳气任养万物于下也。癸之为言揆也，言万物可揆度。[47]

> 黄钟：黄者，中之色，君之服也；钟者，种也。天之中数五，五为声，声上宫，五声莫大焉。地之中数六，六为律，律有形有色，色上黄，五色莫盛焉。故阳气施种于黄泉，孳萌万物，为六气元也。[48]

阳气既可踵"黄泉"而出，万物又可从中孳萌，这样的黄泉实在不像死亡之水，而是生命之泉了。但确确实实，中国典籍中的黄泉兼具生死二义。[49] 乍看之下，此事有些怪异，一生

---

[47] 司马迁撰：《史记·律书》，册4，卷25，页1244。

[48] 班固：《汉书·律历志》，（台北：鼎文出版社，1979），卷21，页959。

[49] 关于"黄泉"的讨论，参见中钵雅量：《昆仑とその下の水界》，《中国の祭祀と文学》（东京：创文社，1989），页19—38；江头广：《黄泉について》，《左伝民俗考》（东京：二松学舍大学出版部，1987）。江头广认为先秦时期的"黄泉"一词只是地理的意义，（转下页）

一死，当有一误。然而，水具生死，这是普遍的，不是具有中国特色的神话母题。耶律亚德 (M. Eliade) 说得好："水是无形无状、潜能十足的原则，它是万有展现的根基，它包含一切种子。它象征原初的本质，一切形式由此生出；一切形式也会因为自身的衰陵或大灾难，而回归于它。它立于肇端之初，而在每一宇宙或历史的周期结束之际，它又将再度回来。"[50] 水可以滋养万物，也可以湮没一切，对初民来说，它这种又可爱又可憎的特性一点都不奇特，它毋宁是靠采撷、农作生活的初期农业住民一种渗入骨髓的常识。这种常识如果神圣化、神秘化的话，它就变成水兼具生死、始终两义。我们如果用哲学的语汇加以翻译的话，它就是"阴阳之所合别也"；我们如果再用宗教图志学表达的话，它就是由代表阳气的蛇与代表阴气的龟合成的玄武图象。如果我们可以再用神话事件申述其义的话，

（接上页）有如杜预注《左传·隐公元年》"不及黄泉无相见也"云："地中之泉。"然先秦时期的"黄泉"一语虽没有"冥府"的涵义，笔者认为它未必即没有"死亡"或"他界"的涵义。这当中的问题当然牵涉到如何界定"他界"？如果某地区为人死后"某物"之所归，此"物"不是人格性的亡魂观念，而只是类同"阴气""魄"这类的元素，那么，此一地区是否亦可称为"他界"？如果先秦时期的材料出现某词语，其具体内涵在两汉才见到，这是否表示先秦时期这个概念不可能有两汉时期材料里的内涵？造成这种现象的原因有没有可能是先秦时期的材料散佚太多了，我们不能以偏概全。或者有没有可能是当时的人认为这个概念太清楚了，根本不需要解释？柯庆明先生从神话象征的意义解释"郑伯克段于鄢"里的"黄泉"意象，也透露其结构有"死而再生"之义。参见齐铁恨主编：《古今文选》（台北：国语日报社，1983），第8集，页1699。

[50] M. Eliade, *Patterns in Comparative Religion,* p.188.

那么，它就是兼具"湮灭九州"与"平治水土"双义的洪水神话。

由于水本来即具有生死双义，因此，它与"黄泉"概念可以说是重叠的，而且可以说是同源的。如就发生的时间顺序来讲，我们毋宁认为"水"这种双义相悖质性可能还在前面。儒道两家思想虽说都重视生死一体，阴阳互参，但死与阴在它们的思想体系中显然是隐性的因素，儒家由于重视广生、大生，这种重生轻死的倾向尤其严重。阴阳家虽然"成家"比儒道两家晚，[51] 但它所提出的水为"阴阳之所合别"，兼生死，摄始末，这种理念却是相当原始的。

先秦诸子水思想最接近神话思维者除阴阳家外，另有《管子·水地》一篇。《水地》篇作者不知何人，其学派归属亦不易确定，《管子》书中似乎也找不到和它类似思想的篇章，但这篇文章却是先秦水思想最独特的一朵奇葩。

《水地》最重要的原则厥为破题所说："地者，万物之本原，诸生之根菀也，美恶贤不肖愚俊之所生也。水者，地之血气，如筋脉之通流者也，故曰：水具材也。"《水地》之得名当即本于此。此段话所说，与农业文明初期的精神形态非常的接

---

[51] 严格说来，先秦时期真正学派意识较强的只有儒、墨两家，其余各家的名号都是秦汉时期学者回头反思先秦学术后，整理、分类的结果。但无其名，不一定无其实，事情要看证据而定。阴阳家著作流传到汉代的极多，如果邹衍没有许多门徒、再传门徒、私淑门徒发扬师说的话，这种盛况是无从想像的。

近。当人类文明由狩猎时期进入农作时期后，土地作为粮食生产的母胎，以及作为一切生命的象征，此义才正式确立起来。而随着土地神秘性、生殖性的确立，与"土地""生产""丰饶"这些概念连着而来的一些自然象征也就跟着出现，我们比较容易看到的这些自然象征有水及女性，事实上，一种丰乳（乳与水的象征其义相同）厚臀的大母神（great mother、earth mother，后者或译为地母）可以视为农业生殖仪式最重要的象征。《水地》所说虽然缺乏原始宗教仪式那种强烈的激情、感性、动能的色彩，但它无疑地可以视为初期农业神话仪式的一种概念式的架构。

《水地》的概念架构是建立在"水地一体"的前提上，但它叙述的重点却落在"水"的象征意义。它的论证如下：

第一，它认为水具备诸德："夫水淖弱以清，而好洒人之恶，仁也。视之黑而白，精也。"其语言类似我们前文引用《荀子·大略》的引语。

第二，它认为水是一切判断架构的基准，它具备"准""素""淡"诸种特质，而"准也者，五量之宗也；素也者，五色之质也；淡也者，五味之中也"。因此，水可视为"万物之准"。

第三，水构成万物的本质，它认为水"集于天地，而藏于万物"。草木的根、花、实，鸟兽的形体羽毛，都因水而成。甚至"玉"这种珍贵的东西——周代君子及君王比德的象征——也是"水集于玉"所致。《管子》这里的语言与《内业》

篇的精气说有些类似。

第四，龟、龙、蚴、庆忌这些神物或神怪亦生于水。

第五，人的本质也是由精气和合而成之水，它说："人，水也，男女精气合而水流形。"接着，它对人身的成形过程有个简略的分析，由水而五藏、五肉、九窍、五虑，这些身心功能次第成形。

第六，由于人的身心结构依水而成，因此，圣人施政之枢纽在水，管子相信不同地区的水产生了不同性格的人，所以谁只要能够掌握水，那么，他自然也就掌握了人，这可说是种独特的"水文政治学"。但奇特归奇特，先秦两汉时期相信此说的人并不少。

以上六条还可再归并，一、二、三、五这四条可以归并为"水具足潜能，它是一切存在的本质"此义，第六条可以视为此义的补充。只有第四条比较奇特，但我们试着观察龟、龙、蚴、庆忌的质性，不难发现它们其实就是水的具象化。龙"欲上则凌于云气，欲下则入于深泉，变化无日，上下无时"。这描述的不正是水的变化吗？蚴，人"以其名呼之，可以取鱼鳖"，这不是分享了水可以影响水中生物的基本特性吗？我们如果把《水地》篇描述的内容放在广阔的范围看的话，不难发现各个文化里的水精、湖灵、川爽、海怪往往都是水神话的副产物，这些非人文化之物都具体而微地呈现了水的一些面貌："因为它们藏在海水深处，所以自然会被深渊的神圣力量渗透。当它们安静地徜徉在湖上或游过川河时，它们会带来水气云雾，甚至招来洪水。因此，它们也就管领了人世能否丰饶。"[52]

由于水决定了人的特性，也决定了一切存在的面貌，政治、国族特性也可以说是肇因于它，所以管子最后总结水意义说道："水者，何也？万物之本原也，诸生之宗室也，美恶贤不肖愚俊之所产也。"我们如将此段定义与前引"地者，万物之本原，诸生之根菀也，美恶贤不肖愚俊之所生也"作一对照，立刻可以发现两者简直如出一辙。水土的功能不但近似，管子形容它们所用的语言也几乎没有两样。显然，《水地》顾名思义，仍是以水土并列，两者同样被视为万物的根源，被视为一切潜能的综结。

《水地》一方面强调水与土性质相似，两者功能不可分离。另一方面，它也强调两者有分，只是其分乃是一体情况下的分殊。管子这种分法很细微，不过，读者读了，可能还是觉得很模糊，不容易分得清楚。在这点上，也许我们不该责怪管子，笔者毋宁认为：管子含糊，这是有理由的，因为在神话学的范围内，水和地往往都被视为生命的泉源，它们的功能要怎么划分，此事确实棘手。耶律亚德说：

> 水孕育万物种子，土也孕育万物种子。但在土中，万物种子成长结实比较迅速。潜能与种子在水中也许要经历多少周期以后，才可贲然成形。但在土中，潜能与种子从

---

[52] M. Eliade, *Patterns in Comparative Religion,* p.207.

来不曾停止活动。土永恒不停的创生，它赋给回归到土中
的死寂之物生命与形式。职是之故，水可视为位于每一宇
宙周期之始，同时也位于其终；土则是位于每一个体生命
之始及其终。任何事物只有冒出水面后，才能纷纭成形，
但一旦历史灾难（如洪水）或宇宙灾难降临，它们仍旧要
回归浑沌。任何生命的展现皆因大地丰饶所致，它在土地
中出生、成长，有朝一日生机已尽，它会再度回归……水
"先于"任何创造、任何形式；土则"产生"活生生的形
式。神话学上水的命运是开展宇宙周期，同时也终结宇宙
周期；土则是位于任何生物形式或任何立足于历史位置形
式的开端与结尾。[53]

依据耶律亚德所说，水和土同具创生及毁灭功能，但前者
的功能是"宇宙性的"，后者则是"个体性的"，差别不在性
质，而在范围大小的不同而已。耶律亚德这样的区分有神话学
的依据，在水的象征及洪水神话的架构底下，水当然含有"宇
宙性"的奥秘性质，它是在三光、四方、五行、八风之先的潜
能在其自己的模态。而与土相关的意义或大母神、地母神之仪
式或神话，它们很明显地与农业生长的讯息相关，它们的意义
自然要扣在每一种植物的生长上面。所以和水"总体"的创生
潜能相比之下，土的创生就比较"分殊化"了。

---

[53] M. Eliade, *Patterns in Comparative Religion,* p.254.

水和土的创生性是连续的，但有存有秩序的位差。不过，
耶律亚德也同意这是"神话学的"观点才会导致的结论，而
静态的理论的存有观住住与实有的秩序相互龃龉。现象学的就
事论事，任何生物如想生成、茁长，它们除了需要土以外，一
样也需要水。事实上，在这种背景下，土和水不但在功能上
难以分别，在农业生长需要配合的四时、土地、阳光、水、空
气的"整合"作用情况下，土和水外貌的差别也会变得若有若
无，它们虽然不至于"同化"了，但至少是"渗化"了。我们
不妨再回想《水地》里的水、地之意象："地者，万物之本原，
诸生之根菀也……水者，地之血气，如筋脉之通流者也。"我
们前文已说过：管子这里使用了身体的隐喻。大地就像人的
身躯，而水就像流遍全身的经脉一样，躯体与经脉构成了完
整的生命。早在两周时期，周朝的贤君子虢文公论及籍田的
意义时，已说道："古者，太史顺时觑土，阳瘅愤盈，土气震
发，农祥晨正，日月底于天庙，土乃脉发。先时九日，太史告
稷曰：'自今至于初吉，阳气俱蒸，土膏其动。弗震弗渝，脉
其满眚，谷乃不殖。'"[54] 虢文公所说，仍是使用了身体的隐喻。
川水密布大地，不停地输送水分至每一大地的角落，这种情况
就像人的经脉遍布全身，它随时可将身体所需的养分输送到

---

[54] 徐元诰撰，王树民、沈长云点校：《国语集解·周语上》，（北京：中华
　　书局，2002），卷1，页16—17。韦昭注"土乃脉发"句云："脉，理
　　也。"然由下文"脉其满眚"看来，此处的"脉"字恐仍宜作经脉之
　　脉解。

身体的每一细微处。种种的资料显示：在先秦时期，有种名符其实的"一体观"，这种观点认为大地是万物的母体；大地上流动的川河泉水及贮藏的湖泊沼泽被视为提供生存的养料；纵横密布的河道、谷地则被视为大地的经脉及子宫；在空中飘流滚动的空气也被视为大地、山川、云霞、草木不断交换讯息的生命气息。《水地》虽然没有囊括这种一体观的全部"物质"（此处意指类似"五行"的"行"字）因素，但两者的距离确实是相当近了。

六　结　论

综合上面四节所述，我们发现先秦诸子里的水思想具有下列的特性：创生、深奥、女性、自由、客观、消融（摧毁）等等，各个思想家汲取的特性并不相同，我们不妨稍加整理如下：

创生：孔子、孟子、子思、老子、管子。

深奥：子思、老子、庄子、邹衍。

女性：老子。

自由：孔子、孟子、庄子。

客观：荀子。

消融：邹衍、老子。

水具备创生、深奥、女性、消融这些象征意义，这个命题可以说是普遍的，而且这些意象往往连环相生，其意义相涉相入。神话学母题"水"这个概念条目下，通常即可见到上述的诸种属性。至于水象征人的精神之自由，这点似乎是先秦儒道思想家较偏重的一个面向，孔、孟、子思以"水"象征道德生命的日新又新，自作主宰。庄子以水象征人的精神无限，游乎方外。至于以水象征标准客观公正，这似乎是荀子的思想的一大特色。法家诸子对"水"的发挥不够多，如果有的话，依据他们的学派精神，其取义应该和荀子较为接近。[55]

　　在先秦诸子的水的光谱中，"创生"义是最明显的，儒家的孔、孟、子思固然备言此义，道家的老子、《管子·水地》的作者也一再申论此中内涵。儒家、道家、《管子》都曾由此得到启发，它们分别开展出一套与生命—生机—性命相关的心性形上学，其中，儒家诸宗师的思想被水渗透地尤深。儒者当中亟称于水、一再赞叹"水哉！水哉！"的绝不只孔子一人，子思、孟子、《易传》作者，甚至荀子本人，都深深地被水的意象迷住了。

　　但"创生"不可能永远的只有"创生"的一面，在宗教学上，生和死这对孪生兄弟是难分难解的，其死结缠绕绝不下于善和恶这对连体手足。生、死、善、恶如何解决，这不是笔者能够处理的问题。但放在水思想的范围内解释，这意义恰好对

---

[55] 许慎云："灋，刑也。平之如水。从水，廌所以触不直者去之，从去，会意。""灋"为"法"之异体字。引自段玉裁：《说文解字注·第十篇注上》（台北：艺文印书馆，1979），卷18，页474。法家取"去"之义，亦取水之公平、正直、客观义。

反的两者必然会同时出现，这是无可怀疑的。换言之，水的暧昧性是水的本质，是它必然的命运。水不断地流动，它带出了生命；但我们不宜忘掉：水不断地流动，它也融解了一切的形式，它使得有再归于无。就消融存在的形式而言，水、火同样都有这样的本事，但相形之下，水的功能尤其明显。诚如巴舍拉（G. Bachelard）所说，水还可以软化一切经由火加工而成的坚硬物质，它可以软化火土合作的陶器，它可以"驯服其他的元素 (tempers the other elements)"。我们的意识活动只有集中在这种流动的、消融的意象联想上面，我们才可以进一步想到水的联系万有、创生不已的功能。这也是巴舍拉为什么主张："我们梦想的水竟是它的活动之暧昧，因为没有任何的想像没有暧昧，没有任何的暧昧没有想像。我们的水之梦想之焦点集中在它软化 (soften) 及扩充 (agglomerate) 的能力上面，水消融一切，水也融合一切。"[56] 我们不宜忘了：水最基本的特性是它的液体流动的性质 (viscosity)，这是无意识之所爱，在液体流动中有生死离合这组无所逃于天地之间的暧昧性质。

道家、阴阳家言及水的消融、毁灭性质，其语虽有以万物为刍狗的味道。但就事论事，儒家的生命哲学也不能排斥此义。任何思想家如果用了水这个意象来形容道体、上帝、第一

---

[56] 参见 M. M. Jones, ed., *Gaston Bachelard, Subversive Humanist: Text and Readings* (Madison: University of Wisconsin Press, 1991), p.102。

因这类的伟大名词，或用来形容创生、无动之动、原始创造这类的伟大事件，它们恐怕也不得不同时接收水的消融、毁灭，因为暧昧正是水的本质。

水具足生死两相，水的另一种性质"深奥"也是如此，与水的深奥性质可以互换的幽谷之象征也是如此。我们前文业已提过：水可视为一切潜能的母胎，它是可能性的本体。既是可能性，这表示它幽巧深邃，不可能化为完全的现实。不管多少事物已由潜存涌现为存在，但作为可能性本体的水一定还有深不可测的能量潜存着。这无限的潜能它一方面不断地释出，但它一方面也不断地吸纳，它如果不是幽深至极，它就不可能无限地消化由"有"返"无"的一切事物。在道家与阴阳家的思想中，水与黑（玄、冥）北方连结在一起，这样的"水"显然比较类似"北冥""南冥"的幽深海水，而不是"一泓碧水照人寒"的湖水，也不是"为有源头活水来"的清澈流泉。山谷具备生死二义，其理亦若是。

水具有的幽深、创生的性质，以及水、山谷这类的意象，它很容易令我们联想到母亲的象征，因为她会"生"子，她的子宫幽深，其中藏有"可能性""潜能""生机"。但很奇怪的，先秦诸子提到道、水与女性的关系时，只有老子一人谈得较多，其义也较为深入。可能是春秋战国时期，以男性意象为中心的价值体系已初步确立，因此，除了远离中心思想较远的老子外，其他诸子百家较少论及女性的重要意义。我们前文业已提出女性和水的创造性所以相关的理由，乃因两者在功能上类似。女性乳丰、腹大、子宫深，这点与水、山谷的意象及功能相似。在"相似律"的巫术思维模式作用下，相似者即可归为同类，其作用也被视为大体相同。除乳丰、腹大、子宫深这些类似点外，我们不妨再强调丰乳的"乳汁"这项因素，我们前文也提过这项特征，但重点不同。现在我们将"乳"放在"女性"的这个名目下，它的养育功能似乎应当更加受到重视，诚如巴舍拉所说：水的物象化中最突显、最强而有力的意象，可能是"乳"此一流质饮料的意象。我们从西洋哲学、宗教、文学作品中可以看到"此一流质因素显现为超级之乳，它是从母亲之母流出之乳"。[57]

水具客观义，这是荀子最喜欢的意象。荀子认为人的大清明心既可容纳万物，又可客观地反映万物的实际状态。水有多相，海水的特质显然偏向玄冥幽深；泉水成湖（池），其意象则显然偏向清澈、平正、客观。整体说来，水因此同时具有幽黑与清白这两种象征，这是它同时具足生死二相以外，另外一组引人注目的悖论。但水具"清白""客观"面向，此义在后代儒、释、道三家思想中并不少见。我们都知道光明与黑暗同具，这是东洋体证形上学常用的比喻。但这种系统底下的黑白，乃是具有无限纵深的象征。其黑非混乱之谓，而是潜能无限之幽冥；其白非条理区隔之明晰，而是全体朗照之清澈。但

---

[57] G. Bachelard, E. R. Farrell, tr., *Water and Dreams: An Essay on the Imagination of Matter,* p.125.

荀子的水就像他的心一样，是无法由有限累积至无限的——虽然他同意相当程度内可以达到"化"的境界——因此，他喜欢的水的清澈、客观、平准，我们只能把它视为统类心显现出来的一种秩序化、操控化的图像，其义与体验形上学的光明、清澈意象之意义迥然不同。

　　荀子的水的意义被拘围在客观、理智面向上，由此，我们反而可以知道为什么儒道两家的水意象会和精神的自由、逍遥、自我完成连结在一起。子思、孟子思想中的人性是种承体起用的精神活动，它显现在意识层上虽然只是个苗头，但苗头的后援无穷。孟子、子思说：这就像泉水涌现出来的样子，表面看到的只是那些分量，但源头活水却可源源不断地供应水流。孟子、子思这种说法不只是类比，他们理解的心性活动确实是流动的、消融的、生生不息的。庄子的心性论与子思、孟子不同，大体而言，"生生不息"这种带有生物学机体论之感觉较为贫乏，但心气合一的精神活动带有流动、无限之感，这点与子思、孟子理解的没有什么不同。

　　如果说人的想像活动绝缺不了基本元素 (elements) 的话，那么，水无疑提供了自然界元素与人类意识活动最紧密相关的意象。透过上述对于水的意象的解析，我们应该可以理解先秦心性形上学思想与水的象征关系，至少，我们可以从形象思维的角度，看待儒家的生生哲学如何透过水的意象折射出来。也许，水具有的那种"同化意象"（isomorphic image）真的扮演了关键性的角色。

但是，水的意象也不是抽象的，它有历史的源头，也有空间的对应物。一种意象如果在特定的历史社会条件下找不到对应关系，那么，这种意象到底能发挥作用到什么程度，此事不无可疑。我们以上所举的孔子、孟子、子思、老子、庄子、管子、邹衍等人，他们的生活空间究竟怎么回事？他们喜欢运用水的意象，此事究竟有无社会的根源？书缺有间，笔者所知也很有限，因此，很难妄下断言。但据说春秋战国时期是国史上的暖冬期，当时华北的气候普遍要比现在暖和。[58] 而本篇论文中除了老庄以外的思想家，他们生长、活动的主要地点是山东省，此省当时的雨量比现在丰富，河川水量比现在充沛，湖泊面积比现在大很多，森林覆盖面积比现在不知多多少倍，这些点也是可以肯定的。孟子曾感慨"牛山之木尝美矣！"这表示战国时期齐国首都临淄（它有可能是当时中国第一大都会）的生态环境是受到破坏了，但由孟子的话，我们知道时人对美好环境的记忆还是很鲜活的。而且，离开临淄都会区，当时的华北地区还是森林、河川、沼泽密布的。据说黄河以南，荥阳—中牟之间是个群湖区，湖泊的面积颇大。在山东西部、河南东部以及徐淮之间也是一个低洼湖泽地区。而且当时河南、山东的山地大部分都覆盖着茂盛的森林，平原上也有大面积的林

[58] 参见竺可桢：《中国近五千年来气候变迁的初步研究》，《考古学报》1972 年第 1 期，页 168—189；陈良佐：《从春秋到两汉我国古代的气候变迁——兼论"管子轻重"著作的年代》，《新史学》第 2 卷第 1 期（1991 年 3 月），页 1—49。

地，考古学上发现平原上木本孢粉散布的地区竟达到20%。这表示此地曾有丰富的森林，而丰富的森林往往会带来较为丰富的雨量；丰富的降雨又会促成植物的成长，这是生态学的良性循环。[59] 我们的儒家大师、稷下学者就是在这样的自然环境下成长的，他们对水的情感应当比我们深多了。

道家老庄的家乡位于何处，至今学界仍有争议，但笼统地说，他们的活动区域位于淮河地区，他们的思想反映的格局是另类的文化，这应当是讲得通的。老庄书中有许多与水相关的叙述，上善若水，水成了老子思想的喻根。庄子也大量运用了水的隐喻，其中有些是相当私人性质的，如《秋水》记载的庄子与惠施观鱼濠梁的故事，由此可见他们与水的密切关系。庄子还用到不少与神话相关的水的传说，《逍遥游》破题所说"北冥有鱼，其名为鲲"，即是开门见山的案例。庄子用到那么多海洋神话的题材，笔者怀疑这是庄子出生地所在的宋国流传的东方海滨的远祖神话。所以庄子虽然未必见过海，却有相当多的海洋神话题材蕴藏其间。[60]

战国群雄间，最具丰富水资源的国家当是楚国，楚国"南卷沅、湘，北绕颍、泗，西包巴、蜀，东裹郯、淮，颍、汝以为洫，江、汉以为池……山高寻云，溪肆无景……蛟革犀兕，

---

[59] 详细的论证，参见陈良佐：《从气候、水文、土壤探讨战国时代河济地区的农业》，尤其第5、6两节，未刊稿。

[60] 参见拙作：《庄子与东方海滨的巫文化》，《儒门内的庄子》（台北：联经出版事业公司，2016），页63—124。

以为甲胄"。[61] 在沅湘颍泗之间，我们知道的至少还有像长江、汉水这样的大河川，以及云梦大泽这样的巨大湖泊，其余的细支末流、浅沼小湖，那就更不用算了。而楚地下雨丰沛、气候潮湿，这也是可以预测的。楚国入战国后，是先秦诸子活动或想像的重要舞台，南方温热的风土气候，无疑地提供了诸子丰富的水意象。

春秋战国时期，华北华中地区应该比现在更湿润，更多湖泊沼泽，平野尚未完全驯化，山林仍富野性。但这种大背景到底影响诸子百家的水思想到什么程度，还是很难讲。思想家的影响来源可能是多方面的，有时住家附近的景物比起住家十里外全体大自然的总合，其影响力要大得多。但面对这些具体、私人性的因素，我们却无着力处，这是研究先秦诸子思想无可避免的困局。所以说到头来，泰山风雨、黄淮湖泊、沅湘之间的温润气候、山东河南的平野森林，这些只能提供我们想像力驰骋的线索，至于这些自然因素与私人传记间的具体挂钩如何，我们大概不容易找到了。

除了横切面的地理背景可能提供部分答案的线索外，我们也不宜忘掉传统的积淀。我们有理由坚持："水"思想不当只作静态的语义解析。因为像水这么重要的原型象征，它如果没有累积前代丰富的语义遗产于一身，这才是咄咄怪事。不用

---

[61] 刘文典撰，冯逸、乔华点校:《淮南鸿烈集解·兵略训》，下册，卷15，页497。

多想，我们也知道"水"在原始神话仪式中的特殊地位。从孔老到孟荀的年代，华夏地区的知识圈里其实还是浮动着一些与"水"息息相关的宗教"知识"的。孔孟老庄大概都听过大禹治水的故事，他们知道洪水的湮没，息壤的生成，鲧禹的父子恩仇；他们大概也知道泰山、昆仑山、海外仙山的生命之水的传说；他们对浑沌、水与宇宙山的关系，了解得应该比我们深刻，至少道家诸子在这方面是非常熟稔的。这些神话都传达了初民原初的洞见，它们也许不够哲学化，但不见得没有深邃的哲学内涵；它们也许太戏剧化、太情动性了，但这不表示它们与后来的先秦诸子百家没有内在的传承关系。笔者相信鲧禹洪水传说与浑沌神话分别对儒道两家产生过重要的影响，这样的假说当然有待进一步的仔细检证。

柒 太极、通天与正直
——木的原型象征

在印度及希腊的文化体系中，木没有占据核心的位置，不得与气、水、火、土并列。但在中国的五行范式里，木却占据重要的一环，昂然列为五行之一行。在《尚书·洪范》里，"木"的特质被视为"曲直"，亦即木可使曲，使直，以配合制器作物的需要。《洪范》此一解释固有其理，但这是从实用的立场，对五行所作的判断，不见得是"木"行象征最重要的部位。另外，从秦汉以后，它往往被定位在东方—春天这样的时空位置点上，并带有一连串相关的意象。笔者认为"东方木"之说有部分的道理，但"东方木"及其相关意象恐怕还是衍生出来的（见下文）。"木"在定型化之前，已走了一段相当长的文化历程，累积了不少的象征意涵。本文即想从原始的意象中释放出这些重要的内涵，并用理论的语言转译之，这项工程可以说是象征考古学的事业。

一 通 天 之 柱

耶律亚德 (M. Eliade) 论及初民的宗教心态时，提及遍布各文明、各民族的一个重要宗教象征，乃是"中"的象征。"中"是"宇宙轴"，是此世之人通向超越界的"唯一"通道。这种"唯一"的管道拥有各种不同的形态，它或以彩虹、或以箭、或以碑柱等等的形式出现，但最常出现的形式当为宇宙山和宇宙树。宇宙山姑且不论，宇宙树是一种通天之树，它连接了圣俗两界。"圣""俗"两字如果我们还原成"太初存有论"(archaic ontology) 的语言，[1] 它最显著的形象大概就是此世与天界。

谈及中国传统中"木"的象征，笔者首先想到的也是"通天"的功能。首先想到并不意味"通天"的载录特别多，而是这样的象征功能可能最古老，而且它背后所关联到的文化意义也特别广。中国古籍记载的巨木不算少，但明确显示宇宙树性质的巨木厥为建木，《山海经·海内经》记载建木情况如下：

> 有木，青叶紫茎，玄华黄实，名曰建木，百仞无枝，上有九橜，下有九枸，其实如麻，其叶如芒，大皞爰过，黄帝所为。[2]

---

[1] "太初存有论"意指一种借助神话、传说、仪式以表达存有论意义的方式，它与哲学论证的存有论所要传达的内容近似，但媒介及效果都不相同，初民一般表达他们的宇宙情怀时，皆依"太初存有论"的方式。此用语为耶律亚德所用，参见耶律亚德（M. Eliade）著，拙译：《宇宙与历史——永恒回归的神话》（台北：联经出版事业公司，2000），页1—4。

[2] 参见袁珂注：《山海经校注》（台北：里仁书局，1981），页448。以下引《山海经》，皆依此版本。

"玄华黄实"当是天地的象征，花在上，玄花意表玄天；实在下，黄实意表黄土。九橺、九枸的"九"字当表九天，九是有名的神秘数字，中亚与北亚的宇宙树都有九枝、九橺之类的形状，其义皆表九天，[3] 建木当亦属于此类。"其实如麻"，麻是神仙食物，宇宙树之实如麻，固其宜也。"其叶如芒"，"芒"的象征不好理解，笔者怀疑后世五行图式东方木神的勾芒，或者是取义于此失落象征环节的芒。《海内经》说建木乃"大皞爰过，黄帝所为"，此处的"过"也是上下天地两界的意思。"大皞爰过"意指大皞从此神树登天。[4]

《山海经》建木的宇宙树性质乃以象征的形式表之，其颜色、其形状、其数字皆指向了神圣物。《吕氏春秋·有始览》与《淮南子·地形训》则明确描述此树特质如下：

> 白民之南，建木之下，日中无影，呼而无响，盖天地之中也。[5]

> 建木在都广，众帝所自上下，日中无景，呼而无响，盖天地之中也。[6]

---

[3] 参见エリアーデ（M. Eliade）著，前田耕作译：《イメージとシンボル》（东京：せりか书房，1941），页61—63。

[4] 袁珂对此句的解释，参见袁珂注：《山海经校注》，页450—452。

[5] 许维遹撰，梁运华整理：《吕氏春秋集释·有始览》（北京：中华书局，2009），上册，卷13，页283。

[6] 刘文典撰，冯逸、乔华点校：《淮南鸿烈集解·地形训》（北京：中华书局，1989），上册，页136。

　　这里所说的"上下"，就像《山海经》或《楚辞》里常见的情况，其义指的是天上地下这种价值异质性的两界，而不只是空间位置的转移。"日中无景，呼而无响"，这是天地之中的特殊景象，它是能量的流出地，也是流入口，是宇宙的大黑洞，光响到此都失掉它们的性质。[7] 据《山海经》的记载，建木位在都广（今四川成都），都广则位于西南黑水间，乃在"天地之中"也。[8] 何以今日的四川成都会是天地之中，此事不可解。放在古代华夏的观点解释，亦不可解。笔者认为这种地理象征有可能是古巴蜀地区的遗风，任何地区的人看到他们居住地区的宇宙山或宇宙树，都可能认定它们位于天地之中。东夷人以泰山为宇宙山，位天地之中；河洛地区民族以洛阳或嵩山为天地之中，宇宙轴之所在；西部的游牧民族以祁连山为天山，认为此山为天地相连之宇宙山。《山海经》的载录是神话地理的叙述，它反映了巴蜀人民远古的记忆。[9]

---

[7] "日中无影，呼而无响"也是成仙的一种条件。《山海经·大荒西经》中的"寿麻"、《列仙传》中的"玄俗"皆有此仙质，参见袁珂注：《山海经校注》，页410—411，"有寿麻之国"条及其注3引文。《抱朴子》内篇也记载韩终丹法所制的丹可"延年久视，立日中无影"。参见王明撰：《抱朴子内篇校释·金丹》（北京：中华书局，1985），卷4，页82。神仙所以有此特性，笔者认为乃因他们得"天地之中"所致。

[8] 《海内经》云："西南黑水间，有都广之野，后稷葬焉。"郭璞注云："其城方三百里，盖天下之中。"袁珂考订此注原为经文误入郭注者，惟王逸注引此经文，"天下之中"作"天地之中"。参见袁珂注：《山海经校注》，页445。

[9] 晚近四川三星堆出土青铜神树，有些学者认为这是古代蜀人具通天观念、神人交往的具体物证，因为神树即是宇宙树，此可备一说。参见黄剑华：《古代蜀人的通天神树》，《四川大学学报（哲学社会科学版）》2001年第4期，页72—80。

除了建木是极典型的宇宙树外，扶桑也有通天的资格。扶桑可能是古代中国名气最响亮的巨木，古籍记载此树的文字颇繁，《山海经·海外东经》云：

> 下有汤谷，汤谷上有扶桑，十日所浴。在黑齿北，居水中，有大木，九日居下枝，一日居上枝。

汤谷当是尾闾，亦即沃焦，传说后羿射日，九日下坠于东海某处。其地"焦炎而峙，高深莫测，盖禀至阳之为质也。海中激浪投其上，噏然而尽。计其昼夜，噏摄无极，若熬鼎受其洒汁耳"。[10] 其言生动鲜活，恍若实境报导，其实只能是想像之作。"汤谷—十日—扶桑"这组意象明显的是太阳神话的反映，扶桑支撑了十日，沟通了天海，规划了时间，它拥有宇宙树许多的特质。但最核心的"中"的象征呢？

扶桑是太阳的住所，太阳从东起，所以我们如从地理的观点考量，《山海经》中的扶桑，可以确定它不会位在天地之中。但神话的地理不是经验科学的地理，我们有种种的理由相信扶桑是株宇宙树。首先，《山海经》的记载不见得完整，这部巫书的功能不是为了翔实的神话地理书而存在的，它所叙述的内容往往需要其他的典籍配合，才能构成完整的图像。扶桑的情况即是如此，它原有的"天地之中"之性质仍保留在其他的子书中，且看《玄中记》所言：

---

[10] 东方朔：《神异经·东荒经》（台北：艺文印书馆，1966），页 2b。

天下之高者，有扶桑无枝木焉。上至于天，盘蜿而下屈，通三泉。[11]

《玄中记》固是后起之书，但其记载却符合神话的逻辑，非悬想虚构所致。三泉当是汤谷、黄泉之属，地底之水也。[12] 中国的黄泉落在宇宙的中心轴上，就像希腊、西亚的地底之水位在天地之中线一样。一种能通天入地以达黄泉之树，它如果不是位在天地之中的宇宙树，很难再作其他的解释。

扶桑既在天地之中，又在东海之中，此事看似矛盾，然实有理路可说。扶桑作为通天之树的资格始终是存在的，因此，此树具有"太初存有论"的"中"的性质，这点也是可以确定的。我们看到即使它被安排在东海之中的位置后，仍然具有下列特殊的性质：（一）贯通三界的功能；（二）司管时间之神的羲和亦出于此树；（三）空间实亦绾结于此，所谓"空桑之苍苍，八极之既张"。[13] 贯通三界与绾结时空这两种功能乃是坐落于天地之中宇宙树的专利，[14] 扶桑兼而有之，它的宇宙树形

---

[11] 参见郭璞：《玄中记》，《续修四库全书》（上海：上海古籍出版社，1995），册 1264，页 282。

[12] 中钵雅量有此说。见中钵雅量：《中国の祭祀と文学》（东京：创文社，1989），页 48—49。

[13] 郭璞引《启筮》注"羲和"语，参见袁珂注：《山海经校注》，页 381。

[14] 我们且看《周礼·大司徒》对"地中"的叙述："日至之景尺有五寸，谓之地中：天地之所合也，四时之所交也，风雨之所会也，阴阳之所和也。"参见郑玄注，贾公彦疏：《周礼注疏》，收入李学勤主编：《十三经注疏整理本》（台北：台湾古籍出版公司，2001），册 61，卷 10，页 298。"地中"既是宇宙轴，而且也位于时空的交会点。

象其实比建木还要强。它之所以不能立于天地之中，这显然是原始天文学介入的结果。太阳由东而西，每日太阳西落，但每日太阳也新生，每日都是一个新的宇宙的开始，所以东方非得有宇宙树承担起太阳新生的责任不可。

太阳由东而西，东极有扶桑撑起天、海两处的交界，西极也非有宇宙树平均负担不可，西极的宇宙树即是若木。若木的"若"字原本即具有神秘的巫教气息，[15] 它有沟通圣、俗两界的意涵。若木和扶桑一样，都是日木，它实际上很可能就是扶桑的分化，是宇宙树配合原始天文学所产生的结果。[16] 更确切地说，扶桑—若木乃是太阳神话模式下的两极之宇宙树构造。到了汉代，更有扶桑—东王公、若木—西王母的配置，至此以下，就不用多说了。

原为天地之中的宇宙树构造为了配合太阳自东而西的行程，遂有两极之构造。如配合其他模式，亦可有另外的变形之宇宙树，战国晚期流行阴阳五行之说，宇宙树遂亦有青、红、白、黑之树，此记载见于抗战时期长沙子弹库出土之楚帛书。楚帛书甲篇言及楚人的宇宙开辟论故事，它从有熊氏、伏羲开始谈起，其中有言："未有日月，四神相代，乃步以为岁，是

---

[15] 参见加藤常贤：《王若日考》，《中国古代文化の研究》（东京：二松学舍大学出版部，1980），页387—416。

[16] 参见杉本直治郎、御手洗胜：《古代中国における太阳神话——特に扶桑传说について》，《民族学研究》第15卷第3、4号（1951年3月），页24；水上静夫：《桑树信仰论》，《日本中国学会报》第13集（1961年10月），页1—18。

佳四时：长曰青干，二曰朱四单，三曰白皇然，四曰𤄃墨干。"
四神的名字甚怪。其中两者有"干"之名，此自是取义树木。白
皇然者，白皇橪也，橪为枣木。朱四单者，即朱櫄檀也。准上所
说，则四神之名皆取自树木，四神实为四木之神格化。四神生出
后，经千百岁，不知经历何种过程，大概洪水平了，九州不再波
涌，山陵从此清静。"炎帝乃命祝融以四神降，奠三天，累思保，
奠四极"，在山陵清静之后，帛书另有一行文字，言及"青木、
赤木、黄木、白木、墨木之精"。[17] 大概是重整宇宙，需要神圣
质量，所以炎帝乃赋予祝融五木之精，以重造乾坤。

　　笔者上述的讲述，颇多跳跃，由于帛书的细节尚多争议，
笔者亦无能论断其是非。但就文字解释无疑义者，我们已看到
五行之木，也看到四神皆取象于树木，而奠定四极的"四极"，
应该就是四种通天之树。子弹库帛书四隅绘有四时之木，施以
颜色，看图说话，其义了然。"四极"即"四神木"所撑起的
通天之柱。"四柱"在战国秦汉之际并非罕见的概念，李零说：
"四木的作用与古代出土占盘上面的四维相同（四兽镜当中的
四瓣花也是起同一作用）。马王堆帛书《十六经》：'夫天有干，
地有恒常'、《行守》：'天有恒干，地有恒常'，四木也就是四
天干。"[18] 汉镜亦多，"四极之状"。如果我们要将"四极"的概

---

[17] 子弹库帛书底本不清，文字古拙，后世释其文释其义者多有出入。以
　　上释文参见饶宗颐、曾宪通：《楚地出土文献三种研究》（北京：中华
　　书局，1993），页 240—242。
[18] 李零：《长沙子弹库战国楚帛书研究》（北京：中华书局，1985），页 70。

念往上推，殷商的"亚"室标志应该已有这样的涵义。[19] 四隅之木如再加上图中未见的黄木，[20] 这就是标准的五行学说在宇宙树上的反映。式盘、铜镜、帛书反映的都是同一种的曼荼罗（mandala）思维，中无定位，随通天的象征而转。

四极之木就像扶桑—若木的两极之木一样，它们不可能坐落在地理学意义上的天地之中。然而，唯一处在天地之中的建木也罢，东西两极的扶桑—若木也罢，青、赤、白、黑的四极之木也罢，甚至于"八极"[21] 或更多的"极"也罢，它们的功能都是要通天，也就是要作为联系天界与地界的管道。"一极""两极""四极""八极"之"极"虽各不相同，但同样有维持宇宙秩序之义。数目不同，只因秩序所安置的参考架构不一样而已。

宇宙树的核心意义在于"通天"，"天"是宇宙树存在的目的。古代中国的群众就像许多初民社会的人一样，他们有对"天"的信仰。"天"最明显的物质形象即是苍苍之天，那穹远

---

[19] 参见张光直：《说殷代的"亚形"》，《中国青铜时代（第二集）》（台北：联经出版事业公司，1983），页 81—89。

[20] 杨宽说"奠三天"的"三天"指的是昆仑三丘，亦即登天所经的三重天之构造。如果此说可以成立的话，笔者认为三天的意义和黄木的功能就重合了，因此，也就可以不列黄木。另一种可能是中无定位，分配四行，所以黄木就不列出来了。参见杨宽：《楚帛书的四季神像及其创世神话》，《文学遗产》1977 年第 4 期，页 4—12。

[21] "八极"之说为《淮南子》所提，参见刘文典撰，冯逸、乔华点校：《淮南鸿烈集解·精神训》（北京：中华书局，1989），上册，卷7，页218。根据注解，此"八极"为宇宙山，非宇宙木。但即使如此，"八极"之"极"的原始意义仍取自通天巨木。

不可及的奥秘之区。耶律亚德说：对初民而言，默思苍天，最容易引发他们神圣的宗教经验。因为苍天是全然的他者，至高无上且带有神圣的属性，这是"人所无法达到的高处、群星所在之处，具有超越者、绝对实体与永恒的重要性"。对初民而言，这样的天之自然属性和神性是无从分别的。耶律亚德继续说道："这一切并非逻辑与理性的运作可以掌握。崇高的、超越世俗的、无限的超验范畴，显现在整个人身上，包括他的心智与灵魂。对天的注视与惊叹，占据了人整个的意识，人同时也发现到，天的神圣性与人在宇宙中的情境，根本是无从比较。因为苍天以它自身存在的模式，显示出它的超越性、能力，及它的永恒性来。苍天绝对性地存在，因着它崇高、无限、永恒、充满能力。"[22]

　　上天神圣如是，很不幸的，我们却不是活在与天同在的时代，因为自蚩尤作乱以后，此世早已"绝地天通"。在这之前，世界的性质不是这样的，早期传说中的岁月是个乐园的时代，是神人不分的时代，是人类一切欲望都得以化为真实存在的时代。然而现在，天人断裂，乐园消逝，美好的光阴永远不再。尽管如此，上天总会留给堕落的人子"向上一机"的，所以祂留下了贯通天地的宇宙山与宇宙树，只要够资格的文化英雄如太皞或后羿有意于斯，即可从此山此树"上下"天界，重新觅

---

[22] 此段引文参见伊利亚德（M. Eliade）著，杨素娥译：《圣与俗——宗教的本质》（台北：桂冠图书公司，2001），页161。

得人在神话时代所享有的本质。

宇宙树的主题反映了一桩堕落与救赎的宇宙性剧场事件，它蕴含了悲惨的绝地天通的神话于其间，也反映了人们即使已活在"除魅"的年代，对超越的价值仍心向往之。孤挺的建木、两极之木的扶桑和若木、楚地流传的四极之木，其功能皆在此。而楚帛书所述祝融取青木、赤木、黄木、白木、墨木之精，以"奠三天""立四极"，此说前史未见，它可补《国语·楚语》及《尚书·吕刑》所描绘的绝地天通的情节，"木"的意义由此更加显著。我们不妨说：女娲断鳌足，立四极以补天；祝融取五木之精，立四极以通天，两者同是神话时代最令人目眩神驰的史诗事件。

二 皇极—太极

建木、若木、扶桑见之于文献的记载也许不见得特别早，但它们反映的文化精神可以确定非常邈远。木的通天象征落在空间的设计上即有四极、八极之说，女娲的鳌足四极、祝融的神木四极与《淮南子》的八极，同样是预设着天地以四柱或八柱相交，四柱、八柱撑起撕裂的天地之后的沟通管道。"极"是通天神木的具体化，四极是"通天之中"化为最遥远的四隅之巨柱，但坐落在世界四周最边缘（四隅）的巨柱仍是"通天之中"，只是这样的"中"不会是地理学空间意义的，它是一种"部分代替整体"（pars pro toto）的神话思维模式之

"中"。[23] 每一极的神木都是立于中央的建木，八极的情况亦依同一种模式推演可知。

考"极"字原为居屋正中栋梁。《说文》云："极，栋也。从木，亟声。"朱骏声说："按：在屋之正中至高处。至者，下之极；极者，高之至也。"[24] 闻一多《天问释天》注解"天极焉加"云：

> 《说文》栋极互训。程瑶田曰，古者初有宫室时，易复穴为盖构，未必遽为两下屋与四注屋，不过为庿然之物，以覆于上，如车盖然，中高而四周渐下以至于地。中高者栋，四周渐下者宇，所谓上栋下宇者是也。今之蒙古包，如无柄伞，可张可敛，得地则张之，将迁则敛而来之以去，即古栋宇之遗象。按，程说至确。《论衡·说日篇》引邹衍说曰"天极为天中"，《太玄·玄荣篇》曰"天圆地方，极植中央"，此与程说远古室屋之制适合。盖古屋中高者曰栋，一曰极，天帝所居紫微者星，取象古屋，故其极亦在中央也。极为屋之中，故极训中，《诗·思文》"莫匪尔极"传，《周礼·序官》"以为民极"注皆云"极，

---

[23] 卡西勒（E. Cassirer）认为这条法则是神话隐喻的基本原则，"全部神话运思都受着这条原则的支配，都渗透着这条原则"。参见卡西勒（E. Cassirer）著，于晓等译：《语言与神话》（台北：桂冠图书公司，1990），页79。

[24] 朱骏声：《说文通训定声·颐部第五》（台北：艺文印书馆，1975），页259。

中也。"[25]

我们看到屋栋在"正中至高"处，甚至连天帝所居的紫微星的形状也仿照人间的住屋，而其极亦在中央。很明显的，作为屋栋的"极"的概念来自通天巨木，神话是现实的原型。我们只有放在这样的背景下考量，它的真实性才得以展现。但就内涵样式而言，天帝的居屋反而是取法尘世住屋的模子，天界之屋是世间之屋的倒影，现实是神话的原型。天界之极与人世之极互为原型，这种对照显现出神话世界中"理型"与"存在"的相互依存性。

朱骏声与闻一多上述的解释皆非常透彻，闻一多能将屋栋、天中、天极串连起来诠释，其义尤弘。值得注意的是，朱、闻两人大概都不知道耶律亚德其人其学，但两人的观察竟与后者一致。朱骏声说"极"是房屋的"正中至高处"；闻一多说"古屋中高者曰栋，一曰极。"这样的诠释我们不会太陌生，更不会讶异。耶律亚德在《圣构与象征》一文中，广为搜罗各民族、各地区的建筑物，尤其与宗教相关的神圣建筑物的材料，结果发现这些建筑物都有些特殊的设计，这些设计使得世人得以和方外之界具有的超越的真实沟通。这些设计都被设想位在宇宙之中，它是个通道，永远指向真实，指向超越。在

---

[25] 参见闻一多：《天问释天》，《古典新义》，收入朱自清、郭沫若等编：《闻一多全集》（台北：里仁书局，2000），册2，页320—321。

此超越界有神祇，有祖先，有此界没有的神圣物。这个设计使得此一建筑和周遭环境有一本体论的断层，它是滚滚尘世中的净土，是世俗救赎的唯一向上一线。[26] 我们上文所讨论的"极"的功能显然也是如此。

"极"字重要的家族成员有"皇极"与"太极"，前者出自《尚书》，后者出自《易经》，这两个用语是六经中极重要的语汇，影响后代思想甚大。两者皆从"天地之中"的木之象征转化而来。

"皇极"一词首见《尚书·洪范》，《洪范》此篇记述武王伐纣成功后，向殷遗民箕子请教治国大道。箕子为他陈述天地之大法，其法有九，这就是有名的洪范九畴。九畴的范围泛及天文、农事、决断、德行以及很难归类的"五行""皇极""威用六极"等。关于"建用皇极"的具体内容，箕子说明如下："皇建其有极，敛时五福，用敷锡厥庶民。惟时厥庶民于汝极，锡汝保极。凡厥庶民，无有淫朋，人无有比德，惟皇作极。"[27]《尚书》诘屈聱牙，个别字句的文意有时不好懂。但引文所述，无疑地是指向君民共安"极"道。本文所以不嫌词费，将"皇极"放在洪范九畴中看待，正是想突显它在治国的九条大法中

---

[26] M. Eliade, *Symbolism, the Sacred and the Arts* (New York: The Crossroad Publishing Company, 1986), pp.105—129。这个论点在他的许多著作中都可以看到，比如耶律亚德（M. Eliade）著，拙译：《宇宙与历史——永恒回归的神话》，页 4—13。

[27] 孔安国传，孔颖达疏：《尚书正义》，收入李学勤主编：《十三经注疏整理本》，册 54，卷 12，页 364。

占据着"意义建构"的角色，亦即占据着"正当性"的位置，它发挥的作用类似"天命说"。"天命"乃天之所命，此命要广布给下民，仍须有布达的管道，"天命"实际上是顺沿"皇极"的管道才下降人世的。

为什么"天命"需要借助"皇极"的管道呢？我们且看前人的解释。孔传释"建用皇极"云："皇，大也；极，中也。凡立事当用大中之道。"孔传的解释也是汉儒一般的解释，《诗》"莫匪尔极"，郑玄注"极"为"中"；《周礼·天官》"设官分职，以为民极"，郑玄注云："极，中也。令天下之人各得其中，不失其所。"所以"建用皇极"，就是建立大中之道，而且使他们大得其中，"众民皆效上所为，无不于汝人君取其中道而行。积久渐以成性，乃更与汝人君以安中之道"，最后达到"天下众民尽得中也"。[28]

君王要有大中之道，以惠百姓；百姓要得此大中之道，与君共守；最后，君臣一体，尽得其中。《尚书·洪范》这种语式颇似《老子·第三十九章》"天得一以清，地得一以宁，神得一以灵，谷得一以盈，万物得一以生，侯王得一以为天下贞"，或《管子·内业》所说"凡物之精，此则为生。下生五谷，上为列星。流于天地之间，谓之鬼神。藏于胸中，谓之圣人"[29]

---

[28] 郑玄注，贾公彦疏：《周礼注疏》，收入李学勤主编：《十三经注疏整理本》，册60，卷1，页6。

[29] 黎翔凤撰，梁运华整理：《管子校注·内业》（北京：中华书局，2004），中册，卷16，页931。

之类的话语。这样的"一""精"或"大中"显然还保留了上
古神圣且神秘的象征作用，它们的语言意义不会一样，但我们
如果不从"外延"的方向考量，而是从这些语式的心理层面着
眼，或从本体论意义的观点考量，也许可以发现它们都保留了
类似"玛纳"（mana）这样的神秘力量，[30] 只是"皇极"更偏
向于神秘力量的流通管道之义。

　　"皇极"一词在宋代以后偏于政治的用法，类似"人君之
道"之义。[31] 然而，早期的"皇极"的文义原为通天的大中之
道，它如何被人使用，这桩政治工程自然会牵涉到权力的垄断
问题。但本质上，它是个宗教的语汇，它的作用即是通天。我
们知道在中国远古的传说里，天地原本是相连的，神人也是不
分家的。可惜"世人"犯错，[32] 上帝大怒，乃命重黎绝地天通。
之后，宇宙轴就断了，它已不对一般人开放，只有少数天赋异
禀的巫觋才可以找到管道升天入地。但箕子却释放了这条为少
数巫觋所把持的通天之道，他认为原则上，每个人都可以得到
"大中"，因此，也就可以通天。我们如果知道洪范九畴的来
源，就更可以了解这则叙述的旨义。据《洪范》的说法，在遥
远的上古，世界发生大洪水，天地毁坏，山川湮灭，鲧治水无

---

[30] 郭启传解释"一""精"有此说，参见《太初之道——圣在世界秩序的
　　 展开》（新竹：台湾清华大学中国文学研究所博士论文，2001）。

[31] 参见蔡沈《书集传》，收入杜松柏编：《尚书类聚初集》（台北：新文
　　 丰出版公司，1984），册1，卷4，页416—417。蔡沈所引诸家之说，
　　 亦同此义。此书代表朱子学派的观点，元明之后，影响极大。

[32] 依据《国语·楚语》等文献所述，此"世人"指的是"蚩尤"。

成，乾坤更加混乱。等大禹嗣兴，平定水患，上帝才赋予大禹"洪范九畴"，擘划天地。准此，"皇极"有重造乾坤的作用，而且，此时重造乾坤的资格已落在每位可能得到"大中之道"的人民身上，而不再是巫觋的专利品。我们从这则半神话、半史实的载录，隐约看到孟子"性善说"的影子。

"皇极"解作大中，它有训诂上的根据，也有神话学上的依据。但朱子对此另有解释，他训"皇"为君，"极"为标准。"皇极"等于人君之标准，或是人君之道。

朱子不采"大中"之说，很可能有政治上的考量。[33] 但他的解释和他整体的思想也是相容的，我们知道朱子解释"太极"的最大特色，乃是从"理"的观点来看。[34] 标准即是理，因此，他也从"理"的观点解释"皇极"，为人君者必须遵行他应当遵行的理则，否者，天下秩序即会大乱。朱子此义并非不可理解，也不一定会与"大中"之说相互矛盾。事实上，我们可以把他的"人君标准说"视为"大中说"的哲学转化，这是原始"大中说"隐藏的另一层意思，详见下文。

除了"皇极"外，"太极"又是个影响极深远的语汇。《易·系辞上》云："易有太极。"韩康伯注"太极"为"无称之称，不可得而名"，这显然是将王弼玄学的观点带进来

---

[33] 参见余英时：《朱熹的历史世界——宋代士大夫政治文化的研究》（台北：允晨文化公司，2003），下册，页532—576。

[34] 朱子说："太极只是一个'理'字。"语见黎靖德编：《朱子语类》（北京：中华书局，1994），册1，卷1，页2。

了。[35] 孔颖达《正义》则训"太极"为"天地未分之前，元气混而为一"，[36] 这种解释又太受到汉唐元气论的约束了。我们且不管后儒的诠释，暂时先将目光直接贯注到经典文本。首先，我们比较"皇极"与"太极"，赫然发现"皇""太"一样可训作"大"，而且石经本、岳珂本的"太极"皆作"大极"。答案出来了，"太极"的原始意象实为"皇极"，同样是大中之道，同样是来自"通天之木"的转化。韩康伯的注与孔颖达的正义都有理趣，他们可以说都在某个层次上在"天"和"太极"之间作了意义转换的工程，只可惜"通天之柱"的意象却给模糊掉了。

　　我们将"太极"释为"大中"，这在《易经》一书里可以找到相当多的文献作佐证。事实上，《易经·大有》一卦即有"大中"一词："柔得尊位大中而上下应之，曰大有。""中"是《易经》的重要概念，而且是个吉祥的概念。《易经》有些地方单言"中"，如《临·象》言"大君之宜，行中之谓也"；或言"黄中"，如《坤》说"君子黄中通理"；或言"正中"，《乾》言"龙德而正中"，《需》言"位乎天位，以正中也"；"正中"或倒过来，成了"中正"，如《乾》言"刚健中正"，《讼》言

---

[35] 《老子·第二十五章》言"道法自然"，王弼注："自然者，无称之言，穷极之辞也。"参见王弼注，楼宇烈校释：《老子周易王弼注校释》（台北：华正书局，1983），页65。

[36] 韩、孔的解释，参见王弼注，孔颖达疏：《周易正义》，收入李学勤主编：《十三经注疏整理本》，册52，卷7，页340。

"利见大人, 尚中正也", 《履》言"刚中正, 履帝位而不疚", 《观》言"中正以观天下"; 或言"中道", 如《离》言"黄离元吉, 得中道也", 《夬》言"有戒勿恤, 得中道也"; 或言"中行", 如《泰》言"包荒, 得尚于中行", 《复》言"中行独复, 以从道也"。《易经》重视"中"位, 这种解释倾向自然和占卜的爻位有关。这是自有卜筮活动以来,《易经》专家共同的看法。但我们如追究为什么"中"的意义几乎都是正面的? 而且与"中"有关的复合词如"中行""中道""正中""黄中""中正"这些词语除带方位之"中"的意象外, 它们都还兼带着强烈的价值意识; 而且这样的价值意识都还是放在阴阳与八卦之象征——天、地、水、火、风、雷、山、泽这样壮阔的自然意象下定位的, 当中难道没有蕴含更深层的讯息吗?

如果"皇极""太极"以及"中正""中道""中行"这些词语除了带着"中"的意象外, 也兼赋着价值的意涵, 那么, 我们可以反过头来重看朱子的公案。朱子释"太极"为"理", "皇极"为人君之标准, 其理解自然和汉代以下主流的解释不同, 但两说不一定矛盾。因为连朱子本人都不一定反对"极"有"中"的意象, 只是他所谓的"中", 依他所说, 乃是"在中, 乃至极之所, 为四向所标准, 故因以为中。如屋极, 亦只是在中, 为四向所准。如建邦设都以为民极, 亦只是中天下而立, 为四方所标准"。[37] 亦即"极"的本质是"标准"或

---

[37] 黎靖德编:《朱子语类》, 册5, 卷79, 页2046。

"理"，而"中"是附属的。但即使采用朱子的解释，我们如果将"极"字还原到神话象征的意义上看，则"理"或"标准"亦未尝不可说。因为依"太初存有论"的思维模式，后世精致哲学化的语言当时是要用感性的象征显示出来的。"大中"既然可以通天，因此，天所带有的神圣、理则、丰饶之质性自然也会灌注到"大中"的象征上。换言之，"中"为形式，"理"为内容，而"内容"与"形式"在"皇极"一词上并没有分化，"皇极"即中即理。朱子的时代去神话时期已远，他以较隐晦的"理则"义压抑"大中"义，这只能说他以自己的思想体系定位了"皇极"的原始意象。但如实而论，"中""理"二义同出而异名，同为众妙之门。

如上所说，"中"与"理"应可构成通天之木隐藏意义的两翼。颇堪玩味的是，宋代"皇极"语义之争的两造，无意之间也就秉持这样的观点。我们看到朱子有些语言，如云"极，如屋极，阴阳造化之总会枢纽"，[38] 实可视为对"大中"的解释。《周礼·大司徒》描绘"地中"之景如下："天地之所合也，四时之所交也，风雨之所会也，阴阳之所和也。"[39] 两者比较，不是很像吗？同样地，主张以"中"释"极"的陆九渊在实质的内容上也没有反对"极"为"理"之说，不但没有反对，而且可以说强烈支持此义。他的反对完全是站在经义

---

[38] 黎靖德编：《朱子语类》，册 5，卷 79，页 2046。

[39] 郑玄注，贾公彦疏：《周礼注疏》，收入李学勤主编：《十三经注疏整理本》，册 61，卷 10，页 298。

语言层次上立说而已。他与朱子辩论"无极而太极"的问题时，说道："太极、皇极，乃是实字，所指之实，岂容有二。充塞宇宙，无非此理，岂容以字义拘之乎？中即至理，何尝不兼至义？《大学》《文言》，皆言'知至'，所谓至者，即此理也……盖同指此理。则曰极、曰中、曰至，其实一也。"[40] 朱、陆辩"无极而太极"的问题，出入甚大，但有些争辩之点其实主要在语言字义层次，"极"字的解释之争应是如此。陆九渊和朱子两人大概都不反对"极"有"中"与"理"双义，只是放在经文的文脉上考量时，该如何解，陆九渊不能同意朱子的解释而已。

朱子的"理、标准"说可以视为"通天之木"的另一翼，朱子当时的解释并没有援引太多训诂学上的材料。然而，事有凑巧，我们从晚近马王堆出土的材料，竟然可以得到一些新的启示。马王堆出土帛书《周易·系辞传》，其中"易有太极"一语作"易有大恒"。恒者，常也。《易经》有《恒》，其《象传》说："雷风恒，君子以立不易方。"《系辞·下》言"九德"，其中之一为恒，"恒，德之固也"。"易有大恒"一语乍看新颖，但它不是不可以得到《易传》文本的支持，也不是不可以获得义理的支撑，而且也不是不可以得到相关文献作为佐助的。春秋战国时期，"恒"字是极流行的概念，儒、道、阴阳

---

[40] 陆九渊著，钟哲点校：《与朱元晦二》，《陆九渊集》（北京：中华书局，1980），卷1，页28。

诸家皆雅言之。[41] 这样的"易有大恒"之说，显然与朱子对"极"的解释贴近，这也可以算是另一种意义的"冥契"。

本节最后，笔者想借饶宗颐先生对"太极"与"大恒"的文字解释再推进一步遐想。我们上文说"极"兼具"理""中"双义，这样的倾向在"太极""大恒"的异文里已可看出趋势。但我们不要忘了：它们的原始字义仍蕴含"人在天地之间，如何通天"的内涵。《说文》解释"极"字所出的"亟"字及"恒"字的意义如下：

> 亟，敏疾也。从人，从口，从又，会意从二。二，天地也。
>
> 恒，常也。从心从舟，在二之间。上下心以舟施，恒也。古文恒，从月。

古文恒从月，甲骨文恒字作亙。二者，天地也，契文恒字意指月在上天下地之间，乃月恒之本字。"亟"的契文作亟，从人在天地之间。"恒"字与"亟"字构造相似，《易大传》"易有太极"一词竟有"大恒"此异文，这大概不是偶然的，因为两者同样有"立于天地之中"之义。[42]"恒常"（亦即理则、标准）

---

[41] 参见饶宗颐《帛书〈系辞传〉"大恒"说》，收入单周尧等编：《饶宗颐二十世纪学术文集》（台北：新文丰出版公司，2003），册5，卷3，页68—86。

[42] 以上解说参见饶宗颐《帛书〈系辞传〉"大恒"说》一文。

则是从此"中"分化出来的。

三 社 与 国 命

　　木最重要的象征是通天，这种象征意义可以想见的源自国家建立以前的邈远时代。等人群慢慢体制化、土著化了以后，"中"的位置或样态遂不得不跟着转移。但假如天的信仰还在，我们可以想像的，木的功能就不会被取代，它仍要承担后代人类组织和天沟通的功能。笔者认为在有历史记忆的中国文明初阶，"社"扮演的就是这个角色。关于"社"的内涵为何，当代学者的解释极为纷歧。根据铁井庆纪与凌纯声先生的解释，社的意义可得十五种。[43] 如果我们从"社"之特征及功能分类，这十五种解释大致又可简化为下面四种：（一）树木

---

[43] 这十五种假说的内容简要及提出者姓名如下：(1) 沙畹（Chavannes）：丛林崇拜说。(2) 出石诚彦：丛林崇拜与树木崇拜结合说。(3) 桥本增吉、佐藤匡玄、傅斯年：土地神说。(4) 津田左右吉：实行民间巫术仪式之场所说。(5) 郭沫若：生殖崇拜说。(6) 新见宽、重泽俊郎、藤枝了英：原始社会集团之圣所与保护神说。(7) 守屋美都雄：显示原始聚落之标识说。(8) 李则纲：图腾说。(9) 陈梦家：高禖神说。(10) 池田末利：源于祖先崇拜之地母神说。(11) 凌纯声：西亚坛文化影响所得说。(12) 赤塚忠：与殷商"土"仪礼相关联说。(13) 白川静：满蒙来源说。(14) 葛兰言 (M. Granet)：圣地圣力之象征说。(15) 孔令谷：社稷神为天地人之神说。其中前面十三条已见于铁井庆纪的归纳，最后两条是凌纯声先生加上的。参见铁井庆纪：《"社"についての一试论》，《东方学》第 61 号（1981 年 1 月），页 1—16；凌纯声：《中国古代社之源流》，《中国边疆民族与环太平洋文化：凌纯声先生论文集》（台北：联经出版事业公司，1979），下册，页 1417—1418。

说，（二）土地说，（三）生殖说，（四）政治社会功能说。以上四种解释并不互斥，所以我们的选择当然不必非此即彼。格尔兹 (C. Geertz) 批判以往对文化现象的解释，就像剥水果一样，层层剥掉，最后才露出核心，这样的解释很容易将问题过分简化。对重要文化的解释最好采"重层的描述"(thick description) 才能尽其义。[44] 笔者相信上述对"社"的各种诠释都言之成理，因为笔者不认为"社"这个概念可以抽离历史形成的过程，而抽象地论其本质。"社"无疑地具有多层次的意涵，其中的一个重要意涵即是"木"的象征功能，它将"社"所有的功能串连了起来。

　　上述第二点的土地说的理据是很强的，"社"字从示从土，它和"土"字原本即为同一字。土地崇拜和天神崇拜一样，其源头皆极为古老。"社"的主要功能之一即是土地崇拜，《白虎通》说："王者所以有社稷何？为天下求福报功。人非土不立，非谷不食。土地广博，不可遍敬也。五谷众多，不可一一祭也。故封土立社，示有土也。稷，五谷之长，故立稷而祭之也。"[45]《白虎通》的解释虽代表汉人的观点，但"求福报功""人非土不立"之说，应当符合"社"的功能，这样的功能源远流长，即使迟至今日，我们依然可以从遍布乡野的土地

---

[44] 参见格尔兹（C. Geertz）著，纳日碧力戈等译：《文化的解释》（上海：上海人民出版社，1999），页3—36。

[45] 陈立撰，吴则虞点校：《白虎通疏证·社稷》（北京：中华书局，1994），上册，卷3，页83。

公庙，看出其流风余韵。

　　"社"的核心意义是土地崇拜，此事自无可疑。但它和泛泛而论的土地崇拜有一显著的差异点，此即"社"预设了人类社群的概念，这个社群可以小至乡里，大至天下，但它总意味着"社"属于"社会秩序"，而秩序又意味着区隔。《礼记·祭法》云："王为群姓立社，曰大社。王自为立社，曰王社。诸侯为百姓立社，曰国社。诸侯自为立社，曰侯社。大夫以下成群立社，曰置社。"[46]《祭法》所述"社"的各种形态颇有体系，这应当是整理加工过的。然而，"社"有大小，反映它所代表的祭礼者权力之大小，或其社会组织之大小，这应当是可以确定的。换言之，"社"虽为土地崇拜，但它所崇拜的土地不是大地自身，而是政治权力下被区隔的领土。相对之下，类似大母神或地母之类的土地崇拜则不一定有这样的政治意涵，它是自然崇拜的一部分，是人类政治组织尚未发达前对大地的一种尊崇。大母神崇拜与"社"或"社稷崇拜"虽然两者的性质是相连续的，但却分属于两个不同的历史发展阶段。

　　当土地自身的崇拜被转换成"社"的崇拜时，木扮演了区隔的角色。《周礼·地官·大司徒》云："设其社稷之壝，而树之田主，各以其野之所宜木，遂以名其社与其野。"郑玄在此有注："社稷，后土及田正之神。壝，坛与堳埒也。田主、田

---

[46] 郑玄注，孔颖达疏：《礼记正义》，收入李学勤主编：《十三经注疏整理本》，册77，卷46，页1520。

神，后土、田正之所依也，诗人谓之田祖。所宜木，谓若松柏栗也，若以松为社者，则名松社之野，以别方面。"[47] 不同的"社"即有不同的社树，不同的社树反映了当地不同的风土文化，社树成了"社"及其所属的邦家的标记。三代时，举凡一国之大事，如征讨、祈雨、止雨、抢救日蚀等等，无不在"社"中举行。这些大事都是一乡一国之事，"社"则为一乡一国之社，社树亦为一乡一国之社树，社树扮演了捍卫领土范围的宣誓者。

但社树最主要的功能不在区隔，而依然是在通天。更确切地说：是区隔里的通天。社中置土，土上立树，刘向说这是因为"土主生万物，万物莫善于木，故树木也"。[48] 刘向这种解释很难说不对，但他的意思飘忽不定，还需要进一步地澄清，我们且看《墨子·明鬼》篇的一则记载：

> 昔者虞夏商周三代之圣王，其始建国营都日，必择国之正坛，置以为宗庙，必择木之修茂者，立以为菆社。

"菆社"原作"菆位"，孙诒让认为"位"为"社"字之误，[49]

---

[47] 郑玄注，贾公彦疏：《周礼注疏》，收入李学勤主编：《十三经注疏整理本》，册 61，卷 10，页 285。

[48] 刘向撰：《五经通义》，收入黄奭辑：《黄氏逸书考》，收入严一萍选辑：《丛书集成三编》（台北：艺文印书馆，1971），册 65，页 4b。

[49] 参见孙诒让：《墨子间诂》，《续修四库全书》（上海：上海古籍出版社，1995），册 1121，卷 8，页 91。

此说可从。

《墨子》这则记载让我们联想到《逸周书·作雒》描述周公辅佐武王伐纣，继而辅佐成王，平定三叔之乱。在致政前，他"畏周室不延俾中天下"，所以决意在东方另立新都。周人东西寻觅，卜筮相地，费尽苦心，其工程颇为浩大。这项工程的一个主要环节是建包含东青土、西白土、南赤土，北骊土、中黄土在内的"大社"。[50] 新都成周原本即被视为"地中"。周公在百废待举之际，首先想到的国之大事，竟然是在天地之中营建新都，让都城和秩序化的总枢纽连上关系，亦即让新都参与了宇宙轴，取得存在意义的保障——这样的设计在许多古老文明的营建行为中都是可以见到的。而依据《墨子·明鬼》及《白虎通》所示，我们有理由认定新都的"大社"乃是地中之中，它通天的功能更强，周公不能不急建新都与大社，因为三代立国之君所以取得天下，如依周人的观念解释，其关键在于得天命。得天命者，天意与国君或国家命运可以相通，相通之地何在？宗庙就是一个地方，但"社"无疑地也是上通天意的圣所。也许我们在两者间不必作太大的区分，因为宗庙与社稷其实常设在一起的。[51]

---

[50] 朱右曾：《逸周书集训校释·作雒》（台北：世界书局，1967），卷5，页115—119。

[51] 《周礼·春官·小宗伯》《礼记·祭义》皆言"右社稷，左宗庙"。郑玄注，贾公彦疏：《周礼注疏》，收入李学勤主编：《十三经注疏整理本》，册62，卷19，页573；郑玄注，孔颖达疏：《礼记正义》，收入李学勤主编：《十三经注疏整理本》，册77，卷48，页1569。

　　“社”此建物最大的特色乃是“有垣无屋，树其中以木”。“有垣”，所以“社”此一圣地才可以和周遭环境有一本体论的区隔；无屋，所以天地可以交通，当中没有任何的障碍。《礼记·郊特牲》云：“天子大社，必受霜露风雨，以达天地之气也。是故丧国之社屋之，不受天阳也；薄社北牖，使阴明也。”[52]蔡邕《独断》亦云：“亡国之社，古者天子亦取亡国之社以分诸侯，使为社以自儆戒。屋之，奄其上，使不通天，柴其下，使不通地，自与天地绝也。面北向阴，示灭亡也。”[53]两书所述，颇富戏剧性。然而，我们如果同意三代政权的正当性在于“中”的获取，“中”的获取又与圣所的设计与兴衰有关，那么，就可以了解《礼记》与《独断》所述再合理不过了。事实上，人君在灭人之国后，遂亦屋其社者，并不少见。反过来说，人君为亡国之民立社，使其精神有所依归，这即可算是兴废国、立绝世的仁爱行径。[54]

　　“社”要“受霜露风雨，以达天地之气”，社上加屋，则表示“自与天地绝也”。由此，我们可以知道“社”中为什么要树木。刘向说因为“土主生万物，万物莫善于木”，所以才立

[52] 郑玄注，孔颖达疏：《礼记正义·郊特牲》，收入李学勤主编：《十三经注疏整理本》，册75，卷25，页917。

[53] 蔡邕《独断》，收入严一萍选辑：《百部丛书集成》（台北：艺文印书馆，1966），册52，卷上，页8a。

[54]《吕氏春秋》记武王灭殷，“立成汤之后于宋，以奉桑林”，即是一例。“桑林”，固殷商之社也。许维遹撰，梁运华整理：《吕氏春秋集释·慎大览》，下册，卷15，页357。

木。我们前文说：此一说法很难说错，但有点模糊。我们现在可以把模糊点厘清了，关键点不在木代表土所产的万物中之最善者，如果这样的话，稷麦稻粱呢？社中所以要置木，就像社所以不加盖屋顶一样，为的都是要通天地之气。"不屋"是消极的无为，"树木"是积极地引导天地之气的流通。木扎根大地，为土所生；但木也指向天空，离天最近。社中之木实即宇宙树，它是天命的具体化。

由于社是分殊化的土地，我们自然不能期望社中之木都像神话世纪中的宇宙树那般高耸云天。而且随着封建制度的建立，天子以外的"社"能扮演的"通天"功能势必也要受到限制。但不管怎么受到限制，社木总是宇宙树的分化，它毕竟带有宇宙树的性质。

先秦古籍实际描述社树的情况不是很多，我们看到一个最著名的例子是宋襄公在楚丘这地区招待晋侯，用"桑林"之歌舞飨宴之。结果晋侯一看到舞中之旌旗，惊有鬼神，遂至大病一场。桑林原为商人之社，成汤曾在此社剪发焚指甲以乞雨。顾名思义，"桑林"当与桑树之信仰有关，而且很可能有扶桑神话的影子在内。殷商源出东夷，扶桑神话应当是中国东方海滨流传已久的神话。《左传·襄公十年》所描述这则故事可以使我们看到圣所通天的另一个畏怖的面向。事实上，文明早期的宗教经验中，"畏怖"与"歆羡"是同时而生的情感。尤其如果我们想到三代时期，社中不知举行过多少次衅血的仪式，其中以人衅之的例子还不少，我们即可了解以人的血气换取天之福报这样的能量转换关系背后，正不知有多少盲动的无意识的力量流动其间。哀公问社于宰我，宰我回答说："周人以栗，曰：使民战栗。"孔子是神话理性化的关键人物，他自然不会以宰我之说为然。但我们如果从宗教心理的观点考察，宰我的说法也许正反映了部分人对社树的真正感受。[55]

我们现在所看到对社树最深刻的描述，并非来自远古史籍，而是来自《庄子》。庄子在《人间世》提到曲辕地方有"栎社树"，此树"其大蔽牛，絜之百围，其高临山十仞而后有枝，其可以为舟者，旁十数"。此社树的形态实在像极了宇宙树，但有一点不一样的地方，庄子特别强调此树"无用"，它是百无一用的散木。但我们都知道庄子的"无用"往往即是大用，越是偏离世俗标准越远，往往越能得其生。庄子说这是栎社树的秘密，不得泄漏，因为它也是"直寄焉"，亦即假借社树之形以行其"大用"之实。庄子在这里将原始宇宙树的形态作了大幅的修正，但其通天的意义却没有消失，它只是作了深层的转化。意即"通天"转化为"得其天命"，"天"则转化为"道"。简言之，栎社树固然有庄子的创造成分在内，但其喻根所出，却是出自洪荒时代的通天巨木的神话，此节即以庄子的"社树"终结。

---

[55] 笔者此章初刊出时，有评审意见认为社既通天，又衅血，这样的能量转换关系似与儒家生生之道不合。笔者同意以今义观之，确有未合；以神话思维观之，则未见矛盾。因为"畏怖"与"歆羡"的重合乃是奥托（R. Otto）所说的"神圣"概念之连体词组，一体的两面。两者分化，这是后来的发展所致。

四　木型人格（一）：道家的柴立中央

　　"木"的象征在《庄子》一书中可以见到，但其形象却又与百仞无枝、直上云霄的宇宙树不同。除了栎社树外，在同一篇《人间世》里，我们看到商丘另有一株大木，它大到其荫可以遮蔽千辆车子，可惜其枝、其根、其叶皆不中用，是株"不材之木"。《逍遥游》也记载惠施有株樗树，但其主干、小枝也是毫无用处。这三棵树的形态颇一致，皆是巨木，但皆不合世俗之用。庄子选择这样的形象，显然是特意的。尤其《人间世》里的两棵巨木，一为社树，一为商丘巨木，这两树应当都带有初民宗教的痕迹。

　　庄子的"散木"象征，就像他所说的"支离疏"人格，都具有双重的构造。就表层的构造而言，它们都是世人所谓的至高标准的一种否定。"支离疏"的人格所对应的乃是儒家"威仪观"的人格，"散木"所对应者即是通天的"宇宙树"。但自底层的构造而言，庄子的支离疏其人及社栎树其树，都还是要有"德"以"内充符"的，它们都有畸于人而侔于天的性质。[56] 就像兀者王骀能行"不言之教，无形而心成"，所以求

---

[56] 费珠（M. L. von Franz）在《个体化的过程》一文中，即举庄子栎树的故事，象征个体化的过程，亦即象征圆满人格的"本我"（self）之完成。此文收入荣格（C. G. Jung）主编，龚卓军译：《人及其象征：荣格思想精华的总结》（台北：立绪文化事业公司，1999），页191—194。

教者可"虚而往，实而归"，收获极大，形躯残缺反而代表本性之完成者。同样地，"不中绳墨""不中规矩"的樗木如树之于无何有之乡、广莫之野，它即可让人"徬徨乎无为其侧，逍遥乎寝卧其下"，得到彻底的自由。"散木"与"支离疏"皆须内充其德，事实上也已内充其德，所以它们才可以得到正统的君子或宇宙树才有的影响力。

　　庄子的"散木"根本上说来也是宇宙树，先秦诸子当中，再也没有人比庄子赋予宇宙树更鲜明的"道"之涵义。不仅如此，我们如果进一步探谈，还可发现"木"是庄子思想一个根本的喻根，这个喻根的影响极大。因为庄子在人身上发现了宇宙轴，而且隐约之间，赋予了这条宇宙轴修炼的功能。庄子所发现的这条宇宙轴即是人身的督脉，《养生主》言："缘督以为经，可以保身，可以全生，可以养亲，可以尽年。""督"通"裻"，《说文》云："裻，新衣声。一曰背缝。"[57]督为正中之缝，在人身则为背部中央之脉。"督"之为经，或"督"之为脉，首见于道家。但可想见的，这个概念当来自医家，后来成为当时诸子百家共同接受的"共法"。"督脉"有广、狭二义，就狭义而言，它指奇经八脉中位于背部的督脉；如就广义而言，它包含奇经八脉中正中而立的两条脉：督脉与任脉。王冰所谓："任脉、冲脉、肾脉者，一源三歧也，故经或谓冲脉为

---

[57] 段玉裁：《说文解字注·第八篇注上》（台北：艺文印书馆，1979），卷15，页393。

督脉也。何以明之？今《甲乙》及古《经脉流注图经》以任脉循背者，谓之督脉，自少腹直上者谓之任脉，亦谓之督脉，是则以背腹阴阳别为名目尔。"[58] 庄子的"缘督以为经"当为"以督为主"，或"时时守中"之义。王夫之注解此句云：

> 身后之中脉曰：督者，居静而不倚于左右，有脉之位而无形质者。缘督者，以清微纤妙之气循虚而行，止于所不可行，而行自顺以适得其中。[59]

王夫之注解《庄子》自成一家，他对丹道又很熟稔，这个注解是很恰当的。

背柱被视为宇宙轴，这在密教修炼传统中是很常见到的意象，它或以树，[60] 或以蛇，[61] 或以河水逆流而上表之，[62] 其义大概都可被视为修炼运行的人身主干。"中"是《庄子》一书中极注重的意象，"道枢""环中""昆仑""天钧"等等重要概念

---

[58] 王冰注，引自郭霭春：《黄帝内经·素问校注》（北京，人民卫生出版社，1992），页 717。关于医学中督脉的问题，参见李建民：《督脉与中国早期养生实践：奇经八脉的新研究之二》，《"中央研究院"历史语言研究所集刊》第 76 本第 2 分（2005 年 6 月），页 249—313。

[59] 王夫之：《庄子通·庄子解》（台北：里仁书局，1984），页 30—31。

[60] 参见 R. Cook, *The Tree of Life* (New York: Thames and Hudson, 1988), p.113。

[61] M. Eliade, *Yoga, Immortality and Freedom* (New York: Pantheon Books, 1958), p.245.

[62] 参见 S. Little, *Taoism and the Arts of China* (Chicago: The Art Institute of Chicago, 2000), p.350。

皆表"中"之义,"缘督"亦属此一语族,但具有更具体的修炼、也就是后世所谓的"性命双修"的修命的讯息。上述庄子这些概念皆与宇宙轴的意象相关联。

　　庄子的"缘督说"对后世丹道颇有影响,但他可能不是最早提出此一概念的道家哲人。《老子·第十六章》云:"致虚极,守静笃。"此章在道家工夫论上也是重要的一章。1973 年马王堆出土《老子》帛书乙本(隶书本),这两句话却作"致虚,极也;守静,督也",[63] 这是个有趣的版本。颇有学者认为"督"才是正字,而老子这里所说的"督"和庄子之"督"指的都是"至正""至中"之义。[64] 可惜,他们还是不太愿意触及身体面,很少人像王夫之说的那么彻底。笔者引申王夫之之说,认为老庄两人所说的"督"既意味着"至中",也指向同一条的督脉。马王堆帛书异文通假字很多,"守静笃"解作"守静督",就文字学意义而言,或未可必。但"致虚极"一词如放在马王堆帛书中考量,却可以给我们很大的启示。马王堆黄老帛书《经法》云:"虚无刑(形),其裻(督)冥冥,万物之所从生。"(页 193)这样的"督"字看起来不会是虚字,太虚中之"督"就像人身中之"督",两者都是有创生能力的中

---

[63]　河洛图书出版社编辑部编:《帛书老子》(台北:河洛图书出版社,1975),页 80。以下引黄老帛书文字,亦依此版本,引文后列页数,其余省略。

[64]　参见郑良树:《论帛书〈老子〉》,《竹简帛书论文集》(北京:中华书局,1982),页 10;饶宗颐:《郭店楚简本〈老子〉新义举例》,《饶宗颐二十世纪学术文集》,册 5,卷 3,页 12—15。

体，所以万物才可以从中而生。

"极"字也不宜轻易放过，我们前文已提到"四极"这类概念是从宇宙树辗转引申而来的。马王堆黄老帛书中常见"天极"一词，如《经法》云："不尽天极，衰者复昌。诛禁不当，反受其央（殃）"（页194）；"唯圣人能尽天极，能用天当"（页195）。又云："帝王者，执此道也。是以守天地之极，与天俱见，尽□□四极之中，执六枋（柄）以令天下。"（页203）《称》篇云："毋失天极，廏（究）数而止。"（页229）《道原》篇则有"察稽知□极，圣王用此，天下服"（页236）之说。《原道》引文的"极"字之前一字脱落不明，其字纵然不是"天"字，但其意义终究不会相去太远。在《十六经》中，"天极"一词一变而为"天有恒干，地有恒常"之说，而且，两见之（见页214、222）。更值得留意的，郭店出土老子楚简，"致虚极，守静笃"作"至虚恒，兽（守）中笃"，考虑到"太极"为"太恒"之说，则知老子的"虚极"作"虚恒"或许不是误字，[65] 而是实字。"守静"作"守中"，应该也不是误字，而是正字，至少是另一版本的文本。看起来"守中篇"具有实质的修行意味。[66] 总而言之，老子的"致虚极，守静笃"之说很可能

---

[65] 荆门市博物馆编：《郭店楚墓竹简》（北京：文物出版社，1998），页112。

[66] 徐兢注解《老子·第十六章》说："从老子的'守静督'到庄子的'缘督'，一直到后世的'小周天'（内丹术），其发展脉络是斑斑可考的。"这是丹道人士对此章的解释，这种解释有实证的基础，恐不宜漠然视之。徐说见《气功》杂志编辑部主编：《中国气功四大经典讲解》（杭州：浙江古籍出版社，1989），页30。

可以追溯到远古洪荒的"宇宙轴（中心）的追求"，哲人的工夫论有巫教的源头，老子的工夫当然讲得更细致了。

郭店楚简《老子》"致虚恒，守中笃"紧接在"天地之间其犹橐籥乎，虚而不屈，动而愈出"之后，这两章节在目前的《道德经》版本中并不相连，前者在第十六章，后者在第五章。但目前的分章不见得是《道德经》的原本，在此书没有定本化之前，很可能有几种不同的版本流传着。郭店本值得注意的地方是："致虚恒，守中笃"是在"天地之间"定位的。"天地之间"的"橐籥"如果指的是道之创造的话，"致虚恒，守中笃"则是人在天地之间，透过虚中之修养，重新与天地之道取得和谐。

"人在天地之间、与天地通"是道家思想一个很显著的意象，而这样的意象有相当大的成分取自宇宙树的原型，我们且看下列这些《庄子》著名的句子所说为何：

> 仲尼曰：无入而藏，无出而阳，柴立其中央。三者若得，其名必极。（《达生》）
>
> 伯昏无人曰：夫至人者，上窥青天，下潜黄泉。挥斥八极，神气不变。（《田子方》）
>
> 孔子见老聃。老聃新沐，方将披发而干，慹然似非人。孔子便而待之。少焉，见曰："丘也眩与！其信然与！向者先生形体掘若槁木，似遗物离人而立于独也。"老聃曰："吾游于物之初。"（《田子方》）

老子曰：中国有人焉，非阴非阳，处于天地之间。直
且为人，将反于宗。(《知北游》)

上述这几则意象都含有：（一）人处天地间；（二）直立中央之
义。"中"是先秦思想极重要的一个概念，它的本源非常古老，
古老到可以追溯到最早阶段的"宇宙轴"神话思维。后来随着思
想不断地演化，宇宙轴的意象可以和"气"结合，和"心"结
合，其义不变，隐喻则迁，所以作为隐喻载体的"木"的形象遂
不免模糊。但我们上述引用的四则重要段落，却都含有明显的通
天巨木之宇宙轴意涵。伯昏无人所说"夫至人者，上窥青天，下
潜黄泉"，他的话语是典型的贯通三界之宇宙树模子。《知北游》
所述老子的"非阴非阳，处于天地之间，直且为人，将反于宗"
的"中国之人"，我们也有理由认为它来自宇宙树的形象。

但更明确的意象来自上引《达生》"无人而藏，无出而阳，
柴立其中央"，以及《田子方》所述老子"形体掘若槁木，似
遗物离人而立于独也"。它们都很确切地用到"木"的意象。
"柴木""槁木"这样的词语在《庄子》书中往往具有"得道"
的内涵，或者说，它们是体道之士的身体表征。我们在有名
的南郭子綦"隐机而坐，仰天而嘘，答焉似丧其耦"(《齐物
论》)，《知北游》所述"啮缺问道乎披衣"，以及《徐无鬼》所
述"南伯子綦隐几而坐，仰天而嘘"这些段落，都看到"形若
槁木，心若死灰"这类的叙述。甚至在《达生》中，我们看到
庄子用来比喻体道之士的痀偻承蜩者，也说：他抓蝉时，"处

身若蹶株拘"。同篇描述"德全"之鸡，亦以"木"形容之，"呆若木鸡"变成了斗鸡的理想原型。若此种种，我们都可看到即使迟至战国中叶，宇宙树的魔力仍不断地召唤着道家巨子使用之，整编之，即使连游心物外、睥睨俗世的庄子都深为宇宙树之意象所迷。

五　木型人格（二）：儒家的中通正直

宇宙树迷倒的哲人不只道家中人，其他的诸子百家或多或少也都感染其风。最著名的例子是《左传·成公十三年》所述刘子的名言：

> 民受天地之中以生，所谓命也；是以有动作礼义威仪之则，以定命也。

此段话的后半部带着浓厚的儒家文化的气息，无疑地已作了创造性的转化，但前半部所言是不折不扣的"宇宙轴"论述。刘子这段话在中国思想史上具有无比重要的意义，它是"太初存有论"转到"天道性命说"的关键性环节。往上看，我们可以看出初民对"人的存在"与"宇宙轴"间的关系是如何的注重；往下看，我们也可以看出"宇宙轴"如何落实到人的存在上来，成为人的"命"，亦即成为他尔后行事不应偏离的规定。我们不妨称呼这样的论述是种神话版的"天命之谓性"，甚至可视为神话版的"性善说"，笔者相信神话版的叙述和儒家版的命题有明确的传承关系。

"民受天地之中以生"这样的想法流传到经书时代，即有"三才之道"与"参赞天地"的命题。"三才"一词见于《易经·系辞下》第十章："易之为书也，广大悉备。有天道焉，有人道焉，有地道焉。兼三才而两之，故六。"又见于《说卦传》第二章："立天地之道，曰阴曰阳；立地之道，曰柔曰刚；立人之道，曰仁曰义。兼三才而两之。"三才之道亦曰"三极"，《系辞上》第二章云："六爻之动，三极之道也。"朱子注："三极，天地人至理，三才各一太极也。"《易经》将天地人并列，人居其中，永续天地之道，这样的三才图式是《易经》的根本架构。《易经》的圣人或大人永远面对神圣的天地，合德之，承续之，而不是在隔绝的体证中，大悟"易者，己也，非有他也……天地，我之天地；变化，我之变化"。[67] 以主体意识为核心的"心"之易学观和以存在为核心的"道"之易学观，两者的定位差距颇大——虽然不一定矛盾。

三才之道的修养观讲究的是：（一）配合天地，参赞天地；（二）得大中之道。就前者而言，我们看到《易经》描述的圣人或大人德行，皆具此风味，如《文书》所谓"大人者与天地合其德，与日月合其明"；《系辞·上》第四章言"易与天

---

[67] 引文是杨简《己易》说的名言。参见杨简：《慈湖遗书》，《景印文渊阁四库全书》（台北：台湾商务印书馆，1983），卷7，页2a。

地准，故能弥纶天地之道。仰以观于天文，俯以察于地理，是
故知幽明之故……与天地相似，故不违"；《系辞·上》第七章
"圣人所以崇德而广业也，知崇礼卑。崇效天，卑法地"；《系
辞·下》第二章云"包牺氏之王天下也，仰则观象于天，俯则
观法于地"。若此之言，不胜抄录。这些语言都显示"天地"
在存在时间上的优先性，以及道德法则上的优位性，但其意义
则有待人将它们体现出来，所以天地人基本上处在平行的位
置，这也就是他们所以被共称三才之道的原因所在。天、地、
人三才并列的格式固然与陆王的易学不同，即使北宋理学多从
易道的观点立下学问根基，但他们的易学观点很多还是发展
出来的。像程颐所说"心、性、天，只是一理"，这类语词和
《易经》的原始风味恐怕是有差距的。

　　天、地、人三才，人与天地合其德，类此之语应该是先
秦思想的主流论述，而且其源头甚远。道家思想的模式已略如
前述，[68] 我们且再看先秦儒家最富形上意味的另一本著作《中

---

[68] 我们不妨再参考底下四段带有黄老色彩的思想家之论点。(1)《黄老
　　帛书·经法·六分》："王天下之道，有天焉，有人焉，又（有）地
　　焉，三者参用之。"(2)《十六经·前道》："王者不以幸治国，治国固
　　有前道，上知天时，下知地利，中知人事。"(3)《管子·宙合》："天
　　不一时，地不一利，人不一事，是以著业不得不多分，名位不得不殊
　　方。"(4)《鹖冠子·博选》："道凡四稽：一曰天，二曰地，三曰人，
　　四曰命。"黄老之道特重天地人的构造，参见胡家聪：《道家黄老学的
　　"天、地、人"一体观》，《道家文化研究》（上海：上海古籍出版社，
　　1995），第八辑，页18—30；陈丽桂：《战国时期的黄老思想》（台北：
　　联经出版事业公司，1991），页51—72。

庸》，看它如何界定圣人的性格：

> 唯天下至诚……可以赞天地之化育，可以赞天地之化
> 育，则可以与天地参矣。(《第二十二章》)
> 博厚配地，高明配天，悠久无疆。(《第二十五章》)
> 仲尼祖述尧舜，宪章文武。上律天时，下袭水土。辟
> 如天地之无不持载，无不覆帱。(《第二十九章》)
> 唯天下至诚，能经纶天下之大经，立天下之大本，知
> 天地之化育。(《第三十一章》)

另外郭店出土竹简中，有一篇很可能是出自《子思子》篇的佚
文《唐虞之道》，它也说道：

> 圣人上事天，教民有尊也；下事地，教民有亲也。

这些语言都是将圣人摆在天地之间看待，它背后预设了天、
地、人三才的概念，而且，人对天地是要"事"、要"法"、要
"参"、要"赞"的，这几个动词都有受词"天地"存焉，所以
望人才要参之、赞之。《中庸》的天地人关系，应该和《易经》
的三才之道一样，天地与人的地位是平行，而且互补的。宋明
儒者对《中庸》的解释带有他们特殊的观点，简单地说，乃是
"本体""本心"这类观点的介入，带来整个诠释的主轴往主体
性（虽然是天道性命相贯通的主体性）的一端倾斜。即使包括

《中庸》最重要的"致中和，天地位焉"，其意义是否如理学家意指的超越的本性之恢复，恐怕也还大有讨论的空间，[69] 个中细节就不必再解释了。

参赞得其法，即是"中"的状态，"中"或言"中和"，或言"中正""正中""黄中"。《易经》言"君子黄中通理，正位居体，美在其中，而畅于四肢"（《坤》），"大哉乾乎，刚健中正，纯粹精也"（《乾》），"同人曰，同人于野亨，利涉大川，乾行也。文明以健，中正而应，君子正也。唯君子为能通天下之志"（《同人》）。"中"在《易经》里的重要意义，我们前文已提过了。我们在此只是要强调：《易经》的"天地"（或"乾坤"）是最根源的架构，用《说卦传》的话讲，即是"天地定位"；用《周易参同契》的话讲，即是"易之门户，众卦之父母"。定位也者，宇宙轴下贯到人身上来，使他成为纵贯型的人格形态，亦即成了中正刚健之人。

从宇宙轴的观点考量，我们也可了解为什么在孔孟思想

---

[69]《中庸》首章名言："喜怒哀乐之未发，谓之中。发而皆中节，谓之和。中也者，天下之大本也。和也者，天下之达道也。致中和，天地位焉，万物育焉。"如果依据宋明理学家的解释，这些话语传达的乃是一种超越论的天道性命相贯通的哲学。但如果依据汉儒的解释，《中庸》所说的恐怕仍是兼含"气化论"与"太初存有论"的一种天人之学。《周礼·大宗伯》有言："以天产作阴德，以中礼防之；以地产作阳德，以和乐防之。"也许这是战国时期较流行的一种对"中和"的解释。进一步的讨论参见拙作：《〈中庸〉、〈大学〉变成经典的历程——从性命之书的观点立论》，《台湾大学历史学报》第 24 期（1999 年 12 月），页 29—66。

中,"刚""直"是极重要的人格特质。孔子认为人的本质在"刚""直",他说,他未见"刚"者,这显示"刚"不易做到。"刚"配上"毅",两者显示一种持久坚忍的精神,易契近仁道,所以说"刚毅木讷近于仁"。无欲才能刚,所以说:"枨也欲,焉得刚。"至于"直",孔子更加重视,他说"人之生也直,罔之生也幸而免","直"是人的本性。大臣该作的准则是"直道而事人","质直而好义",而且要"举直错诸枉"。"直"是正直,但不是莽撞,所以真正的正直者,父为子隐,子为父隐,"直在其中矣"。相反地,像微生高那般慷他人之慨、成就自己美名者,自然谈不上"直"字。"直"在《论语》一书中始终是个极美好的字眼,《易经》的用法亦然,"直方大"是它描绘的典型君子人格。

相对之下,孟子较少用到这样的语汇,但实质上却是一样的。他说"仰不愧于天,俯不怍于人","中天下而立,定四海之民",所说也是这个意思。即使他用以形容浩然之气的语言"至大至刚,以直养而无害,则塞于天地之间",也暗合宇宙树的形象。孟子的"刚""直"显然继承孔子而来,至于这种刚健正直的个性最显著的体现,当然莫过于孟子所说的大丈夫了。

"直"不但是孔孟极重视的道德概念,它事实上还可提升到"道德"本身的层次上来。考"德"字的古文由"直"此声符与"行"符组成。《说文》说:"直,正见也。""直"字的构造像以目视直悬之物。直悬者为何,固未可必。但"直"字意味着中通正直，一种纵贯轴式的德性，这是可以确定的。由"直"字而有"植"字，《管子·版法解》说："凡将立事，正彼天植。"这句话大概是《版法》原文，其《解》则说："天植者，心也。"《解》所释大概是后来的解释，它的用法和"德"字的另一写法"悳"相似，强调道德的主体性或存在性，所谓"心之行"是也。但笔者怀疑"正彼天植"的"天植"可能其义更为古老，它不无可能保留宇宙树的涵义。而这样的"天植"，也许就是"直"字所描绘的以眼"正看"之所以可能的基础。

　　本节最后且以屈原的例子作结，屈原没有明确的学派归属，他不是没有哲思，却是以中国第一位大诗人的身份走上了历史的舞台。笔者认为他的生命倾向大概是出入儒道之间或儒巫之间，但他的表现方式不是哲学式的，而是诗歌式的，所以他对天人问题不见得会作太多个人意见的推衍，他身上显现的天人之学反而因此更有代表性，更可以反映出当时的文化内涵。我们看他从出生、取名到行事，无不依天地之中道而行。《离骚》破题言"帝高阳之苗裔兮"，高阳即颛顼，令重黎绝地天通的"帝"，也是"宇宙轴"象征所以兴起的关键人物。屈原既而提及他的出生："摄提贞于孟陬兮，惟庚寅吾以降。"洪兴祖补注："寅为阳正，庚为阴正，得阴阳之正中也。"[70] 再接着屈原说及他父亲如何为他命名："名余曰正则兮，字余曰灵

---

[70] 洪兴祖：《楚辞补注》（台北：大安出版社，1995），卷1，页4。以下引王逸注，版本亦同。

均。"屈原名平，王逸注云："言正平可法则者，莫过于天；养物均调者，莫神于地。高平曰原，故父伯庸名我为平以法天，字我为原以法地。"战国时期，"天主正，地主平"（《管子·内业》）的观念非常流行，屈原的名字反映了"人与天地参"的一代思潮。屈原从出生一路走来，都是在天地中和之气中成长，这就是他的"内美"，[71] 他的"得此中正"，这是他一生的骄傲。但"中正"虽为天地之正则，却不一定为世俗之所好，屈原天宠的出身背景却注定要走上悲剧的命运。

六 结语：宇宙树的萎绝与新生

我们在前言处提及后世五行说将"木"列为东方、春季之"行"，并带有一连串相关的性质，这样的安排是后起的。虽然后起，却非不相干，我们在此简单说明如下。

"木"确实是个常见的象征，当代论"木"之象征者，往往从生命的观点着眼，[72] 这样的着眼点是有道理的。《旧约》

---

[71] 屈原说他自己"有此内美，又重之以修能"，王逸注云："言己之生，内含天地之美气，又重有绝远之能，与众异也。"屈原如果没有"绝远之能"，他大概就到不了神话世界中作为宇宙轴的昆仑山。屈原的"内美""修能"大概都意味着某种巫教的天人之学。

[72] 笔者见到两本讨论"木"象征的书，都以生命树作为书名。一是靳之林著：《生命之树》（北京：中国社会科学出版社，1994）；一是前面引文已提及的 R. Cook, *The Tree of Life* (New York: Thames and Hudson,1974)。

说："上帝在东方的伊甸立了一个园子，把所造的人安置在那里。上帝使各样的树从地里长出来，可以悦人的眼目，其上的果子好作食物。园子当中又有生命树和分别善恶的树。"[73] 神话中的原始乐园原本是人类理想或欲望的异化，是深层意识的彼界投影。如果生老病死是人存在的根本之恶，而且是不可避免的噩运，那么，生命的象征势必会在彼界显现，其中最常见的就是生命树与生命水。

伊甸园是传说的人类始祖的乐园，此间有生命树，而此生命树又当立于天地之中，此义确然。中国的生命树也见于原始乐园，中国最大的原始乐园即是昆仑，此山亦有使人生命常存的神木生焉。

> 昆仑开明北有不死树，食之常寿。(《山海经·海内西经》)

食之常寿的树木，其实可称作"寿木"。寿木可泛称，也可专称。就专称而言，昆仑山上，确有食之不死之寿木。

> 寿木，昆仑山上木也；华，实也；食其实者不死，故曰寿木。

---

[73]《创世纪·第二章》，《新旧约全书》(台北：圣经公会印，1978)，页2。

　　不死树都在昆仑山区，这点是可以理解的，因为昆仑山是宇宙山。然而，我们前文已提过，当宇宙轴的神话配合了太阳运行的原始天文学的架构后，宇宙树即分化为二，一乃东极的扶桑，一为西极的若木。东极的扶桑在东方，它被预设负载着每日太阳的新生，因此，东方、生命的意象就和扶桑的神话紧密结合起来。我们看先秦典籍论及圣贤人物出生时，多有出自空桑的记载，这大概也是扶桑生殖神话的一个变形。

　　扶桑东方生命之树的意象来自宇宙轴的东移，这点大概是可以确定的。在遥远的东方，宇宙山、宇宙树这种宇宙轴的叙述应当不是太罕闻的，对东夷子民或殷人后裔而言，这种"与天沟通"的管道之讯息，应该是更加熟稔。然而，传统中的宇宙轴可供"众帝"及贤明如后羿者由此上下，但对现实界的哲人而言，"与天通气"是否可能？即使可能，是否会产生什么样剧烈的改变，使新乐园得以重降人世，此盖亦难言。我们前文看到庄子使用到的通天巨木意象，它们虽然被庄子视为"道"之象征，但却是以"无用"成其大用，以不合世人的实用价值得其天年。我们也看到与庄子并世而生的孟子，也一再感叹"牛山之木"曾经如何茂密，而今却牛山濯濯。看来，远古的神话象征对战国时期的人而言，大概已经变成了远古的一缕云烟；现实的苦难层层地压了下来，没有宇宙树的实质帮助，人们终究还是要将这些苦难承担下来。

　　宇宙树的象征作用退出历史大传统的舞台，当然不是迟至战国才发生，它是慢慢消逝的。鲁哀公十六年，西元前 479

年，孔子七十二岁。他当时已经走遍天涯，历尽沧桑，现在退居到家乡的老宅，成为曲阜城传奇的国之大老。那年春天的某日清晨，孔子早起，负手曳杖，逍遥于门，悠然唱起歌来：

> 泰山其颓乎？梁木其坏乎？哲人其萎乎？[74]

孔子雅好音乐，喜欢唱歌，这首语带衰飒的歌很可能是一生所唱最后的一首歌谣。因为据说他唱完这首歌七天后，即过世了，我们可以将这首诗视为他自作的"挽歌"。这首挽歌传递了很重要的讯息，"泰山""梁木""哲人"都隐藏了深层的意涵。泰山和昆仑山的相关性，学者早就注意到了。[75] 但笔者认为与其在这两个概念之间划上等号，还不如认为各民族都有他们的宇宙山。昆仑山固不待论，泰山则可视为东夷族的宇宙山。"孔子登泰山而小天下"，他对泰山的神圣意义是不可能不了解的。"梁木"亦有深意，"栋梁"连用，"栋"是宇宙树在住屋的分化。"梁"扶持栋，它亦曼荼罗式地分享了"栋"的象征。

我们不要忘了：孔子先前已"梦坐奠于两楹之间"，这样

---

[74] 参见郑玄注，孔颖达疏：《礼记正义·檀弓上》，收入李学勤主编：《十三经注疏整理本》，册72，卷7，页241。

[75] 参见何幼琦《〈海经〉新探》，收入中国山海经学术讨论会编辑：《山海经新探》（成都：四川省社会科学院出版社，1986），页73—92；何新：《古昆仑——天堂与地狱之山》，《中国远古神话与历史新探》（哈尔滨：黑龙江教育出版社，1988），页117—148。

的梦是有文化内涵的"正梦"。因为"殡于两楹之间"是殷人的习俗，所以孔子才自然地以高横之梁表纵贯之栋。此处的"梁"之功能也可视为另一种的宇宙树。至于孔子歌中的"哲人"自然指的是他本人，孔子一生雅好周之礼乐文明，但他本人又带有相当神秘的一面，在他年轻的时候，鲁国贵族孟僖子即已预言孔子将是"圣人"再世，所以命令他的儿子跟孔子学。孔子本人固然常怀有一种神秘的"天命"感，与他同代的智者也常将孔子比拟成醒世之木铎或殷商象征之凤凰。"木铎""凤凰"或孟僖子所说的"圣人"颇有救世的弥赛亚意味。[76] 但这样的弥赛亚好像走到了生命的尽头，而"天命"仍然茫茫渺渺。

宇宙山撑起了天地，栋梁撑起了住屋，哲人撑起了人间秩序。但在西元前 479 年春季的某天早晨，孔子却唱道：宇宙山快崩了，宇宙树快倒了，一位得到上天所降之"德"的哲人也快萎绝了。孔子之歌，可能是孔子面对苍天的表白。他梦坐于两楹之间，表示他将返回到原初生命的起点。果然经历"七天"这样的宇宙小周期之后，他回去了。孔子的死亡似乎意味着宇宙轴的崩溃，时断时续的天人连结管道又不见了。然而，自另一方面言，当他的"仁"说被普遍性地接受以后，我们不妨说：一株更有效率的宇宙树事实上已被设立了起来，孔子完成了宇宙轴的转换工程，这就是他要承担的"天命"。

---

[76] 参见胡适：《说儒》（台北：远流出版社，1986），页 6—98。

捌 时间形式、礼与耻感
——火的原型象征

一 前 言

孟子说:"民非水火不生活。"[1] 水火是民生必需品,在人的日常生活中占有相当重要的位置。然而,在遥远的年代,所有民生的活动都很可能神圣化,只要神圣之感所钟之处,其物即可能鲤跃龙门,脱颖庶类而出,它与周遭世界遂有圣俗之别,这种区别是质的断层,"圣显"(hierophany)无所不在。[2] 水火在早期居民生活中扮演这么重要的角色,它们会被赋予相当重要的象征意涵,似可逆想而知。在希腊、在西亚、在印度,我们确实都看到"火"在彼地的象征系统中,扮演的角色

---

[1] 朱熹:《孟子集注·尽心上》,《四书章句集注》(台北: 大安出版社,1983),卷13,页356。以下《孟子》《论语》引文,均以此本为准,随文附注篇章名。本文凡引《春秋左传正义》《周礼注疏》《楚辞补注》《礼记正义》《管子》《尚书正义》《史记》《荀子》《周易正义》《庄子集释》皆循此原则标注。

[2] "圣显"无所不在的意义,参见伊利亚德 (M. Eliade),杨素娥译:《圣与俗——宗教的本质》(台北: 桂冠图书公司, 2001),页61—64。

之重不下于"水",两者都被赋予为宇宙基础的四行中的两行。"火"在宗教中也扮演了重要的角色,许多神话显示只有人类了解并控制了火,他才算是真正的人。[3] 至于如祆教以"拜火"名教,火的象征意义更不难想像而知。

相对于金、水、木、土四行,火的性质最飘渺难定。其他四行都可在大地上找到定点定位,金、木、土可以说都是大地的产物。水、火两者皆有来自天界的渊源,但水火相较,原始之火更飘渺难测。大自然之火何所从来,何时会来,几乎无从测定。它何时会灭,也很难猜测。火难觅,难驯,但却又具有实际的与象征的重要意义,所以世界各民族几乎都有保存火种的文化,也有和火相关的宗教仪式,[4] 这种普遍的文化样式曲折地反映了火的独特性格。

环绕着水,我们知道在古代汉文化中,它拥有创生、洗涤、变化、智慧、道诸种的意涵。相对之下,"火"与传统价值体系的勾连却不甚清晰,以"火"为基本象征衍生出来的德目之面貌也较暧昧,不像水,甚至不像木、土、金等行,它们的核心象征构成了中国早期文化中核心的精神理念,隐藏的意涵较易勾勒。然而,作为希腊与印度"四行"中的一行,而且也是中国"五行"理论中核心的一员,"火"如果没有重要的象征作用,这种现象毋宁是怪异的。本文尝试透过"重层的描

---

[3] 希腊的普罗米修斯、中国的燧人氏之传说或神话皆有此涵义。

[4] 参见派因(S. J. Pyne)著,梅雪芹等译:《火之简史》(北京: 生活·读书·新知三联书店, 2006),页34—37。

绘"(thick description)，解读"火"在中国哲学的象征意义，这种重构的工程可算是知识考古学的工作。

火在中国哲学的象征意义可分早晚两期论述，在早期经书中的"火"之意义主要是与天道相关。在哲学突破之后的文献中，火的象征则与修行有关。它呈现的方式是由外部而内部，由意识而行为。在和天道相关的象征意义中，火主要是透过"改火"的仪式和岁月的衡量连上了线。由于火是"时间"的形式，时间流动不已，因此，与时更新的净化之火是必要的，取自太阳的天火之行为遂变成了重要的仪式。另一个有关天道的涵义是透过了燎祭这类的祭天、祭祖仪式，烟火成了沟通神人的管道。国之大事，在祀与戎，而祭天、祭祖固是祭祀中之大者，也是礼制之大宗，火在德目的五行配置中，遂与礼结合在一起。

论及火义之大者，除"礼"之象征外，当是修行意义之火。修炼离不开"火"，就像"炼"字所暗示的，修炼是需要用火不断提炼，乃克有成的。我们目前所见中国最早的有关火与修行之关系者，当是源于萨满教的火之修炼法，亦即萨满之所以为萨满，最主要的资格是他要有控制火的能力。对火的控制后来演变成对内在之火的经营，此时即由外丹进入内丹，再由内丹显现为心气之流行，并一面外显为"勇"之行为，一面内涌为"耻感"与改过的行径。在火的修炼义当中，鼎炉的意象成了最基本的隐喻，"冶炼"一词实即出自鼎炉冶金的行为，修行之火实即冶炼之火。

二 天 火 原 型

西元前524年（鲁昭公十八年），宋国刮起了大风，一位
素称知晓天文的裨灶警告道：如果不赶紧祭祀"大火"此星，
将有火灾。子产对此警告置之不理，果然不久，郑、卫、宋、
陈诸国皆有火灾灾情传出。不多久，裨灶又发出了警告：希望
国君赶快祭祀"大火"，以禳灾祸。宋国君子子大叔劝子产不
需吝惜珍宝，当速祭祀，以禳火灾。子产不理，并说出"天道
远，人道迩"此一名言。子产认为裨灶前次说中，只是巧合，
因话说多了，命中的机率也就高了，裨灶怎么可能会知道天
道。到了秋季，果然太平无事，没有灾情传出。

《左传·昭公十八年》记载子产论天道这段名文常被引用，
以证明中国理性思想的兴起。但这段话并不足以显示出子产对
天道的完整图像，子产对他界的天道鬼神之看法其实仍有相当
传统的一面，兹不赘述。此段话另一位一向被视为代表错误知
识的裨灶也没有得到恰当的理解，他似乎只是作为子产的背景
而存在，而且扮演负面性的角色。但裨灶其人其实也提供了我
们同等重要的知识讯息，可惜注意其意义者极少。裨灶的知
识是种极古老的类型，他显然仍活在"太初存有论"（archaic
ontology）的原型世界里。[5] 他相信"火"有天界的原型，天

---

[5] "太初存有论"之语出自耶律亚德（M. Eliade），参见耶律亚德（M.
Eliade）著，拙译：《宇宙与历史——永恒回归的神话》（台北：联经出
版事业公司，2000），页1—4。

界的火之原型即是后来被命名为心宿二的"大火"之星，此"大火"和太阳可以说是人间一切火的原型，因为天界有了这种"火"的依据、来源、形式，人间的各种火之活动才得以成立。一旦天界的"大火"发出警讯时，世人如果不察，不采袚禳的仪式，地界即会有相应的火灾发生。

　　发生于西元前六世纪的这件事记载于《左传》，笔者对此文感兴趣的部分是"大火"此星，还有它与"天道"之间的关系。《左传》记载的火与天道相关的叙述不只这桩，就在子产讲了这段名言的十二年（一个神秘的数字）之前，郑国也发生了一件与火灾及"大火"相关的事件。鲁昭公六年三月，郑人"铸刑书"此事引发了两位贤大夫叔向与子产有关"刑""礼"轻重的著名争辩。但此争辩外还有一段较少受到注意的故事，后来郑国另一位贤大夫士文伯知道此事，他感叹道："'火'还没出的时候，竟然'作火以铸刑器'……怎么可能不失火呢？"郑人铸刑书，这是中国法制史上的一件大事，表示社会已进步到非有成文法不可。[6] 但士文伯的反应更值得玩味，他不对铸刑书此事之可否直接表示意见，他关心的是"出火"的时辰对不对。在春秋时期，显然还有"出火""内火"的活动，其时辰依"大火"的出没而定。"大火"此星出现了，凡间之人才可用火烧冶陶器或铜器。"大火"不再出现了，即当"内

---

[6] 参见侯外庐主编：《中国思想通史》（北京：人民出版社，1957），卷1，页589—590。

火"，不可再作与火相关的技艺。一旦人间"出火""内火"的时辰与"大火"出现的韵律不合时，即有灾难。郑人铸刑书，不依时辰运作，"人间之火"失时而先至，亦即"大火"此星尚未出现前，郑人即先行冶火铸器。依照"以物象物""以物召物"的巫术交感定律，火灾恐怕难免。当年六月丙戌，郑国果然很巧合地发生了火灾。

上述两则"火"的故事很值得留意，在《左传》一书中，"天道"或"天之道"之词汇常与"火"有关。[7] 在"天"还没被充分哲学化与物质化的春秋时期，天是一切神秘因素的储存所，理智思维的止步处。当无因而至的火灾发生时，它给下民带来极大的震撼，火灾之所以可畏，乃在其原因不可解，其威力极畏怖。在五行当中，金、木、水、土之性质大都可解，只有"火"不知源自何处？性质也较诡异。战国时期的名家论辩中，有火热不热，光线（也是一种"火"）与视觉的关系等等之争辩，[8] 这些论辩反映了"火"具有更神秘的不可测性。当火

---

[7] 兹再举二例，以见一斑。其中一例见于《左传·襄公九年》："晋侯问于士弱，曰：'吾闻之，宋灾，于是乎知有天道，何故？'对曰：'古之火正，或食于心，或食于咮，以出内火，是故咮为鹑火，心为大火。陶唐氏之火正阏伯居商丘，祀大火，而火纪时焉。相土因之，故商主大火。商人阅其祸败之衅，必始于火，是以日知其有天道也。'"左丘明传，杜预注，孔颖达正义：《春秋左传正义》，收入李学勤主编：《十三经注疏整理本》，册 82，卷 30，页 993—996。另一例见于《左传·昭公九年》记郑国裨灶之言曰："岁五及鹑火，而后陈卒亡，楚克有之，天之道也。"

[8] 惠施有"火不热"之说，《墨子·墨经》也有"火热，说在顿"之论。孙诒让：《墨子间诂》，《续修四库全书》（上海：上海古籍出版社，1995），册 1121，卷 10，页 138。

的源头不可测时，最终的收容所即是天。天界恰有一星体名为
"大火"，另一更有名的星体厥为"太阳"，太阳与"大火"皆
提供了人间之火的超越来源。

　　太阳在神话主题的系谱中占有独特的位置，它通常被视
为创造的第一步，太阳神常被视为上帝。因为只有光明展现之
处，万物才可以从浑沌模糊中现身，笔者认为太阳神话是中国
阴阳思想的起源。太阳神话的内涵除了因明暗、阴阳的议题而
显出开显的创化性题材以外，[9] 我们还可从它的另一个属性，亦
即带有生命力的热能此角度着眼，析其要义。汉乐府《长歌
行》有云："阳春布德泽，万物生光辉。"太阳带着热能，驱寒
转暖，万物生光，这种四时转换的经验在前近代文明地区的人
民意识中，留下极深刻的印象。而依据神话的思维，既然太阳
出现的地方即有热能即有生命，因此，不是太阳象征生命，而
是生命即在太阳里。我们看到《尚书·尧典》或《周礼》《礼
记》里接送四季太阳，尤其是冬至与夏至的仪式，即可了解太
阳在早期文明中的重要性。其义下文还会再论。

　　太阳与大火被视为火的原型与来源，先有天界之火才有人
间之火，这种思考当然是不符合概念生成的历史次序的。事实
的次序恰好相反，天壤间虽有野火此事，但文明史上的火毕竟
是文明的产物，火的发现是人类文明的一大进展，中国是人类
极早使用火的文明区域。早在遥远的旧石器时代，中原地区的

---

[9]　参见拙作：《先秦思想的明暗象征》，收入何寅主编：《中国文化与世界》
　　（上海：上海外语教育出版社，1997），第 6 辑，页 134—170。

先民不但已懂得用火，很可能他们也懂得保存火种的方法，火也是需要经营的，汉人的先祖在很早时期即已形成了完整的火之物质文化。然而，本体论的要求会改变时间出现的次序与价值位阶的安排，在一种难以用时间数字测量的理念型意义的"上古"时期，所有的"物质"在"圣宠"的光照下，都有可能形成本体论的区分，因而，有些"物质"中的"物"会具有特别的作用，它与周遭的同类型事物遂有质的差异。此种情况普见于神木之于凡木，灵石之于凡石，圣水之于常水，名山之于群山，火的情况也是如此，这些"圣物"比"凡物"在本体论意义上更有优先性。但两种火的区别比较不像其他的物可在此世间区别开来，火的来源是个谜，所以要诉诸天界。

事实上，天界存在着比人间还真实的火，或者说是火的原型亦未尝不可，这样的想法并非罕见。顾炎武《用火》一文说道：古人用火，有"明火"，有"国火"。"明火"取之于日，用于祭祀的场合；"国火"则取之于五行之木，用之于日常的烹饪活动。[10] 顾炎武的观察符合先秦文献的记载，足以成说。弗雷泽 (J. G. Frazer) 论欧洲篝火节的习俗时，提到条顿民族将火分成两种，一是重要节日的"净火"，一是日常的"文火"；斯拉夫民族也将火分成"活火"和一般的火。[11] 弗雷泽的观察和李宗侗的说法恰可相互印证。李宗侗指古希腊、罗马

---

[10] 参见顾炎武：《原抄本日知录·用火》（台北：明伦出版社，1970），卷6，页139—140。

[11] 参见弗雷泽（J. G. Frazer）著，汪培基译：《金枝——巫术与宗教之研究》（台北：桂冠图书公司，1991），下册，页915。

人将火分成两种，一是取自太阳的圣火，一是其他之火；印度人也将代表圣火的"阿耆尼"与其他火分开。[12]

柏拉图 (Plato) 在《帝玛欧》对话录中，也提到"火"有"元素之火"及"世间之火"的分别，[13] 元素之火是火的原型，就象征而言，它指的当是太阳，更广而言之，可说是日、月、星三光。在古汉字中，从光、从火、从日的字常通用，如"耀""爠""曜"与"辉""煇""晖"等皆是。太阳被视为最纯粹之火，所谓"天火"，[14] 此种火的本体论位阶当然是被视为首出的，它高于凡间之火。

由于太阳被视为天火，此火的性质特殊，因而，在宗教祭典的盛会中，从天上取得天火，以沟通神、人，遂变为极关键的大事。顾炎武曾引《周礼》以证成此义，《周礼·秋官·司烜氏》云："掌以夫遂取明火于日，以鉴取明水于月，以共祭祀之明齍、明烛、共明水。"来自天上的火即为明火，来自天上的水即为明水（又名玄酒）。在祭天神、宗庙这些重要的祭典里，供奉的水火不与世间的水火相同，它们来自天上。[15]

---

[12]　参见李宗侗：《中国古代社会史》（台北：华冈出版公司，1954），页162—163。

[13]　参见柏拉图（Plato）著，王晓朝译：《柏拉图全集》（台北：左岸文化出版社，2003），卷3，页416—417。

[14]　"天火"一词前人已用过，天津艺术博物馆藏有汉阳燧一枚，其铭文曰："五月五，丙午火燧，可取天火，保死祥兮。"引自庞朴：《五月丙午"与"正月丁亥"》，《稂莠集——中国文化与哲学论集》（上海：人民出版社，1988），页199。

[15]　又见《周礼·大祝》："凡大禋祀、肆享、祭示，则执明水火而号祝。"明水火即天水、天火，就实际的操作观察，明水当取自方诸所召集的晨露，明火则取自阳燧从太阳聚焦而燃的火。

取明水者为方诸，取明火者为夫遂，夫遂即阳燧。《论衡·率性》篇云："阳遂取火于天，五月丙午，日中之时，消炼五石，铸以为器，磨砺生光，仰以向日，则火来至。"[16] 阳燧通常是凹型的铜镜，实物尚多传世，间有铭文者，其内容多与《论衡》所述者相近。丙午是方术传统中的吉祥日，五月丙午以阳燧取火，据说是最具灵效。阳燧自空中聚敛阳光而燃，这种火被视为最为纯净，可用以祭典。[17] 至于方诸与明水之事，其理亦同，兹不细论。

火的起源被视为来自太阳或来自其他天体，日、月、星辰的运行有固定的轨道，在人类思维的发展过程中，对天体秩序的理解常先于对其他事物的理解。天界是秩序化的第一步，[18] 是"道"之发轫地。因此，以来自太阳或广义的"火星"纪年似乎是个合理的结果。庞朴先生卅年前，曾撰写一系列的文章，[19] 探讨中国古代曾有以火纪年的纪岁法，此纪岁法可称为

---

[16] 王充:《论衡·率性》（台北: 台湾商务印书馆, 1965），卷 2，页 20。遂即燧，除原文引文外，一律作"燧"。

[17] 关于阳燧、方诸与吉祥时日之事，参见金祥恒:《读王献堂先生释"方诸"遗札后》，《金祥恒先生全集》（台北: 艺文印书馆, 1990），册 2，页 703—715。前引庞朴文继金先生文后，重述此义。

[18] 卡西勒 (E. Cassirer) 在《人文科学的逻辑》一书破题处即指出了人类各文明普遍地对天文有"对存在之整体作广泛的直观"之共同现象，这是秩序化的第一步。参见卡西勒 (E. Cassirer) 著，关子尹译:《人文科学的逻辑》（台北: 联经出版事业公司, 1986），页 1—3。朱子与陆象山年幼时都对天体产生过疑惑，也曾因宇宙感而生智慧，人文与天文在理学传统中有相当紧密的关联，兹不赘述。

[19] 庞樸:《火历初探》《火历续探》《火历三探》，收入《稂莠集——中国文化与哲学论集》，页 141—197。

火历说。火历即指以大火出现于地平线的时间作为岁首，先秦的"大火"指的是天文学所说的恒星中的"大火"（注：即心宿，特指心宿二），与五大行星的火星不相干。庞朴先生的文章搜罗材料丰富，论证详密，他考证出中国曾有以大火此星辰纪年的制度，这是个极有知识趣味的考察。[20]

庞先生的观察启发了我们许多值得继续追踪的线索。论及"火"，我们不会忘掉还有比"大火"流传更广更久的"火"，此即太阳此"火"，据说："一切火的崇拜都起源于太阳崇拜。"[21]"大火"只是日、月、星"三光"中的一"光"，光实即火，三光即三火。三光在构造时间的意识上，都扮演过相当重要的角色。日月（昼夜）以明暗的方式定时轮替，一天完成一个周期，这是最常见的一种时间规律；月亮以自行运转的方式，一个月完成一个周期；太阳则以另外一种宏阔的节奏，完成了它的行程（一年）。以太阳、月亮为核心，形成的年月日的概念是相当普遍的，相对之下，"星光"作为时间的图式，似乎黯淡多了，较少受到注意。事实上，星辰的出没也有周期，它也可能形成时

---

[20] 庞朴先生之说颇受注意，但也有学者如王小盾先生指出庞先生对材料的解释部分有误，"以火纪"也可指一种物候历，不一定是星辰历。有关火候历是星辰历或是物候历，或其语言使用有前后期演变的轨道，亦即它从物候历演变为星辰历，其内容很值得探究，惟此事关涉到专门之学，两说得失，俟诸通人玉裁。王小盾的观点参见《中国早期思想与符号研究——关于四神的起源及其体系形成》（上海：上海人民出版社，2008），下册，页944—978。

[21] 利普斯（Julius E. Lips）著，汪宁生译：《事物的起源》（兰州：敦煌文艺出版社，2000），页329。

间的坐标。自从人有了三光的概念、数字的概念、周期的概念以后，宇宙遂有了秩序，变得可以理解。孔、孟、老、庄皆曾从天体处得到人生的智慧，[22] 黄老道家与阴阳家对此的理解尤为透彻，所谓: "四时有度，天地之理也。日月星辰有数，天地之纪也。三时成功，一时刑杀，天地之道也。四时而定，不爽不忒，常有法式。"[23] 赫拉克利特 (Heraklit) 亦言: "永恒的活火，在一定的分寸上燃烧，在一定的分寸上熄灭"。[24] "永恒的火"指的当是太阳，太阳日出日没，从初民心态的观点来看，也可以说是日生日死，每次的生则带来宇宙生命。[25] 但月亮与星座也是有度的，月有阴晴圆缺，也可以说是有生有死，只是其生死的周期和太阳不同而已。[26] 由于天体有度，整个大自然因此就恍若宇宙钟一样，璇玑、玉衡、参、商成了宇宙坐标上的时

---

[22] 《论语·为政》: "为政以德，譬如北辰。居其所而众星共之。"《孟子·离娄下》: "千岁之日至，可坐而致也。"老、庄之言甚多，兹不细引。

[23] 引自马王堆黄老帛书《经法·论约》，引文的"理""辰""忒"字原作"李""晨""代"，为便阅读，径行隶定为通行字。

[24] 参见赫拉克利特 (Heraklit) 著作残篇辑语 30。引自仰哲出版社西洋哲学编译小组编，《古希腊罗马哲学资料选辑》(新竹: 仰哲出版社，1981)，页 21。

[25] 荣格在其回忆录中提到他访问美洲印第安部落时，发现印第安人带有一种宇宙意识的自豪，因为他们是太阳之子，有义务透过仪式，帮助太阳升起，否则，世界终将沦为黑夜。参见荣格 (C. G. Jung) 著，刘国彬、杨德友译: 《回忆·梦·思考——荣格自传》(沈阳: 辽宁人民出版社，1988)，页 421—424。笔者相信荣格提到的这个案例不会是孤例，而是具有相当的普遍性。赫拉克利特即说: "太阳每天都是新的。"参见辑语 6。引自仰哲出版社西洋哲学编译小组编: 《古希腊罗马哲学资料选辑》，页 19。

[26] 此屈原所以在《天问》一文中提问: "月光何德，死则又育?"

间指针或时间参数，它们依循环的规律，形成了永恒回转的岁月的概念。

"心宿二"之所以会被视为纪年之坐标，其原理与太阳纪日兼纪年，太阴纪月，并无两样。"心宿二"此"大火"因亮度够，且周期显著，所以也被当成了时间的量度。当宇宙钟的观念形成后，作为指标性的日、月、大火等星体既规范了秩序的框架，而且也因为它们以火亮的属性突显了一种神秘的质性，它们仿佛具有神性的意向性，带动宇宙韵律般地运转。"大乐与天地同和"，《礼记·乐记》有此论述，事实上，相似的论述在庄子、柏拉图的著作也出现过。笔者相信：一种韵律的宇宙观可能相当普遍地出现在人类早期的文明上，因为和谐（乐）和秩序（礼）可能都是早期宇宙观赋予天体共同的属性。

庞朴先生发现大火纪岁，这是一个重要的发现，但不管庞先生或其批评者都忘了问一个问题："大火"此星之名为何与"火"有关？也忘了问：为何心宿二此星要称为大火？"心""火"相关，何所取义？直接说明的材料想来是不容易找了，所以不要说答案不容易给，连问题都被遗忘了。但我们如果透过比较神话学的角度考察，第一个问题似乎不是那么难以回答。天界有人间的原型，这是个普遍的文化现象，[27] 人间有

---

[27] 左派论点认为这是"异化"的结果，费尔巴哈 (L. A. Feuerbach) 言之尤详。以耶律亚德为代表的宗教史学则认为此乃圣之辩证所致，天界的原型先于人间的个例而存在，而且会透过本体论的分裂，体现于灵毓所钟的个体上。

宫殿，天上有天宫；人间有皇帝，上天有玉皇；人间有黄河，上天有天河。同样地，人间有"火"此重要物质，天上遂亦有"大火"，它是人世间火的活动的一个模型。此义在本文中一再出现，兹不赘述。

至于以"心宿二"名"大火"，理未易明，但观五行图式中，火与五脏中的心相应，心既是脏腑的概念，也是意识的概念。笔者怀疑天界的心宿与大火的关系恐亦如是，"天有心无心"是根源性的也是原始性的哲学悬疑，"天心"最显著的聚焦当是在"三光"之"太阳"上。如果以太阳为核心的天体之有心无心，乃是初民最始源的智慧之开端，我们有理由相信"大火"之属心宿，也依循类似的思维模式。因为任何作为框架或作为存在最根源的基质的"火"一旦形成，它很容易被设想需要有一灵或心为之转动，心火相依。就像人间的精致之火（炁）需精微之心（如《管子·内业》所说的心中之心）以运作，同样地，精微之"天火"也需上天旨意之推动，乃得运转。火与心的关系颇为巧妙，此义下节还会再谈。

三　礼与时间形式

"天火"原型为人间之火所依循，且规范了时间的形式，我们由此可以理解一种特别的文化模式：为何早期中国的一些自然德目可以运用到道德的领域，儒家的一些道德德目为何也可运用到存有论的范围。"五常"和"五行"的关系扣得很紧，

"火"在五行论的道德光谱中总是和"礼"结合在一起的。然而，"火""礼"为何可以结合？此事真是费人猜疑。五行中的其他四行也都有相对应的道德项目，我们如果稍加分析它们彼此的对应关系，如仁之于木、义之于金、智之于水、信之于土，总可以找到这四行的属性与其对应的道德项目的关系。但"火"之于"礼"，两者的联系点却不易爬梳出来，如果光明、温度、毁灭是火的重要属性的话，以"别异"著称的"礼"之理念中似乎看不出这样的内涵，难道"火""礼"相合只是僵硬的五行符应论的凑套使然？

如果从"属性"着眼，我们找不到火与礼的关联的话，从"功能"着眼，火与礼的关系却不是那么遥远。礼是一套仪式，吉凶军宾嘉此五礼是后世常见的分类，但此一流行的分类既然是文明成熟期以后形成的分类，因此，它的意义主要是成熟期文化类型的分类作用。我们如要追溯礼的始源意义，或是其本质意义，当另觅出路。笔者认为：就像"礼"此一汉字所显示的原始意义，[28] 或仪式在初民社会所扮演的主要之积极功能，礼主要是用以沟通神人两界，也用以分隔神人两界，它是下民祀神必备的神圣手段。在原初的神人沟通之仪式

---

[28] 王国维认为"礼"字原为"豊"，其字的原义是把双玉置放在礼器上供奉给神的意思。参见王国维：《释礼》，《观堂集林》，收入谢维扬主编：《王国维全集》（杭州：浙江教育出版社，2009），册8，卷6，页190—191。惟观堂之说争议仍多，未成定论。但不管字形为何，礼字原为沟通神人而立，当无疑义。

中，火扮演了关键性的角色，"火"与"礼"在神人沟通的事件中被勾连了起来。由于在文明发展初期，神人的系连在一切关系中居有核心的地位，礼遂成了五行中位属南方的火行之德目。

"火"与礼的关系，首先见于它与时间的框架有关，在先秦文献中我们可找到"改火"制度，执行此制度者则为"司爟"此官职。《周礼》记载"司爟"职权如下："掌行火之政令，四时变国火，以救时疾。季春出火，民咸从之；季秋内火，民亦如之。"出火、内火之事，据郑玄注，乃是用以"陶冶"，亦即冶炼制陶。陶匠或工匠必须用火时，须考量季节时辰。季节时辰不对，不可行火。前引《左传·昭公六年》记载：郑人铸刑书，当时"大火"星尚未出来，郑人即行火冶炼。士文伯见到此事，预言道："郑其火乎！"士文伯是依巫术"以物召物"的相似法则作此预言。当天界的火之原型尚未出现时，世间的人即用火制器，此举必会引来相应的惩罚，亦即火灾，先民相信这是宇宙的法则。

出火、内火须注重季节时辰，"大火"因此可视为神格化的时间之神，这是火的神秘化的一个案例。司爟的职务最值得注意的事项是"改火"制度，"改火"之文先秦古籍常见，很可能这是一种曾经实施过的制度。王献唐云："古代得火甚难，彼此授受，永燃不惜，经年而改，谓之改火，非如后世可人人随时得火也。取火所在，官家设人掌司，火正、火师、司烜、司爟皆此类。经传所记周制，且以季春出火，季秋纳火，四时

变更所用然火之木。"[29] 关于四时改火之说，战国秦汉文献多有
记载，具体的燃媒不一，但大多与时辰，尤其与四时有关，笔
者认为"改火"制度与时间秩序的设定不可能脱钩。[30]

"大火"是时间的神格化，比"大火"还火的太阳更有
资格象征时间，此种"火"与时间的设定中自然就有始源
的礼。太阳模式的火与礼的关系在《尚书》第一篇的《尧
典》中已可见出，《尧典》描述这位介于神人之间的神秘帝
王如何创造了人间的秩序，据说他立下了从内心到天下太平

---

[29] 王献唐：《古文字中所见之火烛》（济南：齐鲁书社，1979），页77—78。
[30] 战国、秦、汉时期有关"改火"之说，罗列简表：

文献出处	节令、材料				
子弹库楚帛书	青木	赤木	黄木	白木	墨木
《逸周书·月令》	春取榆柳木	夏取枣杏木	季夏取桑柘木	秋取柞楢木	冬取槐檀木
《管子·幼官》	春以羽兽之火爨	夏以毛兽之火爨	中央以倮虫之火爨	秋以介虫之火爨	冬以鳞兽之火爨
《淮南子·天文训》	甲子受制，木用事，火烟青。七十二日	丙子受制，火用事，火烟赤。七十二日	戊子受制，土用事，火烟黄。七十二日	庚子受制，金用事，火烟白。七十二日	壬子受制，水用事，火烟黑。七十二日
《淮南子·时则训》	春爨其燧火	夏爨柘燧火		秋爨柘燧火	冬爨松隧火

马融的注文取自《逸周书·月令》，分类的细则不一，原因很难一一确
定，但原则是一致的。

之间的所有秩序。[31] 然而，人伦秩序或人间秩序的奠定只是秩序安顿中的一环，就历史发生的次序而言，自然秩序的安顿可能更在前；在本体论的位阶上，它也比其他的秩序更为优先。关于自然秩序的形构此事，诚如卡西勒 (E. Cassirer) 提出的深刻观察，明暗所属的太阳神话最为根本。因为只有阳光照射，黝暗才会被突破，明暗这个最根本的对分才能成立，中国形上学的核心概念之阴阳可说即是明暗的改写。[32] 在《尧典》一文中，我们即看到帝尧命令四位神秘的大臣羲仲、羲叔、和仲、和叔在世界的四方之角隅，迎接太阳之升降。先是命令羲仲在东方的旸谷，"寅宾出日"；后又命和仲在西方的昧谷，"寅饯纳日"。由此而有四季循环的概念，时间的向度就这样被建立起来了，空间向度事实上也跟着建立起来。羲仲、羲叔、和仲、和叔明显的是"羲和"一词的分化，而"羲和"的原义很可能指的就是太阳神。[33] 换言之，在早期的神人之沟通中，迎接太阳很可能是核心的礼仪之一，这是最原初的定位仪式，是一切经验得以安置的

---

[31] 《尧典》圣典化以后，它对后世儒家最大的影响应当就是其道德政治学的内涵。《论》《孟》《学》《庸》的踵事发挥，更使得道德政治成为儒家教义体系的显著地标。《大学》篇所述及的修、齐、治、平理念，在《尧典》一文中，其实已可见到具体的轮廓。

[32] 参见拙作：《先秦思想的明暗象征》，页 134—170。

[33] 陈梦家：《殷墟卜辞综述》（北京：科学出版社，1956），页 589—590；御手洗胜：《古代中国の神々——古代伝説の研究》（东京：创文社，1984），页 477—505。

前提。[34] 从初民的眼光看来，有了这种迎火（太阳）的仪式，世界才没有乱掉。迎火（太阳）因此成了宇宙性的事件，比起文明世界的众多事物，此事重要得太多了。火之于礼，此为关联点之一。

日、月、星"三光"皆是"火"，皆有定位时间的功能，我们有理由将"改火"与"至日"仪式相提并论，视为同一种意义的礼之不同次型。别的不说，我们单单观看《左传》所说"出火、内火"之语与《尧典》"出日、纳日"之语，也可发现两者其实是同一套叙述。但"三光"中的"日"明显地具有更大的"火"之能量，所以迎送太阳之礼仪在一切礼仪中遂居有更高的优先性，就像太阳神话在一切神话中居有开辟的优先性一样，这是火—礼连结的关键之一。时间形式的建立须借助"火"，"火"之仪式在诸礼之中遂居有优先地位。除此之外，火—礼连结的另一个关键在于下民与上天沟通时，"火"是最常用的媒介。

同样在《尧典》一篇中，我们看到舜从尧手中继承了帝位，天子的资格被证成了，他行政的第一件事乃选择于正月上旬，"肆类于上帝，禋于六宗"；不久，他开始巡视四方，先是东巡至于岱宗，举行了"柴"这样的祭典；接着南巡、西巡、北巡到各地的名山，他也都依例行了"柴"礼。若"禋"、若

---

[34] 太阳神话中的时空定位仪式和康德知识论建构中的时空形式之地位一样，都具有定位的功能，它们是经验得以成立的先行条件。

"柴"此类祭典，皆指积柴烧烟。《周礼·大宗伯》指出祭礼天神的方法有"禋祀、实柴、槱燎"三种，《尧典》与《大宗伯》所说显然是出自同样的传统。禋、柴、燎之名既然不同，它们的文化功能就很难同一，但这些祭礼的内涵虽略有差异，却同样是借着火（烟）以沟通人神，此点则殊无两样。可以想像的，上天幽杳，辽阔难知，下民只有透过柴火，烟气上升，天界之神或先祖才被设想可以透过烟气火光，了解人间的实况。由于人神关系在一切关系中居有优先性，因此，"火"之于"礼"的脐带遂显得特别紧密。

在《尚书》《周礼》的脉络中，我们看到了"火"在报功之"礼"上的功能，但论及"火"与"礼"的关联点，笔者觉得更显著者当在"封禅""明堂"这些礼仪制度所显现出的深层构造。"封禅""明堂"都带有神秘的气息，这些制度早期的源头都不甚清晰，从战国到秦汉时，却又都成为重要的时代议题。笔者认为这两者成立的年代不能从词语出现的年代断其上限，它们的源头悠远多了，它们代表一种古老的智慧。如果我们对传说中的封禅稍加浏览的话，不难发现《尧典》所述的"巡狩"与"封禅"的功能，高度重叠，《尧典》的"巡狩"有可能是"封禅"的渊源；连带地，我们也不难发现"燎祭"在整个封禅活动中扮演的重要角色。封禅是传说中古圣王皆曾举行过的重要祭典，后世秦皇、汉武皆曾仿效其壮举而行之。封禅在秦汉以后已很难理解，具体步骤不易确定下来，但由后世人君仿效的行径——"改正朔、易服色"等等看来，我们可合理地推测：这是一种宇宙全面更新的仪式剧。时间会老化，世界会腐朽，所以每隔一段时期，宇宙须全面更新，世界重来一趟。这种"太初存有论"的思维模式在前近代的社会中并非罕见，笔者认为：封禅即属此类，而且是此类中的典型案例。这种制度具体实践的年代虽迟至秦汉，但其理据却极悠远。比较特殊的，也可以说是比较突显的，乃是其全面更新的周期是以五行递代为模式，这种宇宙性的历史哲学带有浓厚的阴阳家的风格。

　　宇宙全面更新，此举等于宇宙重新创造。封禅的细节难知，但其中都有"在高处"及"燎火"两项内容，《礼记·礼器》所谓："因名山升中于天。""名山"指的自然是具有宇宙轴功能的高山，离天最近。"升中"则需火的帮助，燎祭此时传达了此一关键性事件之讯息。因为在宇宙全面更新后，此讯息总须被揭举出来，向天报功。何物可向上天传达"更新"的讯息？司马迁《史记·封禅书》记载秦皇、汉文帝在郊祭时，都须举"权火"。至于当代的封禅祭典更清楚了："天子从昆仑道入，始拜明堂如郊礼。礼毕，燎堂下。而上又上泰山，有秘祠其颠。而泰山下祠五帝，各如其方，黄帝并赤帝，而有司侍祠焉。泰山上举火，下悉应之。""权火"原本即有被除不祥，全面更新的涵义。至于"封禅"第一阶段结束时的"燎"，终了时的"泰山上举火"，明显地都借助于火的"被洁"与"通天"的功能。诗有眼，文也有眼，构成《封禅书》的"眼"（主要意象）可说即是"火"之"升中于天"。"封禅"被视为一种等同于重新创世的仪式，就象征意义而言，它是"始源"的事件。我们不会忘了：在原初的事件中，最根源的原初事件当然是宇宙的开辟，创世纪是所有事物创造之基础。发生于创世纪时的事件自然与创世的事件同一规格，齐登原型世界中之要员。燎祭作为诸"礼"之一，因为它施用的场合特殊，"燎祭"遂可视为万礼之摹本，"火"因此就有了"礼"之象征意义。[35]

　　与"巡狩""封禅"同等重要，但同样暧昧难明的宗教制度厥为"明堂"，自王国维以下，论及明堂制度者多矣！后世有关"明堂"制度的设想颇多想像，但观"明"字，也可理解此建筑当是与"火"有关的宗教性殿堂。李宗侗在《中国古代社会史》此名著中，援引《说文》"主，灯中火炷也"之说，指出中国古代也行过"祀火"制度，祭祀之木主原为火焰，宗庙祀火，以象征国命。《诗经·正月》："燎之方扬，宁或灭之。赫赫宗周，褒姒灭之。"燎火与国运有关，就像后世的香火一线用以象征家族命运，两者看来都是有本的，此诗可为李说张目。不熄的燎火象征国运绵延，这样的燎火应当有储存火种的圣所，李宗侗更援引罗马的祀火场域之例，进一步主张古代所说的太室或明堂即有此一功能。[36] 明堂之火显然不会是凡间之火，而当是来自天界之圣火，此火也具有生命的涵义，因此，

---

[35] 上述论点参见许进雄：《燎祭、封禅与明堂建筑》，《中国文字》第 19 期（1966 年 3 月），页 1—5。

[36] 上述说法参见李宗侗：《中国古代社会史》，页 162—177。

"主"才可象征国运。笔者相信围绕着"太阳"祭典与"通天"祭典，火才有机会在根源的意义上具有"礼"之象征涵义。"巡狩""封禅"与"明堂"的功能，我们都可从此角度加以定位。

四 漱 正 阳

"火"的神秘化最显著者当是它具有摧毁旧存在物，熔化之以归零的毁灭力量。在初民社会中，野火引发的森林大火或毁坏城市的熊熊大火，可以想见的，它们对人的感性冲撞之激烈是无与伦比的。许慎注解"火"，即以"毁"字释之。在佛教与耶教的末日景象中，大火也是必然要见到的景象，火是破坏之神，是死亡之神。即使到了地狱，火势绵绵无绝期，"火"仍是最常见的摧毁力量。但摧毁的力量也是转化的力量，创造乃是汰旧生新的事件。从毁灭到创造，力量居间扮演了关键的角色。和其他的圣物不同，"火"作为神圣的一种象征，其神圣中的力量因素特别明显，因此，火的圣显秘密之一可说是在"力显"（kratophany）。[37]

从力显的角度着眼，我们可看到普见于原始宗教中的三个

---

[37] "圣显"意指原型具有神圣感的属性，"力显"意指原型具有无比的力道。参见伊利亚德（M. Eliade），杨素娥译：《圣与俗——宗教的本质》，页61—64。我个人认为这两种属性在奥托（R. Otto）论"神圣"的"歆羡"与"畏怖"时已可见其梗概。

与火相关之主题，一是冶炼的神话，另一是制陶的神话，第三
个是萨满教中的"制火"之修炼与传说。"冶炼"神话通常意
指工匠要炼成一件兵器或其他的铜器，他需要修行，得到神灵
的帮助，[38] 还需要加上一些神秘的手段，注意良辰吉日，注意
孕精宝地，[39] 万事齐备，乃克有成。整个冶炼的过程之艰辛、
创新，其格局不下于一件创世的行为："宇宙论和宇宙起源论
的概念，确立了炼金术理论基础的特性……炼金术士认为存在
着'宇宙神灵'(Esprit Universel) 这个万物的智慧和生命的
基础，它把生命赋予万物……此神灵就其本质上说是被火点燃
的，生来就是万能的。"[40] 事实上，在耶律亚德 (M. Eliade) 的
《冶炼师》一书中，"冶炼"就被视为是一种可比拟宇宙开辟的
创造。[41] 当初民看到冶炼师能将矿石经由火炼，去芜存菁，后
来竟可炼出一种接近于质变的器物出来，这种结果一定会给他

---

[38] 隋代《灵山孕宝团花鸟兽铜镜》铭文中，我们看到"灵山孕宝，神使
观炉。形圆晓月，光清夜珠"之类的语句。制造一件铜镜，竟须动员
神灵临场监督，可见其事之慎重。"神使观炉"这类铭文虽然常见于隋
镜，但其思想源头可以想见的，应当相当早。本文底下引用的《吴越
春秋》有"百神临观"之语，此语明显地与铜镜铸造铭文一脉相传。

[39] 唐代铸镜，五月丙午是常见的时辰，大江之中是常见的地点，传世铜
镜尚可见"午日江心""五日江中"铭文者，惟这些时间、地点后来恐
成套语，未必真在斯时斯地制造。阳燧或与时辰有关之秘义铜镜世仍
可见，铜镜著录或铜镜拍卖目录中尚多有之，兹不细列。关于冶炼之
吉时，参见前引庞朴《"五月丙午"与"正月丁亥"》一文。

[40] 参见阿罗马蒂科 (A. Aromatico) 著，李晓桦译：《炼金术——伟大
的奥秘》(上海：上海书店，2002)，页 38—40。

[41] M. Eliade, *The Forge and the Crucible* (Chicago: University of
Chicago Press,1973).

的感官带来难以想像的刺激。冶炼师如非神界或魔界人物，焉能如此。

　　"冶炼"意味着对于火的经营，"制陶"也是对于火的经营，前者是金与火的对话，后者则是火与土的对话。在技术尚未理性化的时代，这两种对于火的经营可预期的是半巫术的、半技术的，其叙述是半事实的、半神话的。制"陶器"是大母神时代重要的技艺，它的制造秘密通常掌握在女性手中。"陶器"的神秘与神圣性质一到了哲人手中，尤其在老庄思想体系里，即化成了道的象征。老子的"埏埴"之论与庄子的"天均"之说，皆可视为"陶"之说的道家版本。有关"制陶"与"冶炼"器材的神话及思想史意义，笔者在另文中已有探讨，[42]此处不再讨论。

　　关于火的控制之传说，我们在《列仙传》一书中可以找到此议题的原始版本。此书提到上古许多仙人的事迹，其中赫赫有名的赤松子、宁封子等人，据说都可以"入火不烧"或"入火自烧"，"入火不烧"应该表示他有抗火的能力；"入火自烧"也许表示可自行引火以求升天，以后世"兵解"之语譬喻之，可谓"火解"。"抗火"或"火解"这样的叙述在此书中不时可见，啸父、师门、陶安公这些仙人都因火成仙。仙人传记和世间的传记不一样，这些仙人的传闻很可能构成他之所以为仙的

---

[42]　"冶炼"题材的意义参见本书第五章。"制陶"题材的意义参见第九章；以及拙作：《道与玄牝》，《台湾哲学研究》第 2 期（1999 年 3 月），页163—195。

本质。换言之，仙人的资格在于他抵抗火或制火的能力。

《列仙传》的仙人故事自然不是史实，多是荒诞之言，"传"即"非传"，但荒诞之言也有理路。事实上，我们如对萨满教的理论不太陌生的话，马上会想到：《列仙传》中的仙人是有本的，其本就是古代的大巫，其人不无可能就是萨满教中的大萨满。耶律亚德在其名著《萨满教》一书中，指出萨满的资格之一是他要能控制火，越是古代的大巫，传说其法术越高，控火的能力越强。[43] 看到萨满与火的关系，我们不难理解《西游记》中孙悟空与虎力、鹿力、羊力三位大仙斗法之一幕：入锅火烧不死的情节从何而来。我们也不难理解：流传世界各地的赤脚过火仪式，何以都有以肉躯抗拒火力以证虔诚的涵义——这些共同的象征意义到底从何而来？更重要地，庄子何以特别喜欢强调至人"入火不烧"，一言再言，乐此不倦？他的叙述应当不是描述物理事实，而是运用火之象征，以阐发至人功参造化之人格特质。[44] 此种"借着火的控管能力以说明其人之天生异质"的象征源自何处？似乎可以不言自明矣！

"入火不烧"或"入火自烧"可能都有宗教实践的因素在内，前者的情况可说是普见的现象，后者较难理解，也许是种

---

[43] M. Eliade, *Shamanism: Archaic Techniques of Ecstasy* (Princeton: Princeton University Press, 1972), p.5, 257, 335, 373, 412, 438. 冶炼师与控制火的能力之关系参见同书，pp.472—477。

[44] 参见拙作：《升天变形与不惧水火——论庄子思想中与原始宗教相关的三个主题》，《汉学研究》第 71 期（1989 年 6 月），页 223—253。

极严苛的宗教修炼方式亦未可知。但不管是哪种情况，萨满教中的"火"的因素比较像是外加于主体的因素。在战国晚期，我们看到一些文献材料，这些文献材料指出修行者透过了一种想像力的融合作用，火可以内化，或者说：引发内在之火。屈原在《远游》篇有言："漱正阳而含朝霞。"王逸注："餐吞日精，食元符也。"《陵阳子明经》言："春食朝霞，朝霞者，日始欲出赤黄气也。秋食沦阴，沦阴者，日没以后赤黄气也。冬饮沆瀣，沆瀣者，北方夜半气也。夏食正阳，正阳者，南方日中气也。"洪兴祖补注引李颐注云："平旦为朝霞，日中为正阳，日入为飞泉，夜半为沆瀣。"[45]《陵阳子明经》的用语与李颐的注释，都将"气"的因素带进来，但我们观看其语之主体，明显的是对太阳的冥想作用，所以这样的气可视为带有太阳功能的气，也可以说是具有火之功能的神秘之气。只是此冥想到底须配合一天四等分或一年四等分的区别，观想模式不同而已。

笔者相信屈原的"漱正阳而含朝霞"，应当就是一种特殊的太阳崇拜的功法，它的源头有可能更早。观想日、观想月，以期身心与日月相合，这种功法在后世的道教典籍中常见。《真诰》《云笈七签》与《道枢》中多言及服日月之法，底下各取一例，以见梗概。

---

[45]《陵阳子明经》及李颐注文皆见于洪兴祖：《楚辞补注》（台北：大安出版社，1995），卷5，页251。

君曰：欲得延年，当洗面精心，日出二丈，正面向之，口吐死炁，鼻嗡日精，须鼻得嚏便止，是为炁通，亦以补精复胎，长生之方也。[46]

常存心中有日，象大如钱，在心中赤色。又存日有九芒，从心中出喉，至齿间而芒回还胃中。如此良久，临目存自见心胃中分明，乃吐气、漱液、服液，三十九过止。一日三为之，行之十八年，得道，行日中无影。恒存日在心中，月在泥丸宫。夜服月华，如服日法，存月十芒白色，从脑中下入喉，芒亦未出齿而回入胃。[47]

当其用事也，先净其神，乃想其心有日焉，其大如钱，出离于心。复想其光照于五藏百骸。次想其日状若浮起，即鼓口服气二十而一咽之。急想其气下于十二重楼环，伏其日沈于脾之上，鼎之左。消息既定，复想下丹田水海之内有月焉，其大如钱。复想其光照于一身，以意浮起而至于肺，鼓口制气三十，以首顾左而一咽之。急想其气下于十二楼环，至脾之上，入心之右，鼎之右。消息既定，而后用事焉。[48]

---

[46] 参见陶弘景：《真诰·甄命授》（台北：艺文印书馆，1966），卷5，页12。

[47] 此为《大方诸宫服日月芒法》，参见张君房：《云笈七签》（台北：台湾商务印书馆，1965），卷23，页263。

[48] 此书《修炼金丹》篇所说之"行日月法"，参见曾慥：《道枢》，《续修四库全书》（上海：上海古籍出版社，1995），册1293，卷22，页346。

笔者所取三书，年代差距颇远，但技术上并没有多大的差别。引文所说的功法都是呼吸加上观想加上行气，它们的来源一定是相当古老的。屈原"漱正阳而含朝霞"，观"漱""含"之语，也可想见其行气、服咽的内涵。《远游》的功法与后世道教典籍所载的这些功法有可能都是来自前史时期的萨满教传统。

"观想日月"这种功法很可能是跨民族的，有太阳崇拜的地方即可见到一些蛛丝马迹。仅再举一例，以终止此节。对汉传佛教区域的人而言，观想太阳最著名者当是《佛说观无量寿佛经》所述的"定善观"的"日想"景象："当起想念，正坐西向，谛观于日。一令心坚住，专想，不一移。见日欲没，状如悬鼓。一既见日已，闭目开目，皆令明了，是为日想，名曰初观。"[49] 如果论者觉得《陵阳子明经》所述的"秋食沦阴，沦阴者，日没以后赤黄气也"仍不够明确的话，看看《佛说观无量寿佛经》的经文，或许可得其入手处。反过来说，也可成立。在文明类型定型之前，欧亚大陆可能流传一些具共相的自然宗教之信仰与身心实践。

回到屈原"漱正阳而含朝霞"的主题，我们看到此一法

---

[49] "兴起意念，凛然静坐，凝视西方落日，此时需心意坚定，毫不走作，直到获得夕日之冥想，此际夕阳欲坠，状如悬鼓。既经由观想，获得夕日后，不管尔后闭目开目，皆需使此意象清晰明了，毫无滑动。这就称之为'日想'"。这是我对荣格所用英译版本的再翻译，《东洋冥想的心理学——从易经到禅》(台北：商鼎文化出版社，2001)，页192。

术固然是要将太阳的热能与光亮转化为内在的质素，但在这种转化的过程中，一种精微不可见的因素居间扮演了关键性的角色，此即"气"的因素。在前引《陵阳子明经》与李颐的注解中，都提到"六气"之名，亦即配合太阳四分法的修行外，再加上天地玄黄之气，共有六种气。笔者前文说：这是种具有火之功能的神秘之气，据说：学者服此六气，观想其状，预期的结果会是"精气入而粗秽除"。顾名思义，"精气"是一种提炼的纯粹之气，就像精盐之于粗盐，精品之于凡品。它也是一种气，但似乎比"气"更玄秘化些，因为它具有"火"的神秘功能。

屈原的"漱正阳而含朝霞"接近于后世道教的存思法，但也混合了行气的功法。屈原的《远游》一篇在修炼传统中占有承先启后的位置，其义仍可再发覆。我们下节将转到"行气""精气"的问题。

五 行气与践形

在中国传统的世界图像中，"气"这个概念扮演了知识分类图中最底层的一项，荀子在《王制》一篇曾说过："水火有气而无生，草木有生而无知，禽兽有知而无义，人有气、有生、有知，亦且有义。"依据此说，气可视为充满世界中一切存在最基源的质素，人、动物、植物、无生物都建立在此一质素上，气如果是一切存在的质素的话，其质素的内涵为何？通常，我们如果不是将气解释成最微的物质义，它仿如构成万物最基础的"原子"；要不然，我们就当采取"泛生论"的立场，认为宇宙是个大生命，而凡有生命流动处，即有气之活动，这样的气又带有"生命"的底蕴。中国古代思想中的"气"确实常在"物质"与"生命"之间游移，不同的选择即会带来不同的理论效果。明代理学的发展中有一支偏重自然哲学的唯气论（如王廷相所说者），此论重视气的物质义；也有一支偏重本体宇宙论的唯气论（如王夫之所说者），此论偏重气的生命义。一种气学之名，两种气学之实，这种分歧的解释在先秦即已埋下分化的种子。

围绕着气的物质义与生命义、神圣义，我们难免想到："气"是否可解释人此一种属的特殊生命现象？人身由气组成，此说为儒道两家通义，很可能也可视为先秦诸子共用的论述。然而，人在万物之中具有特殊的"通天"本能，这种生命的神秘宇宙性在早期民族中都是常见的，在先秦时期亦是如此，但当时一种较精致的说法是人身拥有一种流通于天地间的纯气。上世纪后半时期马王堆与郭店出土竹简，"气"字常写作"炁"字，这是个值得注意的现象。"炁"字受重视其实不是始于二十世纪下半叶出土马王堆竹简、郭店竹简、上博竹简，其说乃得大显于世。八〇年代初，朱越利已撰文讨论过一个特殊的道教常用字"炁"，"炁"与"先"字相近，但"炁"字从"火"，表示其气从根源升火之义。"炁"此字和后世道教徒常用的"炁"字相通，两字都从"火"，同样表示"先天之气"

的意思。[50]

"先天"一词出自《易经·系辞》，表示在宇宙开辟之前之义，此用语在当代常被"先验"一词代用，表示非经验性的知识之义，如数学的知识或逻辑乃是"先验知识"等等。《系辞》传的原文为"先天而天弗违"，此词语可能指涉的也是种不是来自后天经验的因素。然而，《易经》一向被视为是性命之学导向、而不是知识论导向的经典。"先天之气"一词指涉的是一种独立于血气之外的神秘之气，它是身心医学的概念，代表一种特殊的生命能力。大概在战国时期，"气"除了指涉"血气"或"六气"这类的自然之气外，当时的知识圈慢慢地浮现了一种特殊的生命动能的理念。相对于一般的气，它特显精粹，所以称作"精气"；它纯一无杂，所以称作"纯气"；它为一切身体上的动能之源，所以也叫"气母"；这种气被认为在子时之际特别容易彰显，所以又叫"夜气"。[51]

"精气""纯气""气母""夜气"这些概念实质上的指涉为何？由于先秦时期，这些词汇出现的频率都不高，内容也多点到为止，其描述不足以让我们建构较完整的概念体系。但我们有理由相信这些语言既是中医学语汇，也是密教的修炼语汇。因此，虽然我们从现存文本上不见得可以找到恰如其分的

---

[50] 朱越利：《炁气二字异同辨》，《世界宗教研究》第 1 期（1982 年），页 50—58。

[51] "精气"见《管子·内业》；"纯气"见《列子·黄帝》；"气母"见《庄子·大宗师》；"夜气"见《孟子·告子》。

解释，但从这些语汇实质的指涉看来，这些语汇都指向一种不倚赖于后天的特殊之气，它们不是现象世界的营气、卫气、血气之类的语汇，我们有理由相信它们都是对同一种性质的生命动能之描述。大体上说来，这种气被视为一种更根源性的生命动能，它具有在分化的形—气—神结构之前的生命本质。其次，这样的生命动能通常带有神秘的宇宙性根源之气息，一般认为由此动能处下手作工夫，学者应该可以找到沟通天人两界的管道。这种作为生命本质而又可上通更高层真实的"气"虽人人具备，甚至可说潜存于万物之间，但它需要经由一种修炼的历程，最终才可如如呈现。

精气不同于一般的气，它更精炼，而且与气是质的差异。论及"精气"，我们马上想到所谓的《管子》四篇的"精气说"。希腊哲学从赫拉克利特开始，火（以太）也常被诠释为产生万物的种子，它赋予宇宙整个系统生命，其热能渗透到宇宙系统的每一个因素。柏拉图论"气"时，更将它分成两种，一种是一般的空气，一种是纯粹的火，它无形无状，但却是构成万物与灵魂的基质。人身不管如何分化，或动或息，或生或死，其灵魂皆居于火中。[52]《管子》中的"精气"之异于一般之气者，

---

[52] 上述有关希腊哲学与柏拉图的"火"论之说，参见贝克莱 (G. Berkeley) 著，高新民、曹曼译：《西利斯——关于焦油水的功效以及与之有关的、相互引发的其他课题的哲学反思和探讨之链》（北京：商务印书馆，2000）一书。贝克莱此书在哲学史上的地位不怎么高，他对焦油水的神效之大力宣扬似乎也成了过时的观点，但此书如视为对希腊哲学的"火论"之阐释典籍，倒颇可参考。

似乎也在此处。管子论精气总是和"心中之心"连在一起讨论，心中之心的动能可名为"心气"，"心气"如以生命动能名之，则可称作"精气"。看来晚清以来论中西哲学者，常以"以太"解释"气"，此种诠释不一定是比附，个中有些道理可说。[53]

此"炁"虽是先天的，但这样的精微之气仍然需要修炼，它呈显出一种在人体内部发生的化学实验事件，后世中国有种丹道之学，此学最重要的著作是东汉时期的一部著作《周易参同契》，此书使用了相当多的隐喻，表达了人透过服食的阶段，可以高举成仙。关于此书所说的丹学到底是表达原始的、物质性的化学提炼过程，还是它表达的是种以身体为鼎炉、以神意为火、以阴阳为鼓风、以精气为提炼之物的身心转换历程，其诠释一直有争议。笼统而言，五代之前的诠释基本上以外丹的解释为主，五代的彭晓之后，内丹之学的诠释则居上风，当代的研究又呈现内、外拉锯的状况。[54]

---

[53] 在近代中国启蒙哲学家如康有为的《大同书》或谭嗣同的《仁学》中，气常被诠释成"以太"。但类似的诠释在西方也不陌生，前引贝克莱(G. Berkeley)晚年著作《西利斯——关于焦油水的功效以及与之有关的、相互引发的其他课题的哲学反思和探讨之链》一书中即说道："天被学问的中国人视为和崇拜为活的、有理智的以太，这也就是迦勒底人和斯多亚学派所说的活火。"同前注，页111。

[54] 关于丹道的演变过程参见陈国符：《道藏源流续考》(台北：明文书局，1983)；张广保：《唐宋内丹道教》(上海：上海人民出版社，2001)；戈国龙：《道教内丹学溯源》(北京：宗教文化出版社，2004)；萧进铭：《从外丹到内丹——两种形上学的转移》，台湾《清华学报》新36卷第1期(2006年6月)，页31—71；蔡林波：《神药之殇——道教丹术转型的文化阐释》(成都：巴蜀书社，2008)。

　　《周易参同契》是纯粹的外丹？是纯粹的内丹？还是假外丹之名以行内丹之实？此事真是费人猜疑。[55] 但不管何者为正解，我们看到此中的理论基本上是用了"火炼"的隐喻：人躯是个火炉，神意（炁）是火，全身的器官及意识是凡铁。凡夫俗子，身心脆弱，就像凡铁成不了器一样，所以需要锻炼。锻炼是个艰辛的历程，它也许需要文火慢烤缓燉，久而久之，乃克有成，所谓"三光陆沉，温养子珠"。它也许需要武火猛一点烧，缩短历程，所谓"勤而行之，夙夜不休"。据说如此服食三载，可以"轻举远游"。文火、武火皆意指意识引发的热量。

　　内丹，外丹之说是后起的，恐怕得有"丹"之语，才有内、外丹之分。但内丹之实如果意指后世道教徒所谓"修命"之说，意即修炼形气的意思的话，那么，明显的，先秦时期已有此秘密修炼的传统。屈原在《远游》一篇中云："内惟省以端操兮，求正气之所由。漠虚静以恬愉兮，淡无为而自得。"

---

[55]　像《周易参同契》这种内、外丹混杂，既像内皮外骨，也像外皮内骨，两套语言互相参差的例子其实在炼丹术（炼金术）传统中并非罕见。禁格论炼丹术，认为此一被视为原始化学的科学其实传达的是意识转化的历程，换言之，提炼的不是物质，而是意识。耶律亚德的宗教思想中也包含了炼丹术的主题，他理解的炼丹术是种宗教行为，炼丹的过程乃是种圣显与力显的宗教实践之工程，也就是神话的创化事件之摹写。两者相较之下，耶律亚德比荣格的诠释多保留了"物"的结构，只是他认为"物"的结构也是"神圣"(luminous) 的凝集。关于荣格的炼丹术之说，他晚年的两本巨著 *Psychology and Alchemy* 以及 *Alchemical Studies* 备言此义，兹不赘述。

王夫之于此有注："正气，人所受于天之元气也，元气之所由，生于至虚之中，为万有之始；涵于至静之中，为万动之基。冲和淡泊，乃我生之所自得，此玄家所谓先天气也，守此则长生久视之道存矣。"[56] 王夫之是儒门不世出的怪杰，但他对内丹道教一点都不陌生，他的情况和朱子有些类似。两人同样归宗尼山，同样有极强的护教意识，但两者对方外伏炼之学也感兴趣，可能也都有亲身实践的经验。王夫之的注解很可能可以成立，依据《远游》篇的叙述，屈原的实践是得自于仙人王子乔的传授。王子乔是战国秦汉时期流传于密教圈子的赫赫有名之仙人，密教自有密教的传承与诠释，王子乔很可能可以代表先秦一支隐伏的道家传统。

王子乔所代表的行气—服气的传统颇接近后世传承不绝的气功法脉，蒙文通认为此功法可代表道家的一种流派，[57] 蒙文通的观察很有说服力，但蒙文通将此派流传的区域定位为"吴越"，或许还有斟酌的余地。蒙文通当年讨论战国道家的流派时，没注意到罗振玉收藏的《行气玉佩铭》，此玉佩可能出土于齐地。如加上挂名于管子名下的《内业》之所述，齐地对行气、运气之学看来也不陌生。晚近注意中国的气功传统者日多，所以此铭文已广为人所知晓，但为方便对照起见，我们不妨再罗列其文如下：

---

[56] 王夫之：《楚辞通释》（台北：广文书局，1972），页 102。

[57] 蒙文通：《晚周仙道分三派考》，《古史甄微》（成都：巴蜀书社，1987），页 335—342。

> 　　行气，深则蓄，蓄则伸，伸则下，下则定，定则固，
> 固则萌，萌则长，长则退，退则天。天其舂在上，地其舂
> 在下，顺则生，逆则死。[58]

一般的诠释多认为此铭文描述行气的情景。"行气"这种功法对外行人而言总有些神秘，但对内行人而言，此铭文的叙述却很道地，应该是描述大周天的搬运途径。人身如以百会穴与涌泉穴为两极，恰好可类比天地，"天其舂在上，地其舂在下"，学者从头顶至足底行气一圈，即是行大周天功法。

　　学者在身体内部行气，气暖形流，精华日显，这样的事件极像冶炉的意象。如前所述，在巫教文化中，冶炼是出宗教仪式剧，当技术日渐日常化、理性化以后，物质冶炼的意象转由身体的冶炼所取代。"冶炉"是后世丹道基本的隐喻，小周天的人身是冶炉，[59] 庄子说"至阴肃肃，至阳赫赫。肃肃出乎天，赫赫发乎地，两者交通成和而物生焉"，庄子这段话虽然不能说备受忽视，但其意义确实还没受到足够的重视。笔者相信这段话和《行气玉佩铭》所说的是同一回事，两者皆指向了一种内在的冶炼光景。庄子此处所说的"至阳赫赫"，很可能是行气炼身得"物"的景象，亦即以"神火"运转形气所致之光

---

[58] 引见郭沫若：《古文字之辩证的发展》，《考古》第 3 期（1972 年），页 2—13。

[59] "小周天"用以指义修炼功法时，常指上半身气脉打通，从百会穴到会阴穴前后绕一圈。此周天比起全身行气通透，规模略小，所以以"小"状之。"小周天"另一义指的是和大宇宙对照的人身。

景。在冶炼事件中，人身的头足常被比喻成天地，头足间的气流比喻成天地之气的交泰，人身因此成了个圆满的整体。庄子所说的内容因此可被诠释为小周天搬运的意思。相对照之下，整个宇宙的冶炉则是大周天，此即老子所说："天地之间，其犹橐籥乎？虚而不屈，动而愈出。"但老子所述虽是宇宙性的道之活动，很可能其说也有修炼的涵义在内。

搬运、筑基、进火、调息此类的工夫是丹道语言，丹道大概也是中国诸多的精神修炼传统中，特别以"养身"作为核心价值的宗派。行气治身，或说：行气冶身，乃是战国流行的修行方式，儒道思想的重点不在此，但却不是跳过不论。老、庄、列明显地对巫教的修炼方式不陌生，对所谓的仙道也不陌生，庄、列事实上是保存最早的仙道资料的哲人。儒家倡言"践形"（孟子）、"美身"（荀子）、"黄中通理"（《易经》）之说，此"践形""美身""黄中通理"的目的不在形体本身，而是当作德行的身体表征。然而，他们的学说的重点不落在形体，并不表示形体本身的意义之转换对道德实践没有辅助性的价值。事实上，我们如果把《远游》描述练气有成的意象，如"玉色頩以脕颜兮，精醇粹而始壮"，"神要眇以淫放"诸语译成"美身""践形"，未尝讲不通。如果从"起因无关法则"或"目的无关法则"来判断，[60] 屈原与儒道诸子可以说分享了同样

---

[60] "起因无关"意指其因或起于炼气、服食或观想，起因各不相同。"目的无关"意指其目的或在成仙，或在成圣，或只是为了健康着想，其目的亦各不相同。

的身体转化的思想。

起因与目的无关，但结果类似，并不表示类似的身体气象即可模糊彼此思想的歧异。无可否认的，"内丹"与儒道思想，尤其与儒家思想的关系很难拉得太近，但我们如果不以整体论的方式思考其间的异同，而单就两家牵连到的身体论因素考量，也不宜拉得太远。在儒、道与诸子的著作中，我们常可看到由火而光明的意象，如"至阳赫赫""虚室生白"（《庄子·人间世》）、"其道光明"（《易传》）、"大清明心"（《荀子·解蔽》）云云。儒、道与诸子的光明意象是其工夫论的自然指标，修养有成者，其人的外显即有"光圈"，此光明意象最有可能是来自太阳神话。[61] 然而，"太阳"与"火"之神话原来难分，如前所说，古籍中，从火、从光、从日之字，率多难分。日为大火，在火的存有的位阶上，太阳居有优先性；就像太阳神话在所有神话中，居有本体论上的优势位置一样。但光明之意象如还原为宗教修行之要素，我们有理由认定"火"行的意象更具优先性，光明是文火冶炼升华的产物，是体道者的身躯内部在修炼之后呈现于体表的形象。

作为身体表征的能指的先天之气所以能上现于形躯，它是要实践的，而且也是要进火的。笔者此处使用"进火"两字，自然是将丹道的概念引渡进来，但此引渡并非非法，因为

---

[61] 参见杨希枚：《中国古代太阳崇拜研究》（语言篇）、（生活篇），《先秦文化史论集》，（北京：中国社会科学出版社，1995），页738—783。

在上世纪下半叶出土的马王堆与郭店儒简的《五行》篇中，其"气"字多作"炁"，此字从"火"，"仁炁""礼炁""义炁""智炁""圣炁"之"炁"字无一不作"炁"。"仁炁"和仁的"德形于内"分不开，也和仁德彰显于体表分不开。仁的表现是整体的形体性的，仁表现于内心，亦即"仁之形"时，即有"仁之行"，"仁之行"即有更深藏其内的"仁炁"流动其间。我们如果对丹道理论不陌生的话，不难在"仁形／行于内"与"行气"之间，找到对应点。显然，所谓的思孟学派的"道德之气"与"行气"之目标虽然不同，但两者之距离并没有想像中的那么远。

在战国时期讲求主体转化工夫的学派中，大概都有"以心引气以转化人的存在状态"此义，不只思孟学派为然。这种"心之行论"不是"行气论"，但却有"行气论"所要达成的效果。屈原的《远游》是先秦时期最像"行气论"或"内丹论"的著述，其论点与老庄明显的有重叠之处，与思孟学派也有可相互发挥之处，但分属不同的哲学系统。兰因絮果，不同学派的分流无碍于它们分享共同的源头，关键的因素在于意识的活动是有能量的，它会引发气的热量，撞击全身的结构。"神"在修行论中常以"神火"名之，神之所以有火，乃因心气同流，在心（神）底层的"炁"活动以后，自然带有热量。战国儒道诸子的修行论所以会带有内丹学的影子，或者说：内丹学所以会借用儒道诸子工夫论的语言，即因此故。

"火"的象征一旦结合"心行"的论述，而"心行"论述在儒道各家的体系中又和他们的人格终极目标一致，由此推展，我们看到作为"心行"底层的"炁"之意义会逐渐淡化，作主者反而是可见的"心"之作用体。然而，"炁"之作用固然淡化，却从来不曾退出。其淡化乃因此概念接近共法，体系间的理论区别之效果不强。说到底，"心气同流"本来就是人的存在的规定，不因人有没有觉知而改变其存在的地位。有关气—炁—心与先秦诸子的关系，笔者当另撰一文细论。

六　勇

在一部年代不详的小说《燕丹子》一书中，[62] 战国时著名的月旦人物者田光评鉴燕太子丹的宾客及荆轲的个性道："夏扶血勇之人，怒而面赤；宋意脉勇之人，怒而面青；武阳骨勇之人，怒而面白；光所知荆轲神勇之人，怒而色不变。"这段描述很夸张，带有浓厚的乡野传奇的意味，而且不无可能是受到五行学说的影响，所以才会有三种不同脸色的叙述。正常情况下，愤怒火气大，脸色当是赤色，青、白色之说显然是要配"五行"之套的。但撇去离奇的成分不论，《燕丹子》一书论及愤怒与表情之间的关系倒是有中医书的生理依据的。在中国古老的医书《灵枢经》中即说道："勇士者，目深以固，长

---

[62] 此书不太受到学界注意，但孙星衍认为此书作于刘向、司马迁之前，不无可能是先秦著作。

衡直扬，三焦理横，其心端直，其肝大以坚，其胆满以傍，怒则气盛而胸张，肝举而胆横，眥裂而目扬，毛起而面苍，此勇士之由然者也。"[63] 勇士愤怒时，火气上升，全身燥热，精神绷紧，胸张肝举，胆横眥裂，这是日常生活中时时可以感受到的状况。唯一有待检证的是"面苍"之语，合理的词语恐当作"面赤"。

与愤怒相关的德目即是"勇"，火曰"炎上"，勇士愤怒时，气血上冲发冠，全身每一细胞皆要迸裂跃出，"勇"可视为火行的德目。"勇"德在春秋后大为流行，这是有时代背景的。孟子在著名的"知言养气"章中提到战国时期流行的几种"养勇"的方法，其中有北宫黝"不肤挠，不目逃，思以一豪挫于人，若挞之于市朝……恶声至，必反之"这种直接的生理反应的类型；也有孟施舍那种以"量敌而后进，虑胜而后会"为耻的养勇方式，他"视不胜犹胜也"，直往不惧。孟子对这两种类型都不满意，他选择的是曾子那种"自反而缩，虽千万人吾往矣"的类型，孟子认为这才是大勇。荀子在《荣辱》提到四种勇：狗彘之勇、贾盗之勇、小人之勇、士君子之勇。在《性恶》又论述三种勇：上勇、中勇、小勇。其中的大勇是"上不循于乱世之君，下不俗于乱世之民；仁之所在无贫穷，仁之所亡无富贵；天下知之，则欲与天下同苦乐之；天下

---

[63] 参见王冰注:《论勇第五十》,《灵枢经》(台北: 台湾商务印书馆, 1965), 卷8, 页10。

不知之，则傀然独立天地之间而不畏，是上勇也"云云，这是他赞美的类型。孟、荀论"勇"，标准相当一致。"勇"的分类如此复杂，这种现象显示其"类"在当时很重要。在杨柳岸晓风残月或杏花春雨江南的文治时代，勇士只会是遥远时代传来的一缕跫音，沦为传奇。语及现实，显然战国时代才是讲究武德、注重勇气的时代。

"勇"最初也最常见的性格是血气加意志的特性，它是中国传统诸德目中，最接近于生理层面，也是最接近于人作为"智人"此种属中与动物的联系性最密切的德目。孔子在有名的人生三阶段时已说过："及其壮也，血气方刚，戒之在斗。"孔子的叙述乃通达之言，也是常识之言。人的生命有遗传的密码，它依生理时钟，生、老、病依序展开，年轻时血气方刚，荷尔蒙特别发达，好斗，好色，好幻想，这种扩张的生命力是有生理学基础的。项羽自年少起兵，一路战斗，所向无敌。即使最后溃逃到垓下时，虽已穷途末路，但见他面对紧追在后的赤泉侯怒叱一声，赤泉侯竟然"人马俱惊，辟易数里"。《史记》此段话虽带点说书人叙述的意味，但司马迁的描述一向是被视为史实的。从今日的观点来看，血气方刚如项羽者好斗，可以说是有演化论的基础的。

然而，勇之为美德虽然要有血气的基础，却不能仅于血气，更不能由血气主导。事实上，在中国传统主流的诠释中，只逞血气之勇，不但不是美德，也不是真正的勇，它还被视为离禽兽不远，此即荀子所谓："我欲属之鸟鼠禽兽。"（《荣辱》）

在战国时期流行的"勇"之论述中，我们发现：意志居间扮演了极重要的角色。战国是武将、刺客，游侠当令的时代，这三种人物的共同交集是皆以武勇著名。长平之战时，白起要面对近五十万的赵军压阵；[64] 荆轲告别易水进入秦宫时，要在禁卫重重中取秦王性命，他们如没有过人的胆识，其事绝无可为。孟子、荀子论道德皆言及"勇"，子思也论"南方之强、北方之强"，并以"勇"德鼎足"智""仁"两德，我们只有把这些议题放在当时的时代背景来看，才比较容易了解何以在一向以文治之国著称的华夏世界，"勇"曾一度成为时代的主要关怀。中国的战国很容易令我们想起日本的战国、[65] 古希腊的斯巴达、中世纪的十字军东征，或第一、二次大战时的交战各国，这些时代都是广义的战国时代，任何类型的战国时代都是武人的天下，武人自有其世界观。战争是勇德的温床，火气是引爆武国或文弱之国走向毁灭的导火线。

"勇"虽然是战国时代各个国家宣扬的武德，也是社会崇尚的德目，但一般的武德无价值方向，在刺客与游侠这个圈子中，我们看到很多的"平生感意气"的事迹，他们或一时冲动，或感主子之恩惠，结果多以武犯禁，轻生一剑知。在战国

---

[64] 实际数字不详，但长平之战是战国最惨烈的一场包围战，赵军被围投降后，被坑杀四十余万人，只有两百多人被故意释回。赵军全军覆灭，赵国等于亡国。长平一战，双方动员兵力很可能超过百万。

[65] "战国"并非正式的历史名词，一般用来称呼室町时代爆发之应仁之乱后到安土桃山时代之间的百多年之历史，此际政局纷乱，群雄割据，烽火不断。

诸学派当中，法家最明确地将"勇"与国家的农战政策合而为一，血性火气是要受国家规范的。"勇于公战，怯于私斗"成为实行法家思想诸国共同遵守的圭臬，三晋（韩、赵、魏）很明显地宣扬这种道德，商鞅治理下的秦国更是明显。武德焰烈，勇气激越，秦国的百姓是梁启超心目中军国民的典范，这些军国民在国家制定的共同规范的引导下，一举统一了中国。在神秘的五行终始论中，秦代表的是金德。金德讲得通，不管就地理位置（秦在西方），就金的象征（武力、刑法、秋杀），秦国的性格都很像。但如就秦帝国的伟业考量，它体现的也可以说是尚武崇勇的火德。只因以继承尧帝自居的刘汉兴起，火行有人，秦只能盘据西金，赤帝子遂不得不斩白帝子。

但"勇"如是带有普遍性价值的美德，如作为一种带有理则的动力，也就是具有一种实践道德的力量，那么，它即不能受限于生理的机制，也不能拘囿于与人格成长无关的外在的命令。无疑地，当勇德从血气之勇跃升到国民的公德时，它已走向普遍化的第一步，但如果国家的目标出了偏差呢？如果勇德是二战时轴心国的日本或德国所歌咏之、倡导之，而且全民实践之的武德呢？这样的武德是否还要赞美？作为国家公德的"勇"从来不能被视为最高价值的道德，而只能是区域利益的共同规范，此义可由历代连绵不绝的国与国之战争见其一斑。无义战的勇不能称作勇，孟子早就说过：《春秋》无义战。杭士基（N. Chomsky）论国家恐怖主义，狄德罗（D. Diderot）视爱国主义为恶棍最后的避难所，其说皆有理据，而且实例一箩筐。"爱国"一词的流行和"国族主义"可以说是孪生兄弟，就像国族具备进步与落伍的两面性，"爱国"亦然。

我们看过战国时期儒家对战争的批判，即可了解为什么孟子要将"勇"分出层次，而以"自反而缩，虽千万人吾往矣"作为准绳；子思也以独立不惧的人格作为真正的"强"，也就是真正的"勇"之内容。[66] 真正的"勇"既不能是纯血气的，它不是生理学的语汇；也不能纯是集体性的，它也不是社会学的语汇。人格的成长是个奥秘，它需要穿透社会向度的阶段，也需要渗进超越的向度，这是儒家的"勇"概念极明显的特色。公与私、群体与个人，这种对立的概念组在儒家体系中从来不是分别独立的，毋宁相反，真正的个性是需要公共性格的，真正的公共性也是要扎根于不可测的人格深渊上之个性的。真正的勇德亦然，明显的，只有"勇"和"义理"结合在一起而且体现为人格结构的成分时，"勇"才可成为承载道德的载体，它才是可欲的，也才获得了火德真正的内容。

谈到"勇"与人格的关系，我们不能不再回到"勇"的本义上来。如前所述，"勇"原本是建立在血气冲动上的一种德行，它是盲目的意志之生理面向之属性。但"勇"的核心价值在于它成为普遍性的道德之动能，如果还原到勇德的存在依据，我们不妨说勇德真正的指标在于身体的义理化，亦即形气

---

[66] 子思提出南方之强与北方之强的对照后，特别指出真正的强者乃是"中立而不倚，强哉矫！国有道，不变塞焉，强哉矫！国无道，至死不变，强哉矫！"

主体由义理贯穿，身体的气血脉动完全法则化、透明化，全身各种生理与心理机能相互一致，心气融为一体，彼此毫无扞格。这就是所谓的"声为律，身为度"，[67] 一举一动全由道德法则所贯穿。学者达到此境地时，"勇"近于"道"，此际的勇德虽仍需要血气的基础，但却已不受限于血气，它由"小体"的德性变为"大体"的德性。所以一旦义理之勇来临时，年龄与生理机能皆已不再是限制，儒家所宣扬的大勇人物，其人多非青壮之辈，如"王赫斯怒"而安天下百姓的文王、[68] 牧羊北海海滨的苏武、歌咏正气的文天祥，以及明末为汉民族守节殉国的刘宗周、黄道周。他们其时多已不年轻，他们的血气之勇显然是不足的，但他们的义理之勇则沛然莫之能御，因为他们的义理即勇，勇即义理，"勇"德彻底理性化了。

---

[67] 语出《大戴礼记·五帝德》。参见王聘珍撰，王文锦点校：《大戴礼记解诂》（北京：中华书局，1983），卷7，页124。程明道后来引申其义曰："心是理，理是心，声为律，身为度。"参见程颢、程颐：《河南程氏遗书》，《二程集》（北京：中华书局，1981），上册，卷13，页139。程伊川再申述其旨趣道："己便是尺度，尺度便是己。"程颢、程颐：《河南程氏遗书》，《二程集》，上册，卷15，页156。程明道的语言是用以赞美曾子临终易箦之举，程伊川则用以赞美颜回，两人之语皆可谓善解。

[68] 见《孟子·梁惠王下》。"赫"字，《说文》云："大赤也，从二赤。""赤"字，从大，从火。一个"赤"字，火气已不小；"赫"字从"二赤"，文王赫然大怒，其勇的火气一定更大。但诚如张南轩说的："大勇者，理义之怒也。血气之怒不可有，理义之怒不可无。"引自朱熹：《孟子集注·梁惠王下》，《四书章句集注》（台北：大安出版社，1983），卷2，页299。

七　耻　与　改　过

论及"勇"德，我们除了会想到战国时期的勇士外，也马上会联想到"知耻近乎勇"此句名言。"耻"是儒家重视的"国之四维"之一，其地位与"礼、义、廉"并列。"耻"是一种愧歉的情感，一种否定现实的自我之心理动能。由于人的自我防卫机能使然，人要反身判断自我，知其错，知其过，坦然面对之，这是极难的事。所以说："耻之于人大矣，为机变之巧者，无所用耻焉；不耻不若人，何若人有？"机变之巧即是掩饰、辩解，是生命异化的开始。反过来说，学者要坦然面对行为的错误以及面对耻感的羞辱，这需要极大的勇气，所以说"近乎勇"。

羞耻意味着诚实面对自己的错误，否定掉部分的自己，这是道德生活的起步。一位不知反省的人，他自然不会有耻感，因此，也自然就没有新的道德生活可言。孔子论人的立身行世之道时即言："行己有耻"，"耻"是内在的法官，也是内在的感化师，它不断地以使身心不安的动能迫使学者正视个人外在的行为与内在的意识状态之存在面貌，并思求改变之。"耻"是无法外加的，它是良心的一种另类的呼唤，它只能以"礼"栽培之。[69] 孟子论耻感的重要性时也说道："人不可以无耻。"

---

[69] 所以孔子赞美礼治的政治效果道："有耻且格"，亦即百姓可以因耻感而自动感化。相反地，以刑治民，也可以治，但不免"民免而无耻"。

他继而以套套逻辑（同义反复）的语式引申说："无耻之耻，无耻矣！"人生最大的问题，不在个别的问题本身，因为个别的问题如果问题化了，被唤醒了，其问题多可以解决。但问题如果被钝化了，解消了，道德生命的自我检证力道被缴械了，问题才大。一个没有耻感的人，即不会有涤除内在凡庸面向的力道，"耻"此一德目牵涉到真实的自我能否呈现的问题。

在儒家的道德系谱中，德目一般都是正面表列的。在孟子学的传统中，德目更明显地多半出自强烈的道德意识，而不同的道德意识可以说出自同一个本心。即使在不涉及性善性恶之说的孔子或言心善性恶的荀子，他们所重视的德目仍是正面开展的类型，若仁、若礼、若义、若智，莫不皆然。相对之下，"耻"代表一种返身清涤被濯的情感，它是种否定性的道德。如果儒家的"成人"要求学者须在文化世界中成就自体，儒者不能不正视一个连带而来的结果，也可以说是一项常见的后果，此即人在世界中的日常生活不免庸俗化，不免在群体的价值取向中遗忘自己。此海德格 (M. Heidegger) 所以批判日常的生活心态；唐君毅所以慨叹善恶之同根而发；而孔子所以特别反感"乡愿"带来的恶劣作风。"耻"感正是要唤醒学者跃出沉沦的非本真世界，让心灵在返身的痛感中呈显自己的真实面目，也就是"诚"的状态。"耻"和"诚"彼此诠释，互为存在。

"耻"是种返身的判断，是种强烈的否定感觉，但它的作用不会只是心理的感觉，它会溢出人身的框架，影响礼制的建立。孟子在论丧葬的起源时，曾设想一幕原初的死亡处理方式：亲人的尸体被抛弃于山谷间。有一天，为人子经过其地，发现有狐狸啃噬亲人骨骸，有蝇蚋姑嘬亲人骨肉。为人子见到以后，内心极为不忍，"其颡有泚，睨而不视"（《孟子·滕文公上》）。"其颡有泚"乃是不容自已的生命力量，它由不知名的深处涌现到体表肤色，为人子者于是取土而掩埋之。孟子一再言及道德的依据，或者仁政的依据在于"不忍"，"不忍"实即"忍不住"。学者面对不对的情境时，全身不安，他不忍见到此一情状，他要改变此一情状，这种强烈的不安情感即是"耻"感，"耻"感发出来的否定行为即是"改过"。

赵岐在上引"其颡有泚"句后有注云："泚，汗出泚泚然也……中心惭，故汗泚泚然出于额，非为他人而惭也，自出其心。""惭"也是一种"耻"，内在的耻感会显现在肤表的惭愧之汗。在"耻"感与体表汗流之间，有种转换的关系，孟子由此来说明"一本"的道理。"一本"预设着一种统一的原理，若在身体论述上讲即是"身心一如"。但虽说身心一如，诚中形外，这种"一如"的内外模态还是不一样。我们不妨说：耻感会引发一种火热的能量，进而影响了体表的显现。孟子曾引子路的话语："未同而言，观其色赧赧然，非由之所知也。"（《滕文公下》）其语义指与人交，言不由衷，连言者自己都会脸红。赵岐注"赧赧然"道："面赤心不正之貌也。"赵注说得通，但更恰当的解释当是"心动而面赤"。《说文解字》注解"赧"字亦云："面惭而赤也。"羞愧之心，人皆有之，似乎不只孟子有此看法，连小学家都是如此注解的。王阳明后来讲良知之色"正赤"，[70] 尼采 (F. W. Nietzsche) 以"能双颊发红之动物"作为人的定义，[71] 其语皆近噱，其说皆有据。学者如能随机指点，由"羞愧会脸红"此现象指点学子道德情感与生命能量同根而发，从教学效果看，可说是霹雳手段。

　　羞耻引发的强烈身心翻转并不是罕见的经验，司马迁因替李陵申冤，竟蒙受腐刑，终身以为辱。他说道自己当时的身心状态："肠一日而九回，居则忽忽若有所亡，出则不知其所往。每念斯耻，汗未尝不发背沾衣也。"（《报任少卿书》）司马迁认为自己所受的耻辱比死亡还痛苦，比任何可想象的不幸还要不幸，"最下，腐刑极矣！"耻辱的力量竟会蒸发身体的动能为满身的汗水，其热能强度犹不止于"其颡有泚"。乾嘉考证学的代表人物阎若璩又是一个例子，他好胜心极强，耻感特别发达，据说其人："一物不知，以为深耻。遭人而问，少有宁日。"[72] 从孟子的观点来看，阎若璩可说是耻非所耻，有些"不知类"了，但这无碍于他经历了真正的羞耻之事件。羞耻或

---

[70] 《李卓吾先生评点四书笑》："一士从阳明学，初闻良知，不解。卒然起问曰：'良知何物？黑耶？白耶？'群弟子哑然失色，士惭而赧。先生徐语曰：'良知非白，非黑，其色正赤。'"开口世人辑，闻道下士评：《李卓吾先生评点四书笑》（台北：天一出版社，1985）。此书全书无页码，页码难以判断。此则笑话很出名，常见于晚明笔记，余不赘述。

[71] 引自钱钟书：《管锥编》（北京：中华书局，1979），页 566。

[72] 参见钱大昕：《阎先生若璩传》，《潜研堂集》（上海：上海古籍出版社，1989），卷 38，页 672。引语为阎若璩集与陶弘景、皇甫士安相关之语而成，当是自况之义。

因道义感而生，或因荣誉感而生，或因底下所说的"面子"问题而生，但总是存在的。羞耻常被认为带来火辣辣的感觉，事实上，"耻"字确实火辣辣。"耻"字与意思为"火热"的"爽"字原本同部同音，"爾"字原为两火，传写过程中因讹误，火字错成了"百"字。其实一火为赤，两火为爽，意义无别。[73] "耻"作为一种心理感觉，正指如火如焚的强烈心理驱力。

"耻"代表否定部分现实我的能量，它如火在身体内部燃烧，面对这种强烈情感传达出来的讯息，学者要面对它，是需要极大的勇气的。《孟子》书中提到不少不知类的故事：无名指不能伸直般的小问题日夜关心，不远千里求医，真正的人生大问题却不敢碰。[74] 面对真实乃是真正的勇者的行径，《大学》一书提到人面对真正的问题，恍如被十目所视，十指所指，焉能逃避。如果儒家哲学的核心是生命的学问的话，反省—耻感—改过之说必然会兴起。先秦时期，应当流传不少"子路闻有过则喜"这类的传闻。"耻"与"改过"在儒家道德哲学中居有核心的地位，是生命能否真实的梦觉关。

"耻"与"改过"在理学文化中发展到另一个高峰，明末尤为讲究，李二曲即以"改过"作为为学之首要宗旨。顾炎武虽非理学家，但他以"行己有耻"作为士大夫之大防，这些论

---

[73] 以上所述参见王献唐：《古文字中所见之火烛》，页204。

[74] 《孟子·告子上》曰："今有无名之指，屈而不信。非疾痛害事也，如有能信之者，则不远秦楚之路，为指之不若人也。指不若人，则知恶之；心不若人，则不知恶，此之谓不知类也。"

点反映了一时之风气。但最足以反映耻感与改过精神者，窃以为莫过于刘宗周的《人谱》所述。《人谱》所述可说即是知过法、改过法，刘宗周省察过错之深，可谓穷尽其源之至，开儒学工夫论前所未有之境界。最足以见出"耻""改过"之作用者，莫过于底下这段常被引用的功法：学者每日反省自我时，要在桌子上布置一炷香，一盂水，底下安置一块蒲团。平旦以后，即行入座，底下是接续的内容：

> 交跌齐手，屏息正容。正俨威间，鉴临有赫，呈我宿疚，炳如也。乃进而敕之曰："尔固俨然人耳，一朝跌足，乃兽乃禽，种种堕落，嗟何及矣。"应曰："唯唯。"复出十目十手，共指共视，皆作如是言，应曰："唯唯。"于是方寸兀兀，痛汗微星，赤光发颊，若身亲三木者。已乃跃然而奋曰："是予之罪也夫。"则又敕之曰："莫得姑且供认。"又应曰："否否。"顷之，一线清明之气徐徐来，若向太虚然，此心便与太虚同体，乃知从前都是妄缘，妄则非真。一真自若，湛湛澄澄，迎之无来，随之无去，却是本来真面目也。[75]

《人谱》所述者是要用来取代一时流行的《功过格表》的，它作日课用，不是玄想的产物。儒者自有宗教生活，他活在另

---

[75] 刘宗周：《人谱》，《刘宗周全集》（台北："中央研究院"中国文哲研究所，1997），册2，页18—19。

类的灵性氛围，《人谱》的忏悔显示了一种由生命根源处涌现的一种否定现实自我、回向本根的灵机冲动。"痛汗微星，赤光发颊，若身亲三木者"之语即使放在最具苦行精神的教派下比较，其激烈程度都是相当突显的，其忏悔之情可谓跃然纸上。刘宗周《人谱》的用语与《孟子·滕文公》论孝子葬父的心理动机恰可相互发挥。

从孟子到刘宗周，我们看到一种扎根于生命本质上的道德热情之因素。晚近论中西"耻感"之异同者，颇有人认为西方之耻感与罪感俱，中国的耻感则与面子俱。从十九世纪末传教士明恩溥 (A. H. Smith) 开始，不断地有人提出中国人的"面子"问题，其中包括名气响亮的罗素 (B. Russell)、尉礼贤 (R. Wilhelm)、鲁迅、林语堂等学界名人。学术意义的研究自胡先缙在上世纪四〇年代初发其先声以后，代有衍义者，晚近杨国枢、黄光国继起，更将"面子"议题推到高峰，其影响波及到改革开放后的中国。[76] 上述社会科学学者的观察或从社会心理学，或从心理人类学立论，观察各异，但似乎皆支持面子与耻感的紧密关联。

这些来自不同职业与学术专业的人士皆指出华人社会重视"面子"的文化现象，"面子"议题似乎成了华人地区社会科学

---

[76] 上述的研究史参见翟学伟：《中国人的脸面观——社会心理学的一项本土研究》（台北：桂冠图书公司，1995），页 19—52。代表性的论点参见黄光国、胡先缙著：《面子——中国人的权力游戏》（北京：中国人民出版社，2004）。

界的一项显学。如就一般熟悉的华人社会现象考察，上述诸先生之说很符合我们对中国社会的印象，报章、杂志中要找出例证也绝不难找。然而，笔者不相信"面子"只是华人社群的特殊现象，因为面子是种"面具原型"。[77] 只要人的主体离不开社会的建构，人的主体是在他人的肯认中映照而成，[78] 也是在人生的大舞台中因各种角色的相互配合而树立起来的，[79] 那么，"面子"的作用就很难避免。在《史记》的刺客、游侠列传中，我们看到许多"小不忍则乱大谋"的案例，真正的原因是面子挂不住。然而，日本或西方在近世之前，常有决斗的社会习尚，决斗的原因常也是当事者觉得被公众羞辱了。[80] 我们很难说"不能忍受公开羞辱"和"爱面子"无关，也不能说华人的

---

[77] "面具原型"是笔者对荣格 (C. G. Jung) 的 persona archetype 的挪译，此原型意义参见 C. G. Jung, H. G. Baynes tr., *Psychological Types,* in R. F. C. Hull ed., *The Collected Works of C. G. Jung* (Princeton: Princeton University Press, 1976),vol.6,pp.463—470。

[78] 库利 (C. Cooley) 所说的"镜中我"或"返照我"即是此义。人照镜以调整全身，人也因设想中的他人对自己之印象而调整自己，人格即在此不断的反映与回应中建构而成。

[79] 高夫曼 (E. Goffman) 从戏剧论"前台""后台"的观点着眼，指出面子的一些要素：印象、前台、表演、面具等，并非中国人特有，而是具有普遍性的概念。高夫曼对中国人的"面子"问题并不陌生，他的戏剧论观点和汉学概念"面具"关系很深。参见高夫曼（E. Goffman）著，黄爱华、冯钢译：《日常生活中的自我呈现》(杭州：浙江人民出版社，1989)。

[80] 很典型的例子是发生于三百年前日本江户时代之"赤穗义士"事件。此事件之原始导因（主人公因羞辱而自杀）、后续发展（义士报仇）、最终结局（幕府勒令义士自杀，以保其颜面），可说都与"面子"有关。

"好面子"没有主体性自觉的因素。如果人格不能脱离社会建构的历程，不管什么人，面子都是要的，面子挂不住时，主体会受损伤，人格会觉得被侮辱。

"面子"与人的社会性有关，面子受损引发耻感，不管于中于西，这都是常见的现象。然而，"面子"似乎带有更明显的华夏文化风土的因素，笔者认为关键在于儒家虽然强调道德的自主性，但也强调这种道德的自主性需要社会文化的土壤，亦即风俗或风尚，其道德才能顺利修成正果。儒家的道德很重视人与人之间的"伦"之关系，合理的"伦之关系"即是"礼"，"礼"所形成的规范系统即是"礼教"。"礼"是行为语汇，它的内涵要见之于行事。但儒家从孔子以下，大概都会主张仁、礼的一致性，亦即道德行为与道德意识的紧密关联，论及儒家的道德论述传统，笔者相信"仁礼的一致性"大概是不分汉儒、宋儒，不分程、朱、陆、王，他们都支持这种主张。

但这种连绵不绝的理念之连续性也许可以反过来看，因为"仁礼之间的不一致"有可能才是社会的现实，所以才需要提出规范性的主张。由于儒家强调家庭、邻里的价值，儒者需要在社群的互动中产生一种互渗互动的集体脐带感，这种脐带感原本意味着一种无法切割的"一体"之隐喻，但"相偶性"的人格构造加上礼制的现实却使得"乡愿"的可能性一直存在于儒者的道德生活当中，面子超越了真实。鲁迅的吃人的礼教之说，孟德斯鸠（Montesquieu）的"中国的生活完全以礼为指南，但他们却是地球上最为骗人的民族"之论，[81] 不会是空穴来风。

　　道德的条件、来源、依据为何，这是一个普遍性的伦理学议题。儒家的"仁"字或以"博爱"、或以"生生"、或以"相人偶"、或以"身心"界定之，可以说想分别从主体内部身心之间、人我之间、人与世界之间建立起本质性的关联，从整体的角度看，不同的历史阶段所侧重的面向恰好构成了完整的仁之图像。仁的位阶高于其他任何的道德概念，礼要在这个完整的仁之体系中找到位置，面子则需要在仁—礼的架构中得到较低阶的定位。很明显的，依儒家的教义，不管道德成长的构成因素为何，真正的道德判断不能离开主体的构成，没有仁的礼不是真正的礼。我们不宜忘掉一项明显的事实，此即"诚""慎独"是儒家极重视的德性，乡愿则是儒家一向最急于划清的人物类型。笔者相信许多的社会科学家从广义的社会制约论的角度论中西社会的面子与耻感的关系，这种观察应当有参考的价值，但社会科学的经验性考察之归纳所得有其适用的范围。从儒家的道德哲学来看，上述这些观察的有效性是有限的，不宜推衍到解释更深层的精神生活。

　　事实上，"耻"始终是儒门重要的德目，它不是出自耶教，与"原罪"的概念渺不相涉。"耻"出自"性善"或"良知"

---

[81]　孟德斯鸠（Montesquieu）著，张雁深译：《论法的精神》（北京：商务印书馆，1959），上册，页378。

教的传统，儒家人士很难不坚持：真正的耻感不能没有道德意识的依据，道德意识和世界有回互的关系，和人群有相偶的关系，但回互和相偶的根源却是出自人格构造的深渊，它不能脱主体化。说到底，只有良知才能提供道德动能与道德判断，良知本身才是最高的审判长。它返身判断，发现意不诚时，其知即会化作"耻"的形式，耻感会在脸色上显现出来，通常是"赤"此种颜容之气。儒家自有另类的睟面盎背之"面貌"哲学，此"面貌"与社会面具的"面子"同体而异用，同行而异情。

八　结　论

火的使用如果追溯到北京人，其年代已逾五十万年。如果追溯到云南的元谋猿人，其年代据说可上溯至一百七十万年前。[82] 从中土先住民会使用火到华夏文明的出现，中土居民与火交往的时间横跨了人类文明发展期的几十倍甚至上百倍之长。依据荣格原型说的估算，这么长的演变时间，而又与人的存在有这么密切的关系，"火"早已有资格成为身心结构中的原型，其效能与"本能"的功能不相上下。

"火"自见于文献记载以来，应该即已经历圣化的过程。

---

[82] 资料见杨福泉、郑晓云著：《火塘文化录》（昆明：云南人民出版社，1991），页 3。

天界的太阳与大火被视为"火"的终极来源，也是人间与火相关的事件之摹本。人间事务有天上的摹本，这是典型的初民思维。从天界取火用的阳燧则是此思维的见证，阳燧所取得的"明火"（一种纯净之火）在早期的祭典中曾扮演重要的角色。阳燧、明火的时代早已过去，没想到时序进入二十世纪下半叶之后，因能源危机、核电危机，现代天火——亦即太阳能发电竟能再度扮演历史主角，成了被洁人类文明的救赎者。"天火"的圣显作用显然仍然起了作用，只是"圣"的情感恐已大为减弱。

"火"曾是时间的量度，也是生命与动能的来源。阳光普照，生命复苏，这两者之间的现象被视为一种因果关系，进一步推论，即是空气中带有的火之因素点燃了万物的生命力，这样的带火之空气即是"氛"，可称为精气。精气说在战国业已成熟，精气遍布一切，它是鸟之所以能飞，星之所以能耀的因素，笼统地说，它具备了动力因与物质因。更重要地，它是构成心中之心的要素，亦即它是比一般的意识与躯体还要深入，而且是构成两者之基层的气。"心"与"气"因此有特殊的联络管道，此说在后世的丹道或儒道诸子思想中都可见到。"心"与"气"的关系的哲学意义如何？亦即它超出中国哲学史意义之外的内涵为何？其普遍性之意义如何解释？恐怕至今仍是有待证成的课题。

回到早期儒道哲学史的现场，我们看到当精气、天火相合，构成人的基质之后，凡牵涉到生命强烈动能的德目，如勇、如耻、如惭、如愧，都不免需要吸取"火"之动能义、生命义，以作为道德实践的动力来源。由勇、耻、惭、愧、愤悱、不忍这些道德词汇隐含的强烈生命动能，我们可以了解儒家的道德哲学可视为一种另类的生命哲学。这种"炁"心合一的生命哲学用以温暖行动者，活化行动者，鼓舞行动者，心气流动所及的作用场因此形成了一种与周遭区域区隔开来的意义场所。这种强烈意识带着精气流行的思想因素在思孟与陆王哲学上看得很清楚，但儒家的其他学派也不可能缺乏这些质素。代表"火"的动态精神可以说是儒门显著的思想地标，最易与佛老切割。凡是只从"集体主义"或"道德的外在性"界定儒门道德者，可以说都是买椟还珠，错失了儒门核心的价值理念。

"火"的精神途径与中国文明的路程把臂共行，而且仍在进行中。后世中国凡发生改朝换代的事件，"火"行即不时会从沉寂中火爆而出。清末民初这个阶段尤为明显，我们在谭嗣同的《仁学》与郭沫若等人的诗作中，都可看到这种燃爆一切现成秩序的力之冲动。但论及火德理论之发扬，笔者认为表现得最清楚者却是见于明末的"火"之哲学家，其中，觉浪道盛、王夫之与方以智尤为著名，他们是彻彻底底的"火"精神之体现者。但我们如扩大范围看，其时第一流的儒家学者如刘宗周、顾炎武、傅山、黄宗羲等人，其思想也都蕴含了"火"气。这些人提供了另外一种的"火"之故事，个中因素有的是出自时节因缘，有的是来自深刻的理论创造，不管是隶属何种的知识类型，它们都很值得在另一个脉络里细谈。

玖 吐生、报本与厚德
——土的原型象征

　　土是五行之一，它在中国的象征体系中，占有重要的地位，但我们看希腊，看印度等古文明的知识分类系统，土同样占有主导性的象征意义，这么普遍地被不同文明的人所接受，绝非偶然。我们只要想到初民的生活世界，尤其想到农耕文明的时期，初民从土地四时的交会中，春耕、夏长、秋收、冬藏，土提供了生命，土本身就是生命，我们即可了解何以它在初民的价值体系中，占有如许重要的地位。

　　土像其他四行一样，在并入"五行"的图式以前，它有个长远发展的历史。由于三代文明与农耕生活关系特别密切，支撑农耕形式的黄土地自然也成为支撑三代文明的深层文化氛围。土行挟着洪荒以来被无意识隐约记忆的质性，一路收编新质性，一路也折损了些固有的家当。到了秦汉时期，"五行"思想定型化以后，土的性格也大体稳定了下来。但历史的记忆是不会散失的，它仍会不时跃出，因为"土"是个与集体无意识及民族心灵密切相关的象征。本文将从神话与仪式入手，探讨影响先秦"土"思想的深层结构，借以挖掘儒道哲学思想的原始宗教之根源。

一　籍田礼与大地的复苏

"土"亘古即存，任何时期，任何经济模式，我们都很难想像脱离土的生命形态。然而，论及华夏之土，我们恐怕还是得将它放在农耕文明的背景下定位，因为农耕文明形成的一套大、小周天相呼应的生活秩序，深刻地形塑了中华文明——尤其是儒家思想的模子。底下，我们不妨从《国语》记载的一则故事谈起。周朝的名君宣王即位后，想废止"籍田"之礼，大臣虢文公规谏他：事情不可以这样作，因为"民之大事在于农"，百姓的生活、上帝的祭典、乡里的伦理都要依靠它维持。"籍田"是个隆重而复杂的典礼，虢文公继续解释道：

> 古者，太史顺时覛土，阳瘅愤盈，土气震发，农祥晨正，日月底于天庙，土乃脉发。先时九日，太史告稷曰："自今至于初吉，阳气俱蒸，土膏其动。弗震弗渝，脉其满眚，谷乃不殖。"稷以告王曰："史帅阳官以命我司事曰：'距今九日，土其俱动，王其祇祓，监农不易。'"王乃使司徒咸戒公卿、百吏、庶民，司空除坛于籍，命农太夫咸戒农用。先时五日，瞽告有协风至，王即斋宫，百官御事各即其斋三日，王乃淳濯飨礼。及期，郁人荐鬯，牺

人荐醴，王祼鬯，飨醴乃行，百吏、庶民毕从。及籍，后
稷监之，膳夫、农正陈籍礼，太史赞王，王敬从之。王耕
一，班三之，庶民终于千亩。其后稷省功，太史监之。司
徒省民，大师监之。毕，宰夫陈飨，膳宰监之。膳夫赞
王，王歆太牢，班尝之，庶人终食。是日也，瞽师音官以
省风土，稷则遍诚百姓，纪农协功，曰："阴阳分布，震
雷出滞。"……民用莫不震动，恪恭于农，修其疆畔，日
服其镈，不解于时，财用不乏，民用和同。[1]

虢文公不但知道籍田之礼的意义，他也知道如何行礼。虢文公
认为这个祭典极重要，废掉了会动摇国体，可惜周宣王不听。
据《国语》记载，后来周宣王讨伐戎狄，果然吃了败仗。

籍田与军事的关系姑且不论，周宣王此名君不行籍田之
礼，与他讨伐戎狄以失败告终，两者之间是否如《国语》所说
的有因果关联，从我们现在看来，很难想像。然而，虢文公的
话语却告诉我们许多有关籍田的讯息。至少我们知道籍田是个
动员人力极多的大典，从国君以至司徒、司空，甚至庶民在
内，无不参与其事。我们还知道如下的事情：

1. 举行典礼前，从国君以及百官等所有参与的人员皆须举
行斋事三天，国君尚须于"斋宫"行之。

---

[1] 徐元诰撰，王树民、沈长云点校：《国语集解·周语上》，（北京：中华
书局，2002），卷1，页16—21。

2. 参与祭典的人员当中，来自遥远天文学传统的太史、农耕文明关键官员的稷，以及具有特殊知觉能力的瞽师、音官等，是执行祭典的灵魂人物。

3. 行礼的季节是在孟春，它要配合协风、土气、山川、雷电初次的震耀，也就是大地苏醒的动作而举行。

4. 礼成后有宴会，从国君以至庶人，分别品尝食物。礼成而有收获时，国君还要举行"尝新"之礼。

三代是在黄土平原上兴起的帝国，国之大事在礼与戎，对于土地的礼敬祭祀与对维持权力必备的暴力因素一向不陌生，祭祀与暴力的会合在籍田礼此农耕仪式上显现得极清楚。"籍田"从有记载开始，它就不是私人的或家庭的事务，它至少是氏族或国家共同体的行为。从国君以下，郁人、牺人、太史、太师、司徒、司空、庶民无一不需要参与这场祭典。这种典礼的公共性质固然反映了早期农业社会的集体性格，但它也反映了"土地"一开始即和"权力"是分不开的。籍礼是对土地的仪式化，仪式化有各种的涵义，最明显可见的是：权力的集中与集体意识的形成。仪式自始至终，国君都扮演了领导的角色，它的角色在分工中被强化了。不特如此，在礼成的仪式中，国君嗅闻太牢的香气，百官再依次品尝，最后才由庶民吃完，祭典中的牲礼都是共同体神圣的象征，共同体的成员经由分享牲礼，他们形成了集体的同侪意识。从分食的秩序中，阶层的架构也形成了。

然而，籍田为什么可以提供绾结群体意识的功能？籍田此祭典显然带有神圣的质性，这神圣的质性渗透到供奉过的牲礼中，促成牲礼的质性急遽转变。参与祭典的共同体成员分别享用供牲后，他们凝聚成神圣共同体的成员，一种巩固政治秩序的功能于焉形成。在初民世界，神圣感与政治权力的关系纠结难分，在早期农耕阶段，对土地的经营尤为关怀的重心。"籍田"的仪礼提供了我们充分的意象。

"籍田"当然是有历史源头的，农耕的"田"本来即是初民对土地的经营，它的神圣性建立在"土"的圣化上面。殷商时期，我们已时常见到有关"土"的祭祀，而且，殷人祭土时，往往连着山、河、祖先一并祭祀，其情况与《国语》所记的"籍田"仪式类似。如云："辛酉卜宾贞，□年于河。贞、□年于土，九牛"、"己亥卜、田率、燎土豕俎、儿豕、河豕、□（豕牛）"。土圣化，它成为祭祀的对象，但它的功能、地位似乎和其他圣化的自然景象或祖先的亡灵分不开，其中最特别的，莫过于风与土的联系。

籍田、风土、季节、农耕这几个概念紧密扣连在一起，论及三代之前的土的意义，我们不可能脱离三代的"农耕文明"这个前提，"籍田"的文献记载的"风土"一词，以及此典礼举行时的大自然全面苏醒的景象，不宜放过。论及"风土"，我们不会忘掉《尚书·尧典》叙述四方方位与风土的关系，其言如下：

分命义仲，宅嵎夷，曰旸谷。寅宾出日，平秩东作。

日中，星鸟，以殷仲春。厥民析，鸟兽孳尾。

申命羲叔，宅南交。平秩南讹，敬致。日永，星火，以正仲夏。厥民因，鸟兽希革。

分命和仲，宅西，曰昧谷。寅饯纳日，平秩西成。宵中，星虚，以殷仲秋。厥民夷，鸟兽毛毨。

申命和叔，宅朔方，曰幽都。平在朔易。日短，星昴，以正仲冬。厥民隩，鸟兽氄毛。[2]

"析""因""夷""隩"其词罕见，前人注解亦多纷歧。民国来疑古学者，或以为《尧典》所记四方风土人物之语出自神话，无稽可考。但随着甲骨文出土日多，考释日精，以及随着神话、民俗学等新兴学科的兴起，《山海经》之类的书日益受到重视，学者才赫然发现：四民原来也是四方的方位神，同时是风神。《尧典》的成书年代是《尚书》学史的一大公案，但经由甲骨文及出土文献的印证，我们可以确定"四方风"其来有自，商人就是这样看待来自四方的风的。

《尧典》将大自然的变化整合成井然有序的构造，时序、方位、鸟兽、人民各居其序，共同享受尧风舜日的太平盛世岁月。《尧典》的图式应当是后世的史官整理过的，此一图式很值得玩味。因为"风"状难模，难捕捉。但商人却认为四方之

---

[2] 以上引文参见孔安国传，孔颖达疏：《尚书正义·尧典》，收入李学勤主编：《十三经注疏整理本》（台北：台湾古籍出版公司，2001），册53，卷2，页33—35。

风各有专称，其代表的性质互不相同。

风的分化显然是随着空间的分化而来的，有了东西南北的概念，才有东方的俊风、南方的乎风等。同样地，有了四方的概念，它落实到大地上，即有四方土的概念，商人是祭祀四方之土的：

> 甲午卜亟贞，东土受年？
>
> 甲午卜亘贞，南土受年？
>
> 甲午卜韦贞，西土受年？甲午卜宾贞，西土受年？
>
> 甲午卜册贞，北土受年？

由"受年"的语词看来，甲骨文这些话语是和农作的占卜相关的。四方之土，一一占卜，因为占卜时每一方的土都是具体的，产量不会一样。然而，"土"依四方划分，这是唯一的划分方法吗？

显然不是唯一的。空间本身并没有固定的标志，它的区分及区分后的象征意义是有待决定的。商人除了确立四方土外，他们还确定了"中土"的概念。中是等距，中是挺立，中是初民认知结构中一个重要的固定点，中更是贯通天地最重要的象征。"中土"一词出现，此事绝非偶然，它与同时期出现的"中国""四国""四巫"的意义是相连贯的。中与四方是空间的划分，但初民的空间观不会是抽象的、等价的空间区隔。商人将自己的位置定在四方之中，作为天命所重的殷商民族既不同于周遭民族，因此，"中土"的地位自然水涨船高，迥非其他四土所能望其项背。

"中土"的概念提供我们了解"中"的重要线索，它也提供我们有关"籍田"的背景知识。祭土与籍田，两者仪式的规模不一样，但性质是相通的。由于"籍田"的仪式较祭土丰富（很可能是史料性质所造成），因此，了解"籍田"的结构以后，我们反过来可以更加理解"土"为什么会被圣化，它的独特性在什么地方？

我们不妨回想上引《国语》虢文公的话语，它提供一幅极奇特而生动的世界图像，这个图像告诉我们：春分季节，宇宙活起来了，它由冬眠甚至死亡中复苏，这是一场大规模的宇宙戏剧，这种新的生命的征兆如下：

1. 雷电交加：它震醒了一切蛰眠的生物。

2. 协风远至：它带来了春气融合的讯息。这个讯息太隐微了，但非常重要，所以只有具有特殊听觉能力的盲人乐师才听得到，他必须向国君透露此一消息。

3. 阳气飘动：气虽无形无色，但初春季节，田野中总有些似野马、游丝之类的气息，它与严冬气凛的感觉完全不同。

4. 川河大概也提供了生命的资讯。它就像大地的血脉一样，血脉在寒冬时期冰冻了，随着协风吹拂，阳气升发，血脉开始流动了。

雷、风、气、水共会在初春的土地上，土地苏醒了，它的生命力开始发挥了。籍田最核心的意义不在王权的巩固，也不在集体意识的加强，[3] 后面这两个因素当然是有的，但它的合法性是建立在对土地"死而复苏"的信仰上。土地随着四时变化，其面貌自然不同，春夏秋冬，不断循环，这是大部分地区的农业民族共有的经验。而依据初民的思维，这种循环的自然现象很可能就变成神秘的生而复死、死而复生的神圣戏剧。弗雷泽 (J. G. Frazer) 的《金枝——巫术与宗教之研究》一书网罗了世上极多的材料，用以证明大地的死而复生，以及人们以巫术行为赞助大地之活化，这是普遍性的神话与仪式之母题。这种仪式在地中海东岸地区更是流行。著名的奥锡利斯 (Osiris)、塔穆兹 (Tammuz)、阿多尼斯 (Adonis) 和阿蒂斯 (Attis) 诸位大神，都表示了生命的衰亡与复苏。

"籍礼"如果不放在初期农业文明土地生产—农作—四季循环—生死代兴的架构下理解，我们是无法了解它的意义的。我们已经看到土地如何与风、水、雷、气合作，提供大自然新生命跃动的场所。"籍田"仪式完后，其意义尚未完成，它还必须经过"尝新"之礼后，其始末意义才算告一段落。《礼记·月令》与《吕氏春秋·孟夏纪》皆有"尝新"之说："农乃登麦，天子乃以彘尝麦，先荐寝庙。""尝新"当指麦初熟时，天子割取象征性的一些麦穗，先提供祖先品尝。"初生之麦"与"远祖灵魂"连结在一起，这中间显然有段失落的环节

---

[3] 杨宽特别强调籍礼的政治功能，这个面向的意义当然是有的，但这终究是个面向而已。杨宽：《"籍礼"新探》，《古史新探》（北京：中华书局，1965），页218—233。

亟待补充。《吕氏春秋》与《礼记》皆语焉而不详，但《逸周书·尝麦》对此却有个颇详细的叙述，此文描述周成王四年举行的一场"尝新"礼。此文从仪式准备的供牲、祭坛的空间摆布，以至典礼结束后如何再祭祀"大暑""风雨"，如何分赠百官，大夫祭肉等等，皆有着墨。其间还包括一大段黄帝与蚩尤战斗的冒险故事。这故事虽然披挂了史实的外衣，它其实不折不扣是种发生于无何有之乡、无时间模态之时的神话事件。这是个"始源"的独特事件，它具有原型的意义。由于黄帝在历史"发轫"的刹那，征服了毁坏世界秩序的蚩尤，所以尔后才有完整的世界秩序之"典范"。在这个准创世的大典范下，少昊又创设了官制这个小典范。黄帝与少昊的功绩是后世有国者永恒的依归。

《尝麦》篇当作更精细的分解，[4] 但由"尝新麦"及"追溯典范"两者皆具有始源意识，我们知道"尝新"的仪式之内涵乃在原型的回归。这种回归的向度有二，一是神话时间起源前的秩序之模式，一是存在或能量的宝库——土地及其能量象征之初麦。"尝新"其实也是农业民族常见的仪式，农业民族自无始以来，即担心环绕在他周围的能量是否有一天会消耗殆尽。如果冬天会来，黑夜必到，我们怎么确定太阳明天还会再度升起？我们又怎么确定冬天的季节不会无限延长？小麦成熟

---

[4]《尝麦》篇隐藏丰富的神话资料，但论者甚少。李学勤《〈尝麦〉篇研究》一文，颇值得参考。李学勤：《〈尝麦〉篇研究》，《古文献丛论》（上海：上海远东出版社，1996），页87—95。

了，它是否还会有下一次？耗尽能量这种忧郁终于引来了"初果"（first-fruits）的仪式。透过奉献初次的果实，人们获得与自然生命力量的和谐，仪式保证奉献者：力量还会重生，它会随着时间的更新再度获得能源。我们几乎忘了一件事实："初果"仪式通常摆在春天或岁月交替之际，自然能源的更新与年月的更新是同步发生的。[5]

二　蜡祭与报本反始

岁月交替之际，如果用神话学的语言表达，往往也是死亡与重生之际，我们已知道"尝新"祭乃预设着作为"存在或能量的宝库之土地及其象征之初麦"的礼敬，"籍田"与"尝新"是庄严的邦国祭典，它们指向了一种"未来""生命""成长"的质性，代表了希望的原理。但死生一体，农耕文明的生命是四季循环结构中的一环，作为生的分身的死，既是生的变形，但它又有变形独特的面貌。老、死、终、息这些生命实相也是宇宙的实相，它们也需要经由仪式的过程以取得安顿的作用。这种处理农耕文明中老、死、终、息的祭典见于《礼记·郊特牲》所说的"蜡祭"，蜡祭的意义是"报本反始"，《郊特牲》所说的"本"与"始"也是指作为一切存在根基的土地。此篇

---

[5] 关于"初果"仪式的内涵，参见 M. Eliade, *Patterns in Comparative Religion* (New York: New American Library, 1974), pp.346—347。

所记蜡祭的文字不长，我们不妨罗列全文如下：

> 伊耆氏始为蜡。蜡也者，索也。岁十二月，合聚万物而
> 索飨之也。蜡之祭也，主先啬而祭司啬也。祭百种，以报啬
> 也。飨农及邮表畷、禽兽，仁之至，义之尽也。古之君子，
> 使之必报之。迎猫，为其食田鼠也。迎虎，为其食田豕也。
> 迎而祭之也。祭坊与水庸，事也。曰："土反其宅，水归其
> 壑，昆虫毋作，草木归其泽。"皮弁素服而祭。素服，以送
> 终也。葛带、榛杖，丧杀也。蜡之祭，仁之至，义之尽也。
> 黄衣黄冠而祭，息田夫也。野夫黄冠。黄冠，草服也。[6]

"猫""虎"扮演的是陪衬的角色，它们因为捕杀戕害谷物
的田鼠、田豕有功，所以才被祭祀。我们看整个蜡祭，它具有
如下的结构：

1. 祭祀者的服装黄衣黄冠。

2. 但有部分的人或部分的时间，行礼者皮弁、素服、葛
带、榛杖，为的是"送终""丧杀"。

3. 祭祀的对象是神农、后稷，[7] 祭祀的供礼是百谷。

4. 蜡祭时，要念篇祝辞，表达祭祀用意。

祭祀时黄衣黄冠，经文说：这是农人方便的"野服"，郑

---

[6] 郑玄注，孔颖达疏：《礼记正义·郊特牲》，收入李学勤主编：《十三经
注疏整理本》，册75，卷26，页934—938。

[7] 郑玄注："先啬，若神农者。司啬，后稷是也。"同前注。

玄看出这当中有象征的意义，他说："服象其时物之色，秋季而草木黄落。"郑注可备一说，但笔者认为更方便的解释，乃是黄色用以象征土德。蜡祭时，与祭者黄衣黄冠，这是再自然不过的事了。至于蜡祭时，某部分人或某部分时间，与祭者要素服、素冠、葛带、榛杖，这也可以理解。因为"素"是最原始的色泽，它是一切颜色的底质；"葛带"是一切"带"中最原始的模样，就像"榛杖"是所有杖中最素朴的拄杖之物。冬尽春来之际，玄酒味淡，大音声希，万物摆脱掉枝叶之后，本来面目适时呈现，这是宇宙性的全面回归自我。宇宙性的全面回归，同时也就带来宇宙性的全面净化或圣化。经文说：素服、素冠、葛带、榛杖为的是"送终""丧杀"。郑玄注："送终、丧杀，所谓老物也。"郑玄的注释颇有理趣，我们都知道：对前近代的人而言，空间不是等价的，任何土地如果没有经过圣化的过程，它即是非人文的，亦即没有秩序化，没有世界化，因此，亦即不能居住。但居住久了以后，土地会再俗化，它必须再度更新，所以不定期的圣化是必要的，而圣化土地最常见的方式乃是象征性地驱逐代表邪恶的妖魔鬼怪，并竖上代表神圣的圣物。[8] 古代的傩祭这方面的色彩更浓厚，[9] 为免滋

[8] 参见 M. Eliade, *Patterns in Comparative Religion,* pp.369—371. 更详细的描述参见 M. Eliade, *The Sacred and the Profane: The Nature of Religion* (New York: Harcourt, Brace & World, Inc., 1959),pp.20—65。

[9] 关于"傩"的细节，范晔的描述非常生动。参见范晔：《后汉书·礼仪志》（台北：中华书局，1984），卷15，页9—10。"傩"的意义论者渐多，但似可再深论。

蔓，在此不再赘述。

空间需要净化或圣化，这绝非罕见现象，别说傩这么明显的例子了，舜帝不是也要驱逐四位不才子，让他们去守住四夷吗？伊耆氏可能是神农的分身，他在蜡祭时要丧杀老物，这是符合他身为土地—农业大神的举动的。但经文所说送终、丧杀的对象，似乎还不专指不合自然规律的妖精鬼怪，而是泛指一切的存在物。依据经文所说，蜡祭无疑是场宇宙性的戏剧，在岁暮时节，农业社会所有的生物皆当随着时间的逐渐衰老，它们也要回到此段生存时期的终点。但我们不会忘了：对农业初期的人民而言，达到终点也就是回到始点，"送终丧杀"为的是"报本反始"，蜡祭反映的乃是农耕文明精神的祭典。

蜡祭"报本反始"的精神从祭辞可以清楚地看出来：土、水都要回归到自己的安宅，它们虽然不是生物学意义的生物，但也需要休息。至于伴随农作而来的昆虫草木更是如此，它们要随着岁暮的逐日凛寒，也要开始藏伏、冬眠、休息，甚或死亡。然而，农耕仪式中没有真正的死亡，死生一体，而生却又拥有超越死亡之外的优越性，死是生的另一种面貌，农耕文明提供了我们极深的存在之智慧。十九世纪末二十世纪初的祭典神话学派对农耕文明的季节仪式作了充分的展示，这些学者发现季节转换所显现的天地生死之景象是那么的显著，显著到不可解，所以需要仪式以解释之，安抚之，所以横亘欧洲大陆上的诸神如奥锡利斯、塔穆兹、阿多尼斯等诸神不得不先后兴起，这些诸神起源于同一种的神话逻辑。

　　且说塔穆兹神吧！在巴比伦的宗教文献里，塔穆兹是大母神伊希塔的情人，伊希塔当然用以象征丰饶的生殖力。巴比伦人相信塔穆兹每年要固定死亡一次，回到阴间。大母神情妇为爱走遍黄泉，四处寻觅他。当象征生命的伊希塔不在人间的时间，人间的一切爱情都停顿了，有情不再抚养子嗣，异性不再相吸交配，一切生命均面临绝灭。巴比伦有首《笛声悼念塔穆兹》的挽歌，内容描述大母神对情人深情的哀吊：

> 她为伟大的河流哀伤，那儿没有生长一棵垂杨。
>
> 她为田地哀伤，那里玉米、香草均不生长。
>
> 她为池塘哀伤，鱼儿一向渺茫。
>
> 她为沼泽哀伤，芦苇也不能茁壮。
>
> 她为森林旷野哀伤，柽柳不生，翠柏枯黄。
>
> 她为幽深的果园哀伤，蜜、酒均无酿。
>
> 她为草原哀伤，寸草不存，满目荒凉。
>
> 她为宫殿哀伤，物换星移，人寿短暂。[10]

　　塔穆兹走入地府，生命死亡，这当然象征寒冬气凛，群生消散。但农业文明最大的智慧乃是提供死与生的辩证，死生循环，始末一体，这是宇宙的规律。死生就像日月之代明，像四

---

[10] 弗雷泽（J. G. Frazer）著，汪培基译：《金枝——巫术与宗教之研究》（台北：桂冠图书公司，1991），上册，页479。

时之错行，它是万物存在之前的自然律，也是万物存在之后必须遵行的律则。但在死生的辩证发展中，生又具有本体论的优越位置，死是生的分身，而不是它的否定。就像塔穆兹是伊希塔的情人，是她永恒的另一半，但却是有待救赎的另一半。所以当塔穆兹走入地府，群光黯淡，众生静息后，大母神伊希塔即须走入地府深处，此时阴间女王出现了，她用生命之水喷洒在伊希塔身上，让她复苏，并随情人塔穆兹回转阳世。他俩回来，自然界就复苏了，生命重新发动。春天回来之前，我们相信大自然界是会有些征兆的，比如说：阳瘅愤盈，土气震发，阴阳分布，震雷出滞。

塔穆兹与伊希塔神话表现的是宇宙性的生与死的剧情，这种神话固然不能不经由西亚人民的创造而显现于世，但更合理的解释，乃是存在的奥秘经由人的意识，宣泄于世。死生存亡一体，此矛盾的统一乃是最根源性的相偶性，论及中国农耕文明中相似的构造，似乎当指向伏羲、女娲。伏羲、女娲一体，画像石、画像砖中常见，此一体关系或言兄妹，或言夫妇，而女娲作为大母神的资格又是不容怀疑的。虽然在中土的文本中，我们找不到塔穆兹与伊希塔神话那么惊心动魄的感人情节，很可能在我们的文化传承中，或因政治的因素，或因理性化的需求，"不雅驯"的因素被过滤掉了。

蜡祭中毕竟没有女娲苦寻伏羲的记载，我们知道的仅是：蜡祭的主祭神是神农、后稷，神农、后稷都不需要饮不死之水，因为他们本身即是不死之神。他们每年固然需要有固定的休息时间，但君子日终不日死，终则复始，这种休息只是精力的再补充，经过一冬的调息，来春时他们会再度复活。到时，土出其宅，水生其壑，昆虫始作，草木萌蘖，而谷物亦开始茁壮成长。蜡祭在十二月举行，它带来的不是送终的挽歌，而是哀乐相生之感，万物生死相续的一体存在之礼赞。

初春举行的籍田仪式与岁暮举行的蜡祭，两者的基调表面上看来相反，一欢迎万物从冬眠中苏醒，一欢送衰老万物回归它们的安宅，但两者的功能其实是相反相成，而且是连续性的。从暮冬到早春，宇宙等于经历了一场由死到生的复活大喜剧，这场大喜剧是在大地这个大背景上发生的，而且参加演出者包含了动物、植物、水土空气，当然也包含了人类。笔者认为籍田与蜡祭当视为完整的农耕仪式的两个不同侧面，它们演活了生死一体、本末无端、始终循环的大地农业精神。这种情况并不怪异，它与塔穆兹、阿多尼斯、阿蒂斯等神话／仪式所表现的没有两样。

为什么环绕在土地周围的有机物与无机物，竟可以连成统一战线，为"生命"下定义？贯穿生与死？土到底扮演了什么样的角色？它是如何发号施令的？我们不妨看耶律亚德 (M. Eliade) 怎么解释：

> 　　就初民的宗教意识而言，土地是最直接的经验，当下即是。大块凝止，景色繁兴，生物贲然，这些形成了生意盎然的、统一的宇宙。土地首先揭露的宗教意义乃在

它"浑然无分"。换言之，它不只凝聚神圣于土中，更进一步，凡是自然界的事物如土、石、树、水、阴影等所展现出来的神圣质性，无不被它聚拢在一起。我们不妨说，土地这个宗教"形式"最根源的洞见是：丰富的神圣力量之大宝库——它是任何存在的"根基"。凡存在皆在土上，它与万物相联带，它们连结成为大的整体。[11]

土与其他原型象征不同，它不只象征什么，它还是许多象征的缩结形式，或是承载的根基。五行中，最接近于后世哲学所说的"本体"之地位者，非土行莫属。《易经》说"坤卦"之德为："厚德载物"，"坤"为地，其地位与"乾"并称。乾为乾元，坤为坤元，乾坤并建也并健。《易经》充分运用了土地的象征，大地像宽宏的母体一样，承载了地上的一切事物。包括生与死，存与殁，有与无。

三　土地、女娲与生殖

谈到母体，我们自然不能不联想到土地—女人—生殖的三位一体。如后所述，土地与社是息息相关的。《春秋·庄公三十三年》"公如齐观社"，三传皆以为鲁庄公"非礼"。"观社"为什么非礼？《穀梁传》说因为当中有"尸女"的缘故。

---

[11] M. Eliade, *Patterns in Comparative Religion,* p.242.

郭沫若解释"尸女"，认为其义乃女人横卧，通淫之义。鲁国国君居然会到邻国去观赏社—尸女，而且其间还有些亵渎的成分，可见这种仪式在当时是相当著名的。郭沫若、闻一多引《墨子·明鬼》："燕之有祖，当齐之社稷，宋之桑林，楚之云梦也，此男女之所属而观也。"两人都主张祖、社稷、桑林、云梦描述的都是高禖神，都是祭拜主司婚姻的女神。如果郭、闻两人的解说无误的话，燕、宋、楚这些祭祀高禖神的地方，女性是要冒一点性的风险的，女要"尸"，男女可"所属而观"，其间性关系之混乱，大概可想而知。[12]

"尸女"可能是件淫逸的行为，但这种淫逸背后应该有体制性的意义，我们且看底下两则常被引用的材料：

> 中春之月，令会男女。于是时也，奔者不禁。若无故而不用令者罚之。司男女之无夫家者而会之……凡男女之阴讼，听之于胜国之社。[13]

> 仲春之月：是月也，玄鸟至。至之日，以太牢祠于

---

[12] 先秦时期有些仪式极吸引人，"一国若狂"，"狂"到什么地步，古书没有明说，有意者不妨参考李丰楙先生的解析：《由常入非常——中国节日庆典中的狂文化》，《中外文学》第22卷3期，（1993年8月），页116—150。欧洲五朔节有些习俗可能可以提供一点比较的线索，有篇报告提到"一百位参加树林彻夜玩乐的姑娘当中，能够保持清白回来的不到三分之一"。引见弗雷泽（J. G. Frazer）著，汪培基译：《金枝——巫术与宗教之研究》，上册，页189。

[13] 郑玄注，贾公彦疏：《周礼注疏·地官司徒·媒氏》，收入李学勤主编：《十三经注疏整理本》，册61，卷14，页427—431。

高禖。天子亲往，后妃率九嫔御，乃礼天子所御，带以弓韣，授以弓矢于高禖之前。[14]

这两则记载都出自儒家的经典，两则故事的主角虽然不一样，一是天子，一是一般男女；地点表面上看也不同，一是高禖神社，一是胜国之社。高禖是始妣，国族之源，其社自然不能对一般人民开放，只宜由国君垄断。但中春的宇宙复苏消息是全面性的，生机的跃动无分于性别、阶级。社的政治属性不同，无碍于两者背后的宗教意义之相同。两则记载都指向了在新春之际、男女透过祭祀高禖或幽会胜国之社，而达成农作及人类生殖或自我再生的作用。

儒家的经典太庄严了，它对于"令会男女……奔者不禁"，"天子亲往，后妃率九嫔御"这类的语言不可能解释得太清楚的——虽然它的结构已经够明白了。礼失求诸野，我们不妨看下面这则记载为何：

"新石器时代社会所最关心的是农作物收成。故而对于原来由于女人，为着增多植物和繁殖植物，而举行的一些图腾仪式方面，就更重视更予以发展。就最表特征的是，用人的交配来刺激丰收的那些丰产礼节"，如印度尼

---

[14] 郑玄注，孔颖达疏：《礼记正义·月令》，收入李学勤主编：《十三经注疏整理本》，册73，卷15，页550—555。

西亚爪哇居民"当稻花开时，农人夫妇每于夜间绕田间行走，并性交以促其成熟，此风俗曾传入我国，所谓撒种子，说村话即其变相"。中美洲的比皮尔人在实际播种开始前一天晚上，"若特别要求强烈效果，则是前四天（夫妇）每晚分床而眠。夫妇们必须在实际播种期间同床共寝"。[15]

透过男女性交影响植物的生长，这是标准的巫术行为，但这样的巫术行为分布的地区却意外地广，延续的时间却意外地久，我们上述所引只是沧海般的资料中的一小撮而已。《周礼·媒氏》与《礼记·月令》所述，应该也就是这么回事。[16] 这种巫

---

[15] 引自宋兆麟:《生育神与性巫术研究》（北京：文物出版社，1990），页 165—166。

[16] 如果论者还怀疑的话，耶律亚德 (M. Eliade) 下面这些话或许可作参考："孟春之初，狄梅特（Demeter）与伊阿生 (Iasion) 交合于新近播种的土地上（《奥德赛》，V，125），此种结合的意味甚为明显：提升地力，使土地的创造力更为丰硕。这种行为直至上一世纪，在北、中欧仍相当常见，夫妇在田野作象征性的好合。在中国，年轻夫妇趁着春光明媚之际，在草地上成就好事，他们的行为是用来刺激'宇宙之更新'及'普世之萌蘖'。事实上，人间之结合都以神婚、以自然力量的结合为模范与理据。《礼记》第四篇《月令》特别指出，孟春雷鸣始闻之际，皇帝的后妃当自行献身，与皇帝合衾。是故，宇宙范例乃君主与全体人民共遵之法则。姻缘好合与宇宙的韵律协和，在此协和中，婚姻可天长地久。古代东方的婚姻象征，全部可以透过天上的模型加以解说。苏美人在元旦庆祝自然诸因素的结合。古代东方全境，同一个日子也是普天同庆，这不仅由于神婚的神话之因素，也由于国王此日要与女神行好合之礼。正是在元旦这一天，伊莎塔儿 (Ishtar) 与大穆兹 (Tammuz) 会同床共寝。所以国王必须在此日重现这场神婚，他在置有女神新床的寺院秘厢里与女神（转下页）

术行为虽然出自初民的原始的心理作用, 但它背后反映了人与自然有种原始统一的基本信念, 我们不妨称呼此种交感仪式为"原始的参赞天地之化育"。[17]

由籍田到高禖, 我们发现土—女性—生殖之间的关系越来越紧密。前文提到闻一多的说法, 春秋各国往往都有祭礼高禖神的地区, 如社稷、桑林、云梦等地, 高禖神是各国的先妣。闻一多的解释相当有说服力, 但各国族各有先妣作为始祖, 这是国族成立以后的溯源所得。各国族的先妣无疑都管生殖之事, 都和各国的社有关, 也都和各国的命运结合在一起。但生殖是生理事件, 也是宇宙事件, 它的根源远在国家的建立之前。论及高禖, 我们不能不严肃考虑神话年代更遥远的大神女

(接上页)(由代表她的寺庙神奴充任)行仪式性的结合。神的结合保证大地丰饶多产; 大穆兹与伊莎塔儿共寝时, 雨开始降落。同样的丰饶多产, 也可以经由君王的仪式结合或夫妇在地上结合, 而获得保障。神婚每次被模仿, 亦即婚礼每次被实践, 世界即随之更新。德语Hochzeit(婚礼)一词是从 Hochgezit(新年祭)一词衍生而来的。婚姻更新了'年', 结果也带来丰饶、财富与幸福。性行为同化于农耕, 在许多文化中都可见到此事。Satapatha 梵书里, 大地被视为女性的生殖器, 种子则视同精液。'汝妻即是汝之耕地, 故汝当进入汝选择之耕地'(《可兰经》, II, 223)。大多数的集体狂恣祭, 其仪式理由尽是为了促成草木滋长。"耶律亚德不是汉学家, 但他的解读切中肯綮, 《礼记》经文说的就是这一回事。引文参见耶律亚德(M. Eliade)著, 拙译:《宇宙与历史——永恒回归的神话》(台北: 联经出版事业公司, 2000), 页 20—21。

[17] "参""赞"是《中庸》描述天人合德的语汇, 其语当来自遂古时代的天人关系, 神话与儒家形上学一脉相承, 其义有待另文论述。

玖 吐生、报本与厚德 / 449

娲。女娲管婚姻、生殖，她是不折不扣的高禖神，[18] 但她的功能不仅于此。

女娲补天是流传甚广的神话，女娲的性格也常被定位在"补天"此事上。男性神争权力，打破了乾坤，其后果竟要女性负责，这固然足以见女娲之包容，然女娲最重要的职能实另有所在。《说文解字》释"娲"云："娲，古之神圣女，化万物者也。"《楚辞·天问》："女娲有体，孰制匠之。"王逸注云："传言女娲人头蛇身，一日七十化。"这两处的"化"字都不当作"变化"解，而当解成"创化""化育"之义。换言之，女娲是个创造神，她化育万物，一天之内即可多次创生。[19]

女娲"化万物""一日七十化"的"化"字作创生解，而不作变化解，现在研究神话的学者大体意见趋于一致。张舜徽先生甚至认为"娲"字与"化"字叠韵同义，神圣能化万物之女娲，其实义犹如蚕化为飞虫谓之蛾，两者皆蕴含了变化新生之义。"娲""化"叠韵同义之说，证据或不免薄弱。然"娲，从女，呙声。"我们如追究"呙"字，不难发现此字根所孳乳之字，竟都蕴含了类似的意涵，窝字从穴，其义"窟也"；锅字从金，其义"烧器也"；楇字从木，"盛膏器也"；碢字从石，"碾轮石也"；涡字从水，"水旋流也"；坬字从土，"甘坬，所

---

[18]《风俗通义》"女娲祷祠神，祈而为女媒，因置昏姻"，"以其载媒，是以后世有国，是祀为皋禖之神"，引自罗泌：《路史·后纪二》（台北：中华书局，1966），卷2，页2—3。

[19] "化"字及"女娲一日七十化"的解释，参见袁珂：《古神话选释》（台北：长安出版社，1982），页18—19。

以烹炼金银也"等若此种种，其义大抵蕴含凹圆之容器。金属作的圆深之器为锅，水纹圆深回旋状为涡，女人身上可以创生的圆深之物为何呢？答案应该已经呼之欲出了，它就是女人身上的生殖器官。"女娲"顾名思义，即是女人的生殖力。更根源的意思，乃是透过女人生殖能力之意象，表达宇宙最最根本的一种动力——生殖。[20]

女娲既然是生殖的化身，她能创造万物，她应当可以创造人。我们前文说过：所有物质当中，土是最具生产力的，"土"的原型象征即是生命。现在，女娲既然获得高禖的身份，她是否也可能用"土"创造万物呢？我们这个猜想是合理的，女娲正是做了这样的事：

> 俗说天地开辟，未有人民。女娲抟黄土作人，剧务，力不暇供，乃引绳絚于泥中，举以为人。[21]

女娲是创造神，难怪屈原会惊怪道："孰制匠之"（谁创造了她？）[22] 上引《风俗通义》之文虽短，但它蕴含的内容却不少，

---

[20] 以上所说多参考藤堂明保：《汉字语源辞典》（东京：学灯社，1965），页264；刘毓庆：《"女娲补天"与生殖崇拜》，《文艺研究》1998年第6期，页91—101。

[21] 《风俗通义》所说，引自李昉：《太平御览》（北京：中华书局，1960），册1，卷78，页365。

[22] 《天问》此句不好解，异说甚多，笔者采姜亮夫的解释。姜亮夫：《屈原赋校注》（台北：华正书局，1974），页331。

至少我们了解女娲"作人"主要的步骤有二：一抟黄土，二引绳索。黄土、绳索以及"抟""引""举"的动作给我们传达了重要的讯息。

首先，女娲作人最显目的意象当然是"抟黄土"。土既然用以象征生命，则女娲为什么用土造人，这事情再自然不过了。中土古籍论及"以土制人"的材料极少，但我们如果将眼光放大，立刻发现到：土地被视为含着无限生殖能力的女性，人是从土中诞生的，这样的概念极普遍。拉丁女神蕾维娜 (Levana) 从土中造出小孩，从斯堪地那半岛、德国、日本，以至澳洲、纽西兰、非洲、北美等地，都流传将初生婴儿置于土上的习俗，用以表示婴儿是从大地生出，或表示婴儿必须吸取大地之精气，才得以顺利成长。流传得这么普遍的习俗当然不是受到蕾维娜造人神话的影响，但无疑地是奠立在各地大母神神话的基础上面，诚如耶律亚德所说的："这种仪式传播这么广，它的核心义无疑地是来自大地的母性。"[23] 中国西南少数民族区域，用泥土造人的神话流传得也很广。[24] 《旧约》的耶和华 (Jehovah) 用泥土创造人种，当是最著名的一则神话，差别只在于此创造主是为女性神而已。

从土里出生婴儿，此一传说与"黄土作人"显然有功能上的近似处。中国古籍记载女娲创世造人的文献确实不多，但

---

[23] M. Eliade, *Patterns in Comparative Religion,* p.248.

[24] 参见陶阳、牟钟秀：《中国创世神话》（台北：东华书局，1990），页224—225。

如以文献为限，尤其如果我们将神话题材局限在先秦文献的范围，那么，中国神话的解释工作势必会处处窒碍。然而，几千年来，父权社会虽已建立，理性思维亦已扎根，女娲作为伟大的创世母神之地位亦已被其他的男性神祇取而代之。[25] 但在民间，女娲的"黄土抟人"功能还是被记着的。商丘市，现仍保留女娲造人处的"遗迹"；西华女娲城仍流传女娲站在水中，按照自己的影子捏泥人；淮阳、信阳一带，则流传女娲与伏羲兄妹结婚捏泥人。[26] 如果我们理解"文献"的范围能扩大一点，女娲造人的材料不见得那么稀少，画像石刻中还颇有些材料。[27] 如果我们将女娲造人的传闻再往域外寻找，我们赫然发现：越南人亦有女娲崇拜，他们女娲庙中的女娲多作裸体、盘坐。用手打开大阴户之状。此中意涵，不言

---

[25] 女性神被男性神取代，不独中国为然，世界其他地区的例子也大体类似。用土制器造物造人，这是大母神创造神话的主题，但有些民族神话却让男性神篡夺了女性神的业绩。参见 M. Sjöö and B. Mor, *The Great Cosmic Mother: Rediscovering the Religion of The Earth*, 2nd edn (San Francisco: Harper and Row,1991),pp.50—54。

[26] 上述所说，参见张振犁：《中原古典神话流变论考》（上海：上海文艺出版社，1991），页 43—62；以及陶阳、牟钟秀：《中国创世神话》，页 49—53。

[27] 孙作云云："在考古学上，女娲造人图像，除见于汉初鲁灵光殿壁画、东汉末武梁祠画像石外，解放后，在江苏省北部睢宁县双沟地区出土的画像石，有女娲人首蛇身抱子像，即女娲造人图。又有一画像石，在墓门之右，刻伏羲、女娲人首蛇身交尾图，在尾端两旁刻两小儿，以着重表示她是人类的开始。"参见孙作云：《天问研究》（北京：中华书局，1989），页 181—182。

可喻。[28]

女娲创生，"引绳缅于泥中"。土与生命关系密切，此义不难理解，但绳与生命有关，此事知者较少。《老子·第十四章》："其上不皦，其下不昧，绳绳兮不可名，复归于无物。"《老子》此章形容道体超越相对，不可名状，但它又具足无限潜能，可衍生万物。潜能绵延不断，所以老子用了"绳绳"这个状词。《诗经·螽斯》："宜尔子孙绳绳兮。"此处的"绳绳"也是用来表达连绵不断之义。古代婚礼的"著缨"仪式，后世流传的拴红线传说与习俗，其义多取自绳索之连绵不断之象征意义。[29]绳索这种象征意义自何而至？从神话的逻辑来看，道的创生也罢，子孙的新生绵延也罢，两性的好合重生也罢，它们皆当取法神话历史上最重要的一次开辟事件。放在本文的脉络下考量，此次开辟事件乃是女娲引绳泥中，抟土作人的始源创造。神圣时间里的绳子既然有了创生的功能，文化世界历史时间中的绳子只要沾上了创造的边缘，它自然也就具有了类似的意义，女娲的"引绳"创造，变成了后世和绳子有关的创造事件之"原型"。

绳子通常用麻、稻、藤等植物纤维强的东西，绞合扭结而成，一条绳索一般拥有两股缠绕不清的细绳。由绳索的形象，我们很难不联想到"女娲蛇躯"的特殊造型，也很难不

---

[28] 参见李福清：《从比较神话学角度再论伏羲等几位神话人物》，收入朱晓海主编：《新古典新义：纪念闻一多先生百周年诞辰国际研讨会论文集》（台北：台湾学生书局，2001），页1—32。

[29] 参见何根海：《绳化母题的文化解构和衍绎》，《鹅湖月刊》第24卷第5期（1998年11月），页14—24。

去联想到汉画像石中一再出现的伏羲女娲作交尾图状。蛇在神话中的象征意义是相当清楚的，它无疑地是象征男根："以蛇象征男根的生殖崇拜，已经是一件广为周知的历史事实，无论是欧洲的希腊、非洲的埃及、西非的原始民族、大洋洲的土著、北美的印第安人，乃至于西亚的希伯来人，都曾经以蛇象征男根。"[30]"如果蛇象征男根，而女娲原义象征女阴，则女娲人首蛇身，其深层结构当是"两性同具"之人。如果蛇不只象征男根，而是两性同具："在性象征意义方面，表现既是子宫，又是男性生殖器。大量图画资料，无论是亚洲新石器时代的，还是美洲印第安人文化中，都已证明在这些资料里，蛇的身体（是个男性生殖器）是以菱形（女性外阴的象征）来装饰的。"[31] 那么，女娲拥有"两性同具"的身份，自然更加明显。至于伏羲、女娲交尾图的意义，其结构较为复杂，但此图型最重要的一项意义乃是"两性同具"，这也是相当清楚的。

绳索和蛇的象征意义重合，同具生殖绵延之义，这个假说应当是站得住脚的。[32] 但女娲为什么要引绳泥中，用黄土

---

[30] 赵国华：《生殖崇拜文化论》（北京：中国社会科学出版社，1990），页 336—337。

[31] 谢瓦利埃（J. Chevalier）、海尔布兰特（A. Gheerbrant）合编：《世界文化象征辞典》（长沙：湖南出版社，1994），页 800。

[32] 旧日端午节有"彩丝系臂"此风俗，闻一多认为此彩丝象征龙，闻说重点与本文不同，但亦可相发挥。闻一多说法见于《端午考》，《神话与诗》，收入朱自清、郭沫若等编：《闻一多全集》（台北：里仁书局，2000），册 1，页 232—234。朱丝在古代民俗的意义，参见江头广，《左伝民俗考》（东京：二松学舍大学出版社，1987），页 176—178。

造人呢？就神话意义而言，女娲造人是始源的创造事件，它是
后世创造的摹本。但就历史发生的立场而言，女娲造人的神话
是有所本的，这个"本"相当清楚，它就是陶器的制造。陶器
是初民重要的发明，它可能是人之所以为"工具人"最早的证
明物之一。我们不难想象：当初民发现松软的泥土竟可以脱
胎换骨，摇身一变，成为可以盛物的载器，其内心当是如何
的激动。由泥土转为陶器，这也是一种变形，它与神话世界
中重要的变形题材，其神圣应当没有两样。中国早期的陶器
中，绳纹的纹样及草绳此工具，一直扮演相当重要的角色。目
前已知最早的陶器约在一万年前左右制成，它出土于江西仙
人洞，呈九十几块碎片状。据报导："仙人洞遗存陶器器面都
有粗细不同的绳纹，粗的宽约 2.5 毫米，细的宽为 1 毫米，其
布局有下列 7 种：(1) 交错绳纹，纹较细的占多数，有的像斜
格纹，有的像粗大的方格纹；(2) 分段绳纹，由一组或一段压
印而成；(3) 平行绳纹，纹饰较密而工整，粗细均见；(4) 粗
乱绳纹，且有模糊现象；(5) 内外表绳纹，往往外表跟内里不
一样，特别引人注意的是，两面绳纹在这里的陶器上普遍存
在，这是仙人洞下层文化最突出的一个特征；(6) 其中有十三
块陶片，在绳纹之上涂朱；(7) 在绳纹之上刻划大小不一，且
多不规则的格纹。"[33] 绳纹如何产生，此事不太确定。[34] 但至

[33] 引自熊寥：《中国陶瓷美术史》(北京：紫禁城出版社，1993)，页 5—6。
[34] 彭适凡先生认为包含仙人洞遗址在内的早期陶器遗址，其绳纹之制造
　　都有利用木拍等工具缠上绳子，进行拍打。参见彭适凡：《中国南方古
　　代印纹陶》(北京：文物出版社，1987)，页 28—29。

少绳纹的纹饰源远流长，而我们现在所见到的仰韶彩陶之实物中，发现有些"绳纹的成因，是由于利用刻有条纹或绕有绳子的陶拍拍印出来的"。[35] 陶土、绳索加上技术，一件陶器制品终于告成。女娲造人的现实社会写本，应当就是陶器的技艺。

陶器在远古时期非常神圣，远非我们现在所能想像。初民环绕着陶器总有些神秘的仪式，而最早的制陶者几乎清一色的由女性担纲演出。[36] 女性最大的特色在生殖，这是种创造。陶器则是对于象征生命的土之再创造，而土火合作产生的新事物又可容纳另一重要象征的水于其中，水火木金协调，天地阴阳酝酿。陶器这种神秘的功能，明显的反映在彩陶的涡旋纹上。涡旋纹是普见于初民陶器上的纹饰，中国庙底沟、大汶口、红山、屈家岭、马家窑等地出土的彩陶皆可见到这种涡旋圆转的纹样。涡旋纹本身不会说话，彩陶时期亦缺乏文字佐证，足以破解纹饰后面的蕴含。但我们有理由相信：涡旋纹是种原型象征，它象征人灵魂的构造，也象征了创造的模态。"螺旋是无限的象征，螺旋上的一次旋转是一项完结，同时也是朝向新局面的出发。它是死亡，同时也是再生。人在这永恒之中，真下知有几度的生，几度的死。所有的宗教、神话、传说，无不谈

---

[35] 冯先铭等主编：《中国陶瓷史》（北京：文物出版社，1987），页8。

[36] 参见诺伊曼（E. Neumann）著，李以洪译：《大母神》（北京：东方出版社，1998），页133—137。

论螺旋"。[37] 为什么它有这种象征功能呢？因为涡旋纹是深圆、动能的，它是"圆"此象征的动能化，它用以象征神话时间之初发生的神圣创造事件。涡旋纹深圆旋转，其意义不是与娲字具备"深而圆转"之义相通吗？

"大地母性"拟人化了，它就摇身一变而为女娲。它在中国的戏剧化演出，即是"女娲抟黄土作人"。女娲创世造人用的材料：土、绳及创造的摹本陶器，后来都变成中国文化史上的重要象征。大母神女娲更深层也更精简的哲学意义即是："土，吐也，吐生万物也。"[38]

四 黄帝、中土与秩序

"用土作人"是普遍性的神话主题，"女娲抟土作人"是发生于东土的一个案例而已。但"抟黄土作人"却不是普遍的。

---

[37] 波尔斯 (J. Purce) 引用西元两千年前的一件中国新石器彩陶为例所作的说明："是涡旋，又是解开生命活动的连结，可说是新石器时代的中国所发现的巨大涡旋纹的主题。此一主题专用在殉葬品。一进这个壶的子宫形洞穴，死灵将接受一对以旋涡表现的宇宙再生力的作用。二个旋涡之间的子宫开口部，象征生与死，死与再生的境界。"参见波尔斯 (J. Purce) 著，林明德译：《无尽螺旋：人类的梦与恐怖》（台北：龙田出版社，1981），卷头语、页81。

[38] 刘熙这段声训反映了远古人民代代相传的想法，汉儒普遍这样看待土地的性质。李昉《太平御览·地部》引《圣证论》："孔晁云：能吐生百谷谓之土。"册1，卷37，页176；班固《白虎通义》："地者，易也。万物怀任，交易变化。"陈立撰，吴则虞点校：《白虎通疏证·天地》（北京：中华书局，1994），下册，卷9，页420。两人所说，亦同此义。

我们前面引《风俗通义》记载女娲作人，"举以为人"的句子下面，还有两句没引："故富贵者，黄土人也：贫贱凡庸者，缒人也。""黄土人"特别珍贵，独享荣华，这个概念看起来也不是普遍的，它可能出不了中国的范围。为什么会有"黄土"的概念？它们为什么特别珍贵？

"黄土""黄土人"特别珍贵，这显然是黄土区域的住民才会有的概念，但我们如论"黄土"神秘化的过程，却不能简单地将原因归于地理的决定。"黄土"之所以特别珍贵，它除了要巩固原有的"土"之神秘性质外，它还必须和当时具统治地位的象征及物质因素结合起来，神秘化这整体的构造，"黄土独胜"的工作才算大功告成，"黄土独胜"是个权力的论述，它是要经由长期的征伐、绥靖的过程，加上"黄"与"土"两个符号神秘的结合，才可能达成的。赢得这场长期抗战的主帅即是"黄帝"，"黄帝"是"黄土"的具体化，这点就像女娲是土的具体化一样。女娲朗现了土德，主要是朗现其生命力；黄帝朗现了土德，主要是朗现了土在时空中的优秀位置，后者具备了更多的权力的因素。[39]

"黄帝"的性格极为复杂，其解释亦极多样。有言其为太阳神者；有言其为月神者；[40] 有言其为雷龙之神者；[41] 有言其

---

[39] 铁井庆纪：《中国神话の文化人类学的研究》（东京：平河出版社，1990），页 326—349。

[40] 杜而未：《中国古代宗教系统》（台北：华明书局，1960），页 86—88。

[41] 森安太郎著，王孝廉译：《黄帝的传说——中国古代神话研究》（台北：时报文化出版公司，1988），页 176—208。

为沼泽神者，[42] 但诸说中以"上帝"的假说最受人注意。依据杨宽的解释，黄帝一词原从"皇天上帝"的简称"皇帝"一词而来。"皇帝"原来不是人间政治秩序的首脑，他是原始的至高神。后来随着中国人间秩序版图不断扩大，皇帝分化成青、白、赤、黑、黄五帝，中央的帝位独尊，所以皇帝就变成了"黄帝"。尔后随着历史不断发展，崇高地位的黄帝被不同国的国君及汉民族视为始祖，黄帝终于彻底地"本土化"，成为中国各民族共同的渊源。[43]

"黄帝"和"皇帝"时常通用，这有古书为证，声韵上也通，这种说法是站得住脚的。"黄帝"确实也常有些天神的影子，但我们观看杨宽所举的一些例证，赫然发现：与其将"黄帝"视为"天神"，还不如将它视为"地祇"。比如杨宽举《山海经》为例，说昆仑乃"帝之下都"。昆仑与黄帝关系特别密切，所以此处既明言"帝之下都"，则"帝"为上帝可知。然而，既是"帝之下都"，何以此地不能是"地祇"之黄帝？杨宽又举《吕氏春秋》《礼记·月令》等书皆记载：黄帝为中央帝，其佐为后土，故两者当是"皇天后土"的关系。然而，五方帝皆具有主神与佐神，主佐两神的性格相近，两者不是对立的互补。如此看来，焉知"黄帝"不是更大的"后土"？杨宽

---

[42] 御手洗胜：《黄帝の伝说》，《古代中国の神々——古代伝说の研究》（东京：创文社，1984）。

[43] 参见杨宽：《综论》，《中国上古史导论》，收入吕思勉、童书业编：《古史辨》（上海：上海古籍出版社，1982），册7，上编，页393—404。

其他证据，亦可争议。[44]

我们说"黄帝"焉知不是更大的"后土"，此话不是没有根据的。事实上，早已有人说过黄帝是"地祇之子"，[45] 甚至称之为"地皇"；而且"黄帝是中央土德之帝"，这种论点在战国、秦汉时代的资料里，可以说俯拾可得；第三，黄帝与母性关系特深，《史记·天官书》说道："轩辕黄龙体，前大星女主象，旁小星御者，后宫属。"轩辕黄龙之体，竟然用以表象后宫，这当中的消息不是已经呼之欲出了吗？第四，女娲以土制人，据说黄帝竟然也是陶器的发明者。陶的象征意义既明，则黄帝与土的关系自然也就浮现了上来。总而言之，在"黄帝"材料最密集出现的时代，我们看到的"黄帝"已是和黄土紧密相合。作为象征土德的黄帝之所以特殊，乃是它在原有的土德之外，更拥有了原先没有的家当，其中最重要的，乃是他占据了"圆"与"中"的象征位置，占据这个位置就是垄断"神圣"。垄断神圣，也就是对宇宙轴的垄断。

"土"原本是自然的要素，土无所不在，地母的崇拜也就无所不在。但一旦农业占文明主要位置，定居成了生活的常态，空间的价值区分也跟着而来。四方、四方土，五方、五方土，中土的意识日益突显，它终于造成与四方决裂的本体论分裂。"中土"成了道的象征，它是通天的"宇宙轴"。因

---

[44] 御手洗胜《黄帝の伝说》一文，对杨宽的天帝说反驳甚力，可参看。

[45] 《河图》云："黄轩母曰地祇之子附宝。"《河图》已佚，此文收入安居香山：《重修纬书集成》（日本东京：明德书店，1978），页47。

此，"中土"的抢夺成了政治斗争的主要标的。我们看到黄帝征讨四帝的记载，以及他坐居北极—昆仑连线之轴上，还有他特殊之长相：四面、圆卷之形躯等等，无一不显示他是道的具体化。这位作为具体化的道、上帝在人间投影的黄帝，总体的讲，他即是土德之象征；如按五方帝的规矩，他有一位佐神，此即是后土。我们前面注脚引用《淮南子·天文训》的一段话语，我们不妨再细思其中的意义为何："中央，土也。其帝黄帝，其佐后土，执绳而制四方，其神为镇星，其兽黄龙。"黄帝与后土根本是一而二，二而一的关系。他占据了中央土，因此，中央土也就变神圣了。

与中央土同组的象征，如镇星、黄龙，理论上应当分享土的特性，我们前文探讨"黄龙"时，已触及此义。但我们此处关心的，乃是黄帝"执绳而制四方"之事。"绳"当是绳墨，它是衡量事物之准则，"黄帝执绳"，其义与汉画像石、画像砖"黄帝执规矩"的图像相近，两者皆意指黄帝是"标准的创造者"，它与四周不处在同一个层次。[46] 同样地，中央土和其他土不一样，前者是神圣的层次，后者则是被衡量的层次，两者在价值的位阶上，其差异是质的不同。我们认为黄土／四方土的区隔，其中反映了一种"神话的地理学"。依据此种神话的地理学，中央土与四方土固然可以有地理学意义的连续性，但

---

[46] 五方土如果变成五行，并与五帝观念结合，情况就不太一样。至少，五帝可以五分天下，因此，他们同样有裁断天下的质性，只是所用的工具或有规、矩、衡、绳的不同。

就价值而言，它们是本体的断层。这种本体的断层反映在五服的空间区隔上，同时，也反映在《山海经》或各代《地理志》对地理位置的解释。

"神话的地理学"绝不只是神话的概念，它还影响了实际的政治运作。一个最明显的例子，乃是人君对"中土"（或称"土中"）的追求。武王伐纣以及接连而来的周公辅佐成王，讨伐武庚，这是西周史上的一件大事。但在兵荒马乱之际，周初的统治者却将精力花在营建一座新的城邑上面，《逸周书·作雒》描述其事曰：

> 乃作大邑成周于土中，立城方千七百二十丈，郭方七十里，南系于雒水，北因于郏山，以为天下之大凑。[47]

周公营建洛邑，很可能有实际的军事经济考量，但更重要地，当是出自"神圣"的垄断。我们看到《尚书》提及"王来绍上帝，自服于土中"时，说及"作大邑"的意义："其自时配皇天，毖祀于上下，其自时中乂。"[48] 周王这些话指的正是宇宙轴的象征作用，脱离了中央的象征，我们即无从了解"毖祀于上下，其自时中乂"所言何事。引言的话语不是空口说说而已，它是有实际的建筑之指涉的，因为当他们营建新都时，他

---

[47] 朱右曾：《逸周书集训校释》（台北：世界书局，1967），页128。

[48] 屈万里：《尚书集释》（台北：联经出版事业公司，1983），页176。

们连重要的宗教场所也建立起来了，"乃设丘兆于南郊，以祀上帝，配以后稷日月星辰先王皆与食"。[49] 他们还营建各种的"社"，以安神人。《尚书·洛诰》更详细地描绘了择都的宗教仪式，其细节暂时从略。京都—中土—政权正当性一体同化，此事绝不仅见于周人"作大邑"此事。国都的本质就在于它具备了中土的性格："王者京师必择土中何？所以均教道，平往来……周家五迁，其义一也。皆欲成其道也。"[50]《白虎通》所说恐怕不仅止于历史的追忆，也不仅是给东汉政权正当性的基础。事实上，中国历代国都的象征格局有惊人的一致性，它们大体呈现方圆排列的曼荼罗 (mandala) 形式，皇居位于宇宙的中央，天子在神圣的宇宙轴连续线上"监于四方"。[51]

　　有"神话的地理学"，连带地也就有"神话的人学"。女娲用黄土造人，这故事其实还没有完，因为引文后面还有一小段结语："富贵者，黄土人也；贫贱凡庸者，絙人也。"富贵贫贱的差别肇因于造人材料的不同，但此段文字所言，尚局限于阶级的观点。依此观点，人的贫贱富贵是先天决定的，这一段话很容易令我们联想到印度的种姓制度。但"神话的人学"还可以是"神话的人种学"，我们前面提到黄帝征四帝的记载，此记

[49] 屈万里：《尚书集释》，页 129。

[50] 陈立撰，吴则虞点校：《白虎通疏证·社稷》，上册，卷 4，页 157—159。

[51] 中国历代京都的象征意义，参见 H. Wilhelm, "The 'Own City' as the Stage of Formation," *Heaven, Earth, and Man in the Book of Changes* (Seattle: University of Washington Press,1977), pp.89—125。

载已埋下了中土与四方、华夏与四夷之分的伏笔。黄帝征四帝的记载到了《尚书》中，即摇身一变而为"流四凶"的故事：

> （舜）流共工于幽州，放驩兜于崇山，窜三苗于三危，殛鲧于羽山，四罪而天下服。

《左传》的记载更不堪了，《文公十八年》的记载说的也是"舜流四凶"的故事，但此四凶皆有名父，但恶形恶状更甚，如浑敦乃帝鸿氏不才之子，他"掩义隐贼，好行凶德，丑类恶物，顽嚚不友，是与比周"。缙云氏的不才子叫饕餮，他"贪于饮食，冒于货贿，侵欲崇侈，不可盈厌，聚敛积实，不知纪极，不分孤寡，不恤穷匮"。少昊氏的不才子穷奇与颛顼的不才子梼杌恶德恶形亦同。所以舜就将这四族流放了，"投诸四裔，以御螭魅"。[52] 流放的四凶到了四裔，即同化于四夷，他们事实上也就给了无名的四夷明确的恶德之性格。

《尚书》与《左传》的故事很可能出于同源，但它们不见得有相互传抄的关系。先秦时期，"投四凶于四裔，以御螭魅"，这大概是常见的传说。华夏—中土的轴心意义一旦形成，四夷—四方的边陲位置大概就很难避免。而四夷形象之被丑化，人格之被低贬，此趋势大概也很难抵挡。在黄帝征四帝与虞舜

---

[52] 左丘明传，杜预注，孔颖达正义：《春秋左传正义·文公十八年》，收入李学勤主编：《十三经注疏整理本》，册81，卷20，页670。

流四凶的叙述中，我们固然看出其间有些平等的因素，如黄帝成为华夏与四夷共同的祖先，四凶的父亲也都是中土神圣的先王，这样的神话显然有助于"四海一家"的精神，也有助于跨族群的世界性帝国之形成。又如"黄帝之子二十五人"的传说，[53] 这种传说对华夏境内居民寻根的同源意识，无疑也有正面的促进作用。但尽管有这些平等的因子，它的作用却远比不上中土与四夷断层造成的"神话人种学"论述之影响。如果华夷同出自黄帝，他们是平等的，那么，怎么会有下面的记载："四夷之民有贯胸者，有深目者，有长肱者，黄帝之德尝致之。"[54] 这还是黄帝有德时期的风光呢！我们看《山海经》描述的遐方异域之民，其体貌无一不充满怪诞的想像！四方—四夷的地位这般低落，中土—黄帝的地位这般神圣，这也难怪僻处东方的田齐硬要认他为宗了。[55] 我们看到先秦诸侯亡人之国，即要遮盖其国社，以断天地之通气。他们争夺的，也是中土的宇宙轴性质。

黄帝是"中"与"圆"此原型的具体化，他既垄断中央的象征，又盘占了空间的枢纽位置。他是创造神话（帝江）的源

---

[53] "黄帝之子二十五人"的传说出自《国语·晋语四》，杨希枚曾撰文《〈国语〉黄帝二十五子得姓传说的分析》上、下篇，分析其义。杨文收入《先秦文化史论集》（北京：中国科技出版社，1995），页211—256。

[54] 尸佼：《尸子》（台北：中国子学名著集成编印会，1987），卷下，页6。

[55] 田齐僻处东方，这是战国时期的观点，但由齐国之得名、泰山封禅之祭祀，我们有理由认定：齐人很早以前即有齐地位于天地之中的想法。既然如此，他们认黄帝为祖，似乎没有说不过去的地方。

头，又是神界戏剧的始作者（黄帝蚩尤之战）。当黄帝具足了四面，在明堂议事，时行九宫之后，他的地位已经彻底建立起来，以后他会发明指南车、衣裳、音乐等等，创制百物，甚至于成了田齐的远祖、汉族的始祖、四夷的老祖宗、中华民族的共同祖先，这些都是水到渠成的事。

五　社　稷

从籍田仪式到蜡祭，从女娲捏土造人，我们可看出土行与生命的紧密关系。仪式活化神话，神话诠释仪式，仪式与神话则在祭坛、宗庙、寺院等等的圣所上面交会。圣所是"圣"在空间上的切入口，就像节日、纪念日是圣在时间上的切入口。透过此切入口，一个与周遭时空异质性的神圣事件得以流入此世此界。先秦最重要的土行圣所，莫过于"社"。"社"字从示，从土，观象知义，我们可以确定"社"是与神圣化有关之场域。

"社"字的构造虽然已给我们传达了不少的讯息，但此字所从的"示"字所指涉者的内涵为何，却是诸说纷纭。根据铁井庆纪的解释，社的解释共得十三种，其内容及提出者如下：

1. Chavannes：丛林崇拜说。

2. 出石诚彦：丛林崇拜与树木崇拜结合说。

3. 桥本增吉、佐藤匡玄、傅斯年：土地神说。

4. 津田左右吉：实行民间巫术仪式之场所说。

5. 郭沫若：生殖崇拜说。

6. 新见宽、重泽俊郎、藤枝了英：原始社会集团之圣所与保护神说。

7. 守屋美都雄：显示原始聚落之标识说。

8. 李则纲：图腾说。

9. 陈梦家：高禖神说。

10. 池田末利：源于祖先崇拜之地母神说。

11. 凌纯声：西亚坛文化影响所得说。

12. 赤塚忠：与殷商"土"仪礼相关联说。

13. 白川静：满蒙来源说。[56]

如果我们去除掉影响论，亦即第十一种的"西亚坛文化影响说"以及第十三种的"满蒙来源说"之外，而依"社"之特征及功能分类，社的解释可以简化为下面四种：

1. 树木说：第一、二两种。

2. 土地说：第三、十、十二等三种。

3. 生殖说：第五、九两种。

4. 政治社会功能说：第四、六、七、八等四种。

这四种解释如果构成互斥的关系，我们当然只能选择其中的一种。"社"如果是单纯的文化现象，它只具有某种核心的理念，那么，我们应该也只能选择一种解释。然而，笔者不认

---

[56] 铁井庆纪：《"社"についての一试论》，《东方学》第 61 期（1981 年 1 月），页 1—16。凌纯声先生《中国古代社之源流》一文亦整理前人之说，共得十六种，其归纳与铁井庆纪的整理可互参。凌文见《中国古代社之源流》，《中国边疆民族与环太平洋文化》，下册，页 1417—1418。

为"社"这个概念可以抽离历史形成的过程，而抽象的论其本质。笔者认为"社"具有多向度的意涵，因此，我们只能采取多向度的解释，[57] 重层勾连，以见其全。然而，多向度的解释中仍当有核心的因素。

笔者认为社的核心因素当是"土"，傅斯年、赤塚忠等人的判断不可易。首先就字源的流变而言，"社"字原本即从"土"字而来，汉字"社"的构造既是历史的解释，也是本质的解释。诚如池田末利所说，土—社的构造与且—祖、帝—禘、古—祐等的情况没有两样。甲骨文言"贞：尸于土：三小山、卯一牛、巳十牛？"此处的"土"皆为"社"字。[58] 不仅文字为然，藤堂明保从声韵入手，他不但指出社、土同音，而且凡从"土"孳乳之字，都含有"充实"之义。[59]

声韵的问题，笔者无能细论。但有关"社"与"土"的关联，我们看下列这些文献，事情或许可以看得更清楚些。

> 乃立冢土，戎丑攸行。（《诗经·大雅·緜》）
>
> 有虞之王，封土为社。（《管子·轻重戊》）

---

[57] 笔者这里说的"多向度"，大致就是格尔兹（C. Geertz）所说的"重层的描述"（thick description）之义。参见格尔兹（C. Geertz）著，纳日碧力戈等译：《文化的解释》（上海：上海人民出版社，1999），页 3—36。

[58] 参见池田末利：《中国古代宗教史研究——制度と思想》（东京：东海大学出版会，1981），页 97—98。

[59] 藤堂明保：《祖と社の语源について》，《东京支那学报》第 3 号（1957 年 6 月）。

> 诸侯受命于周，乃建大社于国中。其壝东青土、南赤
> 土、西白土、北骊土、中央衅以黄土。将建诸侯，凿取其
> 方一面之土，焘以黄土，苴以白茅，以为社之封，故曰受
> 列土于周室。(《逸周书·作雒》)

> 土地广博，不可遍敬也……故封土立社……社者，土
> 地之神也。土生万物，天下之所主也。(《白虎通·社稷》)

《诗经·大雅·縣》所说的"冢土"，据《毛传》，"冢土，大社
也"。"土"固为社之前身，其他三条资料更直接点明社之构造
乃"封土"而成，《作雒》篇所言，更将"土"与五行紧密扣
连在一起。如果土是自然的概念，那么，社就是文化的概念，
但两者是连续性的，在封土为社的过程中，土原有的质性仍保
存了下来，成为一切社共同拥有的根基。

"社"和"土"的差别不只在范围的大小，在性质上也有
出入。"土"的崇拜是个普遍的宗教现象，早在国家兴起以前，
许多游牧民族已崇拜"土"，但他们面对的"土"是整体而未
分化的生命创造之母体。崇拜"社"的则多半是定居的农业民
族，他们一方面对"社"具有的"土"之质性，仍然心存敬
畏。但这样的"土"是受限制的土，是文明渗透过的土，它的
性格是在和别的"土"相互区隔的前提上，才得以成立。简言
之，"社"是理性、权力、国家产生以后的概念，它预设了差
异性。但我们仍当重复一次：这种差异性仍是建立在共同性的
土德上面。

社的分殊性从它所主的树木，我们更可以看出来。丛林崇拜之说有其合理性，但须稍加修正，乃得其解。底下，我们不妨罗列几则记载，以见一斑：

> 昔者，虞夏商周三代之圣王，其始建国营都日，必择国之正坛，置以为宗庙，必择木之修茂者，立以为菆位。（《墨子·明鬼》）

> 设其社稷之壝，而树之田主。各以其野之所宜木，遂以名其社与其野。（《周礼·大司徒》）

> 封人掌昭王之社壝，为畿封而树之。（《周礼·封人》）

> 《尚书》逸篇曰："大社唯松，东社唯柏，南社唯梓，西社唯栗，北社唯槐。"（《白虎通·社稷》）

> 哀公问社于宰我，宰我对曰："夏后氏以松，殷人以柏，周人以栗。"曰："使民战栗。"（《论语·八佾》）

作为单数形式的"社"似乎是唯一的，事实上，却没有单纯性质的"社"。"社"既然是政治的概念，它牵涉到具体的土地的拥有、正名、相互区隔，因此，任何"社"都必然具有该地居民的性格，如《礼记·祭法》篇所说的为百姓立的"大社"，以及为自己而立的"王社"，政治功能各不相同。[60] 社也不可

---

[60]《礼记·祭法》云："王为群姓立社，曰大社。王自为立社，曰王社。诸侯为百姓立社，曰国社。诸侯自为立社，曰侯社。大夫以下成群立社，曰置社。"

能不带上当地特殊的风土性，社树就象征了各地的特殊性格。为什么夏后氏以松，殷人以柏，周人以栗，详情不得而知。但我们知道不同的树即有不同的象征意义，它们背负了传统的历史，它们的意义也只有附属在这个传统底下的人才可以理解。由于"社"是社群凝聚的中心，因此，透过了社树的差异，各社群的差异以及我族的认同感就此建立起来。

选择社树，必须选择"其野之所宜木"，亦即当先考虑其风土性。但从另一种角度看，不同的社树不见得只具差异性。树木根扎大地，顶指天空。往下，它原本即可以通向生命根源的大地；往上，它也可以将拘围于地域的心灵往辽阔处拓展。但更根本的原因，当是社树往往可以被视为宇宙树。此宇宙中心的树木（常是巨木）直指苍天，它当然很容易被视为世界的枢轴。树与宇宙轴的关系当为文另述，但由社树既要适宜当地风土，又需参与贯穿三界的宇宙轴，我们知道社树是天与地的结盟，亦是差异与同一的统一。

社与生殖的关系特别密切，这也是相当显著的现象，《墨子·明鬼》云："燕之有祖，当齐之社稷，宋之桑林，楚之云梦也，此男女之所属而观也。"祖、社稷、桑林、云梦，这些皆是诸国的"社"，它们都祭祀高禖神，所以男女才想去"观"。想"观"的人何只一般男女？《春秋·庄公三十三年》，鲁庄公居然"如齐观社"，时人皆以为非礼。《穀梁传》指出其源由："以是为尸女也。"尸女大概通淫之义。社—高禖—性的关系，论者已多。我们在此仅想指出：社—性所以能结合，乃因土的功能所致，此其一。其次，祭祀高禖的日子往往集中在上祀节，而且选择在水边举行。水的泛滥流行及丰沛生殖力，更助长了"社"的生殖作用。社与高禖崇拜的关联既是宇宙生理学的议题，但也是宇宙性政治学的议题，民族的兴衰与宇宙性的生殖力道息息相扣。

生殖与民族兴衰的关联不仅见于高禖崇拜，更见于社的分化。社置树、置石、幽会男女，这些功能与土的象征功能之联系，我们不难想像而知。然而，就像社会会分化一样，社的功能也会随着社会、历史的变迁，而产生质的变化。简单地说，社变成了以政治为主导的概念，它是权力的具体象征。不同阶层的社相应于不同阶级的人，社会分化了，社也要分化。此后的社要负担起更多俗世的事，它要保佑战胜，保障农牧，保护子民，还要能听讼断狱等等。国家有多少的功能，社也要具备相对应的功能，这种平行的关系是大家自然而然都可以想像得到的。

如上所述，有关社的本质之诸种解释，实质上是彼此相互渗透。我们如将"土"的深层生命之要求放在历史演变的脉络下定位，则"社"是以圣化之土为中心，具有生殖的、政教作用的，而且透过宇宙树的象征以连接天与地之本体论的断层，这四项解释恰好都可发挥"社"的诸项功能。然而，论及"社"在华夏文化的特色，我们无法回避"社稷"一词，"稷"是农耕文明的核心概念，土地加上农耕，其功能无疑地也是绕着生殖展开，但却是黄土文化土壤上生长起来的生殖论述。

社稷连用，两者的传说也常相随而来。《礼记·祭法》云："厉山氏之有天下也，其子曰农，能殖百谷，夏之衰也，周弃继之，故祀以为稷。共工氏之霸九州也，其子曰后土，能平九州，故祀以为社。"这种历史的解释当然不能太当真，但谷神在这样的脉络中被特别提出来，笔者认为这是有道理的。引文所说的厉山氏当即为烈山氏，[61] 烈山氏是炎帝之称号，而炎帝与神农氏关系特别暧昧，或言神农即炎帝，[62] 或言炎帝为神农氏之子孙，不管何说为是，就神话的形态学而论，此处的神农或《祭法》所说的"农"，当指的是农业神，更确切地说是"谷神"。上古最著名的谷神一是古籍记载的"神农"。神农尝百草，成为医药之祖，这当然是件有名的故事，但药农同源。我们观看有关神农的记载，下列几项特色是值得特别注意的：

1. 神农是女娲之孙。

2. 神农始教天下百姓种植五谷。

3. 神农发明耒耜。[63]

我们先揭举这三则特色，其细节姑且存而不论，底下，我们转而考虑另一位谷神：后稷的故事。

后稷的母亲是姜嫄，姜嫄生后稷的故事非常著名，《史

[61] 参见《左传·昭公二十九年》。

[62] 《吕氏春秋·孟夏纪》《白虎通义·五行》《世本·帝系》皆有此说。

[63] 神农传说散见古代各种典籍，袁珂、周明合编：《中国神话资料粹编》（成都：四川省社会科学院出版社，1985），页31—39。《中国神话资料粹编》搜集相关资料颇完整，可参看。女娲之孙的记载参见司马贞：《补史记·三皇本纪》（台北：台湾商务印书馆，1983），页2—3。

记·周本纪》记载她到野外，见到巨人足迹，"践之而身动，如孕者，居期而生子"。族人以为不祥，将她抛弃隘巷、林丛、渠中、冰雪上，但多有神迹保护，很典型的英雄出身神话。所以就被收养了，《史记》继续记载：

> 弃为儿时，屹如巨人之志。其游戏，好种树麻菽，麻菽美。及为成人，遂好耕农。相地之宜，宜谷者稼穑焉。民皆法则之。帝尧闻之，举弃为农师，天下得其利，有功。帝舜曰："弃，黎民始饥，尔后稷播时百谷。"封弃于邰，号曰后稷，别姓姬氏。

后稷的故事还没有完，据说他有位孙子名叫"叔均"，他发明了农耕，后来成为"田祖"。我们都知道周代掌管农事的官员叫做"均人"或"田均"，均原本即有开垦农田的意思，而它的根源意义可能又是来自土地的德性（见后），"叔均"此名显然有强烈的文化背景。[64]

我们看"神农"与"后稷"的叙事结构极为接近，两人皆出自神奇的母亲，一为女娲，一为姜嫄；两人皆种植五谷；两人皆发明耒耜农作。后两者的雷同性我们不必细论，就他们的出身而论，我们已探讨过：女娲原是大母神之化身，而姜嫄不

---

[64] 叔均的象征意义参见王小盾：《原始信仰和中国古神》（上海：上海古籍出版社，1989），页12。

折不扣也具备了大母神的身份。后稷出自姜嫄，神农出自女娲，这是必然的，因为谷神必定要依附在大母神身上。谷神与大母神的生生死死，每年回归，这是农耕文明出奇伟大的戏剧性演出，[65] 华夏的神农—后稷故事也是脱胎于这出原始的神秘剧。

"社稷"的"稷"之取名，当来自后稷。上引《史记·周本纪》的记载取材《诗经·大雅·生民》，此诗描述周始祖后稷的诞生，其内容虽多神话传说，但其说实反映了神话的真实，这种比一般真实更浓烈的真实感，在诗中比在史书中更密集地保留了下来。我们且看诗中咏赞后稷种植的成果："实方实苞，实种实褎，实发实秀，实坚实好，实颖实栗。"一连串的"实"字透露了周人初次改变生活模式，初次发现植物从土中成长，形成一连串周期生命的喜悦与冲动。这种喜悦与冲动我们还可从后稷埋葬之地的传说见出一斑：

> 西南黑水之闲，有都广之野，后稷葬焉。爰有膏菽、膏稻、膏黍、膏稷，百谷自生，冬夏播琴。鸾鸟自歌，凤鸟自舞，灵寿实华，草木所聚。爰有百兽，相群爰处。此草也，冬夏不死。[66]

---

[65] 西方阿多尼斯、阿蒂斯的神话即反映了此种意义，参见弗雷泽（J. G. Frazer）著，汪培基译：《金枝——巫术与宗教之研究》，第29—37章。

[66] 引自袁珂注：《山海经校注·海内经》，页445。

此记载中一连串的"膏"字就像《生民》诗中的"实"字一样，它也透露出周人对农作收成的欢欣愉悦。也许这种愉悦之感太强了，他们甚至认为只有在原始乐园才可能过这种生活，所以他们运用了乐园的论述，加在后稷的事迹上。都广在天下之中，[67] 鸾凤是神鸟，再加上百兽和睦，草木不死，这都是典型的乐园论述。但此处的乐园叙述最特殊的，乃是其中嵌镶了菽稻黍稷及播种百谷等农村生涯的语言，而且此语言还是核心的成分，这在一般人不食人间烟火的乐园景象中是较少见的，由此可见周人如何把农作视为土地最重要的内容。此后，稷与社自然永远不分家。

但后稷既然已经从姜嫄的身体生出，而且被封为谷神：稷，更重要地，它已经和社结合，它的意义已不可能再逆回到土地自身。土地自身是广、是均、是厚，但社稷一定有方所、权力的区隔。"土地"一词可以是抽象的单数，但社稷一词一定预设着"权力区隔开的复数"。我们不该忘掉：神农炎帝的性格和黄帝分不开，炎黄纠结难分的恩仇真是难解，两人的斗争最后以黄帝取得胜利收场，此事极具象征意义。同样的，后稷固可视为后世谷神之代表，但它自从在神圣的经书出现之后，即一直以周的始祖的身份活跃于舞台上，后稷的命运和周民族的命运紧密结合在一起，两者根本分不

---

[67] 郭璞注云："其城方三百里，盖天下之中，素女所出也。"郝懿行认为此当为经文，后误入郭注。参见袁珂注：《山海经校注》，页445。

开来。[68]"后稷"一词与"社"结合，形成"社稷"一词后，情况依然如此。它们一方面依靠在无分别的大地母性身上，效法母体宽厚均平的美德；但它们一方面也随主体意识的崛起、劳动的分工、权力的分化，反过来分割母体，各据一方。

农业文明形成了，游牧民族成了定居的民族；原本辽阔无疆的大地变成了各个方国；原本自然即是大母神、祭地即是祭大母神的礼仪，一变而为集中在各方国的社中行事；原来是自然概念的地与禾，现在一变而为政治权力具体化的社稷。社稷从农村共同体的概念变成了国家的概念。

六 坤元、生生、敦厚

"土"最重要的象征意义无疑是"创生"，籍田仪式背后预设宇宙是个诸种因素互相渗透的有机体，这个有机体有循环的变化，但没有刹那的断绝。"土"社区化或政治化以后，它具体化为"社"。社无顶有树，它不断与天气相通。它透过宇宙轴的作用，神秘的生机遂得凝聚在"社"此一空间里，男女约会、祓洁求子、种族生命（高禖崇拜）都在这个特定的地理空间产生。女娲用什么创造生命？用土。鲧禹用什么物质填平洪水、重造世界？用生生不息的"息壤"。息壤对应洪水之烈、

---

[68] 我们甚至可将谷神的命运从原始的土地崇拜、周人的始祖神话往下追到官僚系统的介入，参见谷口义介：《周の始祖神話の成立と変質》，《立命馆文学》第 331、332、333 号（1973 年 3 月），页 1—27。

泉渊之深而显，不管洪水覆盖的范围有多广，它啃蚀大地到多深，息壤最后都可以填平这些存在之漏洞，由此可见息壤的存在向度有多深厚。"息壤"是国土思想最显著的圣物，这种生生不息的泥土具体地显示了一种永恒的生命。

除生生的德性外，深厚是土德另一显著的特色，《易传·坤卦·象传》云："至哉坤元，万物资生，乃顺承天。坤厚载物，德合无疆。含弘光大，品物咸亨。"同卦《象传》云："地势坤，君子以厚德载物。""德合无疆"，谓地德普及万物而无边。光大，犹广大，意指地体广阔。[69]1993 年郭店出土一批儒家竹简，竹简作者对土的理解亦同此义。在整理者命名为《语丛一》的一支竹简上有文曰："有地有形有尽，而后有厚。"[70]《语丛三》亦云："地能均之生之者。"[71]萧吉综论土的体性时，也说："积尘成实，积则有间，有间故含容；成实故能持，故土以含散持实为体。"[72]综合《易经》、郭店出土儒家竹简以及《五行大义》所说，我们发现所谓大地厚德，其德实兼宽广与深厚二义。宽广才能普及万物，深厚才能承载万物。此种厚德的理念只能来自土，而不可能来自其他自然因素。诚如藤

---

[69] 以上的解释参见高亨：《周易大传今注》（济南：齐鲁书社，1988），页 76—77。

[70] 荆门市博物馆编：《郭店楚墓竹简》（北京：文物出版社，1998），页 193。

[71] 同前注，页 209。

[72] 萧吉著，钱杭点校：《五行大义》（上海：上海书店，2001），卷 1，页 6。

堂明保所说，从"土"孳乳之字如"吐"、如"肚"等，其字皆隐含深厚、丰富之义。而凡土地之重要附属现象，如洞穴之幽深、迷宫之曲折，也无不隐含深层但又具有创生能力之义。[73]

从游牧到农耕，这是中国文化史上的一大关键时期。严格说来，土的精神意义是这时候才发现的。现行《诗经》雅、颂的写成年代或许距离农耕发现已有一段时期，但流露在雅、颂的诗歌精神无疑是以大地—宗族伦理为主、其他自然因素为辅所形成的诗歌，这种咏赞厚德、生命、永恒的基调后来成为儒家思想的一条主轴。《易经》："天地之大德曰生。"又言："生生之谓易。""生"构成《易经》一书的骨干，《易经》的《乾》《坤》两卦即恍若天地之父母，两者交合，化生万物，乾之直生，坤之广生，直广交错，化生万物。

对生命的礼赞不只是《易经》，也是儒家思想的核心义，我们不妨看大地给儒家提供了什么样的讯息：

> 天有四时，春秋冬夏，风雨霜露，无非教也；地载神气，神气风霆，风霆流形，庶物露生，无非教也。[74]

---

[73] 参见巴舍拉（G. Bachelard）著，飨庭孝男译:《大地と休息の梦想》（东京: 思潮社，1970）。《易经·说卦》谈及《坤》卦之象征物，其物亦多"深厚"之内涵。

[74] 语见《礼记·孔子闲居》，《孔子闲居》是《礼记》中特富玄思的一篇文章，前人多认为其著作年代甚晚。然上海博物馆搜集传为战国中期的一批竹简，其中赫然有《孔子闲居》另一版本的《民之父母》在内。

上述语言出自晚近甚受重视的《礼记·孔子闲居》。此文因为多言及无声之乐、无体之礼、无服之丧的无之智慧，前人或以为非儒门文献，今人因受惠于考古的出土资料，多知道此文之儒门性质。

我们不妨再看《中庸·第二十五章》的一段名言：

> 至诚无息，不息则久，久则征，征则悠远，悠远则博厚，博厚则高明。博厚所以载物也，高明所以覆物也，悠久所以成物也。博厚配地，高明配天，悠久无疆……天地之道，博也，厚也，高也，明也，悠也，久也。今夫天斯昭昭之多，及其无穷也，日月星辰系焉，万物覆焉。今夫地一撮土之多，及其广厚，载华岳而不重，振河海而不泄，万物载焉。今夫山一卷石之多，及其广大，草木生之，禽兽居之，宝藏兴焉。今夫水一勺之多，及其不测，鼋鼍蛟龙鱼鳖生焉，货财殖焉。

《孔子闲居》将地道与天道并列，《中庸》则将天地山水四者并排。《中庸》的"山"与"地"两者事实上可以同化，就像鲧窃的"息壤"和"息石"两者是一体的分化，"名山"是由"息壤"成长增高而成。我们看这两篇重要文章所揭露的土德基本上是一致的，它广生、博厚、悠久无疆。《中庸》所述，其语尤为显赫，我们看到它所咏赞的地与山，其物绝非无情之矿物，而是种有机成长的活物。山石以及天水的成长都是无限的，山石的成长尤具广博、深厚之义。

至诚的德性和土德颇有重叠之处，这种重叠固然可以说是类比所致，或是农耕文明时期的人之"在世存有"与土地相涵相化，因而土地提供了学者学习的范本。但笔者更相信：人性与自然的本性有奥妙的通道，生作为人性与物性共享的因素是一种体证的真谛，北宋理学家程明道、谢上蔡师徒以"生"说"仁"，以"仁"贯穿人性与物性的生生之机，其说最为显豁。但生的礼赞一直是理学的主思潮，不仅一家为然。理学这些生命礼赞的文献固然出自理学家的亲身体证，但也有经典的依据。《中庸》："大哉圣人之道，洋洋乎，发育万物。"又："君子尊德性而道问学，致广大而尽精微，极高明而道中庸。温故而知新，敦厚以崇礼。"发育万物是仁，是生；致广大、尽精微、敦厚崇礼，这是厚德。发育万物的创造力强度加上横披天下的广度，再加上负载山河的厚度，这是大地对世人最大的启示，也是圣人之道与自然的宗旨共同宣言。

生生为大地之德的属性之一，博厚谦下为大地的另一种重要属性。大地载华岳而不重，振河海而不泄，其功甚溥，但其德甚谦，它的谦抑之德自然"无非教也"。《韩诗外传》记载：孔子闲居，子贡侍坐，他向孔子请教"为人下之道"，孔子回答道："为人下，其犹土乎！"子贡听了，仍然不了解夫子的话中之义。孔子解释道：

　　夫土者，掘之得甘泉焉，树之得五谷焉，草木植焉，

鸟兽鱼鳖遂焉。生则立焉，死则入焉，多功不言，赏世不
绝，故曰："能为下者，其惟土乎。"子贡曰："赐虽不敏，
请事斯语。"[75]

为人下者要像大地一样，谦抑自持，不炫耀己功。他内在资
源丰富，可以反身自得，不需要透过语言的膨胀，寻得自我
之认同。

地势坤，善处下，易显谦抑之德。谈及此义最显著者，当
是《易经·谦》，此卦卦象曰："地中有山，谦，君子以衰多益
寡，称物平施。"此卦卦象以卑蕴高，万物均平，得"屈而止
于其下"之义。[76]《谦》卦六爻皆吉，此卦乃六十四卦中最吉
祥之卦。我们观此卦六爻之爻象"谦谦君子，卑以自牧"，"鸣
谦贞吉，中心得也"，"劳谦君子，万民服也"，"无不利扐谦，
不违则也"云云，不难窥测此中旨趣。孔子释"劳谦君子，有
终，吉"曰："劳而不伐，有功而不德，厚之至也，语以其功
下人者也。德言盛，礼言恭。谦也者，致恭以存其位者也。"
（《系辞上》）谦、厚、下、恭诸德皆含抑止虚受、宽平内蕴之
义，这些德目与大地载物之厚德，乃是同一家族（"家族类似

---

[75] 韩婴：《韩诗外传校注》（台北：艺文印书馆，1971），卷 7，页 13—
14。此记载亦见于《说苑·臣术》及《荀子·尧问》，惟文字稍有
出入。

[76] 参见程颐、朱熹：《易程传·易本义》（台北：世界书局，1979），卷
1，页 139。

性”之“家族”）之成员。

先秦典籍中，窃以为最能反映土德生生、博厚、无穷、谦抑特质的思想典籍当是《中庸》和《易传》，但这只是比较而言，如语其实，主张德性博厚、悠远、谦抑、创新不已，这乃是儒家思想之通义，往上，我们可追溯到《六经》一贯的传承，往下，它由孔孟直通到当代儒家思潮，莫不如此。毕竟，土德是以农耕为主要生产模式的黄土文化之产物，而儒家又是中原黄土文化的体现者。孔子与其弟子提倡“弘毅”“刚毅木讷”“反求诸己”等等的儒家道德，我们发现它们与土德在文化形态上有相当的类似性，或者连续性。

这种类似性或连续性不见得出于自觉的反思，更可能的，乃是黄土文化是儒家思想的母胎，它对后者的渗透是潜移默化的，儒家的很多重要概念可以说是对“土”的象征意义之哲学改写。不是直接摹写，却又清清楚楚。若曰不信，请看《论语》这些语言所言何事：

子曰：“君子不重则不威，学则不固。主忠信，无友不如己者，过则勿惮改。”(《学而》)

曾子曰：“以能问于不能，以多问于寡，有若无，实若虚，犯而不校，昔者吾友尝从事于斯矣。”(《泰伯》)

曾子曰：“士不可不弘毅，任重而道远，仁以为己任，不亦重乎？死而后已，不亦远乎？”(《泰伯》)

司马牛问仁，子曰：“仁者，其言也讱。”曰：“其

言也讱，斯谓之仁已乎？"子曰："为之难，言之得无讱乎？"（《颜渊》）

上述这些章节的内容皆显示了厚重、缜密、朴质的特色，它们虽然没有直接提及土，但我们看"不重则不威"，它显示了西周初期"威仪观"底下的理想行为模式：稳重、秩序、均衡，学者的体表体现了社会的文化规范。[77] 曾子说他的朋友"有若无，实若虚"，此朋友可能是颜回，这种德性是标准的"以虚受之"之土德。"不可以不弘毅，任重而道远"，此语指涉的是厚重、坚实的人格特质，这种特质与"厚德载物"之德显然同源而出。"仁者，其言也讱"，这是君子人格内敛的言说方式，儒家强调"刚毅木讷""吉人之辞寡""其言也讱"，而反对"巧言令色"或"躁人之辞"，此种言说模态与谦抑、刚毅诸德显然相通。若此种种，其言虽然没有直接涉及大地，但依据物质的想像，我们认为它们不折不扣，体现了巴舍拉所说的"土之内密性"。孔门提倡的这些德性，后来成了国人共同接受的道德。如果有人从这种精神发展的角度探讨儒家与农业文明或小农经济的密切关系，笔者倒也可以接受。

---

[77] 关于"威仪"与西周春秋时期君子的修养、共同体伦理规范间的关系，请参见贝塚茂树：《威仪——周代贵族生活の理念とその儒教化》，《中国古代の伝承》，《贝塚茂树著作集》（东京：中央公论社，1976），卷5，页363—381。

七　报本反始

"创生"与"深厚"结合，这是中国土思想最重要的线索。生是土行极显著的特色，土连着女性，连着水性，连着植物的成长，其关键皆指向了一种来自无底深渊的生命力。然而，无底的生命力不可能只解释现实的生命现象本身，因为二元结构是存在的实相，有生必有死，有存必有亡，土行作为五行中最接近本体功能的一行，它不能不对衰老病死有所解释。我们看到土行的另一戏剧化仪式蜡祭，其内涵即是针对生命的另一面向——老死的解释，以及透过"报本反始"的行动解救老死此宇宙之必然。生生不息与"报本反始"是土行最显著的德性，这是种自然的德性，却是含应然于实然当中的德性。

开新与反始不仅是土性的双面，更是中国黄土文明极显著的特征。中国文明虽然多元，但在关键性的经书时期，黄河文明几乎占主导性的力量。在这农业文明蓬勃发展、漂泊的游牧岁月退到历史舞台背后之时，《诗经·雅》《颂》的作者提出了一种新的人生态度，他们从农作、季节之四季循环，大地播种、耕耘、挖井、受纳雨水时显现之无限包容力量，得到了一种启示。他们提出永远创新但又深厚宽广的人生理念，但生命是不容断灭的，生命的流向不只永远地向前，"子子孙孙永宝用"的那种直觉的信念而已。生命也可背向未来，过去紧紧连结着现在。黄土平原的子孙从黄土创生万物，而又归纳万物，了解死生一体，循环无端的消息。土地与死亡的关系，恰好等于土地与创生的关系，作为儒门别传的庄子有言："生者死之徒，死者生之始。"（《知北游》）又言："孰知死生存亡之一体者，吾与之友矣。"（《大宗师》）其说得到土之教。

首先，他们将这种丰饶的生命与博厚深远的人生理念，归诸于遂古之初神圣人物的赐予，他们歌咏道：

> 闷宫有恤，实实枚枚。赫赫姜嫄，其德不回。上帝是依，无灾无害；弥月不迟，是生后稷。降之百福，黍稷重穋，稙稚菽麦。奄有下国，俾民稼穑。有稷有黍，有稻有秬。奄有下土，缵禹之绪。（《鲁颂·闷宫》）
>
> 思文后稷，克配彼天。立我烝民，莫匪尔极。贻我来牟，帝命率育。无此疆尔界，陈常于时夏。（《周颂·思文》）

姜嫄是周民族的始祖，但她的功能实不止于此，诚如闻一多所说，三代的始祖神其实都是高禖神，[78] 高禖神又是大母神的分身。后稷是周之创始者，但他的功能实不止于此，顾名思义，后稷即是谷神。姜嫄之于后稷，恰如大母神之于谷神，土谷联手，这是农业文明最重要的农业现象，一种博厚无疆的空间辽阔感，以及一种永恒循环的生命连续之无限感，两者相伴而生。

---

[78] 闻一多：《高唐神女传说之分析》，《神话与诗》，收入朱自清、郭沫若等编，《闻一多全集》（台北：里仁书局，2000），册1，页98。

空间辽阔感以及时间的永恒感，还有植物春生夏长秋收冬藏的四季循环，再加上农村共同体的血缘乡土情感，以及彼界祖灵与此界子孙的存在连续性，这种种的因素汇聚成生物生命、自然架构以及天神地祇人鬼连绵一片的永恒之连续体。我们且看《周颂·丰年》的歌咏：

> 丰年多黍多稌，亦有高廪，万亿及秭。为酒为醴，烝畀祖妣，以洽百礼。降福孔皆。

《诗序》云："《丰年》，秋冬报也。"这是首感恩的诗。木落水尽，繁华脱落，祖先、天地与宗族的生命连在一起了。连在一起，此时很容易引起无限之感。我们且看下列两首诗：

> 楚楚者茨，言抽其棘。自昔何为？我艺黍稷，我黍与与，我稷翼翼。我仓既盈，我庾维亿。以为酒食，以享以祀，以妥以侑，以介景福。济济跄跄，絜尔牛羊，以往烝尝。或剥或亨，或肆或将。祝祭于祊，祀事孔明。先祖是皇，神保是飨。孝孙有庆。报以介福，万寿无疆。（《小雅·楚茨》）
>
> 信彼南山，维禹甸之。畇畇原隰，曾孙田之。我疆我理，南东其亩。上天同云，雨雪雰雰。益之以霡霂，既优既渥，既霑既足，生我百谷。疆埸翼翼，黍稷或或。曾孙之稼，以为酒食。畀我尸宾，寿考万年。（《小雅·信南山》）

两首诗可能都是祭祀诗，在此祭祀的场合，黍稷牛羊已不再是农业经济的产物，它们是人与祖先上天交往的圣物。因为它们成长在大禹治理过的大地上，它们的存在必须归因于邈远时代的治水工程。现在它们成长了，而且"我仓既盈，我庾维亿"，它们变成了供礼，它们透过自我牺牲，再回馈于神圣共同体的天地与先祖。类似《楚茨》与《信南山》这类的诗，《诗经》中所在多有，它们大体都是充满感恩的幸福诗歌，《板》《荡》的调子是没有的，但这不表示这两首诗所说的只是套式的滥词。恰恰相反，这两首诗歌描述的情景正是农业文明初期的精神图像。当时土地尚未商业化，人的劳动尚未与他的产品、他扎根于大地的情感、他与祖先神祇连绵一气的信仰脱离。这是人从游牧岁月开始定著化，并发现永恒、律则、精神内敛的时代。在华夏文明将要飞跃的破晓时分，这些诗歌发出最足以代表时代特色的诚挚呼声。

八 结 论

土本身具吐生、宽厚、权力诸德，它的内涵应当具足普世的性格。但由于中国文化的生成与黄土平原的关系极深，黄土所具有的各种象征作用和民族的无意识结构勾连极深，所以它的意义不仅于此。从哲学的观点着眼，土比起其他四行，更接近本体的位置。然而，论及土在中国文明的位置，或许现代小说的农村描述，从赛珍珠到莫言的小说，显现得更淋漓尽致。

土在中国思想史上的另外重要功能，乃是它与其他的自然因素配合，形成各种主导性的概念。它最重要的思想伙伴当然是天，天地分立，化生万物，这种分立形成初民最基本的认识论架构，也是最根源的重要象征，我们前面引用到《礼记·孔子闲居》的天地之教，以及《中庸》的"博厚配地，高明配天"已见此义。《易经》一书更明显地以"天地"或其符号"乾坤"当成贯穿天地人三才之道的主轴。我们都知道《易经》开宗明义的两卦乃是《乾》与《坤》，《乾》之义为："大哉乾元，万物资始，乃统天"；《坤》之义为："至哉坤元，万物资生，乃顺承天。""乾"是创生原则，"坤"是成物原则，《易经》全书的义理都是在这两卦的引导下展开的，所以说："乾坤，其易之蕴耶！""乾坤，其易之门耶！"。天地并列，不仅见于《易经》，它事实上是普见于各文化领域的主导性象征。但由并列而形成双元，乾坤并健，这毋宁是《易经》一书极大的智慧。此事牵涉甚广，此处暂不细论。

除了乾坤并健的格式中，土与金、木、水、火相合，相生相杀，也会产生各种不同的效应。由于五行被视为存在物的构成因，所以每一个体原则上都具足五行，只是其偏重、比例容有不同，因而也生出不同类型的个人。五行配合的问题颇复杂，影响极深远，大禹治水的神话即显示了土与水既亲密复仇恨的矛盾情结。前文论社稷处，我们也看过土与木结合的通天本事。组合的模态很多，五行生杀基本上可以视同宇宙的开辟。但千变万化之中，土具有的创生、深厚、权力的性质大概不会改变。土透过圆、中的象征作用，取得五行中的主导性地位，这种优势位置大概也不会改变。它对中国思想的影响就像它深厚的广延性与包容性一样，无远弗届，无物不载。其族繁茂，难以备载。[79] 五行之相配及乾坤配合之问题，这是另外的文章该处理的议题，此处搁置不论。

---

[79] 李建民先生评论拙作时，提出下列的观察，笔者征得李先生同意，援引其文如下，以见一斑："考古文物中，例如双古堆汉墓出土六壬式盘地门位置书写'土斗戊'（即北斗居于土位），以及尹湾汉墓《博局占》规矩纹中央刻写的'方'字。这里'土'原型象征所派生的光谱，与五行思想'定型化'的关联为何？土的思想体现'圆'（循环）、'中'的原型，也反映在成熟的经脉学说《灵枢·经脉》一篇。五脏系统，与经脉学说相关的脏器主要有二：一是心，另一是脾胃。在《吕氏春秋》《淮南子》五行时位系统，两者皆位于中央土。又，《黄庭内景经》梁丘子注：'黄者，中之色也；庭者，四方之中也。'又云：'内指事即脑中、心中、脾中。'黄庭者，也是取土的象征。此外，我最近翻读明人赵养葵的《医贯》有云：'若论肾与脾胃，水土原是一气，人但知土之为地，而不知土亦为水也。自天一生水，而水之凝成处始为土，土之坚者为石。此后天卦位，坎之后，继之艮。艮为山，为土。艮土者，先天之土，水中之土也。'（卷6）水与土之争斗，似乎仍在跃动之中。"李先生的补充很值得思索，但可想见的，其他领域（尤其"五术"范围）一定还可见到相关的内容，我们很难一一讨论了。

尾声　非唯物论的物论

　　本书的焦点集中在"五行"，广义地讲，可以说对"物"的意义重新贞定。本书论物，离不开主体彰显的向度，非认识论的解读是本书的前提。因此，如用朱子学的语言表达，本书的物学可以说是格物学。晚明学者论当时讨论格物的说法，共有七十二家。[1] 明清后，论格物之义者，不断踏步前来，家数恐不胜其数。本书所论，或许也可勉强算是一家，第七十三家无论如何是排不上了，如有机会附尾在任何统计数字结算之后的另一家，固无不可。本书的兴趣当然无关于排序，笔者所以无分于物学与格物学，换另一种方式思考，也就是主张物学不是现代自然科学意义下的物理学，它不能脱离心学立论之义。

　　中国思想的主轴常被认为在一种无限心意义的"心学"，这种学问主张天道性命相贯通。无限心模式下的道德被设定在彰显一种蕴藏在每一个体下的超越的本性，这种彰显的道德也可以说是回归本性的道德，前人称这种回归本性的道德的理论

---

[1] 参见刘宗周：《大学杂言》，《刘宗周全集》（台北："中央研究院"中国文哲研究所筹备处，1997），册1，页771。七十二家之说自然是套语，很难一一指证，但论者甚多，是可以肯定的。

为复性说。如果一种在生活世界中和他者辩证发展的道德主体可名为情境心的话，天道性命相贯通的主体则可名为无限心。情境心和无限心两种模式不一定矛盾，儒家的道德心就常含有这种双重的向度，至广大而尽精微，但两者的实践方向确实大不一样。无限心模式的简易直截显然不是情境心模式所能及，而且往往带有更强烈动能的宗教情怀，禅宗与王学在唐代后的佛儒体系中占有突显位置，由此可见中国思想史的大趋势。

无限心的模式还有各种的次要类型，但不管彼此间的差异如何，一种"冥契人"（mystical man）的人的本质之想像，[2]以及一种以直接"复性"为导向的实践模式却是彼此的共相。大约从佛教东来，在中土取得信仰与实践的优势以后，不管道家后来发展出重玄、内丹诸种有哲学意义的宗派，或儒学发展出千年历史大动脉的理学，不管中土原有的儒、道两家如何修正佛教，在主体上作工夫以期明心见性，一直是中土的主流思潮。这种无限心的主张在后世影响甚大，中国六朝后的哲学论述、心性体验，甚或诗文艺术的表现，这种主张都构成了运作的主旋律。相对之下，对世界，尤其对物的反思，一直没有形成较有严格理论意义的体系。

---

[2] "冥契人"一词借自纽曼（E. Neumann）所说，参见 E. Neumann, "Mystical Man," in J. Campbell ed., *Mystical Vision* (Princeton: Princeton University Press,1982), pp.375—415。纽曼说他的文章不在讨论"冥契论"(mysticism)，而是讨论人的本质具有冥契的向度，但这两个问题其实是绑在一起的。纽曼身为精神分析学者，由其说进入人的本质与超越向度的关系，反而更具有经验科学的说服力。

问题的解决还是要回到发问的原点，原点指向儒家原初发声的原始洞见。儒家的关怀在日用民生，"正德、利用、厚生"一向被视为儒家很重视的基本价值，但"正德、利用、厚生"的人文价值也有超人文的向度。在黄土地上，儒家的精神面貌和农耕、日用之器、宗族祀典紧紧扣连在一起。儒者的生活中有特别浓厚的人与世界的脐带相连，儒家的"礼"在一种根源的意义上讲，乃是人与世界的各种关系，包含人与人、人与鬼神、人与天等等的总合，也可以说是人与泛化的他者之总合。一种非主体意义的他者恰好是主体的内涵所必含，但他者的内涵也恰好有多出主体之外的"他性"之意义。"人与泛化的他者"之关系乃是根源性的二元构造，但二元构造不是孤子的对立物，二元的构造是透过"物"所呈现的"礼"加以连结而成的。

五行即是连结原始二元构造的物，五行也是物，是物中之尤为物者。在文明初期，精神价值是透过五行显示出来的。用宗教学的语言讲，"圣感"的体现是经由五行，更恰当地说，是经由五行中之尤优者如黄金、神木、净水、圣火、中土，因而表现出来的。[3] 五行与周遭世界的本体论区分，圣物从自然

---

[3] 先秦另一具有"圣显"功能的物之集结当是八卦意象：《乾》所代表的天，《坤》所代表的地，《坎》所代表的水，《离》所代表的火，《震》所代表的雷，《艮》所代表的山，《兑》所代表的泽，《巽》所代表的风。"八卦"与"五行"的物之意义重叠者有土、水、火。天、雷、山、风也是上古时期圣显之物，精气之集粹。

世界中断裂而出，这种本体论的分裂是精神发展的一大契机。这个契机是连着承载它的圣所（祭坛、社等）、圣仪（傩、籍田、郊等）、圣职人员（巫、祝、卜、史等）一齐朗现的。人在天地中，三才连绵一气，但原始的连绵一气不会有文化，文化需要有原始的撕裂或突破口。天地时空中有五行化入其中的"礼"作为"圣"的切入口，人透过这切入口进入宗教世界，转俗成圣，圣俗的分合带动了历史的行程。物的圣化与主体的深化是同一事件的两面，心物共彰是文明初期的精神表现。

无限心体系介入中国的思想界，成为主流的思潮后，改变了心物关系的结构。如实来讲，作为沟通圣凡、超越内在两界的中介物，如青铜佛像、水沉檀香、画布或纸张上的宗教纹饰、祈祷或静坐的圣所、祭祀的祠堂等等，其本质不管如何被解构，都不太容易完全消失掉它们承载的宗教意义的。但无限心体系发展到德山烧经，丹霞劈佛取暖这类的彻底自由的表现，中介消失，物的圣之承载功能不能不说已不再存在。作为儒学复兴运动的儒家在北宋兴起，其关怀重心一方面固然在重构主体，但一方面也可以说在重构世界。本体是这个思想阶段的核心的理念，体用论是它更完整的面貌，它既转为主体意义的心体、性体，也转为泛存有论意义的道体。诚然，本体是理学家重构性命之学的核心概念，但本体也是为抢救物的意义而引致的生力军，有世界本质的关怀就不能没有物学。北宋理学兴起，这些应运而生的大儒既要诚明人的本性，也要诚明物的存在。

从物学的角度介入，我们可以看到宋明诸大儒为抢救包含人在内的世界之整体意义所作的伟大贡献，这是桩重奠宇宙轴的乾坤事业。这样的物学与心学不但不矛盾，而且极为相关。不管依邵雍的洗净世俗之情、让物自显的"以物观物"说，或依程朱主客层层相感、步步深化直至太极朗现的格物说，我们都看到物学也有工夫论，而且物学的工夫论和性命之学的工夫论极为相关，没有心的转化即没有真正的物之呈显。程朱学的格物论所代表的物论和主敬的工夫论彼此扣连，相互支持，甚至可说是辩证发展的关系，心物的重量相对地平衡。千年来，程朱儒学传统的物学与心学都有化俗为圣的机制，因为两者同属儒家诚明性格的不同面向。

如何思考先秦时期以五行所代表的物？如何思考宋明时期体用论思维下的物的内涵？这条历史连绵不绝的物之叙述赋予物一种在其自体的丰饶意义，所谓的"物与无妄"。这桩复活物的价值的戏码落在今日的世界思考其义，却不能不面对残酷的现实：这个世界已除魅化了，已不是体用论当家作主的世界。我们无法回避构成今日世界主要形貌的表象的世界观，或者说唯物论的世界观带来的挑战。表象的世界观将自然推向主体所对的对象，自然失去了自身的内涵，它成了材质意义的物质因之集结。[4] 唯物论则是表象的世界观的另一种呈现，它将

---

[4] 论此义最显著当是海德格 (M. Heidegger)，参见《世界图像的时代》，收入孙周兴选编：《海德格尔选集·下》(上海：三联书店，1996)，页885—923。

物的各种意义：形上学的、伦理学的、美学的，转成可模控的
自然因果系列。笔者所说的物论与唯物论都是对物的后设反
思，但物论不是唯物论，两说建立在不同的理论基础上。原生
的物论被遗忘久矣，如今当道的物论反而是与中土思想大相径
庭的唯物论，六耳金猴取代了齐天大圣矣！

　　唯物论自是西洋形上学的一大宗，源远流长，且其理论与
时俱进。但在十九世纪前的中国却一向处于边缘的位置，思想
史上聊备一格而已。[5] 在二十世纪的中国，它搭上现代化的世
界潮流，乘着富国强兵的时代需求，建构了中土的法脉，有自
己的道统，在华夏遂由附庸蔚为大国。当代中国的唯物论有各
种的变型，也有各种的盟军，中外合流，这个外来的思潮已相
当本土化了。唯物论连结阶级史观后，动员的力道极强，分贝
也跟着高亢响亮。唯物之物与五行原物，一物各表，此一区分
乃是本书未曾明言的前提。如果物论真能复苏，它不可能不与
反客为主的唯物论产生撞击，此一撞击的结构终究是需要面对
的，两种物论的分际终须厘清。

　　任何论述都是有所说即有所遗，物论与唯物论的哲学分别

[5] 偶读唐君毅先生早期的一篇文章，他提到中国带有明显唯物论立场的哲
学大概只有叶世杰的《草木子》一书。唐先生的判断当然依他自己的判
准而立，如果我们将明清时期一些非超越论的气论哲学家的主张也视作
唯物论的话，名单会长许多。但再怎么长，比起三教中主流的无限心哲
学，任何形态的唯物论都不会占有太突显的位置。唐先生之说参见《论
中西哲学问题之不同》，《中西哲学思想比较论文集》，《唐君毅先生全
集》（台北：台湾学生书局，1984），卷11，页64。

是另一专业的领域，此一工作只能俟诸当代的有志之士加以完成。至于佛教东来后所激荡出来的物之反思，主要指的是宋明儒建立在体用论上的物论，其义理另成一个系统，其价值足以补充心学发展极致时留下的空缺。其发展始末与义理细节，笔者希望能在另一个脉络里仔细铺陈，本书大体只能聚焦于先秦那个心物交相缠绕的时期。那是个看到流水东逝，可以联想时间流逝与意识相续的年代！那是个脚踏大地，可以升起德行笃厚，乾坤生生不息念头的年代！